D1994023

Jetzt lerne ich

Webserver einrichten und verwalten

Benay Dara-Abrams, Trevor Peace, Bebo White
Übersetzung: Elke Jauch, Clemens Vargas

Jetzt lerne ich Webserver einrichten und verwalten

Markt+Technik Verlag

Die Deutsche Bibliothek – CIP-Einheitsaufnahme

Ein Titeldatensatz für diese Publikation ist bei
Der Deutschen Bibliothek erhältlich.

Die Informationen in diesem Produkt werden ohne Rücksicht auf einen eventuellen Patentschutz veröffentlicht.
Warennamen werden ohne Gewährleistung der freien Verwendbarkeit benutzt.
Bei der Zusammenstellung von Texten und Abbildungen wurde mit größter Sorgfalt vorgegangen.
Trotzdem können Fehler nicht vollständig ausgeschlossen werden.
Verlag, Herausgeber und Autoren können für fehlerhafte Angaben und deren Folgen weder eine juristische Verantwortung noch irgendeine Haftung übernehmen.
Für Verbesserungsvorschläge und Hinweise auf Fehler sind Verlag und Herausgeber dankbar.

Autorisierte Übersetzung der amerikanischen Originalausgabe:
Supporting Web Servers © 2001 Prentice Hall PTR

Umwelthinweis:
Dieses Buch wurde auf chlorfrei gebleichtem Papier gedruckt.
Die Einschrumpffolie – zum Schutz vor Verschmutzung – ist aus umweltverträglichem und recyclingfähigem PE-Material.

10 9 8 7 6 5 4 3 2 1

04 03 02 01

ISBN 3-8272-6139-2

Einbandgestaltung: Nowak werbeagentur & medien, Pfaffenhofen
Übersetzung: Elke Jauch, Clemens Vargas
Lektorat: Angelika Ritthaler, aritthaler@pearson.de
Herstellung: Philipp Burkart, pburkart@pearson.de
Satz: text&form, Fürstenfeldbruck
Druck und Verarbeitung: Media Print, Paderborn
Printed in Germany

Übersicht

Vorwort		13
Einleitung		15
1	Netzwerkgrundlagen für Webmaster	17
2	Architekturen, Komponenten und Verbindungen	51
3	Internet, Netzwerk und Transportprotokolle	81
4	Anwendungen und Protokolle	117
5	Konnektivität	143
6	Netzwerksicherheit	163
7	Webserver aufbauen	197
8	Programmierung und Skripting im Web	267
9	Programmierung und Skripting in einem Client/Server-System	285
10	Die Sicherheit beim Programmieren und Skripting	313
11	Die Evolution der Skriptsprachen	335
12	Neue Technologien und Standards im Internet	373
Anhang: Lösungen zu den Wiederholungsfragen		423
Stichwortverzeichnis		433

Inhaltsverzeichnis

Vorwort 13

Einleitung 15

1 Netzwerkgrundlagen für Webmaster 17

1.1 Netzwerke und Netzwerkeigenschaften 19
1.1.1 Unterschiedliche Arten von Netzwerken erkennen 21
1.1.2 Ressourcen erkennen, die über das Netzwerk freigegeben werden 21
1.2 Das OSI-Schichtenmodell (Open Systems Interconnection) 24
1.2.1 Erkennen, an welcher Stelle das HTTP-Protokoll in das OSI-Modell passt 27
1.2.2 Beispiele für Protokolle der unterschiedlichen Schichten nennen 27
1.3 Netzwerkverbund (Internetwork) und Netzwerktopologien 30
1.3.1 Unterschiedliche Netzwerktopologien erkennen 32
1.3.2 Die Funktion eines Netzwerkverbunds verstehen 33
1.4 Netzwerke, nach räumlicher Ausdehnung gegliedert 37
1.4.1 Die Vorzüge der LAN-Technologie verstehen 39
1.4.2 Angaben zur räumlichen Ausdehnung mit dem Internet, mit Intranets und mit Extranets in Verbindung bringen 39
1.4.3 Wiederholungsfragen zu 1.4 42
1.5 Intranets und Extranets 43
1.5.1 Die wichtigsten Komponenten eines Intranets und eines Extranets beschreiben 46
1.5.2 Die Unterschiede zwischen Intranets, Extranets und dem Internet nennen 47

2 Architekturen, Komponenten und Verbindungen 51

2.1 Paketvermittelnde Netzwerke 53
2.1.1 Beschreiben, wie ein paketvermittelndes Netzwerk funktioniert 54
2.1.2 Paketvermittlung und Leitungsvermittlung miteinander vergleichen 54

2.2	Das Client/Server-Modell des Web	58
2.2.1	Client/Server-, Peer-to-Peer- und Master/Slave-Architekturen voneinander unterscheiden	60
2.2.2	Den Vorteil der Client/Server-Architektur für das Web estimieren	60
2.3	Ethernet- und FDDI-Netzwerke	64
2.3.1	Die Vorteile der Ethernet-Technologie nennen	65
2.3.2	Ethernet und FDDI miteinander vergleichen	66
2.4	Netzwerkkomponenten	69
2.4.1	Zwischen Router, Bridge und Switch unterscheiden	70
2.4.2	Für Ihre Netzwerkarchitektur geeignete Verbindungskomponenten bestimmen	71
2.4.3	LAN-Topologien Switches zuordnen	71
2.5	Netzwerkverbindungen	74
2.5.1	Die unterschiedlichen Zugriffsverfahren Ihres Internetdienstanbieters (ISP) nennen	77
2.5.2	Den Grund nennen, warum PPP gegenüber SLIP bevorzugt wird	77
3	**Internet, Netzwerk und Transportprotokolle**	81
3.1	Das Internet und das IP-Protokoll (Internet Protocol)	83
3.1.1	Die Organisationen nennen, die für die Registrierung von Domänennamen verantwortlich sind	85
3.1.2	Einen neuen Domänennamen registrieren	86
3.2	IP-Adressen	88
3.2.1	Das IP-Adressierungsverfahren verstehen	91
3.2.2	Einen Domänennamen anhand seiner IP-Adresse erkennen	91
3.3	DNS (Domain Name System)	95
3.3.1	Verstehen, was Domänen mit IP-Adressen zu tun haben	96
3.3.2	Wie ein Domänenname aufgelöst werden kann	96
3.4	TCP (Transmission Control Protocol)	99
3.4.1	Die Socket-Nummer für »bekannte Dienste« bestimmen	102
3.4.2	Die Verwendung von Ports und Diensten verstehen	103
3.5	MAC-Adressen (Media Access Control)	105
3.5.1	MAC-Adressen von Computern in Ihrem LAN finden	108
3.5.2	MAC-Adressen lesen und interpretieren	108
3.6	UDP (User Datagram Protocol)	111
3.6.1	Den Unterschied zwischen TCP und UDP nennen	112
3.6.2	Anwendungen nennen, die mit UDP arbeiten, und verstehen, warum das so ist	112

4 Anwendungen und Protokolle 117
4.1 HTTP (Hypertext Transfer Protocol) 118
4.1.1 Den Abruf einer Webseite aus dem Internet skizzieren 122
4.1.2 Den Abruf einer Webseite aus dem Zwischenspeicher skizzieren 122
4.2 SMTP, MIME und FTP 126
4.2.1 Verstehen, wie Mailprotokolle funktionieren 127
4.2.2 Wissen, wie das FTP-Protokoll angewendet wird 128
4.3 Push- und Pull-Technologien 131
4.3.1 Zwischen Push- und Pull-Technologien unterscheiden 132
4.3.2 Entscheiden, wann die Push-Technologie am besten geeignet ist 132
4.4 Streaming-Multimedia 135
4.4.1 Die Übertragungsmechanismen im Bereich Streaming-Multimedia nennen 138
4.4.2 Entscheiden, wann es sinnvoll ist, Streaming-Multimedia-Einrichtungen einzusetzen 138

5 Konnektivität 143
5.1 ISDN, DSL und T-Carrier 144
5.1.1 ISDN 144
5.1.2 DSL 145
5.1.3 T-Carrier-Dienst 146
5.1.4 Zwischen den von Telefongesellschaften angebotenen Technologien unterscheiden 147
5.1.5 Feststellen, welche Netzwerkdienste in Ihrer Umgebung angeboten werden 147
5.2 Drahtlose Netzwerke 150
5.2.1 Zwischen drahtlosen Netzwerken und Kabelnetzwerken unterscheiden 151
5.2.2 Beschreiben, wie Daten in drahtlosen Netzwerken übertragen werden 153
5.3 Kabelmodems 157
5.3.1 Unterschiedliche Netzwerktechnologien und Netzwerkdienste miteinander vergleichen 158
5.3.2 Zwischen von Telefongesellschaften und Fernsehkabelgesellschaften angebotenen Technologien unterscheiden 158

6	**Netzwerksicherheit**	163
6.1	Verschlüsselungssysteme	164
6.1.1	Den Gebrauch von Verschlüsselungsverfahren mittels öffentlicher Schlüssel verstehen	172
6.1.2	Die Nachteile bei der Verschlüsselung von Nachrichten einschätzen	172
6.2	Sichere Internetprotokolle	175
6.2.1	Die Funktion des Protokolls SSL verstehen	179
6.2.2	Eine Datenschutzerklärung entwickeln	180
6.3	Firewalls und Sniffers	183
6.3.1	Die Funktion einer Firewall verstehen	184
6.3.2	Zwischen dem Einsatz von Sniffers durch Netzwerkadministratoren und dem Einsatz von Sniffers durch Hacker unterscheiden	185
6.4	Proxyserver, VPNs (Virtual Private Networks) und Smartcards	188
6.4.1	Die Funktionsweise eines Proxyservers verstehen	191
6.4.2	Die Umsetzbarkeit einer Smartcard-Lösung einschätzen	191
7	**Webserver aufbauen**	197
7.1	Die Webserver-Evaluierung	199
7.1.1	Die Grundkonzepte des Webhostings verstehen	205
7.2	Modelle des Website-Service	209
7.2.1	Die grundlegenden Architekturmodelle einer Website verstehen	212
7.3	Mehrere Server unterstützen	216
7.3.1	Eine angemessene Webserverkonfiguration festlegen	219
7.4	Die Serversicherheit	223
7.4.1	Die grundlegenden Sicherheitsrisiken verstehen	232
7.4.2	Angemessene Sicherheitsmaßnahmen implementieren	233
7.5	Taxonomie des Dokument-Stammordners	239
7.5.1	Angemessene Taxonomien für den Dokument-Stammordner entwickeln	241
7.6	Zugangskontrolle, Sicherheit und Vertraulichkeit	247
7.6.1	Die grundlegende Sicherheitskonfiguration verstehen	251
7.7	Suchen und Indizieren	255
7.7.1	Such- und Indizierungsfragen verstehen	261

8 Programmierung und Skripting im Web 267

8.1 Die Gründe, die Entwickler dafür haben, serverseitige Skripte zu schreiben 269

8.1.1 Die Probleme verstehen, die sich aus dem Schreiben von clientseitigem Code ergeben 271

8.1.2 Die Lösung des »kleinsten gemeinsamen Nenners« erklären 272

8.2 Das dreistufige Webanwendungsdesign 275

8.2.1 Die Darstellungsschicht verstehen und erläutern 277

8.2.2 Die Schicht der Geschäftsvorgänge verstehen und erläutern 277

8.2.3 Die Speicherschicht verstehen und erläutern 278

9 Programmierung und Skripting in einem Client/Server-System 285

9.1 Serverseitige Programmierung 287

9.1.1 Schlüsseltechnologien für die Verarbeitung serverseitigen Codes benennen 290

9.1.2 Vor- und Nachteile serverseitigen Codes erklären 291

9.2 Clientseitige Programmierung 295

9.2.1 Einfaches clientseitiges JavaScript schreiben 297

9.2.2 Grundlegende clientseitige Formularvalidierungen durchführen 298

9.3 Clientseitige und serverseitige Programmierung kombinieren 304

9.3.1 Serverseitige und clientseitige Programmierlogik kombinieren 306

9.3.2 Erklären, auf welche Weise Cookies zu client- oder serverseitigen Objekten werden 306

10 Die Sicherheit beim Programmieren und Skripting 313

10.1 Die Nachteile der Sicherheit 315

10.1.1 Potentielle Sicherheitslücken erkennen 316

10.1.2 Ein Gleichgewicht zwischen Restriktivität und Funktionalität herstellen 316

10.2 Die Eingabevalidierung und ihre Bedeutung 321

10.2.1 Die Nutzereingaben überprüfen 322

10.2.2 Nutzer davon abhalten, HTML einzugeben 323

10.2.3 Schädlichen SQL-Code herausfiltern 323

10.3 Nutzer- und Webmaster-Scripting 328

10.3.1 Erkennen, wann Webanwendungen sowohl nützlich als auch sicher sind 329

10.3.2 Erkennen, wann Webanwendungen nützlich, aber auch gefährlich sind 329

11 Die Evolution der Skriptsprachen 335

11.1 ASP 337
11.1.1 Einfache Variablen ausgeben 338
11.1.2 Eine If-Then-Anweisung codieren 340
11.1.3 Eine While-Schleife codieren 340
11.2 Cold Fusion 345
11.2.1 Variablen ausgeben 346
11.2.2 Eine If-Then-Anweisung codieren 347
11.2.3 Eine Schleife codieren 348
11.3 PHP 354
11.3.1 Einfache Variablen ausgeben 355
11.3.2 Eine einfache If-Then-Anweisung codieren 357
11.3.3 Eine While-Schleife codieren 358
11.4 Die Evolution der Sprachen 364
11.4.1 Konzeptionelle Bausteine einer Anwendung beschreiben 365
11.4.2 Neue Technologien und Entwicklungen erkennen 366

12 Neue Technologien und Standards im Internet 373

12.1 Das Internet und die Standardisierungsbemühungen im WWW 375
12.1.1 Die Bedeutung der Standards und der Standardisierung verstehen 383
12.1.2 Die Organisationen erkennen, die einen Einfluss auf die Entwicklung von Standards im WWW haben 384
12.1.3 Die von diesen Organisationen eingesetzten Standardisierungsverfahren verstehen 385
12.1.4 Diese Organisationen als Entscheidungsgrundlage für sich selbst nutzen 385
12.2 Strategien zur Bewertung neuer Technologien 389
12.2.1 Die Bedeutung der Standardisierung in der Bewertung neuer Technologien verstehen 396
12.2.2 Verstehen, wann neue Technologien in den Lebenszyklus einer Website eingeführt werden sollten 396
12.3 Neue Technologien am Horizont 400
12.3.1 Die funktionellen Domänen von W3C verstehen 417
12.3.2 Die Zusammenarbeit zwischen W3C und IETF verstehen 417

Anhang: Lösungen zu den Wiederholungsfragen 423

Stichwortverzeichnis 433

Vorwort

In ein paar Jahren werden Sie über das Internet so denken, wie Sie heute über die Elektrizität denken. Sie bitten einen Freund ja auch nicht, »mit Hilfe der Elektrizität das Licht einzuschalten«. Und genau so werden Sie stillschweigend die Allgegenwärtigkeit des Web und die damit verbundenen Möglichkeiten voraussetzen. Das Web verändert die Art, wie wir leben, wie wir arbeiten und spielen genau so, wie die Elektrizität alles im Leben früherer Generationen verändert hat.

Alles deutet darauf hin, dass sich das Web weiter ausbreiten wird. Die Frage, die sich dabei stellt, ist: »Wie können wir aus dieser einzigartigen Ressource den größten Nutzen ziehen?« Derzeit ist es so, dass die meisten Websites der Welt von Webmastern erstellt und verwaltet werden, die sich das entsprechende Wissen in Eigenregie angeeignet haben. Warum? Weil es nur ein sehr eingeschränktes Angebot für eine entsprechende, auf Standards basierende Ausbildung gegeben hat. Mit Hilfe von qualitativ hochwertigen, zugänglichen und erschwinglichen Ausbildungsmaßnahmen können Kenntnisse, Fertigkeiten und Fähigkeiten vermittelt werden, die die Bedürfnisse des Marktes decken.

Während der letzten drei Jahre hat die WOW (World Organization of Webmasters) in Zusammenarbeit mit Hochschulen und Universitäten, Unternehmen und der Industrie sowie mit zukünftigen und bereits praktizierenden, der WOW angehörenden Webexperten das CWP-Programm (Certified Web Professional) entwickelt.

Unser Ziel besteht aus drei Teilen:

- ✘ Richtlinien für Ausbildungseinrichtungen zum Erstellen von Lehrplänen,
- ✘ Vorgabe für technische Fertigkeiten, Entwicklung von Inhalten, betriebswirtschaftliche Kenntnisse und Fähigkeiten am persönlichen Arbeitsplatz,
- ✘ Bewertungsstandard für Arbeitgeber zum Beurteilen von Bewerbern.

Dieses Buch wurde von denen entwickelt, für die es geschrieben ist, nämlich von und für Experten und Dozenten, die genau diese Kenntnisse vermitteln. Überprüft wurde es von führenden Fakultäten größerer Hochschulen und Universitäten und den Industrieexperten des WOW-Überprüfungsausschuss. Damit kommt dieses Buch dem ständig wachsenden dringenden Bedarf an Webexperten entgegen mit Kenntnissen in den drei Gebieten: Technische Entwicklung, Entwicklung von Design und Inhalten und betriebswirtschaftliche Kenntnisse.

Angesichts der Tatsache, dass es heute bereits etwa 5 Millionen Websites gibt und es im Jahr 2002 voraussichtlich um die 25 Millionen Websites geben wird, ist klar, dass der Bedarf an qualifizierten Webexperten enorm ansteigt. Webexperten mit betriebswirtschaftlichen, technischen und gestalterischen Kenntnissen sowie Fertigkeiten im Projektmanagement sind die am meisten gesuchten Fachleute mit den besten Gehaltsaussichten und werden es auch in Zukunft bleiben.

Im Namen der WOW und deren Mitglieder wünschen wir Ihnen viel Erfolg und heißen Sie auf diesem aufregenden Gebiet willkommen.

William B. Cullifer
Executive Director-Founder
World Organization of Webmasters
bill@joinwow.org

Einleitung

Was Sie benötigen

Einen vernetzten PC mit Internetanschluss. Je schneller die Verbindung, desto weniger Zeit werden Sie im »Welt-Weiten Wartesaal« verbringen müssen.

Einen Webbrowser mit möglichst vielen Plugins (um möglichst viele Marketingmedien ausprobieren zu können) und eine E-Mail-Adresse. Aktivieren Sie in Ihrem Webbrowser die Annahme von Cookies.

Wie dieses Buch aufgebaut ist

Dieses Buch enthält eine Reihe von interaktiven Übungen. Jede Übung beginnt mit Lernzielen, in denen beschrieben wird, welche Aufgaben geübt werden. Danach folgt eine Übersicht über die Konzepte, die im Laufe der Einzelübungen untersucht werden sollen.

Jede Einzelübung besteht entweder aus einer Reihe von Schritten, die Sie befolgen, um eine bestimmte Aufgabe auszuführen, oder aus der Darstellung eines bestimmten Szenarios. Im Anschluss daran werden Fragen gestellt, mit deren Hilfe Sie die wichtigen Dinge selbständig herausfinden sollen. Die Lösungen zu diesen Fragen finden Sie am Ende der Einzelübungen mit einer ausführlicheren Erläuterung der untersuchten Konzepte.

Am Ende jeder Übung befindet sich eine Reihe von Multiple-Choice-Fragen, mit deren Hilfe Sie Ihre neu erworbenen Kenntnisse selbst überprüfen können. Die Lösungen dieser Fragen finden Sie im Anhang.

Am Ende jedes Kapitels befindet sich schließlich noch der Abschnitt »Überprüfen Sie Ihre Sachkenntnis!«. Dieser Abschnitt besteht aus einer Reihe von Projekten, mit deren Hilfe Sie die in den jeweiligen Kapiteln erworbenen Fertigkeiten festigen können. Wenn Sie alle Übungen in den jeweiligen Kapiteln erfolgreich gelöst haben, dürfte Ihnen die Durchführung dieser Projekte kaum Probleme bereiten.

Hinweise für den Lernenden

Dieses Buch wird von der World Organization of Webmasters empfohlen. Es dient als Lehrplan, der entwickelt wurde, um künftige Webmaster mit den für den Markt erforderlichen Fertigkeiten auszustatten. Die in diesem Buch vermittelten Kenntnisse wurden ursprünglich von dieser internationalen Handelsorganisation für Lernende, Lehrende und Angestellte zusammengetragen und definiert.

Hinweise für den Lehrenden

Ob es Ihnen nun gefällt oder nicht: Sie sind aller Wahrscheinlichkeit nach ein Pionier auf diesem Gebiet der Weiterbildung. Aufgrund der explosionsartigen Entwicklung des Internet gibt es zur Zeit nur sehr wenige Trainingsprogramme für Webmaster. Gegenwärtig wird dieses Buch jedoch weltweit in den Lehrplan vieler Hochschulen, technischer Institute und die Weiterbildung in Unternehmen und privaten Weiterbildungsinstituten mit aufgenommen.

Aller Wahrscheinlichkeit nach vermitteln Sie neue Kenntnisse in einem neuen Programm. Aber verzagen Sie nicht. Dieses Buch wurde als eine umfassende Einführung in dieses Gebiet entwickelt. Lernende, die dieses Programm erfolgreich abgeschlossen haben, sind darauf vorbereitet, die Verantwortung eines Webmasters zu übernehmen oder sich im Bereich der Internetkommunikation an der Weiterbildung und Zertifizierung zu beteiligen.

Jedes Kapitel in diesem Buch ist in Übungen unterteilt. Zu allen Fragen und Projekten gibt es Lösungen und Erläuterungen. Die Übungen und Fragen/Antworten in diesem Buch bieten eine ausgezeichnete Gelegenheit für Gruppenarbeit und Diskussionen zwischen Lernenden und Lehrenden. Viele Lösungen und Erläuterungen werden in dieser Veröffentlichung aus Platzgründen gekürzt. Wir freuen uns über jeden Kommentar, Ideen oder Anregungen zu diesem Buch.

Kapitel 1

Netzwerkgrundlagen für Webmaster

Überblick

In diesem Kapitel erfahren Sie mehr über die folgenden Themen:

- ✗ Netzwerke und Netzwerkeigenschaften — Seite 19
- ✗ Das OSI-Schichtenmodell (Open Systems Interconnection) — Seite 24
- ✗ Netzwerkverbund und Netzwerktopologien — Seite 30
- ✗ Netzwerke, nach räumlicher Ausdehnung gegliedert — Seite 37
- ✗ Intranets und Extranets — Seite 43

Die Kommunikation über das Web, per E-Mail oder Sprechverbindung funktioniert nur mit Hilfe von Netzwerken. Wir nutzen Netzwerke der unterschiedlichsten Art bei der Arbeit, zu Hause und auf Reisen. Viele fühlen sich jedoch mit all den in der Welt des Telefons, Kabels, Netzwerks und des Internet verwendeten Abkürzungen und Fachausdrücken nicht besonders wohl. Einige behaupten, dass Verbraucherelektronik, Computer und Telekommunikation alles dasselbe ist. Andere (wie ich zum Beispiel) können dagegen nicht erkennen, was ein Fernsehgerät, ein Telefon, ein PIM (Personal Information Manager) und ein vernetzter Computer in einem gemein haben. Es gibt natürlich Schnittpunkte zwischen den Bereichen Computer, Telekommunikation und Verbraucherelektronik. Wenn Sie nur an die Entwicklung der digitalen Heimnetzwerke denken, die Entwicklung der PIMs, die E-Mail-, Kalender- und sogar Handyfunktionen miteinander vereinen, und die Entwicklung von Set-Top-Boxen, mit deren Hilfe Sie mit Ihrem Fernsehgerät im Internet surfen können. Wenn man voraussetzt, dass letztlich alles irgendwie vernetzt sein wird, wird deutlich, wie wichtig es ist, dass wir uns als Webexperten mit Netzwerken gut auskennen. Aus diesem Grund geht es im ersten Teil des Buches, d.h. von Kapitel 1 bis 6, um die Terminologie, die Konzepte und die Technologien der Netzwerke von heute.

Projekt 1.1: Netzwerke und Netzwerkeigenschaften

Nach diesem Kapitel können Sie:

- ✗ Unterschiedliche Arten von Netzwerken erkennen
- ✗ Ressourcen erkennen, die über das Netzwerk freigegeben werden

ZIEL

Was ist ein Netzwerk? Ein Netzwerk besteht aus Knoten, die über Kommunikationsleitungen miteinander verbunden sind. Bei Netzwerkknoten kann es sich um Systeme handeln, die als Webserver, E-Mail-Server, Firewalls, Webclients, Anwendungsserver oder in anderen Bereichen dienen. Netzwerke können mit anderen Netzwerken verbunden werden. Netzwerke können auch Teilnetze enthalten.

Netzwerke können nach folgenden Kriterien gegliedert werden:

- ✗ Nach deren Topologie
- ✗ Nach deren räumlicher Ausdehnung
- ✗ Nach der für die Datenübertragung verwendeten Technologie
- ✗ Nach dem Trägersignal
- ✗ Danach, ob es sich um ein öffentliches Netzwerk handelt, oder ob der Zugriff auf das Netzwerk gesteuert wird
- ✗ Nach der Art der Verbindungen
- ✗ Nach den Hardwareverbindungen

Bei der Topologie eines Netzwerks handelt es sich um dessen allgemeine Konfiguration. Die wichtigsten Netzwerktopologien sind die Bus-, die Ring- und die Sterntopologie. Netzwerktopologien werden in Übung 1.3 ausführlicher besprochen.

Netzwerke können unterschiedlich groß sein, was sich auch in den Bezeichnungen reflektiert: LANs (Local Area Networks), MANs (Metropolitan Area Network) und WANs (Wide Area Networks). Um die räumliche Ausdehnung von Netzwerken geht es in Übung 1.4.

In Netzwerken werden unterschiedliche Technologien zur Übertragung von Daten verwendet. In Kapitel 5 geht es um solche Technologien wie z.B. DSL (Digital Subscriber Line) und ISDN (Integrated Service Digital Network).

Eine der Eigenschaften eines Netzwerks ist die Art des Trägersignals. Überträgt das Netzwerk Sprachsignale, Datensignale oder eine Mischung aus beiden?

Ein Netzwerk kann auch anhand der Personen beschrieben werden, die auf dieses bestimmte Netzwerk zugreifen dürfen. Handelt es sich bei dem Netzwerk um ein privates Netzwerk oder um ein öffentliches Netzwerk? Gibt es eine Zugriffssteuerung, die unterschiedliche Ebenen des öffentlichen und gkontrollierten Zugriffs auf das Netzwerk ermöglicht?

Netzwerke können anhand der Art der verwendeten Verbindungen unterschieden werden. Wir können ein Netzwerk nach den folgenden Eigenschaften beschreiben:

- Verbindungen zwischen Netzwerkknoten – DFÜ- oder Wählverbindungen
- Netzwerk – Wähl- oder Festverbindung
- Virtuelle Verbindungen zwischen Netzwerkknoten – keine direkte Hardwareverbindung zwischen Knoten

Die Art der Hardwareverbindung zwischen Knoten charakterisiert ein Netzwerk. So haben Organisationen die Möglichkeit, ihre Netzwerkknoten mit Hilfe von Glasfaser-, Koaxialkabeln oder Kupferleitungen miteinander verbinden.

In den 80er-Jahren, als der PC in Unternehmen und Organisationen Einzug hielt, wurden LANs (Local Area Networks) implementiert, um PCs miteinander zu verbinden. LANs wurden auch implementiert, damit Ressourcen wie besonders leistungsstarke Drucker, Farbdrucker oder Speicher mit besonders großen Kapazitäten auf Fileservern gemeinsam genutzt werden konnten. WANs (Wide Area Networks) wurden in den 80er-Jahren entwickelt, um LANs miteinander zu verbinden.

1983 entwickelte eine Gruppe von Computer- und Telekommunikationsunternehmen gemeinsam das OSI-Modell (Open Systems Interconnection), um eine gewisse Einheitlichkeit und einen Rahmen für Netzwerkprotokolle zu schaffen. Das OSI-Modell beschreibt, wie Nachrichten zwischen zwei Punkten in einem Netzwerk übertragen werden. Andere Gruppen sollten die Aufgabe übernehmen, die eigentlichen Schnittstellen zu entwickeln. Das OSI-Schichtenmodell dient als Richtlinie für Ingenieure bei der Entwicklung von Schnittstellen zwischen Produkten und Netzwerkknoten. Die ISO (International Organization for Standardization) erhob das OSI-Modell 1984 zu einem Standard in der Hoffnung, dass daraus die Standardbeschreibung von Netzwerken würde, auf deren Basis Schnittstellenspezifikationen entwickelt werden würden. Diese Schnittstellenspezifikationen wurden entwickelt und wurden im Laufe der Zeit zu Standards. Das OSI-Modell beschreibt sieben Funktionsschichten, die während einer Kommunikation zwischen zwei Punkten in einem Netzwerk realisiert werden. Das OSI-Modell wird in der folgenden Übung ausführlich besprochen.

Übungen zu 1.1

1.1.1 Unterschiedliche Arten von Netzwerken erkennen

a) Erstellen Sie eine Tabelle der unterschiedlichen Netzwerkeigenschaften.

b) Meinen Sie, aufgrund dessen, was Sie über die Eigenschaften von Netzwerken gelernt haben, dass diese gemischt verwendet werden können?

1.1.2 Ressourcen erkennen, die über das Netzwerk freigegeben werden

a) Schauen Sie sich einmal die Netzwerkressourcen an, die Sie heute an Ihrem Arbeitsplatz verwenden. Welche Ressourcen werden in Ihren Netzwerken freigegeben?

Lösungen zu den Übungen

Lösungen zu 1.1.1

a) Erstellen Sie eine Tabelle der unterschiedlichen Netzwerkeigenschaften.

	Topologie		
Eigenschaft	**Bus**	**Ring**	**Stern**
Räumliche Ausdehnung	LAN	MAN	WAN
Technologie der Datenübertragung	DSL	ISDN	T-Carrier
Trägersignal	Sprache	Daten	Sprache und Daten
Öffentlich oder Zugriffsteuerung	Privat	Öffentlich	Zugriffssteuerungs – ebenen des öffentlichen und eingeschränkten Zugriffs
Art der Verbindungen	DFÜ- oder Wählverbindung	Wähl- oder Festverbindung	Virtuelle Verbindungen
Art der Hardwareverbindung	Kupferkabel	Koaxialkabel	Glasfaserkabel

b) Meinen Sie, aufgrund dessen, was Sie über die Eigenschaften von Netzwerken gelernt haben, dass diese gemischt verwendet werden können?

Lösung: Im Allgemeinen, ja. Es gibt jedoch einige gemischte Anwendungen, die häufiger vorkommen als andere. Über ein großes Netzwerk, d.h. über ein WAN, können beispielsweise sowohl Daten als auch Sprache übertragen werden, wobei sowohl über DFÜ- als auch über Wählverbindungen öffentlich auf dieses Netzwerk zugegriffen werden kann.

Lösung zu 1.1.2

a) Schauen Sie sich einmal die Netzwerkressourcen an, die Sie heute an Ihrem Arbeitsplatz verwenden. Welche Ressourcen werden in Ihren Netzwerken freigegeben?

Lösung: Wir gehen von einer üblichen Organisation aus, bei der die PCs über mehrere LANs miteinander verbunden sind und bei der das WAN mit Hilfe des Internet realisiert wird. Die PC-Clientsysteme verwenden Ressourcen wie sehr schnelle Laserdrucker, Farbdrucker, Fileserver mit lizenzierter Software, Sicherungsspeicher und Zugriffsmöglichkeiten auf das Internet gemeinsam.

Wiederholungsfragen zu 1.1

Überprüfen Sie Ihr Wissen und versuchen Sie nun, die folgenden Fragen zu beantworten:

1. Bei Netzwerkknoten kann es sich um Systeme handeln, die welche der folgenden Funktionen innehaben? (Geben Sie alle zutreffenden Möglichkeiten an.)
   a) Webserver
   b) E-Mail-Server
   c) Aktenvernichter
   d) Webclients
2. Welche Art von Netzwerk wird wohl für eine Großstadt verwendet?
   a) LAN
   b) WAN
   c) MAN
   d) Sowohl b als auch c
3. Das OSI-Schichtenmodell wurde als Rahmen für Netzwerkprotokolle entwickelt.
   a) Richtig
   b) Falsch
4. WANs werden für die Verbindung von welchen der folgenden eingesetzt?
   a) MANs
   b) LANs
   c) Einzelner Knoten
5. Welche der folgenden Möglichkeiten werden für Verbindungen zwischen Netzwerkknoten implementiert?
   a) DFÜ-Verbindung
   b) Wählverbindung
   c) Festverbindung
   d) Virtuelle Verbindung
   e) Alle genannten Verbindungen

Die Lösungen befinden sich im Anhang des Buches zum Abschnitt 1.1.

Projekt 1.2: Das OSI-Schichtenmodell (Open Systems Interconnection)

ZIEL

Nach diesem Kapitel können Sie:

- Erkennen, an welcher Stelle das HTTP-Protokoll in das OSI-Modell passt
- Beispiele für Protokolle der unterschiedlichen Schichten nennen

Das OSI-Modell (Open Systems Interconnection) für Netzwerke wurde von einer Gruppe von Telekommunikationsunternehmen zur Verbesserung der Implementierung von Standardschnittstellen entwickelt. Damit sich das Schichtenmodell möglichst gut durchsetzte, arbeitete die Entwicklungsgruppe mit der ISO (International Organization for Standardization; `www.iso.ch`) zusammen. Das OSI-Modell für Netzwerke beschreibt die Komponenten unterschiedlicher Schichten, die es zusammen Benutzern eines gemeinsamen Netzwerkmediums ermöglichen, miteinander zu kommunizieren. Auf das OSI-Modell wird zwar häufig im Zusammenhang mit Netzwerken verwiesen. Dabei handelt es sich jedoch dennoch nicht um eine Sammlung von zu befolgenden Standards, sondern vielmehr um eine Verallgemeinerung der Prozesse und Teile, die zusammen ein Computernetzwerk ergeben.

Das OSI-Modell beruht auf der Vorstellung, dass der Prozess der Kommunikation zwischen zwei Endbenutzern in einem Telekommunikationsnetzwerk in Schichten gegliedert werden kann, wobei jeder Schicht bestimmte Funktionen zugewiesen sind. Die zentralen, vom OSI-Modell unterstützten Konzepte beruhen auf drei Hauptkomponenten: Dienste, Schnittstellen und Protokolle. Das Modell beschreibt für eine zwischen Benutzern versendete Nachricht den Datenfluss durch jede Schicht im sendenden Computer. Ebenso beschreibt das Modell den Datenfluss auf der Seite des empfangenden Computers durch die einzelnen Schichten hindurch bis zur Ankunft der Daten beim Endbenutzer.

Das Modell besteht aus sieben Funktionsschichten und verwendet dabei eine Hardware/Software-Kombination, die das Betriebssystem, Anwendungen (häufig einschließlich eines Browsers), TCP/IP und das Leitungssignal einschließt. Der Telekommunikationsprozess wird in sieben Schichten unterteilt, wobei die Schichten in zwei Hauptebenen gegliedert sind. Die oberste Ebene besteht aus den oberen vier Schichten und ist für die Weiterleitung der Nachricht von und zum Benutzer verantwortlich. Die untere Ebene besteht aus den unteren drei Schichten und regelt die Weiterleitung der Nachricht durch den Host. Für einen Host bestimmte Nachrichten werden bis zu den oberen

Schichten weitergeleitet. Nachrichten, die für einen anderen Host bestimmt sind, gelangen nicht zu den oberen Schichten, sondern werden stattdessen an den anderen Host weitergeleitet.

Das OSI-Modell wird als eine Schichtenarchitektur definiert, die aus den folgenden, in Abbildung 1.1 dargestellten Schichten besteht.

Die oberste Schicht, Schicht 7, bietet Einrichtungen zum Erkennen von Kommunikationspartnern. Darüber hinaus wird die Dienstqualität erkannt, die für diese bestimmte Übertragung erwartet bzw. benötigt wird. Benutzerbestätigung und Datenschutz sind ebenfalls in Schicht 7 angesiedelt. Schicht 7 ist außerdem für die Erkennung von Einschränkungen in der Datensyntax verantwortlich. Einige Anwendungen führen zwar möglicherweise die Funktionen der Anwendungsschicht aus, aber die Anwendung selbst ist in Schicht 7 nicht beinhaltet.

OSI-Schicht 6 bietet Einrichtungen zur Darstellung. Schicht 6 ist in der Regel Teil des Betriebssystems. Schicht 6 wandelt das Darstellungsformat von ein- und ausgehenden Daten in ein anderes Format um. Daher wird diese Schicht gelegentlich auch als Syntaxschicht bezeichnet. Ein Beispiel für die Verarbeitung in Schicht 6 ist eine Textfolge, die in einem Popup-Fenster mit eben empfangenem Text aktualisiert wird.

Schicht 5 wird als Sitzungsschicht bezeichnet. In der Sitzungsschicht werden Gespräche konfiguriert. In dieser Schicht findet ein Austausch statt. Darüber hinaus ist diese Schicht für die Beendigung des zwischen Anwendungen stattfindenden Dialogs auf jeder Seite verantwortlich. Die Aufgabe der Sitzungsschicht besteht darin, Verbindungen sowie Anfang und Ende eines Dialogs zu koordinieren.

Schicht 7	Anwendung
Schicht 6	Darstellung
Schicht 5	Sitzung
Schicht 4	Transport
Schicht 3	Netzwerk
Schicht 2	Sicherung
Schicht 1	

Abb. 1.1: Das OSI-Modell

Die oberen Schichten (5-7) des OSI-Modells werden häufig zusammengefasst und als Anwendungsschicht bezeichnet. In diesem Zusammenhang wäre unter den oberen Schichten ein »Programm« wie z.B. ein Webbrowser zu verstehen. Dieses Programm ist in einer gängigen Computersprache wie C geschrieben und in eine Anwendung übersetzt. Das in C geschriebene Programm umfasst die Funktionalität der Schichten 5 bis 7. Zwischen den einzelnen Schichten zu unterscheiden, ist manchmal nicht ganz einfach.

Die Schichten 1 bis 4 lassen sich in der Regel bei üblichen Computernetzwerken gut voneinander unterscheiden.

Schicht 4 wird als Transportschicht bezeichnet. Die Transportschicht ist sehr wichtig, da sie für die Ende-zu-Ende-Steuerung der Kommunikation verantwortlich ist. Eine Aufgabe der Schicht 4 ist es beispielsweise zu erkennen, ob alle Pakete angekommen sind. Schicht 4 übernimmt darüber hinaus auch die Fehlerprüfung und stellt sicher, dass die Daten vollständig übertragen werden. Die wichtigsten Protokolle der Transportschicht sind TCP (Transmission Control Protocol) und UDP (User Datagram Protocol). Momentan dominiert in Schicht 4 das Protokoll TCP. UDP ist weniger bekannt, kommt aber ebenfalls in der Transportschicht zur Anwendung. Sowohl TCP als auch UDP sind auf dem in Schicht 3 vorherrschenden Protokoll IP (Internet Protocol) angesiedelt.

Schicht 3, die Netzwerkschicht, ist für das Weiterleiten der Daten verantwortlich. Die Aufgabe dieser Schicht ist es, die Daten an die richtige Adresse zu senden und an die richtige Stelle weiterzuleiten. Bei Schicht 3 kommen die Daten auf Paketebene an. Schicht 3 ist dafür verantwortlich, die vielen unterschiedlichen Arten von Technologien der Schicht 2 zu einer gemeinsamen Schnittstelle für die oberen Schichten zusammenzuführen. Schicht 3 verfügt über ein eigenes Adressierungsschema, das sich von dem der Schicht 2 unterscheidet. Obwohl es einige erfolgreiche Vorläufer gab, ist heute IP das in Schicht 3 vorherrschende Protokoll.

Schicht 2 ist die Sicherungsschicht. Aufgabe dieser Schicht ist die Fehlerprüfung. Darüber hinaus bietet Schicht 2 auch für die Hardwareebene Möglichkeiten der Synchronisierung, Adressierung und Modulation. Die Sicherungsschicht verwaltet das Übertragungsprotokoll. Das Übertragungsverfahren besteht aus Adressierung, Modulation und Synchronisierung. Dieses Schema ist häufig an ein bestimmtes Hardwaremedium auf der Ebene der Schicht 1 gebunden. Die am häufigsten verwendete Technologie der Sicherungsschicht ist Ethernet. Ethernet hat ein völlig eigenes, wohldefiniertes Adressierungsschema. Dieses Adressierungsschema darf nicht mit dem IP-Adressierungsschema der Schicht 3 verwechselt werden. Andere, häufig angewendete Technologien der Sicherungsschicht sind das für Modemverbindungen verwendete PPP (Point-to-Point Protocol) und FDDI (Fiber Distributed Data Interface) das im Zusammenhang mit Glasfaserkabeln zum Einsatz kommt.

Schicht 1 ist die Bitübertragungsschicht. Diese Schicht leitet den Bitstrom durch das Netzwerk. Die Bitübertragungsschicht stellt die Hardwaremechanismen zur Verfügung, die erforderlich sind, um eine Nachricht mit elektrischen und mechanischen Mitteln zu übertragen. Schicht 1 sendet die Daten auf dem Trägersignal und empfängt auch die Daten auf dem Trägersignal. Diese Schicht besteht aus einer Reihe von Leitungen und Glasfaserkabeln, die elektronische bzw. optische Signale von einem Punkt zum nächsten übertragen.

Schicht 1 bestimmt darüber hinaus die Art der Anschlüsse und eine Reihe anderer Hardwareeigenschaften. Beispiele für die Technologie der Bitübertragungsschicht sind Koaxial-, Glasfaser- und Twisted-Pair-Kabel, Telefonleitungen, Mikrowellen-Sendeempfänger sowie die Infrarottechnologie.

Übungen zu 1.2

1.2.1 Erkennen, an welcher Stelle das HTTP-Protokoll in das OSI-Modell passt

a) Schauen Sie sich das OSI-Modell an. An welcher Stelle passt das Protokoll HTTP (Hypertext Transfer Protocol) in das OSI-Modell?

____

____

1.2.2 Beispiele für Protokolle der unterschiedlichen Schichten nennen

Schauen Sie sich noch einmal das OSI-Modell an.

a) Geben Sie Beispiele für Protokolle der verschiedenen Schichten.

____

____

Lösungen zu den Übungen

Lösung zu 1.2.1

a) Schauen Sie sich das OSI-Modell an. An welcher Stelle passt das Protokoll HTTP (Hypertext Transfer Protocol) in das OSI-Modell?

   Lösung: HTTP ist auf TCP angesiedelt. TCP/IP ist (neben UDP) das Protokoll, auf dem der gesamte Webverkehr beruht. Genau gesagt, baut HTTP auf TCP (Transmission Control Protocol) auf. Ein Großteil des Erfolgs des Internet ist auf die Stärke und Skalierbarkeit dieser Protokolle der unteren Schichten zurückzuführen. TCP/IP wird zwar in der Regel als Schicht-3-Protokoll des Internet bezeichnet. Genau genommen sind es jedoch die beiden in oberen Schichten angesiedelten Protokolle UDP und TCP, die sich das Protokoll IP (Internet Protocol) zu Nutze machen. Wenn von TCP/IP als Übertragungsprotokoll die Rede ist, ist UDP automatisch mitgemeint.

Lösung zu 1.2.2

a) Geben Sie Beispiele für Protokolle der verschiedenen Schichten.

Lösung: In Schicht 4, der Transportschicht, sind die wichtigsten Protokolle: TCP (Transmission Control Protocol) und UDP (User Datagram Protocol). IP (Internet Protocol) ist das wichtigste Protokoll der Schicht 3, d.h. der Netzwerkschicht. Das Protokoll PPP (Point-to-Point Protocol) kommt in Schicht 2 zum Einsatz.

Wiederholungsfragen zu 1.2

Überprüfen Sie Ihr Wissen und versuchen Sie nun, die folgenden Fragen zu beantworten:

1. Das OSI-Modell ist ....
   a) eine Sammlung von zu befolgenden Standards.
   b) eine Verallgemeinerung der Prozesse und Teile, die zusammen ein Computernetzwerk ergeben.
   c) LAN-Protokolle.
   d) WAN-Protokolle.

2. Das OSI-Modell umfasst ....
   a) Hardware
   b) Software
   c) Firmware
   d) a und b

3. Bringen Sie die folgenden Schichten des OSI-Modells in die richtige Reihenfolge und beginnen Sie mit der obersten Schicht.
   a) Sicherung
   b) Darstellung
   c) Netzwerk
   d) Transport
   e) Bitübertragung

4. Welche ist eine für die Sicherungsschicht typische Technologie?
   a) PPP (Point-to-Point Protocol)
   b) FDDI (Fiber Distributed Data Interface)
   c) Ethernet
   d) Extranet

5. Welche Möglichkeiten bietet die OSI-Schicht 6?

   a) Konvertierung eingehender Daten
   b) Sicherheit
   c) Darstellungsfunktion
   d) ISDN
   e) Alle genannten Möglichkeiten

Die Lösungen befinden sich im Anhang des Buches zum Abschnitt 1.2.

Projekt 1.3: Netzwerkverbund (Internetwork) und Netzwerktopologien

ZIEL

Nach diesem Kapitel können Sie:

- ✘ Unterschiedliche Netzwerktopologien erkennen
- ✘ Die Funktion eines Netzwerkverbunds verstehen

Die Ausbreitung von LANs brachte enorme Probleme mit sich. Bei isolierten LANs kam es vor, dass Ressourcen mehrfach vorhanden waren, wodurch verhindert wurde, dass Systeme für die gemeinsame Nutzung von Ressourcen zusammengeschlossen wurden. Der Grund dafür war das Fehlen einer LAN-übergreifenden Netzwerkverwaltung. Es gab Diskussionen über Automatisierungsinseln und Informationsinseln, die die gesamte Effektivität von Netzwerken in Organisationen schmälerten. Da es an einem zentralen Verfahren der Fehlersuche fehlte, wurde es immer teuerer und schwieriger, eine große Anzahl isolierter, lokaler Netzwerke über eine große Organisation hinweg zu unterstützen. So schlug schließlich die Stunde des Netzwerkverbunds.

Unter einem Netzwerkverbund (oft auch als Internetwork bezeichnet) versteht man den Zusammenschluss einzelner Netzwerke. Zwischengeschaltete Netzwerkgeräte sorgen für die Verbindung von Netzwerkknoten zwischen den Netzwerken. Im Internet sind diese zwischengeschalteten Netzwerkgeräte Router, die den Netzwerkknoten bestimmen, an den ein Paket auf dem Weg zu seinem Ziel als nächstes weitergeleitet werden soll. Ein Netzwerkverbund funktioniert wie ein einziges großes Netzwerk. Ein Vorteil eines Netzwerkverbunds besteht darin, dass verschiedene Technologien eingesetzt werden können. Darüber hinaus können an verschiedenen Standorten unterschiedliche Arten von Medien verwendet werden. An den Standorten kann außerdem mit unterschiedlichen Geschwindigkeiten gearbeitet werden. Ein Netzwerkverbund sorgt für einen einheitlichen, zuverlässigen Zugriff auf Ressourcen und verbindet dabei die den Abteilungen zugewiesenen LAN-Inseln miteinander.

Netzwerktopologien stellen die allgemeine Konfiguration von Netzwerken dar. Dabei gibt es im Wesentlichen drei Netzwerktopologien: Bus-, Ring- und Sterntopologie.

Bei der Bustopologie wird der Bus als Übertragungsweg gesehen. Bei der Buskonfiguration werden Signale von jedem an die Leitung angeschlossenen Gerät aufgenommen bzw. abgesetzt. Nur die Geräte, die von den Signalen angesprochen werden, reagieren auf die Signale. Andere Geräte beachten die Signale nicht, die über das Netzwerk übertragen werden. Ein Busnetzwerk ist eine Netzwerktopologie bzw. eine Schaltungsanordnung, bei der alle Geräte an die Leitung direkt angeschlossen sind. Alle Signale passieren sämtliche Geräte. Dabei hat jedes Gerät eine eigene Identität und erkennt die für sich bestimmten Signale.

Ein Ringnetzwerk ist eine Netzwerktopologie bzw. eine Schaltungsanordnung, bei der jedes Gerät entlang der Signalleitung an zwei andere Geräte angeschlossen ist. Bei einem Ringnetzwerk bildet der Leitungsverlauf die Form eines Rings. Jedes Gerät in einem Ringnetzwerk hat eine eindeutige Adresse. Die Daten fließen in einem Ringnetzwerk immer nur in eine Richtung. In jedem Ringnetzwerk befindet sich ein Steuergerät, das Daten abfängt und den Datenfluss in den Ring und aus dem Ring verwaltet.

Topologien auf unterschiedlichen Hardwareebenen ermöglichen den Zugriff auf unterschiedliche Arten. Die vorherrschende Form der Ringnetzwerktopologie ist das Token-Ring-Netzwerk. Ein Token-Ring-Netzwerk ist ein lokales Netzwerk (LAN), bei dem alle Arbeitsplatzrechner in einer Ring- oder Sterntopologie miteinander verbunden sind. Für ein LAN mit Bustopologie kann ebenfalls ein Token-Ring-Netzwerk implementiert werden. Durch das Token-Verfahren werden Kollisionen zwischen zwei Arbeitsplatzrechnern verhindert, die gleichzeitig Nachrichten senden möchten. Beim Token-Verfahren zirkulieren permanent leere Informationsrahmen im Ring. Wenn ein Arbeitsplatzrechner eine Nachricht senden möchte, platziert er ein Token in einen leeren Rahmen. Das kann ganz einfach dadurch geschehen, dass der Wert 0 im Token-Bit-Bereich des Rahmens auf 1 geändert wird. Anschließend setzt der Arbeitsplatzrechner eine Nachricht und eine Ziel-ID im Rahmen ab. Beim Passieren des Netzwerks wird der Rahmen von jedem Arbeitsplatzrechner geprüft. Wenn ein Arbeitsplatzrechner Ziel der Nachricht ist, kopiert dieser Arbeitsplatzrechner die Nachricht aus dem Rahmen. Danach wird der Wert des Token wieder auf 0 eingestellt, wodurch angezeigt wird, dass sich im Rahmen keine neue Nachricht mehr befindet. Anschließend wird der Rahmen an den Absender zurückgeschickt. Wenn der Absenderrechner erkennt, dass der Wert des Token wieder 0 ist, weiß er, dass die Nachricht kopiert und an ihrem Ziel angekommen ist. Daraufhin löscht der Absenderrechner die Nachricht im Rahmen. Ab diesem Moment zirkuliert der Rahmen wieder als »leerer« Rahmen im Netzwerk. Das bedeutet, er kann nun von einem anderen Arbeitsplatzrechner zum Versenden von Nachrichten verwendet werden. Der für das Token-Ring-Protokoll gültige Standard ist der Standard IEEE 802.5. Die bekannteste Implementierung des Token-Ring-Protokolls ist das Token-Ring-Netzwerk von IBM, das hauptsächlich in Unternehmen-LANs eingesetzt wird. Ein weiteres Beispiel für ein Token-Ring-Netzwerk ist das FDDI-Netzwerk (Fiber Distributed Data Interface), eine neuere Netzwerkkonfiguration, die entwickelt wurde, um Daten in größeren Netzwerkumgebungen über Glasfaserleitungen übertragen zu können.

In einer Sterntopologie sind alle Geräte direkt an einen zentralen Hub angeschlossen. Der Hub stellt die Netzwerkverbindungen her. Er ist für das Aufrechterhalten und das Beenden von Verbindungen verantwortlich. In einer Sterntopologie können problematische Knoten einfach isoliert werden. Wenn jedoch ein Netzwerkhub ausfällt, bricht das gesamte System zusammen.

Eine Sterntopologie wie z.B. 10Base-T-Ethernet ist die Netzwerkkonfiguration, die sich für Netzwerke, die über mehrere Gebäude verteilt sind, am besten eignet. Die Sterntopologie ist eine für Glasfaserverbindungen geeignete Topologie.

Übungen zu 1.3

1.3.1 Unterschiedliche Netzwerktopologien erkennen

a) Zeichnen Sie eine schematische Darstellung der Bustopologie.

b) Zeichnen Sie eine schematisch Darstellung der Ringtopologie.

c) Zeichnen Sie eine schematische Darstellung der Sterntopologie.

1.3.2 Die Funktion eines Netzwerkverbunds verstehen

a) Stellen Sie sich Ihre Organisation vor. Welche Verbundnetzwerke sind in Ihrer Organisation im Einsatz?

b) Welche Verbundnetzwerke sind zwischen Ihrer Organisation und anderen Organisationen im Einsatz?

c) Welche Funktion haben diese Verbundnetzwerke?

Lösungen zu den Übungen

Lösungen zu 1.3.1

a) Zeichnen Sie eine schematische Darstellung der Bustopologie.

Lösung:

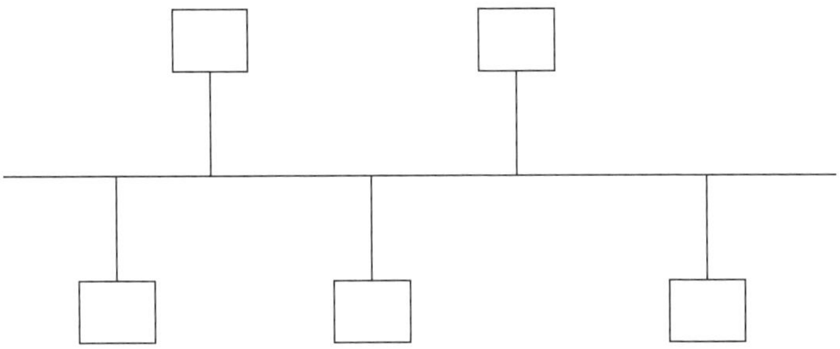

b) Zeichnen Sie eine schematische Darstellung der Ringtopologie.

Lösung:

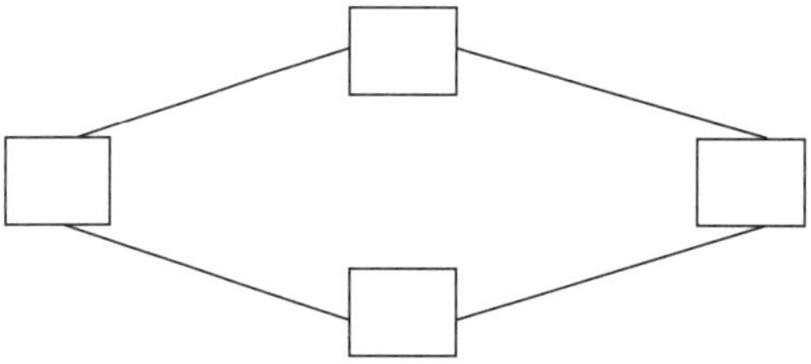

c) Zeichnen Sie eine schematische Darstellung der Sterntopologie.

Lösung:

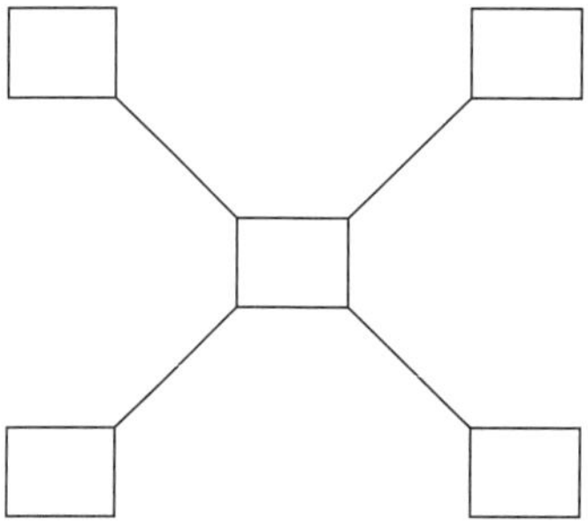

Lösungen zu 1.3.2

a) Stellen Sie sich Ihre Organisation vor. Welche Verbundnetzwerke sind an Ihrem Arbeitsplatz im Einsatz?

Lösung: In unserer neu gegründeten Organisation gibt es einen Netzwerkverbund, bei dem alle PCs und Linux-Server an den Router angeschlossen sind. Über den Router haben alle Geräte Anschluss an das Internet.

b) Welche Verbundnetzwerke sind zwischen Ihrer Organisation und anderen Organisationen im Einsatz?

Lösung: Bei einer größeren Organisation gibt es einen Netzwerkverbund zwischen den regionalen der Verkaufsstellen mit ihren lokalen Netzwerken, an die die PCs und Druckserver angeschlossen sind, und dem Netzwerk der Hauptniederlassung, an das die PCs, Druckserver und Mainframes mit Datenbanken des Unternehmens angeschlossen sind.

c) Welche Funktion haben diese Verbundnetzwerke?

Lösung: Der Netzwerkverbund in einer kleineren Organisation dient dazu, allen Geräten über einen gemeinsamen Router einen Internetanschluss zur Verfügung zu stellen und damit nur einmal Kosten zu erzeugen. In einer größeren Organisation, wo der Netzwerkverbund dazu dient, regionale Verkaufsniederlassungen mit dem Hauptsitz der Organisation zu verbinden, ermöglicht der Netzwerkverbund allen regionalen Verkaufsstellen einen einheitlichen Zugriff auf Unternehmensdatenbanken.

Wiederholungsfragen zu 1.3

Überprüfen Sie Ihr Wissen und versuchen Sie nun, die folgenden Fragen zu beantworten:

1. Jedes Gerät in einem Ringnetzwerk verfügt über eine eindeutige Adresse.

   a) Richtig
   b) Falsch

2. Was ist bei einem Netzwerkverbund möglich?

   a) Dass verschiedene Technologien eingesetzt werden können.
   b) Dass unterschiedliche Arten von Medien verwendet werden können.
   c) Dass auf Ressourcen einheitlich zugegriffen wird.
   d) Alle genannten Möglichkeiten.

3. Welche der folgenden Aussagen treffen auf ein Busnetzwerk zu?

   a) Nur die Geräte, die von den Signalen angesprochen werden, reagieren auf die Signale.
   b) Die Geräte reichen das Signal reihum weiter, bis es von einem Gerät für sich beansprucht wird.
   c) Alle Geräte sind an einen zentralen Hub angeschlossen.
   d) Keine der Aussagen.

4. Ein Netzwerkverbund ist für die Unterstützung von Websites erforderlich.

   a) Richtig
   b) Falsch

5. Welche der folgenden Aussagen treffen auf eine Sterntopologie zu? (Geben Sie alle zutreffenden Möglichkeiten an.)

   a) Jedes Gerät ist mit dem nächsten im Netzwerk verbunden.
   b) Der Hub stellt die Netzwerkverbindungen her.
   c) Wenn der Netzwerkhub ausfällt, hat das keine Auswirkungen auf die anderen Knoten im Netzwerk.
   d) Die Sterntopologie ist für Netzwerke geeignet, die sich über mehrere Gebäude verteilen.

Die Lösungen befinden sich im Anhang des Buches zum Abschnitt 1.3.

Projekt 1.4: Netzwerke, nach räumlicher Ausdehnung gegliedert

ZIEL

Nach diesem Kapitel können Sie:

- ✗ Die Vorzüge der LAN-Technologie verstehen
- ✗ Angaben zur räumlichen Ausdehnung mit dem Internet, mit Intranets und mit Extranets in Verbindung bringen

Sie wissen nun, dass Netzwerke anhand ihrer Topologien oder Konfigurationen charakterisiert werden können. In dieser Übung geht es nun darum, Netzwerke anhand ihrer räumlichen Ausdehnung voneinander zu unterscheiden.

Nach der räumlichen Ausdehnung lassen sich im Wesentlichen drei Arten von Netzwerken voneinander unterscheiden:

- ✗ LANs (Local Area Networks)
- ✗ MANs (Metropolitan Area Networks)
- ✗ WANs (Wide Area Networks)

LAN ist die Abkürzung, die für Local Area Network, zu deutsch lokales Netzwerk, steht. Ein LAN besteht aus einem Netzwerk miteinander verbundener Arbeitsplatzrechner bzw. Server. In einem LAN sind die Arbeitsplatzrechner miteinander verbunden, damit die Ressourcen eines einzelnen Prozessors oder Servers von allen genutzt werden können. Als LANs zum ersten Mal installiert und konfiguriert wurden, erstreckten sie sich nur über einen relativ kleinen geografischen Bereich. Aufgrund physikalischer Gegebenheiten war die Reichweite von LANs eingeschränkt und sie unterstützten daher kleine Organisationen oder Abteilungen innerhalb größerer Organisationen. Mit Hilfe der FDDI-Technologie ist es möglich, LANs weiter auszudehnen.

LANs können nicht mehr als vier bis fünf Benutzer bedienen, die Ressourcen in ihrer Gruppe gemeinsam nutzen möchten. LAN-Zugriffstechnologien wie FDDI, Ethernet, Token Ring oder ATM (Asynchronous Transfer Mode, asynchroner Übertragungsmodus) ermöglichen den Zugriff mehrerer Tausend Benutzer. ATM ist eine leistungsstarke, auf Zellen beruhende Switching- und Multiplexing-Technologie, die mit Paketen bestimmter Größe arbeitet, um unterschiedliche Arten von Daten zu übertragen.

Zu den für die Implementierung von LANs verwendeten Technologien zählen: Ethernet, FDDI (Fiber Distributed Data Interface) und Token Ring.

Die Technologien Ethernet und FDDI werden in Kapitel 2 ausführlicher besprochen. Die Technologie Token Ring wurde im vorhergehenden Abschnitt beschrieben.

Die Begriffe LAN und WAN werden recht häufig verwendet, um Netzwerke zu beschreiben. Der Ausdruck MAN ist dagegen wesentlich seltener zu hören. Die Abkürzung MAN steht für Metropolitan Area Network, zu deutsch etwa Großstadtnetz. Ein MAN verbindet Benutzer mit Computerressourcen. Es gibt zwar keine genaue Definition der Kapazität eines MAN, aber es lässt sich durchaus sagen, dass ein MAN größer ist als ein LAN, jedoch kleiner als ein WAN. Bei einem MAN werden LANs zusammengeschlossen. Dabei bietet es eine effiziente Möglichkeit des Anschlusses an ein WAN. Ein MAN ermöglicht den Zusammenschluss von LANs zu einem sich z.B. über einen Hochschulbereich erstreckenden Netzwerk. MANs sind dafür vorgesehen, LANs mit Backbone-Leitungen zu verbinden.

Ein MAN kann die Backbone-Leitungen für den Zusammenschluss von Netzwerken in einer Stadt zu einem einzigen größeren Netzwerk zur Verfügung stellen. Dies ist beispielsweise im US-Bundesstaat Pennsylvania der Fall, wo die Regierung entschieden hat, alle Behörden in der Region in und um Harrisburg, die Hauptstadt von Pennsylvania, zu einem Netzwerkverbund zusammenzuschließen. Im MAN von Harrisburg arbeiten mehr als 25.000 Benutzer in Behörden, die mit anderen Benutzern innerhalb des Behördensystems durch einen Netzwerkverbund zusammengeschlossen sind. Ein weiteres Beispiel für ein MAN gibt es in Italien in Triest, wo die Stadtverwaltung ein MAN für Einzelbenutzer innerhalb der Stadtgrenzen von Triest unterhält.

WAN ist die Abkürzung, die für Wide Area Networks, zu deutsch für Weitbereichsnetze steht. WANs bieten geografisch weit verstreuten Benutzern ihre Dienste. WANs werden auch für den Zusammenschluss von LANs verwendet. Ein WAN kann sich im privaten Besitz eines einzelnen Unternehmens bzw. einer großen Organisation befinden. Ein WAN kann aber auch von einem Telekommunikationsanbieter geleast oder vermietet werden. Einzelne Benutzer können über die normale Telefonleitung eine Verbindung zu einem WAN herstellen. Das WAN bzw. die WANs, die von Mitgliedern einer Organisation genutzt werden, umfassen in der Regel öffentliche bzw. verteilte Benutzernetzwerke. Hier ist das WAN fast immer das Internet, auf das über den Internetdienstanbieter (ISP; Internet Service Provider),der von der Organisation für deren Router eingesetzt ist, oder die von Einzelbenutzern abonnierten Provider zugegriffen wird.

Übungen zu 1.4

1.4.1 Die Vorzüge der LAN-Technologie verstehen

Stellen Sie sich ein lokales Netzwerk (LAN) in Ihrer Organisation vor.

a) Welche Funktionen hat das LAN bzw. kann das LAN übernehmen?

b) Welche Vorteile kann die Nutzung eines LAN für Ihre Organisation haben?

1.4.2 Angaben zur räumlichen Ausdehnung mit dem Internet, mit Intranets und mit Extranets in Verbindung bringen

a) Sagen die Abkürzungen LAN, MAN und WAN etwas über den Einsatz einer bestimmten Technologie bei der Implementierung der Netzwerkverbindungen aus?

Lösungen zu den Übungen

Lösungen zu 1.4.1

Stellen Sie sich ein lokales Netzwerk (LAN) in Ihrer Organisation vor.

a) Welche Funktionen hat das LAN bzw. kann das LAN übernehmen?

Lösung: Ein LAN-Server kann eine Reihe von Anwendungsprogrammen verwalten. In einem solchen Fall laden Benutzer eine bestimmte Anwendung wie z.B. das Desktop-Publishing-System FrameMaker herunter. Jeder Benutzer lässt ausgewählte Anwendungen auf seinem eigenen Desktop laufen. Bei einer umfangreichen Anwendung können Benutzer Komponenten der Anwendung auf einen Server laden. Der LAN-Server kann darüber hinaus auch eine Versionskontrolle für Anwendungen vornehmen, so dass alle Benutzer auf dieselbe Ausgabe der jeweiligen Anwendung zugreifen. Wenn es neue Versionen gibt, wird die Anwendung auf dem Server aktualisiert.

LANs werden außerdem eingesetzt, um Laser- oder Farbdrucker gemeinsam zu nutzen. Drucker können an den LAN-Server angeschlossen werden und von der dem LAN zugehörigen Gruppe genutzt werden. Eine weitere wichtige Aufgabe des LAN-Servers ist es, den Austausch von Nachrichten zu ermöglichen. Der LAN-Server dient als eine zwischen das Hauptgateway und die Außenwelt geschaltete Übertragungsstelle, die Nachrichten an einzelne Desktopsysteme weiterleitet. Der LAN-Server kann darüber hinaus auch als Fileserver eingesetzt werden, der es ermöglicht, dass mehrere Benutzer Dateien gemeinsam nutzen können. Und schließlich kann ein LAN-Server als Webserver für eine Abteilung oder eine ganze Organisation dienen.

b) Welche Vorteile kann die Nutzung eines LAN für Ihre Organisation haben?

Lösung: Mit einem LAN-Server, der eine Reihe von Anwendungsprogrammen verwaltet, können umfangreiche, teure Anwendungsprogramme von mehreren Benutzern genutzt werden. In der Server-Umgebung mit für die gemeinsame Nutzung freigegebenen Anwendungen, in der ich gearbeitet habe, hatte eine Gruppe von Software-Ingenieuren und Managern gemeinsamen Zugriff auf mehrere Kopien des DTP-Systems FrameMaker. Der gemeinsame Server, der außerdem einen zwischengeschalteten Mail-Server umfasste, enthielt einen Lizenz-Server. Der Mail-Server leitete E-Mails vom Gateway des Unternehmens über den LAN-Server an die einzelnen Arbeitsplatzrechner. Wenn ein Benutzer mit FrameMaker arbeiten wollte, forderte er beim Lizenz-Server eine zeitlich begrenzte Lizenz an. Gelegentlich kam es vor, dass mehr Benutzer auf FrameMaker zugreifen wollten als Lizenzen vorhanden waren. Aber das kam nur selten vor. Meist wurden die Lizenzen problemlos verteilt und das Unternehmen hatte für jeweils zehn Mitglieder einer Gruppe eine Lizenz für eine Kopie der Software, was dem Unternehmen eine Menge Geld sparte. Dazu kommt noch, dass FrameMaker ein recht umfangreiches Programm ist, das die Benutzer nicht immer auf ihren Arbeitsplatzrechnern speichern wollten und daher froh waren, einige Komponenten der Anwendung auf dem Server ablegen zu können. Dadurch, dass FrameMaker auf dem Server gespeichert war, arbeiteten alle Benutzer automatisch mit derselben Version des Programms. Außerdem müssen so nicht alle Arbeitsplatzrechner einzeln aktualisiert werden, wenn es eine neue Version der Anwendung gibt.

LANs werden darüber hinaus auch für die gemeinsame Nutzung von teuren Laser- bzw. Farbdruckern verwendet. Drucker können an den LAN-Server angeschlossen und von der dem LAN zugehörigen Gruppe genutzt werden. Damit werden die Ausgaben eines Unternehmens reduziert. Außerdem stehen die Drucker in einem Raum und nicht in jedem einzelnen Arbeitszimmer. Eine weitere wichtige Aufgabe des LAN-Servers ist es, den Austausch von Nachrichten zu ermöglichen. Der LAN-Server dient als eine zwischen das Hauptgateway und die Außenwelt zwischengeschaltete Übertragungsstelle, die Nachrichten an einzelne Desktopsysteme weiterleitet. Mit dem Protokoll IMAP (Internet Message Access Protocol) können Nachrichten auf einem Server gespeichert werden, von wo aus die einzelnen Arbeitsplatzrechner Zugriff auf diese Nachrichten haben, ohne diese bei sich selbst speichern zu müssen. Somit ist es möglich, dass Benutzer auch von außerhalb des Büros mit ihren Laptops E-Mails abrufen können.

Der LAN-Server kann darüber hinaus auch als Fileserver eingesetzt werden, der es ermöglicht, dass mehrere Benutzer Dateien gemeinsam nutzen können. Durch die gemeinsame Nutzung von Dateien werden Kosten reduziert, da die Mitglieder einer Gruppe Speichermedien gemeinsam nutzen, und die Kommunikation wird durch Dokumente verbessert, die einfach gemeinsam genutzt werden. Der LAN-Administrator ist für die Verwaltung des Lese- und Schreibzugriffs auf bestimmte Dateien auf dem Fileserver verantwortlich. Möglichkeiten der Sicherung und Wiederherstellung können den Verlust oder die Beschädigung von wichtigen Daten verhindern. Und schließlich kann ein LAN-Server als Webserver für eine Abteilung oder eine ganze Organisation dienen, der den Zugriff auf freigegebene Informationen über das Web ermöglicht. Dies ist eine weitere Einrichtung, die die Kommunikation und die gemeinsame Nutzung von Informationen unter den Mitgliedern einer Arbeitsgruppe sowie zwischen der Arbeitsgruppe und der restlichen Organisation erleichtert. Wenn ein LAN-Server als Webserver eingesetzt wird, muss ein Plan erarbeitet werden, mit dem sowohl die Daten als auch die Anwendungen, die auf dem LAN-Server gespeichert sind, geschützt werden.

Lösung zu 1.4.2

a) Sagen die Abkürzungen LAN, MAN und WAN etwas über den Einsatz einer bestimmten Technologie bei der Implementierung der Netzwerkverbindungen aus?

   Lösung: Nein, in LANs, MANs und WANs kann jede beliebige Netzwerktechnologie eingesetzt werden, die den Bedürfnissen der Organisationen entspricht, die diese Netzwerke nutzen. Aufgrund der Popularität von Ethernet und Internet können einzelne Benutzer und Arbeitsplatzrechner in einem LAN beispielsweise mit Ethernet zu einem Intranet zusammengeschlossen werden. Bei einem WAN wird in der Regel das Internet verwendet. Ein MAN kann ein Extranet mit gemeinsamem Zugriff auf Ressourcen durch eine bestimmte Stadtverwaltung sein. Bei allen kommen somit die Technologien des Internet jedoch in unterschiedlichen Konfigurationen und mit unterschiedlichen Hardwareanschlüssen zum Einsatz. Intranets und Extranets werden in der folgenden Übung näher betrachtet.

1.4.3 Wiederholungsfragen zu 1.4

Überprüfen Sie Ihr Wissen und versuchen Sie nun, die folgenden Fragen zu beantworten:

1. LANs werden verwendet, um ....
   a) MANs zu verbinden
   b) Drucker gemeinsam zu nutzen
   c) Dateien gemeinsam zu nutzen
   d) Anwendungsprogramme zu verwalten
   e) Keine der genannten Möglichkeiten
2. Ordnen Sie die folgenden Netzwerkarten von groß nach klein.
   a) WAN
   b) LAN
   c) MAN
3. FDDI wird für die Implementierung von LANs verwendet.
   a) Richtig
   b) Falsch
4. Lizenz-Server werden auf folgende Arten eingesetzt: (Geben Sie alle zutreffenden Möglichkeiten an.)
   a) Sie laufen auf Servern in einem LAN.
   b) Sie ermöglichen den Zugriff auf freigegebene Anwendungen.
   c) Sie ermöglichen die Freigabe von Anwendungen mit Hilfe des Protokolls HTTP.
   d) Sie helfen bei der Einsparung von Kosten für die Lizenzierung bestimmter Anwendungen.
5. Ein MAN ist eine Komponente, die in einer Netzwerkkonfiguration nicht fehlen darf.
   a) Richtig
   b) Falsch

Die Lösungen befinden sich im Anhang des Buches zum Abschnitt 1.4.

Projekt 1.5: Intranets und Extranets

ZIEL

Nach diesem Kapitel können Sie:

- Die wichtigsten Komponenten eines Intranets und eines Extranets beschreiben
- Die Unterschiede zwischen Intranets, Extranets und dem Internet nennen

Sun Microsystems verfügt über ein ausgedehntes Intranet, das die Angestellten mit unternehmensinternen Informationen wie z.B. dem Leistungsplan versorgt. Das Unternehmen Hewlett-Packard unterstützt Transaktionen im Rahmen des E-Commerce über sein Extranet. Ein Intranet kann als ein Netzwerk bezeichnet werden, das mit Hilfe gängiger Internetprotokolle wie TCP/IP und HTTP eine Reihe von Clients innerhalb einer Organisation oder eine Gruppe von zusammengehörenden Clients miteinander verbindet. Bei dieser Definition liegt der Fokus auf den Netzwerkprotokollen und auf den vom Netzwerk bedienten Clients. Ein Intranet kann aber auch als ein Netzwerk definiert werden, bei dem mehrere Knoten hinter einer Firewall mit Hilfe des Protokolls IP (Internet Protocol) miteinander verbunden werden. Hier verschiebt sich der Fokus auf den internen Aspekt des Netzwerks, eine der wichtigen Eigenschaften, anhand derer ein Intranet von einem Extranet bzw. dem Internet unterschieden wird. Intranets haben rasch eine weite Verbreitung gefunden. Viele Organisationen entwickelten Ihre Intranet-Pläne mit oder ohne öffentlich zugänglichen Inhalt im Internet. Betrachten wir uns daher Intranets und Extranets etwas näher.

Ein Intranet kann auch anhand der zur Verfügung gestellten Dienste beschrieben werden. So kann ein Intranet beispielsweise Pseudo-Internetdienste innerhalb einer Organisation, hausintern oder in einem LAN bieten, das sich über das Informationsnetzwerk der Organisation erstreckt. Diese Dienste bringen den Einsatz von Internettechnologien mit sich und können auch folgende Dienste beinhalten: PC-zu-Host-Verbindung, mobile Kommunikation, Client/Server-Netzwerke und die Integration von Datawarehouses.

Es lässt sich eine grobe Übereinstimmung zwischen den Komponenten eines Intranets und der Architektur eines mehrschichtigen Client/Server-Systems aufzeigen (siehe Abbildung 1.2).

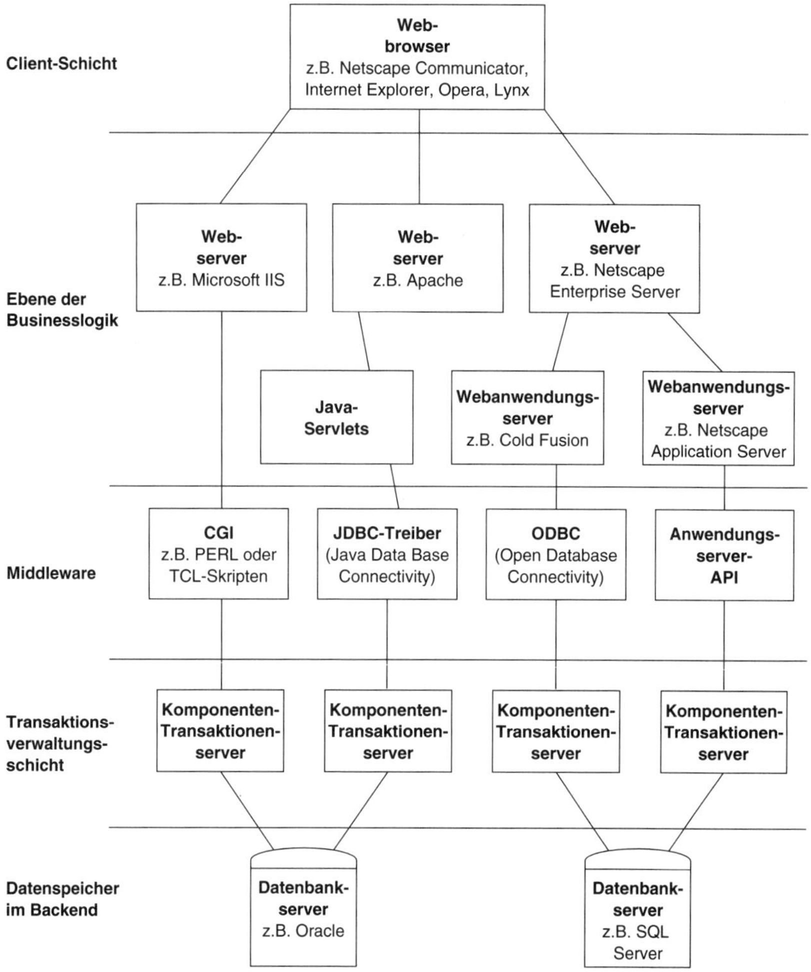

Abb. 1.2: Logische Sicht eines Intranets

- Auf der obersten Ebene entspricht der Browser der Client-Schicht.
- Auf der zweiten Ebene sind der Webserver und optionale Anwendungsserver Teil der Businesslogik-Schicht.
- Die dritte Ebene ist die Middleware-Schicht, die in aller Regel CGI-Skripten enthält. Diese Schicht kann auch JDBC-Treiber sowie spezielle Anwendungsserver-APIs beinhalten, die häufig hausintern für Verbindungen zu betrieblichen Anwendungen entwickelt werden.
- Die unterste Ebene ist die Transaktionsverwaltungsschicht, die aus einem Komponenten-Transaktionsserver bestehen kann. Diese Server dienen als Schnittstellen zu den Datenbankservern im Backend.

- Datenbankserver sind häufig über Transaktionsserver mit dem Intranet verbunden. Somit besteht die unterste Ebene aus den Datenspeichern im Backend bzw. in der Sprache des Intranet, aus Datenbankservern wie Oracle und SQL Server.
- Mit Hilfe von für das Internet entwickelten Such- und Abruf-Tools kann im Intranet nach bestimmten Daten gesucht werden. Einer der wichtigsten Vorteile der Nutzung von Internettechnologien im Intranet besteht darin, dass für den Zugriff auf Informationen innerhalb der eigenen Organisation dieselben Tools wie für den Zugriff auf Informationen außerhalb verwendet werden können.

1996 begannen Organisationen zu erkennen, welchen Vorteil die Zusammenarbeit mit vertrauten Partnern mit Hilfe der Infrastruktur des Internets mit sich bringt. Bob Metcalfe, Erfinder des Ethernet, prägte den Ausdruck Extranet. Ein Extranet lässt sich als ein Netzwerk beschreiben, bei dem eine Gemeinschaft handeltreibender Partner mittels Internetverbindungsprotokollen über ein VPN (Virtual Private Network) miteinander in Verbindung stehen. In einem Extranet werden Mitglieder einer Gemeinschaft auf einer »gemeinschaftsgesteuerten« Basis mit Webbrowser-Technologie unterstützt. Ein Extranet bietet internetähnliche Verbindungen mit dem zusätzlichen Vorteil der Isolierung von allgemeinen Internetbenutzern und vom allgemeinen Internetverkehr. Dabei müssen jedoch alle Mitglieder eines Extranets für die gemeinsame Nutzung über kompatible Anwendungen verfügen.

In Bezug auf ihre Komponenten sind sich Extranets und Intranets sehr ähnlich. Zu den wichtigsten Komponenten zählen:

- Auf IP basierende Netzwerkverbindungen
- Hardware bestehend aus mindestens einem Webserver und mindestens einer Firewall
- Software bestehend aus Netzwerkeinrichtungen, Webserver (HTTPD-HTTP-Daemon) und Businessanwendungen, die von einer Organisation und deren Partnern verwendet werden, und die über deren Firewalls hinweg eingesetzt werden können.
- Einrichtungen für die Netzwerksicherheit und definierte Maßnahmen

Die Netzwerkverbindungen beruhen auf dem Protokoll IP (Internet Protocol). Eine Netzwerkverbindung kann über unterschiedliche Arten von Leitungen hergestellt werden:

- Wählleitung
- Standleitung bzw. private Leitung
- Sicherer Tunnel im Internet mit Ende-zu-Ende-Verschlüsselung

Die Hardware besteht aus mindestens einem Webserver und mindestens einer Firewall, wobei es sich bei beiden um gewöhnliche PCs mit handelsüblichen Komponenten handeln kann. Die Software besteht aus verteilten Anwendungen, die im Extranet genutzt werden können. Es gibt Extranet-Serversoftware, mit der Zugriff, Sicherheit, Transaktionen und Sites verwaltet werden können. Die Anwendungen der Partner müssen untereinander kompatibel sein, damit sie von allen genutzt werden können.

Die einfachste Form der Sicherheit ist die auf dem Browser basierende Verschlüsselung, die durch einen SSL-aktivierten (Secure Sockets Layer) Web-Commerce-Server realisiert werden kann. Mit SSL können bestimmte Seiten mit vertraulichem Inhalt oder auch alle Seiten übertragen werden. SSL wird in der Regel bei E-Commerce-Anwendungen eingesetzt und wird für sichere Online-Bestellmöglichkeiten auf vielen Websites verwendet. Für die gemeinsame Nutzung von Anwendungen reicht die auf dem Browser basierende Verschlüsselung jedoch nicht aus. Verteilte Anwendungen benötigen ein VPN (Virtual Private Network) oder einen Tunnel.

Es gibt im Wesentlichen zwei Arten von Extranets: Hub-Extranets und gegenseitige Extranets. Ein Hub-Extranet wird von einer Organisation verwaltet, die vertrauten, externen Partnern den Zugriff auf das Extranet ermöglicht. Hub-Extranets werden für die Unterstützung einer Organisation und deren Zulieferer, wichtige Kunden und Mitarbeiter eingesetzt. Mit Hilfe eines gegenseitigen Extranets können mehrere Organisationen auf bestimmte Intranet-Bereiche der jeweils anderen zugreifen. Gegenseitige Extranets unterstützen virtuelle Gemeinschaften und vertikale Industrien.

Übungen zu 1.5

1.5.1 Die wichtigsten Komponenten eines Intranets und eines Extranets beschreiben

Stellen Sie sich die logischen Komponenten sowohl eines Intranets als auch eines Extranets vor.

a) Aus welchen Komponenten besteht in der Regel ein Intranet?

____

____

b) Welche Komponenten eines Intranets sind optional?

____

____

c) Welches sind die wichtigsten Komponenten eines Extranets?

1.5.2 Die Unterschiede zwischen Intranets, Extranets und dem Internet nennen

Bei dieser Übung vergleichen Sie das Internet, ein Intranet und ein Extranet miteinander.

a) Was haben das Internet, ein Intranet und ein Extranet gemeinsam?

b) Wie unterscheidet sich ein Intranet vom Internet? Wie unterschiedet sich ein Extranet vom Internet?

Lösungen zu den Übungen

Lösungen zu 1.5.1

Stellen Sie sich die logischen Komponenten sowohl eines Intranets als auch eines Extranets vor.

a) Aus welchen Komponenten besteht in der Regel ein Intranet?

Lösung: Ein Intranet besteht in der Regel zumindest aus einem Webbrowser und mindestens einem Webserver.

b) Welche Komponenten eines Intranets sind optional?

Lösung: Zusätzliche Webserver, Anwendungsserver, CGI-Skripten, JDBC-Treiber, Anwendungsserver-APIs, Komponenten-Transaktionsserver und Datenbankserver sind optionale Komponenten eines Intranets. Sie machen das Intranet leistungsfähiger und flexibler, sind jedoch nicht unbedingt für jede Intranetkonfiguration geeignet.

c) Welches sind die wichtigsten Komponenten eines Extranets?

Lösung: Ein Extranet besteht aus auf IP basierenden Netzwerkverbindungen, Hardware bestehend aus mindestens einem Webserver und mindestens einer Firewall, Software bestehend aus Netzwerkeinrichtungen und einem verteilten Businessanwendungsserver, sowie aus Einrichtungen für die Netzwerksicherheit und Sicherheitsrichtlinien.

Lösungen zu 1.5.2

Bei dieser Übung vergleichen Sie das Internet, ein Intranet und ein Extranet miteinander.

a) Was haben das Internet, ein Intranet und ein Extranet gemeinsam?

   Lösung: Sowohl für das Internet als auch für Intranets und Extranets wird dasselbe Protokoll, nämlich IP (Internet Protocol) verwendet.

b) Wie unterscheidet sich ein Intranet vom Internet? Wie unterschiedet sich ein Extranet vom Internet?

   Lösung: Ein Intranet dient einer Organisation oder einer Interessensgemeinschaft und der Zugriff auf ein Intranet ist auf Mitglieder der Organisation bzw. Gemeinschaft beschränkt. Ein Extranet dient einer Interessensgemeinschaft, der die vertrauten Partner einer Organisation angehören. Ein sicheres Extranet ermöglicht den Zugriff auf einen geschützten Bereich, der zwar außerhalb der Firewall der Organisation, jedoch auch außerhalb der öffentlichen Bereiche des Internet liegt. Das Internet ist das öffentliche Netzwerk der Netzwerke und Server, die in der ganzen Welt über das Protokoll IP (Internet Protocol) miteinander verbunden sind.

Wiederholungsfragen zu 1.5

Überprüfen Sie Ihr Wissen und versuchen Sie nun, die folgenden Fragen zu beantworten:

1. Eine Netzwerkverbindung kann über eine ... eingerichtet werden. (Geben Sie alle zutreffenden Möglichkeiten an.)

   a) Standleitung
   b) Wählleitung
   c) Private Leitung
   d) Stromleitung

2. Bringen Sie die folgenden Schichten von der Client-Schicht bis zur Backend-Schicht in die richtige Reihenfolge.

   a) Transaktionsverwaltungsschicht
   b) Client-Schicht
   c) Businesslogik-Schicht
   d) Datenspeicher im Backend

3. ODBC ist ein Beispiel für ....

   a) einen Client
   b) ein Datenpaket für die Speicherung im Backend
   c) ein Middleware-Paket
   d) keine der oben genannten Möglichkeiten

4. Bei welchen der folgenden Netzwerke wird das Protokoll IP (Internet Protocol) verwendet?

   a) Internet
   b) Extranet
   c) Intranet
   d) Bei allen der genannten Möglichkeiten

5. JDBC kann ....

   a) Datenbanken mit Webservern verbinden
   b) in einem Intranet laufen
   c) Middleware-Funktionen zur Verfügung stellen
   d) a und b
   e) b und c
   f) alle der genannten Möglichkeiten

Die Lösungen befinden sich im Anhang des Buches zum Abschnitt 1.5.

Überprüfen Sie Ihre Sachkenntnis!

In diesem Kapitel haben Sie Intranets kennen gelernt. Intranets wurden mit Blick auf Client/Server-Systeme betrachtet und es wurden die unterschiedlichen Funktionsebenen in einem Intranet erläutert. Gehen wir nun einmal davon aus, dass Sie ein Intranet für eine Organisation von Grund auf planen. Sie können dazu jedes kommerziell verfügbare Paket verwenden.

1. Zeichnen Sie ein mehrschichtiges Diagramm des Client/Server-Systems.
2. Unterscheiden Sie die Schichten im System indem Sie angeben, welche Softwarepakete in welcher Schicht zum Einsatz kommt.
3. Für die Ebene der Businesslogik reicht es, wenn Sie ein Paket angeben. Für die unteren Ebenen sollten jedoch unterschiedliche Pakete eingesetzt werden, da zu mehreren älteren Datenbanken eine Verbindung hergestellt werden soll.

KAPITEL 2

Architekturen, Komponenten und Verbindungen

Überblick

In diesem Kapitel erfahren Sie mehr über die folgenden Themen:

- Paketvermittelnde Netzwerke — Seite 53
- Das Client/Server-Modell des Web — Seite 58
- Ethernet- und FDDI-Netzwerke — Seite 64
- Netzwerkkomponenten — Seite 69
- Netzwerkverbindungen — Seite 74

Damit Sie verstehen, wie das Internet funktioniert, müssen Sie die Betriebsstruktur eines paketvermittelnden Netzwerks verstehen. Damit Sie verstehen, wie das Web arbeitet, müssen Sie die Client/Server-Architektur kennen, auf der das Web basiert. Bei den meisten Organisationen werden inzwischen Desktopsysteme, Server und Arbeitsplatzrechner mittels Ethernet miteinander verbunden. Daher wird hier ebenfalls erläutert, wie gewöhnliche LAN-Konfigurationen mit Hilfe von Glasfaserleitungen zu einem organisationsübergreifenden Netzwerk zusammengeschlossen werden können. Darüber hinaus werden die unterschiedlichen Arten von Hardwarekomponenten beschrieben, die für die Verbindungen in Netzwerken verwendet werden, und es wird dargestellt, wie Sie mit Ihrem PC und gewöhnlichen Protokollen eine Verbindung zum Internet herstellen können.

Projekt 2.1: Paketvermittelnde Netzwerke

Nach diesem Kapitel können Sie:

- Beschreiben, wie ein paketvermittelndes Netzwerk funktioniert
- Paketvermittlung und Leitungsvermittlung miteinander vergleichen

Wenn von Netzwerken und Datenübertragung die Rede ist, wird häufig der Ausdruck *Paket* gebraucht, ohne dass wirklich klar ist, was Paket eigentlich bedeutet. Wir wollen uns zunächst die Ausdrücke *Paket* und *Paketvermittlung* einmal näher ansehen, damit klar wird, worum es geht. Ein Paket ist eine Dateneinheit, die im Internet oder in einem anderen paketvermittelnden Netzwerk von einem Ursprungsort an ein Ziel geleitet wird. Der Ausdruck *Datagramm* entspricht in seiner Bedeutung dem Ausdruck *Paket*. Datagramm ist der Ausdruck, der in der Bezeichnung für das Protokoll verwendet wird, das unter der Abkürzung UDP (User Datagram Protocol) bekannt ist. Dabei handelt es sich um eine Alternative zu TCP (Transmission Control Protocol). Mehr zum Protokoll UDP erfahren Sie in Kapitel 3, in dem verschiedene Protokolle beschrieben werden. Lassen Sie uns nun einen Blick darauf werfen, was bei der Paketvermittlung geschieht, wenn Sie eine Datei im Internet von einer Stelle an eine andere senden. Dabei kann die Datei eine E-Mail, eine HTML-Seite (HyperText Markup Language), ein GIF-Bild (Graphics Image Format) oder eine URL-Abfrage (Uniform Resource Locator) sein. Auf der TCP-Ebene wird die Datei in »Stücke« (Pakete) zerlegt, die eine für die Weiterleitung durch das Netzwerk geeignete Größe haben.

Jedes dieser Pakete erhält eine Nummer. Dabei enthält jedes einzelne Paket die Internet-Zieladresse, an die die ursprüngliche Datei oder Nachricht gesendet wurde. Dadurch ist es möglich, dass die einzelnen Pakete einer Datei im Internet unterschiedliche Wege gehen. Wenn dann alle Pakete einer Datei oder Nachricht angekommen sind, werden diese auf der TCP-Ebene am empfangenden Ende zu der Datei zusammengesetzt, die ursprünglich gesendet wurde. Ein paketvermittelndes Verfahren stellt eine effiziente Möglichkeit der Datenübertragung in einem verbindungslosen Netzwerk wie dem Internet dar.

Die Alternative zur Paketvermittlung ist die Leitungsvermittlung, die in der Regel bei Sprachübertragungen zum Einsatz kommt. Bei einem leitungsvermittelnden Netzwerk teilen sich viele Benutzer die Leitungen. Bei diesem Netzwerk erfordert jede Verbindung für die Dauer einer Verbindung die Zuteilung einer bestimmten Leitung. Wenn Sie über Ihre Telefongesellschaft jemanden anrufen, wird die Verbindung so lange über eine bestimmte Leitung aufrecht erhalten, bis Sie das Gespräch beenden. Wenn Sie jedoch über das

Internet telefonieren, kommt dagegen genau das gleiche paketvermittelnde Verfahren wie beim Versenden von E-Mails zum Einsatz.

Übungen zu 2.1

2.1.1 Beschreiben, wie ein paketvermittelndes Netzwerk funktioniert

a) Stellen Sie dar, wie eine Datei über ein paketvermittelndes Netzwerk übertragen wird.

2.1.2 Paketvermittlung und Leitungsvermittlung miteinander vergleichen

a) Erstellen Sie eine Tabelle, in der Sie die Paketvermittlung mit der Leitungsvermittlung vergleichen. Gehen Sie dabei auf die Art der Verbindung, das Verfahren der Datenübertragung und die Haupteinsatzgebiete der jeweiligen Netzwerkarten ein.

Lösungen zu den Übungen

Lösung zu 2.1.1

a) Stellen Sie dar, wie eine Datei über ein paketvermittelndes Netzwerk übertragen wird.

Lösung:

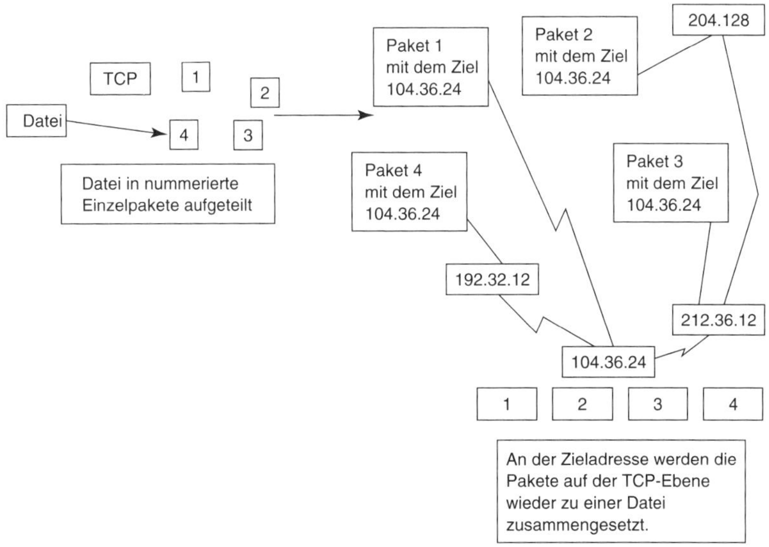

Lösung zu 2.1.2

a) Erstellen Sie eine Tabelle, in der Sie die Paketvermittlung mit der Leitungsvermittlung vergleichen. Gehen Sie dabei auf die Art der Verbindung, das Verfahren der Datenübertragung und die Haupteinsatzgebiete der jeweiligen Netzwerkarten ein.

Lösung:

Eigenschaften	**Verbindung**	**Übertragungsverfahren**	**Haupteinsatzgebiet**
Paketvermittlung	Wird für verbindungslose Netzwerke verwendet, da die einzelnen Pakete über unterschiedliche Wege weitergeleitet werden können.	Auf der TCP-Ebene werden Dateien in »Stücke« (Pakete) zerlegt. Jedes dieser Pakete erhält eine Nummer und enthält die Zieladresse, so dass die einzelnen Pakete unterschiedliche Wege gehen können. Auf der TCP-Ebene am anderen Ende werden die Pakete wieder zu einer Datei zusammengesetzt.	Datennetzwerke, z.B. Internet
Leitungsvermittlung	Verbindung wird während der Dauer einer Übertragung über eine Leitung aufrechterhalten.	Viele Benutzer teilen sich die Leitungen. Jeder Verbindung wird bis zum Ende der Übertragung eine bestimmte Leitung zugeteilt.	Sprachübertragung, z.B. Telefongespräche

Wiederholungsfragen zu 2.1

Überprüfen Sie Ihr Wissen und versuchen Sie nun, die folgenden Fragen zu beantworten:

1. Ein paketvermittelndes Verfahren stellt eine effiziente Möglichkeit der Datenübertragung im Internet dar.

   a) Richtig
   b) Falsch

2. Was trifft auf ein einzelnes Paket zu?

   a) Es erhält eine Nummer.
   b) Es enthält die Internet-Zieladresse.
   c) Es kann auf dem Weg zu seinem Ziel über mehrere Hosts geleitet werden.
   d) Alle genannten Möglichkeiten

3. Alle Pakete einer Datei müssen vom sendenden zum empfangenden Computer denselben Weg wählen.

   a) Richtig
   b) Falsch

4. Die Paketvermittlung kann für Sprach- und Datenübertragungen verwendet werden.

   a) Richtig
   b) Falsch

5. Welche der folgenden Aussage(n) treffen auf das Internet zu? (Geben Sie alle zutreffenden Möglichkeiten an.)

   a) Das Internet ist ein verbindungsloses Netzwerk.
   b) Beim Internet muss jeder Verbindung eine Leitung zugewiesen werden.
   c) Auf der TCP-Ebene werden die Pakete zusammengesetzt.
   d) Das Internet kann Sprachsignale übertragen.
   e) Alle genannten Möglichkeiten.

Die Lösungen befinden sich im Anhang des Buches zum Abschnitt 2.1.

Projekt 2.2: Das Client/Server-Modell des Web

ZIEL

Nach diesem Kapitel können Sie:

- Client/Server-, Peer-to-Peer- und Master/Slave-Architekturen voneinander unterscheiden
- Den Vorteil der Client/Server-Architektur für das Web estimieren

Das Client/Server-Modell beschreibt das Verhältnis zwischen zwei unterschiedlichen Computerprogrammen, die sich auf demselben oder auf verschiedenen Computern befinden können. In einer Client/Server-Architektur fordert der Client einen Dienst an und der Server kommt dieser Anforderung nach. Die Client/Server-Architektur ist das zentrale Konzept, auf dem die Netzwerkverarbeitung aufgebaut ist. Eine Client/Server-Architektur bietet eine bequeme Möglichkeit, Programme miteinander zu verbinden. So können Programme effizient über ein Netzwerk verteilt werden. Außerdem bietet eine solche Architektur auch die Möglichkeit, Arbeitslast und Funktionen von Programmen auch dann effizient zu verteilen, wenn die Programme auf demselben Computer ausgeführt werden.

TCP/IP, das in Kapitel 3 ausführlicher beschrieben wird, besteht genau genommen aus zwei verschiedenen Protokollen: TCP und IP. Dabei handelt es sich um die heutzutage am häufigsten verwendeten Netzwerkprotokolle, was daher kommt, dass diese Protokolle für die Datenübertragung im Internet eingesetzt werden. Das Protokollpaar TCP/IP arbeitet mit dem Client/Server-Modell, bei dem die Serversoftware in der UNIX-Sprache häufig als *Daemon* bezeichnet wird. Wenn ein Server aktiviert ist, wartet er auf Anfragen vom Client. Dabei laufen in der Regel mehrere Clientprogramme gleichzeitig, die vom gleichen Server bzw. den gleichen Servern Dienste anfordern. Diese Clientprogramme nutzen die Dienste eines gemeinsamen Serverprogramms, das auf einem einzelnen Computer oder auf mehreren Computern im Netzwerk ausgeführt werden kann. Modelle, die dem Client/Server-Modell entgegen stehen, sind solche, bei denen ein Master-Programm einem Slave-Programm Anweisungen gibt und die beiden Programme in einem Master/Slave-Verhältnis miteinander verbunden sind. Master/Slave-Modelle werden gelegentlich für Laufwerke verwendet, wenn zusätzliche Laufwerke vom Laufwerkcontroller auf dem primären Laufwerk gesteuert werden. Ein weiteres Modell ist das Peer-to-Peer-Modell, bei dem Programme durch hin und her Senden von Nachrichten miteinander kommunizieren und Funktionen von verschiedenen zusammenarbeitenden Programmen ausgeführt werden. Das bedeutet, dass ein Peer-Programm teilweise über dieselben Funktionen wie ein anderes Peer-Programm verfügen muss, um mit diesem zusammenarbeiten zu können. Daher ist eine Peer-to-Peer-Architektur häufig nicht so effizient wie eine Client/Server-Architektur, bei der die von allen Programmen verwendeten Funktionen zentral in einem einzigen Serverprogramm untergebracht werden können.

Das World Wide Web (weltweite Netz) wurde als ein Client/Server-Netzwerk entwickelt. In der Webarchitektur dient der Webbrowser als Client. Das Clientprogramm ruft Dienste ab. Das Web ist üblicherweise für den HTTP-Zugriff auf Dateien bekannt, wurde aber sowohl für den lokalen Zugriff als auch für den Zugriff über ein Netzwerk auf Dateien und Systeme sowie auf übliche Internetprotokolle entwickelt. So kann ein Webbrowser Dienste wie z.B. Zugriff auf Dateien von Servern im Netzwerk über HTTP Hypertext Transfer Protocol) oder FTP (File Transfer Protocol), Zugriff auf lokale Dateien auf demselben Rechner oder Zugriff auf andere Systeme mit dem Protokoll Telnet anfordern. Der Webserver verarbeitet die Anforderung eines Zugriffs auf eine Webseite, eine Datei oder ein anderes System, gleichgültig ob sich der Server im selben Computer, im selben Netzwerk, im selben Gebäude, in der selben Organisation oder extern an einem anderen Ort irgendwo im Internet befindet. Die Webserversoftware wird häufig auch als HTTPD (Hypertext Transfer Protocol Daemon) bezeichnet.

Der ursprüngliche Webserver war der CERN HTTPD, der im Europäischen Zentrum für Teilchenphysik in der Schweiz entwickelt wurde, wo auch das World Wide Web entstanden ist. Zu Beginn der Entwicklung des World Wide Web gab es eine Reihe von sowohl textbasierten als auch grafischen Browsern. Für alle Browser aus dieser Zeit, darunter auch der vom NCSA (National Center of Supercomputing Applications) entwickelte Browser Mosaic, wurde CERN HTTPD als Webserver verwendet. Wenn CERN HTTPD auf einem UNIX-Arbeitsplatzrechner lief, konnte ein Browser auf einem UNIX-Arbeitsplatzrechner, einem IBM-kompatiblen PC oder einem Apple Macintosh laufen und von jedem dieser Rechner aus Dienste vom gleichen Webserver anfordern, der auf einem anderen Computer im Internet lief. Das ist das Schöne am Client/Server-Modell und der Architektur des World Wide Web. Mit Hilfe des Internetprotokolls TCP/IP kann ein Clientprogramm Dateien von FTP-Servern direkt über FTP anfordern. Bevor es das Web gab, mussten Dateien für die Verteilung im Internet auf FTP-Server geladen werden. FTP wird immer noch verwendet, um große Dateien auf einem anderen Server zu speichern oder um Webseiten, die auf dem System eines Einzelnen entwickelt wurden, auf das Webserversystem zu laden.

Übungen zu 2.2

2.2.1 Client/Server-, Peer-to-Peer- und Master/Slave-Architekturen voneinander unterscheiden

a) Erstellen Sie eine Tabelle und vergleichen Sie dabei Client/Server-, Peer-to-Peer- und Master/Slave-Architekturen hinsichtlich der Verbindungsverfahren und nach der Art, wie diese Architekturen eingesetzt werden.

2.2.2 Den Vorteil der Client/Server-Architektur für das Web estimieren

a) Erweitern Sie die Tabelle um eine Spalte, in der Sie die wichtigsten Vor- und Nachteile der einzelnen Architekturen aufführen.

Lösungen zu den Übungen

Lösungen zu 2.2.1

a) Erstellen Sie eine Tabelle und vergleichen Sie dabei Client/Server-, Peer-to-Peer- und Master/Slave-Architekturen hinsichtlich der Verbindungsverfahren und hinsichtlich dessen, wie diese Architekturen eingesetzt werden.

Lösung:

Architektur/ Vergleich	**Verbindungsverfahren**	**Beispiel für Einsatzgebiet**
Client/Server	Der Client sendet eine Anforderung an den Server. Der Server kommt dieser Anforderung nach (ruft beispielsweise eine Webseite im Internet auf) und sendet die angeforderten Informationen an den Client.	WWW, Client = Webbrowser, Server = Webserver
Peer-to-Peer	Programme arbeiten zusammen und kommunizieren mittels Weiterleitung von Nachrichten.	PCs, die Dokumente austauschen.
Master/Slave	Programme sind in einem Verzeichnis miteinander verbunden und ein Programm sendet an die anderen Programme Befehle.	PC, der auf einen Drucker zugreift und den Ausdruck steuert.

Lösung zu 2.2.2

a) Erweitern Sie die Tabelle um eine Spalte, in der Sie die wichtigsten Vor- und Nachteile der einzelnen Architekturen aufführen.

Lösung:

Architektur/ Vergleich	Verbindungs-verfahren	Beispiel für Einsatzgebiet	Vor-/Nachteile
Client/Server	Der Client sendet eine Anforderung an den Server. Der Server kommt dieser Anforderung nach (ruft beispielsweise eine Webseite im Internet auf) und sendet die angeforderten Informationen an den Client.	WWW, Client = Webbrowser, Server = Webserver	Es sind in einem einzelnen Serverprogramm zentral angelegte Funktionen erforderlich, die von allen Clientprogrammen genutzt werden können. Dadurch wird der Server zu einer wichtigen Ressource. Ein guter Grund, Sicherungskopien von Webservern und gespiegelte Sites zu erstellen.
Peer-to-Peer	Programme arbeiten zusammen und kommunizieren mittels Weiterleitung von Nachrichten.	PCs, die Dokumente austauschen.	Es gibt nicht einen, alles entscheidenden Peer. Daher ist es kein Problem, wenn einer ausfällt bzw. nicht erreichbar ist. Das bedeutet jedoch, dass einige Funktionen in Peerprogrammen mehrfach vorhanden sind.
Master/Slave	Programme sind in einem Verzeichnis miteinander verbunden und ein Programm sendet an die anderen Programme Befehle.	PC, der auf einen Drucker zugreift und den Ausdruck steuert.	Einfacher zu implementieren, aber die Funktion des Slave ist an die des Masters gebunden.

Wiederholungsfragen zu 2.2

Überprüfen Sie Ihr Wissen und versuchen Sie nun, die folgenden Fragen zu beantworten:

1. Das World Wide Web wurde mit welcher der folgenden Architekturen entwickelt?
   a) Client/Server-Architektur
   b) Peer-to-Peer-Architektur
   c) a und b
   d) keine der genannten Möglichkeiten
2. Wie wird die Webserversoftware noch bezeichnet?
   a) httpd
   b) smtpd
   c) wwwd
   d) http://
3. Welche Eigenschaft(en) haben Webserver? (Geben Sie alle zutreffenden Möglichkeiten an.)
   a) Ortsabhängig
   b) Wichtige Ressourcen
   c) Ortsunabhängig
   d) Nicht wichtiger als Clientprogramme
   e) Alle genannten Möglichkeiten
4. Welches sind Vorteile der Client/Server-Architektur gegenüber der Peer-to-Peer- bzw. Master/Slave-Architektur? (Geben Sie alle zutreffenden Möglichkeiten an.)
   a) Fehlerbehebung
   b) Zentral untergebrachte Funktionen
   c) Effiziente Ressourcennutzung
   d) Nachrichtenweiterleitung
   e) Alle genannten Möglichkeiten
5. Welches Verbindungsverfahren kommt in der Peer-to-Peer-Architektur zum Einsatz?
   a) PC-zu-PC
   b) LAN-basiert
   c) Paketvermittlung
   d) Nachrichtenweiterleitung

Die Lösungen befinden sich im Anhang des Buches zum Abschnitt 2.2.

Projekt 2.3: Ethernet- und FDDI-Netzwerke

ZIEL

Nach diesem Kapitel können Sie:

- Die Vorteile der Ethernet-Technologie nennen
- Ethernet und FDDI miteinander vergleichen

Ethernet ist die heute in LANs am häufigsten eingesetzte Technologie. Das Ethernet-Protokoll ist im IEEE-Standard 802.3 (Institute for Electronic and Electrical Engineers) genormt. In einer Ethernet-Konfiguration sind die Komponenten über Kabel zu einem Netzwerk zusammengeschlossen. Spezielle Twisted-Pair-Kabel verbinden die Komponenten in einer Bustopologie miteinander. Datenbits werden im Ethernet-Netzwerk mittels CSMA/CD (Carrier Sense Multiple Access with Collision Detection) übertragen. Bei diesem Übertragungsverfahren konkurrieren die Komponenten um den Zugriff auf das Netzwerk.

Die am häufigsten installierte Ethernet-Konfiguration arbeitet mit der 10Base-T-Technologie. Das bedeutet, dass im Netzwerk Datenbits mit einer Geschwindigkeit von bis zu 10 Megabit pro Sekunde (10 Mbit/s) übertragen werden können. Fast Ethernet wird als 100Base-T bezeichnet und bietet eine Übertragungsgeschwindigkeit von bis zu 100 Megabit pro Sekunde (100 Mbit/s). 100Base-T-Ethernet wird in der Regel für LAN-Backbone-Systeme verwendet, die Arbeitsplatzrechner mit 10Base-T-Karten unterstützen. Das ist eine kostengünstige Kombination mit geringeren Übertragungsgeschwindigkeiten zwischen Arbeitsplatzrechnern und dem LAN-Backbone und höheren Geschwindigkeiten im LAN-Backbone selbst. Gigabit Ethernet ist neu am Markt und wird für noch höhere Übertragungsgeschwindigkeiten im Backbone eines Netzwerks installiert. Gigabit Ethernet überträgt Daten mit einer Geschwindigkeit von bis zu 1000 Megabit pro Sekunde (1000 Mbit/s).

Eine andere, immer häufiger verwendete Abkürzung ist FDDI. FDDI steht für Fiber Distributed Data Interface, zu Deutsch etwa Schnittstelle für über Glasfaserkabel übertragene Daten. Hierbei handelt es sich um den Standard für die Übertragung von Daten über Glasfaserkabel in einem LAN. LANs stellen eine kostengünstige Möglichkeit der gemeinsamen Nutzung von Ressourcen dar. Hinsichtlich ihrer geografischen Ausdehnung sind sie jedoch relativ eingeschränkt. Mit Hilfe der FDDI-Technologie können sich LANs über einen deutlich größeren Bereich erstrecken. Somit können an ein LAN mehrere Tausend, über größere Bereiche verteilte Benutzer angeschlossen werden.

Da Sie das Token-Ring-Protokoll bereits kennen, hilft es Ihnen sicher weiter zu wissen, dass das FDDI-Protokoll auf dem Token-Ring-Protokoll basiert. Ein FDDI-Netzwerk umfasst eigentlich zwei Ringe: den primären Ring und den sekundären Ring. Der primäre Ring überträgt Daten mit derselben Geschwindigkeit wie 100Base-T Ethernet, also mit 100 Mbit/s. Der sekundäre Ring dient der Sicherheit, für den Fall, dass der primäre Ring ausfällt. Darüber hinaus kann der sekundäre Ring, wenn er nicht gerade als Ersatz für den primären Ring herhalten muss, auch als zusätzlicher Übertragungskanal mit weiteren 100 Mbit/s eingesetzt werden. Wenn beide Ringe im Einsatz sind, können FDDI-Netzwerke Daten mit einer Geschwindigkeit von bis zu 200 Mbit/s, also doppelt so schnell wie Fast-Ethernet-Netzwerke übertragen. Außerdem können sich FDDI-Netzwerke über größere Bereiche erstrecken als Ethernet-Netzwerke. Ein einzelner Ring kann sich über 200 km erstrecken. Mit dem sekundären Ring kann ein FDDI-Netzwerk eine Reichweite von insgesamt 300 km erreichen.

Es gibt zwei Standards, die mit der Weiterleitung von Token arbeiten:

- Token Ring (IBM-Standard)
- FDDI

Das FDDI-Protokoll ist im ANSI-Standard (American National Standards Institute) ANSI X3-T9 genormt. FDDI entspricht dem OSI-Modell und stellt ein Netzwerkprotokoll der zweiten Schicht, also der Sicherungsschicht, zur Verfügung. Mit Hilfe der FDDI-Technologie können LANs miteinander verbunden werden, in denen unterschiedliche Protokolle im Einsatz sind. Somit können ungleiche Netzwerke miteinander verbunden werden, was in der heutigen Zeit der gemischten Komponenten, Systeme und Netzwerkprotokolle eine wichtige Eigenschaft ist. FDDI-II ist eine erweiterte Version von FDDI mit einem leitungsvermittelnden Dienst für Sprachsignale. Mit Hilfe von FDDI-II ist es möglich, sowohl für die Sprach- als auch für die Datenübertragung dieselben Glasfaserkabel zu nutzen.

Übungen zu 2.3

2.3.1 Die Vorteile der Ethernet-Technologie nennen

a) Warum ist Ethernet die heute in LANs am häufigsten eingesetzte Technologie?

____

____

____

2.3.2 Ethernet und FDDI miteinander vergleichen

a) Was haben die Technologien Ethernet und FDDI gemein?

____

____

____

b) Wie unterscheiden sich diese beiden Technologien voneinander?

____

____

____

Lösungen zu den Übungen

Lösung zu 2.3.1

a) Warum ist Ethernet die heute in LANs am häufigsten eingesetzte Technologie?

Lösung: Ethernet ist ein Industriestandard. LAN-Technologien, die von Ethernet entwickelt wurden, waren auf anbietereigenen Protokollen aufgebaut und konnten nur für die Verbindung von Komponenten und Arbeitsplatzrechner eines einzigen Anbieters verwendet werden. Ein Beispiel für den Unterschied hinsichtlich der Lebensdauer zwischen anwendereigenen Systemen und offenen Technologiestandards ist der Fall Sun Microsystems und Apollo Computer in den 80er-Jahren. Sun Microsystems bot die Möglichkeit, gewöhnliche UNIX-Rechner über Ethernet miteinander zu verbinden, während das Angebot von Apollo Computer darin bestand, Apollo-Rechner an das Apollo-Domänennetzwerk anzuschließen. Während Apollo Computer mit seinem Angebot sich schnell einen Platz im Markt der Arbeitsplatzrechner verschaffte, nahm der Marktanteil von Sun Microsystems zwar langsam, aber beständig zu. Mit Sun Microsystems können Komponenten anderer Anbieter in einem Ethernet-Netzwerk zusammengeschlossen werden. Apollo Computer wurde von Hewlett-Packard übernommen. Sun Microsystems dagegen ist heute Marktführer für UNIX-Arbeitsplatzrechner.

Lösungen zu 2.3.2

a) Was haben die Technologien Ethernet und FDDI gemein?

Lösung: Beide Technologien werden für LANs verwendet.

b) Wie unterscheiden sich diese beiden Technologien voneinander?

Lösung: Der Unterschied zwischen diesen beiden Technologien ist in der Bitübertragungsschicht des Netzwerks zu sehen. In einem Ethernet-Netzwerk werden die Komponenten mittels Twisted-Pair- oder Koaxialkabel miteinander verbunden, während für die Verbindung von Komponenten in einem FDDI-Netzwerk Glasfaserkabel verwendet werden. Der Unterschied in der ersten Schicht des Netzwerks bringt einen Unterschied sowohl hinsichtlich der Geschwindigkeit bei der Datenübertragung als auch hinsichtlich des Ausbreitungsbereichs eines Netzwerks mit sich. Ethernet ist derzeit in den Technologien 10Base-T mit einer Datenübertragungsgeschwindigkeit von bis zu 10 Mbit/s, 100Base-T mit einer Datenübertragungsgeschwindigkeit von bis zu 100 Mbit/s und Gigabit mit einer Datenübertragungsgeschwindigkeit von bis zu 1000 Mbit/s erhältlich. Mit der FDDI-Technologie können Daten im primären Ring über Glasfaserkabel mit einer Geschwindigkeit von bis zu 100 Mbit/s übertragen werden. Wenn der sekundäre Ring gerade nicht als Ersatz für den primären Ring benötigt wird, können Übertragungsgeschwindigkeiten von bis zu 200 Mbit/s erreicht werden. FDDI-Netzwerke können sich über eine Distanz von bis zu 200 km erstrecken.

Wiederholungsfragen zu 2.3

Überprüfen Sie Ihr Wissen und versuchen Sie nun, die folgenden Fragen zu beantworten:

1. Welche Topologie wird für Ethernet-Netzwerke verwendet?

   a) Bus
   b) Stern
   c) Ring

2. Welche der folgenden Technologien wird in der Regel für LAN-Backbone-Systeme verwendet?

   a) 1Base-T
   b) 10Base-T
   c) 100Base-T
   d) 1000Base-T

3. Was können LANs mit Hilfe der FDDI-Technologie? (Geben Sie alle zutreffenden Möglichkeiten an.)

   a) Sich über einen wesentlich weiteren Bereich erstrecken
   b) Drahtlose Verbindungen zu Laptops herstellen
   c) Mehrere Tausend Benutzer bedienen
   d) Windows-basierte Computer unterstützen

4. Welche der folgenden Aussage(n) trifft auf CSMA/CD zu? (Geben Sie alle zutreffenden Möglichkeiten an.)

   a) CSMA/CD ist ein Übertragungsverfahren.
   b) CSMA/CD wird für die Übertragung von Datenbits in einem Ethernet-Netzwerk verwendet.
   c) Komponenten müssen nicht um den Zugriff auf das Netzwerk miteinander konkurrieren.
   d) Die Übertragungsgeschwindigkeit hängt von der Anzahl der Benutzer ab.
   e) Alle genannten Möglichkeiten

5. Die FDDI-Technologie kann in Kupferdraht-Netzwerken eingesetzt werden.

   a) Richtig
   b) Falsch

Die Lösungen befinden sich im Anhang des Buches zum Abschnitt 2.3.

Projekt 2.4: Netzwerkkomponenten

Nach diesem Kapitel können Sie:

- Zwischen Router, Bridge und Switch unterscheiden
- Für Ihre Netzwerkarchitektur geeignete Verbindungskomponenten nennen
- LAN-Topologien Switches zuordnen

Ein Router ist eine Hardware/Software-Kombination oder ein Sofwarepaket, das auf handelsüblicher Hardware wie z.B. einem PC oder einem UNIX-Arbeitsplatzrechner läuft. Gleichgültig, ob ein Router ein Gerät oder ein Programm ist, seine Aufgabe ist es in jedem Fall festzustellen, welches der nächstgelegene Netzwerkpunkt ist. Sobald der Router den nächstgelegenen Netzwerkpunkt erkannt hat, leitet er Datenpakete weiter. Um diese Weiterleitungsfunktion wahrnehmen zu können, muss der Router an mindestens zwei Netzwerke angeschlossen sein. Nur dann kann er entscheiden, in welche Richtung Datenpakete jeweils weitergeleitet werden sollen. Ein Router trifft seine Entscheidungen auf der Grundlage seines aktuellen Verständnisses vom Zustand der Netzwerke, an die er angeschlossen ist. Ein Router befindet sich am Kreuzungspunkt zweier oder mehrerer Netzwerke oder an einem Netzwerk-Gateway. Der Kreuzungspunkt bzw. das Gateway können in einer Netzwerkeinrichtung untergebracht sein, die Benutzer mit dem Internet verbindet. Eine solche Netzwerkeinrichtung wird als Internet-POP (Point Of Presence) bezeichnet.

Ein Router kann ein eigenständiges Gerät sein, ist aber häufig in einem Switch untergebracht. Somit ist der Switch sowohl für die Vermittlung als auch für die Weiterleitung verantwortlich. Um die Weiterleitungsfunktion wahrnehmen zu können, erstellt und verwaltet ein Router eine Tabelle verfügbarer Routen. Der Router verwaltet Informationen über den Zustand der Routen, die Entfernung und Kostenalgorithmen. Anhand dieser Informationen bestimmt der Router die für ein Paket am besten geeignete Route. So kann ein Paket über mehrere Netzwerkpunkte und mehrere Router geleitet werden, bevor es an seinem Ziel ankommt.

Eine andere Netzwerkkomponente ist die Bridge. Von Routern ist häufiger die Rede als von Bridges, was darauf zurückzuführen ist, dass Organisationen Zugriff auf das Internet und somit Router benötigen. Dennoch wird in vielen Organisationen nach wie vor mit Bridges gearbeitet, da Systeme und Benutzer in Organisationen über LANs miteinander verbunden sind. Eine Bridge verbindet zwei LANs miteinander, in denen dasselbe Protokoll verwendet wird.

Eine Bridge wertet jede Nachricht im LAN aus. Nach der Auswertung leitet es Nachrichten sowohl im gleichen LAN als auch an das andere LAN weiter. Dabei kopiert eine Bridge einen Datenrahmen von einem Netzwerk und überträgt ihn in das nächste Netzwerk. Die Adressen der Netzwerkknoten haben dabei keinen Bezug zu den realen Standorten. Daher erstellt eine Bridge eine Lerntabelle für das Weiterleiten von Nachrichten an den richtigen Standort. Bridges operieren in der Sicherungsschicht, also der zweiten Schicht des OSI-Modells.

Ein Switch ist eine Netzwerkkomponente, die Wege bzw. Leitungen zum Senden von Dateneinheiten an das nächstgelegene Ziel zusammenfasst. Switches werden im Telefonnetzwerk zum Senden von Nachrichten über Telefonleitungen verwendet. Ein Switch kann auch die Aufgabe eines Routers übernehmen. Die Aufgabe eines Switch ist es festzustellen, welches der nächstgelegene Netzwerkpunkt ist, an den Daten gesendet werden können. Switches sind in der Regel einfacher strukturiert und schneller als Router. Ein IP-Switch ist ein paketvermittelnder Switch, der mit dem Protokoll IP (Internet Protocol) arbeitet. Ein IP-Switch kann die Funktion eines Routers übernehmen. Er operiert in der dritten OSI-Schicht. Ein *Hop* ist der zwischen zwei Switches gelegene Abschnitt in einem Netzwerk.

Unter *Verzögerungszeit* versteht man die Zeit, die benötigt wird, um herauszufinden, wohin eine Dateneinheit weitergeleitet werden soll. Die Verzögerungszeit ist der Preis für die Flexibilität, die Switches auf der Backbone- und Gatewayebene eines Netzwerks an der Stelle ermöglichen, an der zwei Netzwerke miteinander verbunden sind. Auf der Ebene des Subnetzwerks werden Daten nahe an ihrem Ziel bzw. Ursprung weitergeleitet.

Übungen zu 2.4

2.4.1 Zwischen Router, Bridge und Switch unterscheiden

a) Erstellen Sie eine Tabelle, in der Sie die Funktionen und Vorteile der einzelnen Netzwerkkomponenten aufführen.

2.4.2 Für Ihre Netzwerkarchitektur geeignete Verbindungskomponenten bestimmen

a) Stellen Sie sich die Netzwerke in Ihrer Organisation vor. Welche Komponente ist für die einzelnen Netzwerkverbindungen am besten geeignet?

____

____

2.4.3 LAN-Topologien Switches zuordnen

a) Erinnern Sie sich daran, was Sie über die unterschiedlichen Topologien gelernt haben. Welche LAN-Topologien benötigen keine Switches und warum nicht?

____

____

Lösungen zu den Übungen

Lösung zu 2.4.1

a) Erstellen Sie eine Tabelle, in der Sie die Funktionen und Vorteile der einzelnen Netzwerkkomponenten aufführen.

Lösung:

Komponente	Funktion	Vorteil
Switch	Bestimmt zum Weiterleiten von Daten, welches der nächstgelegene Netzwerkpunkt ist.	Einfacher und schneller als ein Router.
Router	Legt den für ein Datenpaket am besten geeignete Weg fest.	Effiziente Weiterleitung von Datenpaketen, da der Router über den Zustand des Netzwerks informiert ist.
Bridge	Verbindet zwei mit demselben Protokoll arbeitende LANs miteinander.	Verwendet Lerntabelle, um festlegen zu können, wo Nachrichten von einem LAN in ein anderes übertragen werden.

Lösung zu 2.4.2

a) Stellen Sie sich die Netzwerke in Ihrer Organisation vor. Welche Komponente ist für die einzelnen Netzwerkverbindungen am besten geeignet?

Lösung: Vermutlich haben Sie einen Router, der den Mitgliedern der Organisation den Zugriff auf das Internet ermöglicht. Möglicherweise befindet sich eine Bridge zwischen zwei mit demselben Protokoll arbeitenden LANs oder zwischen zwei LANs, die mit unterschiedlichen Medien arbeiten, wie z.B. ein Ethernet-Netzwerk für die Büro-PCs mit Koaxialkabeln und ein drahtloses LAN für Laptops. Wenn Sie darüber hinaus über ein Modem verfügen, haben Sie einen von Ihrer Telefongesellschaft zur Verfügung gestellten Switch.

Lösung zu 2.4.3

a) Erinnern Sie sich daran, was Sie über die unterschiedlichen Topologien gelernt haben. Welche LAN-Topologien benötigen keine Switches und warum nicht?

Lösung: Nicht alle LANs benötigen einen Switch. Erinnern Sie sich daran, was Sie über die unterschiedlichen Topologien gelernt haben? LANs in einer Ring- oder Bustopologie benötigen keine Switches. Bei einer Bus- oder Ringtopologie werten alle Zielrechner alle Nachrichten aus. Da aber jeder Zielrechner nur die für ihn bestimmten Nachrichten liest, ist kein Switch erforderlich, der festlegt, wer welche Nachrichten liest.

Wiederholungsfragen zu 2.4

Überprüfen Sie Ihr Wissen und versuchen Sie nun, die folgenden Fragen zu beantworten:

1. Welche der folgenden Aussagen beschreibt die Aufgabe eines Routers am besten?

   a) Ein Router verbindet einzelne Knoten mit einem Netzwerk.
   b) Bestimmt den nächsten Netzwerkpunkt auf dem Weg der Daten.
   c) Verbindet zwei LANs, die mit demselben Protokoll arbeiten.
   d) Keine dieser Aussagen

2. Verzögerungszeit ist die Zeit, die ein Switch benötigt um festzustellen, woher eine Dateneinheit gekommen ist.

   a) Richtig
   b) Falsch

3. LANs in einer Ring- oder Bustopologie benötigen einen Switch.
   a) Richtig
   b) Falsch
4. Auf welcher OSI-Netzwerkschicht operieren IP-Switches?
   a) Schicht 2
   b) Schicht 3
   c) Schicht 4
   d) Auf keiner der genannten Schichten
5. Auf welcher OSI-Netzwerkschicht operieren Bridges?
   a) Schicht 2
   b) Schicht 3
   c) Schicht 4
   d) Auf keiner der genannten Schichten

Die Lösungen befinden sich im Anhang des Buches zum Abschnitt 2.4.

Projekt 2.5: Netzwerkverbindungen

ZIEL

Nach diesem Kapitel können Sie:

- Die unterschiedlichen Zugriffsverfahren Ihres Internetdienstanbieters (ISP) nennen
- Den Grund nennen, warum PPP gegenüber SLIP bevorzugt wird

Ein ISP ist ein Internetdienstanbieter, der den Zugriff auf das Internet und damit das Versenden und Empfangen von E-Mails und das Surfen im Web ermöglicht. Einige ISPs bieten auch Webhostingdienste. Einige ISPs haben sich zu ASPs (Application Service Provider) entwickelt, die die gemeinsame Nutzung bestimmter Anwendungen als Dienst anbieten. Andere ISPs bieten Dienste im Bereich des E-Commercehosting und werden als CSPs (Commerce Service Provider) bezeichnet. ISPs bieten die Nutzung ihrer Ausrüstung und den Zugriff auf Telekommunikationsleitungen. Sie richten im Internet lokale Einwahlknoten, so genannte POPs (Points Of Presence) ein, und ermöglichen so den Zugriff auf Dienste über lokale Telefonleitungen. Wenn Sie an jemanden eine E-Mail schicken, der einen anderen ISP hat, müssen die beiden ISPs miteinander verbunden sein, um derartige Nachrichten an den Empfänger weiterleiten zu können. ISPs sind über IP-Vermittlungszentren oder Internet Exchange Points, zu Deutsch Datenaustauschpunkte miteinander verbunden, die vor allem in den USA unter der Bezeichnung MAEs (Metropolitian Area Exchanges) bekannt sind, und über die die ISPs Nachrichten austauschen. Diese US-amerikanischen Datenaustauschpunkte werden nun von der MCI WorldCom verwaltet. MAE ist übrigens ein geschütztes Dienstleistungszeichen der MCI WorldCom. So verwaltet MAE-East in Washington den Netzwerkverkehr der Ostküste Amerikas und von Europa. MAE-West in San Jose ist für den Netzwerkverkehr der Westküste Amerikas und von Asien verantwortlich. In Chicago, Dallas, Houston, Los Angeles und New York City gibt es regionale Schicht-2-MAEs. Die ersten europäischen Datenaustauschpunkte gibt es jetzt in London (LINX, London Internet Exchange), Amsterdam (AMS-IX, Amsterdam Internet Exchange) und in Wien (VIX, Vienna Internet Exchange). Datenaustauschpunkte dienen jedoch nicht nur als Vermittlungszentren, sondern stellen den ISPs darüber hinaus auch Speicherplatz auf ihren Festplatten zur Verfügung.

Die Datenaustauschpunkte bieten die Infrastruktur für das kommerzielle Internet-Backbone. Da Sie bereits wissen, was Switches sind, können Sie sich vorstellen, dass Datenaustauschpunkte praktisch als gigantische LAN-Switches dienen. Die einzige ISP-Komponente, die mit einem Datenaustauschpunkt-

Switch verbunden werden kann, ist ein Router oder ein Computerhost, der als Router fungiert.

Aufgabe der ISPs ist es, eigene Vermittlungsstellen einzurichten und eigene Routing-Tabellen zu verwalten. Die Router der beiden größten MAEs verfügen über äußerst umfangreiche Routing-Tabellen. Dafür sind riesige Router, wie z.B. einer aus der 7xxx-Reihe von Cisco erforderlich. Ein regionaler MAE arbeitet mit einem Ethernet-Switch und einem FDDI-Konzentrator. In den regionalen Datenaustauschpunkten kommen eher kleinere Router wie der Cisco 4500-M zum Einsatz.

Für den Zugriff auf das Internet mittels einer Wählverbindung benötigen Sie Ihren gewöhnlichen analogen Telefonanschluss. Eine Wählverbindung wird für eine bestimmte Zeitdauer hergestellt und aufrecht erhalten. Diese Verbindung wird in einem System aus vielen Leitungen hergestellt, die von vielen Benutzern genutzt werden. Telefonleitungen werden zu unterschiedlichen Zeiten von unterschiedlichen Benutzern genutzt. Erinnern Sie sich, dass leitungsvermittelnde Verbindungen für Telefondienste verwendet werden, während paketvermittelnde Verbindungen bei der Übertragung von Daten über das Internet zum Einsatz kommen. Die Wählverbindung, eine leitungsvermittelnde Verbindung, kann für die Verbindung vom Benutzer zum POP des ISP verwendet werden, auch wenn im Internet selbst die Daten als Pakete in einem paketvermittelnden Verfahren übertragen werden. Die Wählverbindung kann entweder manuell oder automatisch über ein Modem hergestellt werden. Dabei können Modems so programmiert werden, dass sie zu bestimmten Tageszeiten, zu denen große Datenmengen übertragen werden sollen, automatisch eine Verbindung herstellen. Die Alternative zu Wählverbindungen sind Standleitungen, die jederzeit bereitstehen. Große Unternehmen geben manchmal das Geld für eine Standleitung für den Netzwerkverkehr aus. Inzwischen gibt es jedoch auch andere Netzwerktechnologien, auf die diese Organisationen gerne zurückgreifen, und die in Kapitel 5 ausführlicher beschrieben werden.

Nun stellt sich die Frage, welches Protokoll für eine Wählverbindung verwendet wird. Das ältere Protokoll, das von ISPs am häufigsten genutzt wurde, ist das Protokoll SLIP (Serial Line Internet Protocol). SLIP ist das TCP/IP-Protokoll, das für die Kommunikation zwischen zwei vorkonfigurierten Systemen verwendet wird. Wenn Ihr ISP Ihnen eine SLIP-Verbindung zur Verfügung stellt, werden Ihre Daten von Ihrem System über eine serielle Leitung an den Server übertragen. In diesem Fall reagiert der Server des ISP auf Anforderungen von Ihrem System, dem Client. Der Server des ISP leitet Ihre Anforderungen an das Internet weiter. Wenn der entsprechende Server im Internet auf Ihre Anforderungen reagiert, werden die Antworten über die für Ihre Verbindung genutzte serielle Leitung an Sie gesendet.

Das Protokoll SLIP ist nicht so schnell wie das neuere Protokoll PPP (Point to Point Protocol), das inzwischen von den ISPs häufiger eingesetzt wird. Das PPP-Protokoll ist ein Vollduplexprotokoll, das in der Lage ist, Datenübertragungen in beide Richtungen gleichzeitig zu betreiben. Bei SLIP ist dagegen immer nur je eine Datenübertragung in eine Richtung möglich. PPP unterstützt die Verbindung zwischen zwei Computern mit einer seriellen Schnittstelle. PPP wird üblicherweise verwendet, wenn ein PC über eine Telefonleitung auf einen Server zugreift. Wenn Ihnen Ihr ISP eine PPP-Verbindung zur Verfügung stellt, reagiert der Server des ISP auf Anforderungen von Ihrem Computer und leitet Ihre Anforderungen an das Internet weiter. Sobald vom entsprechenden Server eine Antwort empfangen wird, leitet der Server Ihres ISP diese an Ihr System weiter. Das PPP-Protokoll verwendet IP und unterstützt auch andere Protokolle. PPP ist Teil der TCP/IP-Protokollsuite. Im OSI-Modell ist das PPP-Protokoll in der zweiten Schicht, der Sicherungsschicht, angesiedelt. PPP ist hinsichtlich der physikalischen Medien, über die Daten übertragen werden können, ein flexibles Protokoll. Dieses Protokoll kann sich unterschiedlicher Arten von Schicht-1-Technologien wie Twisted-Pair- und Glasfaserkabel sowie Satellitenübertragungsmedien bedienen.

PPP ist eine Variante des Protokolls HDLC (High-speed Data Link Control) für Paketverkapselung. PPP wird dem früheren De-facto-Standard SLIP gegenüber bevorzugt eingesetzt. PPP betreibt sowohl synchrone als auch asynchrone Übertragungen. Darüber hinaus kann eine Leitung unter Verwendung von PPP von mehreren Benutzern genutzt werden. Hinzu kommt noch, dass PPP mit Fehlererkennungsfunktionen ausgestattet ist, die dem Protokoll SLIP fehlen.

Übungen zu 2.5

2.5.1 Die unterschiedlichen Zugriffsverfahren Ihres Internetdienstanbieters (ISP) nennen

a) Stellen Sie in einer Zeichnung dar, wie eine Übertragung von Ihnen über Ihren Provider ins Internet und zurück mit SLIP bzw. mit PPP erfolgt.

2.5.2 Den Grund nennen, warum PPP gegenüber SLIP bevorzugt wird

a) Stellen Sie eine Wählverbindung her und sagen Sie, ob es sich um eine SLIP- oder um eine PPP-Verbindung handelt.

b) Warum wird PPP gegenüber SLIP bevorzugt verwendet?

Lösungen zu den Übungen

Lösung zu 2.5.1

a) Stellen Sie in einer Zeichnung dar, wie eine Übertragung von Ihnen über Ihren Provider ins Internet und zurück mit SLIP bzw. mit PPP erfolgt.

Lösung:

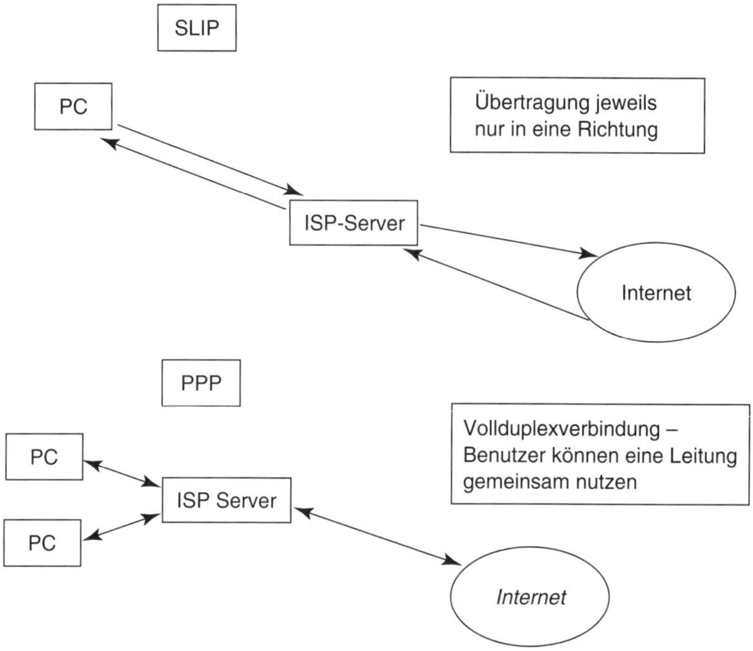

Lösungen zu 2.5.2

b) Stellen Sie eine Wählverbindung her und sagen Sie, ob es sich um eine SLIP- oder um eine PPP-Verbindung handelt.

Lösung: Wenn es ein neuerer Dienst ist, wird es sich aller Wahrscheinlichkeit nach um eine PPP-Verbindung handeln. Fragen Sie Ihren ISP oder sehen Sie auf der Website Ihres ISP nach, wenn Sie nicht herausfinden können, ob es sich um eine SLIP- oder um eine PPP-Verbindung handelt.

c) Warum wird PPP gegenüber SLIP bevorzugt verwendet?

Lösung: PPP (Point-to-Point Protocol) ist schneller als SLIP (Serial Line Internet Protocol). PPP ist ein Vollduplexprotokoll, das im Gegensatz zu SLIP, das Daten jeweils nur in eine Richtung übertragen kann, Daten in beide Richtungen gleichzeitig überträgt. PPP ermöglicht die gemeinsame

Nutzung einer Leitung und stellt darüber hinaus auch Fehlererkennungsfunktionen zur Verfügung, die es bei SLIP nicht gibt.

Wiederholungsfragen zu 2.5

Überprüfen Sie Ihr Wissen und versuchen Sie nun, die folgenden Fragen zu beantworten:

1. Was verbinden Datenaustauschpunkte (Internet Exchange Points) miteinander?

   a) E-Mail-Programme
   b) Telefonleitungen
   c) Drucker
   d) ISPs

2. Die Datenaustauschpunkte sind nur für einen kleinen Prozentsatz des Internetverkehrs verantwortlich.

   a) Richtig
   b) Falsch

3. SLIP ist langsamer als PPP.

   a) Richtig
   b) Falsch

4. Welche der folgenden Möglichkeiten wird in Vollduplex betrieben?

   a) PPP
   b) SLIP
   c) Datenaustauschpunkte
   d) Alle genannten Möglichkeiten

5. Wofür wird HDLC verwendet? (Geben Sie alle zutreffenden Möglichkeiten an.)

   a) SLIP
   b) Paketverkapselung
   c) PPP
   d) a, b und c

Die Lösungen befinden sich im Anhang des Buches zum Abschnitt 2.5

Überprüfen Sie Ihre Sachkenntnis!

Sie haben unterschiedliche Arten von Netzwerken kennen gelernt. Blicken Sie noch einmal auf die unterschiedlichen Netzwerkeigenschaften zurück und überlegen Sie noch einmal, wie Netzwerkknoten miteinander verbunden sind. Nehmen Sie dabei die Tabellen und Zeichnungen zu Hilfe, die Sie bei den Übungen angefertigt haben.

1. Zeichnen Sie die Netzwerke eines hypothetischen Unternehmens auf. Sie werden eine ganze Reihe von Zeichnungen anfertigen, die das Gesamtnetzwerk in unterschiedlichen Ausschnitten darstellen. So ist beispielsweise auf der ersten Zeichnung ein WAN zu sehen. Die zweite Zeichnung zeigt ein einzelnes LAN als einen Knoten im WAN der ersten Zeichnung.
2. Stellen Sie Knoten sowie Router und Switches in Ihrem Netzwerk mit Hilfe von Kästchen dar. Für Verbindungen zeichnen Sie Linien. Achten Sie darauf, dass Sie alles beschriften.
3. Zeichnen Sie ein WAN eines nationales Unternehmens. Stellen Sie dabei die einzelnen MANs und LANs dar. Verbinden Sie die Knoten mittels Glasfaser-Backbones.
4. Zeichnen Sie ein LAN in einem Firmengebäude. Dieses LAN soll Router, Hubs, Switches und in den einzelnen Abteilungen Server enthalten. Verbinden Sie die Knoten mittels Glasfaser-, Token-Ring- und Ethernet-Leitungen.
5. Zeichnen Sie das LAN einer Abteilung. Stellen Sie dabei die Verbindungen zum LAN für das gesamte Gebäude, die Server, Arbeitsplatzrechner und Drucker dar. Achten Sie darauf, dass Sie alle Verbindungen beschriften. Verbinden Sie die Knoten mittels Koaxial-, Twisted-Pair-, 10Base-T- und 100Base-T-Kabel.

KAPITEL 3

Internet, Netzwerk und Transportprotokolle

Überblick

In diesem Kapitel erfahren Sie mehr über die folgenden Themen:

- ✗ Das Internet und das IP-Protokoll (Internet Protocol) Seite 83
- ✗ IP-Adressen Seite 88
- ✗ DNS (Domain Name System) Seite 95
- ✗ TCP (Transmission Control Protocol) Seite 99
- ✗ MAC-Adressen (Media Access Control) Seite 105
- ✗ UDP (User Datagram Protocol) Seite 111

ZIEL

HINWEIS

ACHTUNG

BEISPIEL

MERKSATZ

Der Erfolg des World Wide Web und des Internet überhaupt ist nicht nur der Attraktivität von Anwendungen wie Webbrowsern und E-Mail-Programmen, sondern auch der Skalierbarkeit und Robustheit der diesen Anwendungen zugrunde liegenden Technologien zuzuschreiben. Bevor es das Internet gab, gab es viele unterschiedliche Netzwerktechnologien, von denen jedoch außer TCP/IP keine über die Eigenschaften verfügte, die für das exponentielle Wachstum des Internet erforderlich waren.

TCP/IP ist (neben UDP) das Protokoll, auf dem der ganze Webverkehr basiert. Insbesondere das Protokoll HTTP baut auf dem Protokoll TCP (Transmission Control Protocol) auf. Ein Großteil des Erfolgs des Internets ist der elementaren Stärke und Skalierbarkeit der Protokolle der unteren Schichten zuzuschreiben. TCP/IP wird häufig als das Schicht-3-Protokoll des Internets bezeichnet, aber eigentlich sind es die beiden Protokolle TCP und UDP, die sich das IP-Protokoll (Internet Protocol) zu Nutze machen. Wenn von TCP/IP als Übertragungsprotokolle des Internets die Rede ist, ist UDP automatisch mitgemeint.

Projekt 3.1: Das Internet und das IP-Protokoll (Internet Protocol)

ZIEL

Nach diesem Kapitel können Sie:

- Die Organisationen nennen, die für die Registrierung von Domänennamen verantwortlich sind
- Einen neuen Domänennamen registrieren

Bevor wir uns die technische Seite des Internet Protocol (IP) etwas näher anschauen, sollten wir uns kurz die Geschichte des Internet betrachten. Der Vorläufer des Internet war das ARPANET, das Ende der 60er-Jahre für die Unterstützung von Verteidigungs- und Regierungsprojekten an Forschungsinstituten und Universitäten entwickelt wurde. Die damaligen Nutzungsbedingungen legten fest, dass kommerzielle Anwender im ARPANET bzw. der Vorläuferversion des Internet nicht zulässig waren. In den 80er-Jahren wurden die Nutzungsbestimmungen gelockert und es wurden große Unternehmen zur Nutzung des Netzwerks zugelassen.

Es gab nur wenige größere ISPs, die die erforderlichen Dienste und Verbindungen zur Verfügung stellten. Diese ISPs wurden eingerichtet, um große Unternehmen zu unterstützen. So unterstützte BARRNET (Bay Area Regional Research Network) ursprünglich die Stanford University. Nachdem die Nutzungsbestimmungen gelockert worden und damit Anwender aus der Industrie zulässig waren, erlangten neben anderen Unternehmen aus dem Bereich der neuen Technologien Hewlett-Packard und Amdahl Corporation Zugriff auf das BARRNET. An der Ostküste der USA war BBN (Bolt Beranek und Newman) der größte ISP, der das MIT (Massachusetts Institute of Technology) und andere Universitäten im Raum Boston unterstützte. So wie BARRNET an der Westküste der USA großen Hightech-Unternehmen allmählich den Zugriff auf das Internet gewährte, ermöglichte BBN großen Unternehmen an der Ostküste den Zugriff auf das Internet.

In den 80er-Jahren wurde das Internet um UNIX-Utilities wie E-Mail-Funktionen, FTP und Telnet erweitert. Um eine Telnet- oder FTP-Sitzung zu starten und auszuführen, mussten UNIX-Befehle in die Befehlszeile eingegeben werden. Forscher und Entwickler begannen Such- und Abfrageprogramme wie das an der University of Minnesota entwickelte Gopher und den von Thinking Machines in Boston entwickelte WAIS (Wide Area Information Server) auf der Infrastruktur von UNIX und des Internet aufzusetzen. Bibliothekare, die Zugang zu Forschungs- und anderen Bibliotheksmaterialien bieten wollten, begannen Gopher und WAIS einzusetzen. WAIS wurde als Z39.50-Standard genormt und von Bibliotheken und Informationsdiensten genutzt.

Parallel dazu entwickelte sich das World Wide Web, das als ein Dokumentenverwaltungssystem für Hochenergiephysiker am europäischen Labor für Teilchenphysik, CERN gedacht war. 1993 hatte sich die Nutzung von Gopher und WAIS an Bibliotheken und bei Informationsdiensten bereits durchgesetzt und einige Internetnutzer begannen, Browser mit grafischer Benutzeroberfläche für den Zugriff auf das World Wide Web zu entwickeln und zu nutzen. Im NCSA (National Center for Supercomputing Applications) wurden mehrere Browser entwickelt, darunter auch Mosaic, der bekannteste Browser seiner Zeit. Mosaic bot nicht nur für das HTTP-Protokoll und das World Wide Web, sondern auch für andere Internetprotokolle wie FTP und Telnet eine grafische Benutzeroberfläche. Entwickler schrieben Webschnittstellen für Gopher und WAIS, so dass in Bibliotheken diese Programme weiterhin verwendet werden konnten. Gleichzeitig wurden neue Sammlungen zusammengestellt und im Web über das HTTP-Protokoll verfügbar gemacht. Mit der grafischen Benutzeroberfläche statt der Befehlszeilenmaske, die neue Benutzer meist abschreckte, wurde Mosaic sehr schnell sehr populär. Mosaic wurde dann von Netscape Communications kommerziell eingesetzt, was zum Durchbruch der Browser und des World Wide Web führte. Im Folgenden geht es nun um das Internet und das *Internet Protocol*, die Säulen des World Wide Web.

Das Internet arbeitet mit dem als *IP* oder *Internet Protocol* bekannten Protokoll. IP ist ein auf der dritten Netzwerkschicht angesiedeltes Protokoll. IP beschreibt das Verfahren, mit dem Daten von einem Computer über das Internet an einen anderen Computer gesendet werden. Jeder Internethost verfügt über seine eigene Adresse im Internet. Diese Adresse wird als *IP-Adresse* bezeichnet. Im folgenden Abschnitt geht es nun um IP-Adressen und das IP-Adressierungsverfahren.

Wenn Sie eine Webseite oder eine E-Mail senden oder empfangen möchten, wird die Seite bzw. die E-Mail in so genannte *Pakete* aufgeteilt. Wie im vorhergehenden Kapitel bereits erwähnt, enthält jedes Paket die Internetadresse des Absenders sowie die Internetadresse des Empfängers. Im Internet wird ein Paket zunächst an einen Gatewaycomputer gesendet. Dieser Computer liest die Zieladresse und leitet das Paket an das nächste Gateway weiter. Dieses Gateway liest ebenfalls die Zieladresse des Pakets. Wenn ein bestimmtes Gateway erkennt, dass ein Paket für einen Computer in unmittelbarer Nähe bzw. in einer angrenzenden Domäne bestimmt ist, leitet dieser Computer das Paket direkt an den Computer mit der angegebenen Adresse weiter.

Beim Zerlegen einer Nachricht in Pakete wird jedes Paket mit einer Nummer versehen. Somit kann jedes Paket über einen anderen Pfad im Internet geschickt werden, was einen großen Vorteil darstellt.

Die Aufgabe des IP-Protokolls besteht lediglich darin, die Pakete in der Reihenfolge auszuliefern, in der sie am Ziel ankommen. Es kann also sein, dass die Pakete in einer anderen Reihenfolge ankommen als sie abgeschickt wurden bzw. als in der, in der sie in der abgesendeten Nachricht angeordnet waren. Im Abschnitt über TCP (Transmission Control Protocol) werden Sie erfahren, wie dieses Protokoll dafür sorgt, dass die Pakete wieder in der richtigen Reihenfolge zusammengesetzt werden, so dass die Webseite oder die E-Mail richtig gelesen werden können. Ein weiterer Vorteil des IP-Protokolls besteht darin, dass es sich hierbei um ein verbindungsloses Protokoll handelt. Wenn die Kommunikation erst einmal begonnen hat, gibt es keinen Grund mehr, die Verbindung zwischen den miteinander kommunizierenden Endpunkten aufrecht zu erhalten. Bei der Übertragung der Pakete durch das Internet wird jedes Paket als eine unabhängige Dateneinheit ohne jeden Bezug zu anderen Dateneinheiten behandelt.

Heute gibt es zwei Versionen des IP-Protokolls: IPv4 und IPv6. IPv4, also das Internet Protocol Version 4, ist das allgemein akzeptierte und in Netzwerken von heute verwendete IP-Protokoll. Einige Anbieter beginnen IPv6 zu unterstützen, das ein Verfahren für die Verwaltung längerer Adressen mit sich bringt. Das von IP verwendete Adressierungsverfahren wird im folgenden Abschnitt beschrieben.

Übungen zu 3.1

3.1.1 Die Organisationen nennen, die für die Registrierung von Domänennamen verantwortlich sind

a) Network Solutions ist nicht mehr die einzige Organisation, bei der Domänennamen registriert werden können. Versuchen Sie eine Liste der Organisationen zusammenzustellen, bei denen Domänennamen registriert werden können.

3.1.2 Einen neuen Domänennamen registrieren

b) Lesen Sie bei einem solchen Anbieter nach, wie Sie Ihren eigenen Domänennamen registrieren lassen können.

____

____

____

Lösungen zu den Übungen

Lösung zu 3.1.1

a) Network Solutions ist nicht mehr die einzige Organisation, bei der Domänennamen registriert werden können. Versuchen Sie eine Liste der Stellen zusammen zu stellen, bei denen Domänennamen registriert werden können.

Lösung: ICANN (Internet Corporation for Assigned Names and Numbers) ist die private Organisation, die für die Zuweisung von IP-Adressen, die Zuweisung von Protokollparametern, die Verwaltung des Domain Name System (DNS) und die Verwaltung des Rootserver-Systems gebildet wurde. Auf der Site der ICANN (`www.icann.org`) befindet sich eine Liste der zugelassenen Registrierungsstellen.

Eine aktuelle Liste habe ich unter `http://www.icann.org/registrars/accredited-list.html` gefunden.

Auch auf der Seite der InterNIC finden Sie unter `http://www.internic.net/regist.html` eine Liste der zugelassenen Registrierungsstellen. Eine alphabetisch geordnete Liste gibt es unter `http://internic.net/alpha.html`.

Lösung zu 3.1.2

a) Lesen Sie bei einem solchen Anbieter nach, wie Sie Ihren eigenen Domänennamen registrieren lassen können.

Lösung: Um einen Domänenname registrieren zu lassen, müssen Sie bei der Registrierungsstelle Angaben zu Namen, Wohnort, Telefonnummer, E-Mail-Adresse usw. und natürlich den gewünschten Domänenname angeben. Darüber hinaus müssen Sie noch einige technische Angaben machen. Bei der Registrierungsstelle werden Ihre persönlichen Daten gespeichert und die technischen Angaben werden an das zentrale Verzeichnis mit der Bezeichnung »Registry« gesendet. Hier werden Ihre Angaben, die erforderlich sind, um Ihnen eine E-Mail schicken zu können, oder um Ihre

Website aufrufen zu können, anderen Computern im Internet zur Verfügung gestellt. Sie müssen mit der Registrierungsstelle einen Vertrag abschließen, in dem festgehalten ist, unter welchen Bedingungen Ihre Registrierung akzeptiert wird.

Wiederholungsfragen zu 3.1

Überprüfen Sie Ihr Wissen und versuchen Sie nun, die folgenden Fragen zu beantworten:

1. Zwei Computer können problemlos dieselbe IP-Adresse haben.
   a) Richtig
   b) Falsch
2. Pakete werden in einer Einheit verschickt und können nicht getrennt werden.
   a) Richtig
   b) Falsch
3. Das IP-Protokoll beschreibt das Verfahren, mit dem
   a) E-Mail-Adressen gesucht werden können
   b) Pakete wieder in der richtigen Reihenfolge zusammen gesetzt werden
   c) Daten von einem Computer über das Internet an einen anderen Computer gesendet werden
   d) Keine der genannten Möglichkeiten
4. IP und TCP können unabhängig voneinander arbeiten.
   a) Richtig
   b) Falsch
5. In welcher/n Schicht(en) sind TCP und IP angesiedelt?
   a) TCP in Schicht 2 und IP in Schicht 3
   b) Beide in Schicht 3
   c) TCP in Schicht 3 und IP in Schicht 4
   d) TCP in Schicht 4 und IP in Schicht 3

Die Lösungen befinden sich im Anhang des Buches zum Abschnitt 3.1.

Projekt 3.2: IP-Adressen

ZIEL

Nach diesem Kapitel können Sie:

- Das IP-Adressierungsverfahren verstehen
- Einen Domänenname anhand seiner IP-Adresse erkennen

IP-Adressen sind die Namen, die Computer in einem Netzwerk verwenden, um miteinander zu kommunizieren. Im aktuellen IP-Adressierungsverfahren, das als IPv4 (Internet Protocol Version 4) bezeichnet wird, umfasst eine IP-Adresse vier Datenbyte. IPv6 (Internet Protocol Version 6) wurde für längere IP-Adressen und somit für die Zulassung von mehr Hosts entwickelt. Zunächst einmal soll hier nun erläutert werden, wie eine IP-Adresse aufgebaut ist und wie IP-Adressen im Internet verwendet werden. Das Verfahren, mit dem IP-Adressen gebildet werden, ist einer der Gründe dafür, warum das Internet so umfangreich werden konnte, wie es heute ist. Internet-Entwickler hoffen, dass das Internet mit IPv6 noch sehr viel weiter wachsen kann, ohne dass es zu Schwierigkeiten beim Auffinden bestimmter System im Netzwerk kommt.

Eine IP-Adresse kann in unterschiedlichen Formaten dargestellt werden. Das am häufigsten verwendete Format ist das, bei dem die Adresse in vier durch Punkte getrennte Oktette (Bytes) in Dezimalschreibweise dargestellt wird. Ein Beispiel für eine IP-Adresse in diesem Format sieht folgendermaßen aus:

123.234.23.21

Die durch den Punkt getrennte Zahlen liegen im Bereich zwischen 0 und 255. Dies entspricht dem Bereich von 0 bis 2^8 oder 2*2*2*2*2*2*2*2. Sie wundern sich vielleicht, worauf dies zurückzuführen ist. Nun, sagen Ihnen die Begriffe *Bit* und *Byte* etwas?

Ein Bit ist ein Platzhalter für zwei mögliche Werte: entweder 0 oder 1. Ein Byte besteht aus acht Bit.

Bit: 0 oder 1

Byte: 00000000
11111111
10101010
10011001

usw. ...

Insgesamt gibt es für ein Byte $2^8 = 2*2*2*2*2*2*2*2 = 256$ Kombinationsmöglichkeiten.

Eine IP-Adresse besteht also aus vier Byte bzw. einer Reihe aus 32 Bit. Die Gesamtzahl der möglichen IP-Adressen, die mit IPv4 im Internet verwendet werden können, beträgt somit $2^{32} = 4.294.967.296$ oder vier Milliarden.

Das ist etwa 20 % weniger als es zu der Zeit Einwohner auf der Erde gab, als das Internet Protocol entwickelt wurde. Inzwischen ist die Sorge berechtigt, was zu tun ist, wenn die Internetadressen eines Tages ausgehen. Zu Beginn des Internetzeitalters teilte die für die Zuweisung von IP-Adressen an Institutionen zuständige Stelle großzügig ganze IP-Adressräume zu. Heute muss eine Organisation, die IP-Adressen beantragt, jede einzelne Adresse ausführlich rechtfertigen.

Subnetzmaske

Um die Identität eines Computers im Internet bestimmen zu können, sind zwei Angaben erforderlich: die IP-Adresse und die zugehörige Subnetzmaske.

Das Internet besteht aus vielen einzelnen, miteinander verbundenen Netzwerken. Mit Blick auf das Internet werden diese einzelnen Netzwerk als Subnetze bezeichnet. Ein Subnetz ist also ein für sich gesehen komplettes Netzwerk, das jedoch Teil eines größeren Netzwerks, nämlich des Internet ist.

Mit einer IP-Adresse kann sowohl ein einzelner Computer als auch das Subnetz bezeichnet werden, in dem sich der Computer befindet. Um das Auffinden von einzelnen Computern im Internet (die Aufgabe von Routern und Switches) einfacher zu machen, wird zuerst nach dem Subnetz und dann nach dem Computer gesucht.

Eine Subnetzmaske teilt eine IP-Adresse im Prinzip in zwei Teile: die Netzwerknummer (Netzwerk-ID) und die Hostnummer (Host-ID). Ein einfaches Beispiel veranschaulicht diese Aufteilung.

1. Nehmen wir einmal die oben genannte IP-Adresse: 123.234.23.21

   Eine Subnetzmaske kann beispielsweise mit dieser Adresse in Verbindung gebracht werden, um dadurch anzugeben, dass die ersten drei Oktette (123.234.23) für das Netzwerk des Rechners stehen, und dass das letzte Oktett (21) die Host-ID repräsentiert. Dieses Subnetz könnte 255 Hosts umfassen, da das letzte Oktett ausschließlich für die Angabe von Hosts zur Verfügung steht. In diesem Fall würde die Netzwerk-ID folgendermaßen aussehen: 123.234.23.0.

2. Die Subnetzmaske für eine solche Konfiguration sähe wie folgt aus: 255.255.255.0.

   Eine weitere Möglichkeit sieht so aus, dass die ersten beiden Oktette (123.234) ein Netzwerk und die letzten beiden Oktette (23.21) einen Host angeben. In diesem Fall könnten im Subnetz 255x255 bzw. 65025 Hosts angeschlossen sein. Die Netzwerk-ID würde dann folgendermaßen lauten: 123.234.0.0.

3. Die Subnetzmaske für eine solche Konfiguration sähe wie folgt aus: 255.255.0.0.

   Möglicherweise wird nun aber ein Netzwerk benötigt, das kleiner als 65025, aber größer als 255 Hosts ist. In diesem Fall muss das Netzwerk und die Host-ID entlang einer Grenze aufgeteilt werden, die nicht mit den Punkten in der Oktettdarstellung der IP-Adresse zusammenfällt. So hätte ein Subnetz mit 1024 Hosts beispielsweise die Subnetzmaske 255.255.248.0.

4. Denken Sie daran, dass jedes Oktett (die Zahl zwischen den Punkten) ein Byte, d.h. acht Bit darstellt. In unserem Beispiel wurden die ersten beiden Oktette und sechs der acht Bit des dritten Oktetts der Netzwerknummer zugeordnet. Die restlichen zehn Bit (zwei vom dritten Oktett und acht vom letzten Oktett) bilden die Host-ID. Somit kann dieses Subnetz $(2*2)*(2*2*2*2*2*2*2*2) = (4)*(256) = 2^{10} = 1024$ Hosts aufnehmen.

   Wie bereits erwähnt, erfolgt das Suchen einer bestimmten IP-Adresse im Internet in zwei getrennten Schritten. Zuerst wird das Netzwerk und dann der Host gesucht. So müssen Internetrouter nicht so viele Informationen speichern und können sich auf die Netzwerk-IDs beschränken. Wenn das »durchschnittliche« Subnetz im Internet 1000 Hosts umfasst, gibt es tausendmal weniger Netzwerke als Hosts und ein Internetrouter muss tausendmal weniger Adressen verwalten.

Übungen zu 3.2

3.2.1 Das IP-Adressierungsverfahren verstehen

Arbeiten Sie mit dem auf Ihrem PC befindlichen Utility *winipcfg*.

a) Ermitteln Sie die IP-Adresse Ihres PC.

b) Wie lautet die Subnetzmaske Ihres PC?

c) Sehen Sie nach, wie Ihr Hostname lautet.

3.2.2 Einen Domänennamen anhand seiner IP-Adresse erkennen

a) Prüfen Sie mit Hilfe des Utility *ping*, ob eine Domäne verfügbar ist. Versuchen Sie es mit einer bekannten Domäne wie `yahoo.com`, `mapquest.com` oder `barnesandnoble.com`. Ermitteln Sie die IP-Adresse jeder Domäne, die Sie prüfen.

b) Suchen Sie nun die IP-Adresse der Website `www.yahoo.com`.

c) Geben Sie die IP-Adresse der Website in Ihrem Webbrowser ein und prüfen Sie, ob Sie so zur Hauptseite der Site gelangen.

Lösungen zu den Übungen

Lösungen zu 3.2.1

Arbeiten Sie mit dem Utility *winipcfg*, das sich auf Ihrem PC befindet.

a) Ermitteln Sie die IP-Adresse Ihres PC.

Lösung: Klicken Sie im Menü START auf AUSFÜHREN. Geben Sie in dem daraufhin erscheinenden Fenster den Befehl `winipcfg`. Danach erscheint ein Fenster, dem Sie die IP-Adresse Ihres Rechners entnehmen können.

b) Wie lautet die Subnetzmaske Ihres PC?

Lösung: In dem Fenster, das erscheint, nachdem Sie den Befehl `winipcfg` ausgeführt haben, wird auch die Subnetzmaske Ihres PCs angezeigt.

c) Sehen Sie nach, wie Ihr Hostname lautet.

Lösung: Wenn Sie auf die Schaltfläche WEITERE INFO klicken, wird Ihr Hostname ebenfalls angezeigt.

Lösungen zu 3.2.2

a) Prüfen Sie mit Hilfe des Utility *ping*, ob eine Domäne verfügbar ist. Versuchen Sie es mit einer bekannten Domäne wie `yahoo.com`, mapquest.com oder `barnesandnoble.com`. Ermitteln Sie die IP-Adresse jeder Domäne, die Sie prüfen.

Lösung: Klicken Sie im Menü START auf AUSFÜHREN. Wenn das Fenster erscheint, geben Sie den Befehl `ping` zusammen mit dem Domänennamen, also z.B. `ping barnesandnoble.com` ein. Als ich diesen Befehl mit yahoo.com ausgeführt habe, wurde die IP-Adresse 216.115.108.232 angezeigt. Es kann jedoch sein, dass die Domäne inzwischen unter einer anderen Adresse erreichbar ist.

b) Suchen Sie nun die IP-Adresse der Website `www.yahoo.com`.

Lösung: Klicken Sie noch einmal im Menü START auf AUSFÜHREN. Geben Sie `ping www.yahoo.com` oder `ping` mit einem anderen Domänennamen ein. Wenn Sie möchten, dass das Fenster länger angezeigt wird, so dass Sie auch lesen können, was dort geschrieben steht, geben Sie den Befehl `ping www.yahoo.com -t` ein. Damit wird der Ping-Prozess fortgeführt. Um diesen wieder zu beenden, drücken Sie die Tasten [Strg] und [C] gleichzeitig. Die Adresse, die bei mir nun angezeigt wird, lautet: 204.71.200.75.

c) Geben Sie die IP-Adresse der Website in Ihrem Webbrowser ein und prüfen Sie, ob Sie so zur Hauptseite der Site gelangen.

Lösung: Rufen Sie Ihren Webbrowser auf und geben Sie die IP-Adresse ein, die Sie mit Hilfe von *ping* ermittelt haben. Wenn ich 204.71.200.75

eingebe, erscheint die Hauptseite der Yahoo-Website auf meinem Bildschirm.

Wiederholungsfragen zu 3.2

Überprüfen Sie Ihr Wissen und versuchen Sie nun, die folgenden Fragen zu beantworten:

1. Zur Zeit gibt es ... IP-Adressen.

   a) Zu viele
   b) Zu wenige

2. Wonach wird bei der Suche eines Computers im Internet zuerst gesucht?

   a) Subnetz
   b) Computer
   c) Keines von beidem

3. Wie würde die Subnetzmaske für ein Netzwerk mit 255 Hosts lauten?

   a) 255.0.0.255
   b) 0.0.0.255
   c) 255.255.255.0
   d) 255.255.248.255
   e) 255.0.255.255.255

4. Wie unterscheiden sich IPv4 und IPv6 voneinander? Geben Sie alle zutreffenden Möglichkeiten an.

   a) Bei IPv4 sind mehr Datenbyte zulässig als bei IPv6.
   b) Bei IPv6 besteht eine Adresse aus sechs Gruppen zu je drei hexadezimalen Zeichen.
   c) Bei IPv6 umfasst eine Adresse 16 Byte, während eine IPv4-Adresse aus nur 4 Byte bestehen darf.
   d) Alle genannten Möglichkeiten.

5. Wie viele Zahlenkombinationen können mit einem Byte dargestellt werden?

   a) 8
   b) 64
   c) 128
   d) 256
   e) 512

Die Lösungen befinden sich im Anhang des Buches zum Abschnitt 3.2.

Projekt 3.3: DNS (Domain Name System)

Nach diesem Kapitel können Sie:

ZIEL

- Verstehen, was Domänen mit IP-Adressen zu tun haben
- Wie ein Domänenname aufgelöst werden kann

Jeder Internethost verfügt über eine eigene IP-Adresse. Mit Hilfe des DNS (Domain Name System) wird eine Verknüpfung zwischen jedem Namen und einer bestimmten IP-Adresse hergestellt. Wenn Sie den vollständigen DNS-Namen, also beispielsweise `benay.asilomar.dara-abrams.com` oder `drew.africa.drewnet.net` angeben, wird dieser Name einer bestimmten IP-Adresse im Internet zugeordnet. Die IP-Adresse bietet eine Möglichkeit, einen logischen Domänennamen, mit einem Namen, den sich Menschen merken können, in eine physikalische Adresse zu übersetzen, die vom IP-Adressierungsverfahren verwendet werden kann. Wenn Sie einen Domänennamen in einer URL oder in einer E-Mail-Adresse angeben, wird dieser Domänenname, z.B. `prenhall.com`, in eine bestimmte IP-Adresse im Internet übersetzt.

Der Domänenname funktioniert also für eine IP-Adresse wie ein CB-Funknummer. Das DNS-Verfahren stellt für eine IP-Adresse einen logischen Namen zur Verfügung. Es ist jedoch weinig praktisch, eine Liste mit Domänennamen und den dazu gehörenden IP-Adressen zentral zu erstellen und zu verwalten. Wie mit anderen Dingen im Internet wird auch hier die Arbeitslast im Netzwerk verteilt. Eine Liste mit IP-Adressen und den entsprechenden Domänennamen wird in einer Autoritätshierarchie verteilt. Wenn Sie eine Nachricht senden oder empfangen oder Webseiten aufrufen, verwendet Ihr System zum Auflösen von Adressen einen DNS-Server in unmittelbarer Nähe Ihres ISPs. Dieser DNS-Server ordnet Domänennamen in Ihren Internetanforderungen entweder selbst zu oder leitet sie an andere Internetserver weiter.

IP-Adressen sind im Prinzip die Namen, die Computer in einem Netzwerk verwenden, um miteinander zu kommunizieren. Da sich Computer nicht anhand von Eigenschaften wie dem Klang der Stimme oder dem Aussehen erkennen können, braucht jeder Computer im Internet eine eigene IP-Adresse.

Im Gegensatz zu Menschen können sich Computer lange Zahlenreihen problemlos merken. Wir Menschen arbeiten lieber mit etwas besser Vorstellbarem wie z.B. mit Namen. Viele haben einen an ein Netzwerk angeschlossenen Computer auf dem Tisch stehen, der, wenn er über einen Anschluss an das Internet verfügt, auch eine IP-Adresse hat. Aber die wenigsten kennen diese IP-Adresse. Um die Unterschiede zwischen Menschen und Computern zu überbrücken, wurde das DNS (Domain Name System) entwickelt.

Einfach ausgedrückt, ist DNS für die Verknüpfung von Namen mit IP-Adressen verantwortlich. So können wir unsere Computer nach Stränden in Monterey Bay wie Asilomar, Pebblebeach oder Pajaro benennen. Wie im richtigen Leben sprechen wir die, die uns nahe stehen, häufig nicht mit vollem Namen an. Damit es nicht zu Verwechslungen kommt, muss jedoch der vollständige Name genannt werden. So kann ein bestimmter Computer beispielsweise `pajaro.dara-abrams.brainjolt.com` genannt werden.

`Pajaro` kommt in der Domäne `dara-abrams` nur einmal vor. `Dara-abrams` kommt in `brainjolt` und `brainjolt` in `com` nur einmal vor. Es kann im Internet durchaus mehrere `pajaros` geben, aber `pajaro.dara-abrams.brainjolt.com` gibt es nur einmal.

Übungen zu 3.3

3.3.1 Verstehen, was Domänen mit IP-Adressen zu tun haben

a) Geben Sie in einem UNIX-System den Befehl `nslookup` mit einer beliebigen IP-Adresse ein. Welches Ergebnis erhalten Sie?

3.3.2 Wie ein Domänenname aufgelöst werden kann

a) Suchen Sie mit dem Utility *whois* die IP-Adresse des Namensservers einer bekannten Domäne wie z.B. `amazon.com` oder `yahoo.com`.

Lösungen zu den Übungen

Lösung zu 3.3.1

b) Geben Sie in einem UNIX-System den Befehl `nslookup` mit einer beliebigen IP-Adresse ein. Welches Ergebnis erhalten Sie?

   Lösung: Mit dem Befehl `nslookup` wird der Domänennamensserver angezeigt, der für die Suche von IP-Adressen verwendet wird. Außerdem wird der vom Server ermittelte DNS-Eintrag für die von Ihnen angegebene IP-Adresse angezeigt.

Lösung zu 3.3.2

c) Suchen Sie mit dem Utility *whois* die IP-Adresse des Namensservers einer bekannten Domäne wie z.B. `amazon.com` oder `yahoo.com`.

Lösung: Sie können das Utility *whois* auf der InterNIC-Site (`www.internic.net`) verwenden. Wenn Sie den Domänennamen `amazon.com` eingeben (und auf DOMAIN klicken), wird der Namensserver angezeigt. Über den Namensserver habe ich folgende Information erhalten: NS2.PNAP.NET. Als ich den angegebenen Namensserver eingab und auf NAMESERVER klickte, erhielt ich folgende Angaben:

```
Server Name: NS2.PNAP.NET
IP Address: 206.253.194.97
Registrar: NETWORK SOLUTIONS, INC.
Whois Server: whois.networksolutions.com
Referral URL: www.networksolutions.com
```

Somit lautet die IP-Adresse für den primären Namensserver von `amazon.com`: 206.253.194.197.

Wiederholungsfragen zu 3.3

Überprüfen Sie Ihr Wissen und versuchen Sie nun, die folgenden Fragen zu beantworten:

1. Computer sprechen einander mit ... an.

   a) Dem Domänennamen
   b) Der IP-Adresse
   c) Der Subnetzmaske
   d) Allen genannten Möglichkeiten

2. DNS verknüpft ... mit ....

   a) IP-Adresse, Domänenname
   b) IP-Adresse, Subnetzmaske
   c) Domänenname, Subnetzmaske

3. Wenn es einen Computer mit dem Domänennamen `darwin.millenniumpark.org` gibt, kann es dann gleichzeitig einen Computer mit dem Domänennamen `darwin.brainjolt.com` geben?

   a) Ja
   b) Nein

4. Sie können eine Webseite ohne DNS-Adresse nicht finden.

   a) Richtig
   b) Falsch

5. Computernamen müssen eindeutig sein, damit Domänennamen eindeutig sein können.

   a) Richtig
   b) Falsch

Die Lösungen befinden sich im Anhang des Buches zum Abschnitt 3.3.

Projekt 3.4: TCP (Transmission Control Protocol)

Nach diesem Kapitel können Sie:

- Die Socket-Nummer für »bekannte Dienste« bestimmen
- Die Verwendung von Ports und Diensten verstehen

Das Protokoll TCP (Transmission Control Protocol) verfügt über Features zum Steuern des Datenflusses (Paketen) zwischen Absender und Empfänger. Diese Flusskontrolle ist mit ein Grund für die exponentielle Ausbreitung des Internet.

Das wichtigste Feature von TCP ist, dass es dafür sorgt, dass jedes Datenpaket an seinem Ziel abgeliefert und angenommen wird. Wenn ein Paket am Ziel nicht ausgeliefert werden kann, wird der Benutzer (ein Protokoll einer höheren Schicht) darüber informiert.

Die ganze Wahrheit

Die folgenden Ausdrücke werden im Zusammenhang mit TCP synonym verwendet:

Socket ist dasselbe wie *Port*

und

Verbindung ist dasselbe wie *Sitzung*

Sockets

TCP steuert die Auslieferung von Paketen, indem es für jede TCP-Kommunikation eine »Verbindung« bzw. »Sitzung« einrichtet. TCP wird als ein »verbindungsloses« Protokoll bezeichnet. Sitzungen in TCP werden zwischen zwei Endpunkten eingerichtet. Die Endpunkte werden anhand der IP-Adresse und Socket-Nummer der Sitzung für jeden Rechner definiert. Jede TCP-Sitzung ist durch diese beiden Parameter eindeutig definiert.

Wenn zwischen zwei Endpunkten eine Sitzung initiiert wird, sendet TCP eine Synchronisierungsanforderung (ein Paket mit der Bezeichnung »syn«) an die Adresse des Rechners, zu dem eine Verbindung hergestellt werden soll. Dieses Paket enthält Informationen über die Socket-Nummer, mit der der erste Rechner eine Verbindung herstellen möchte. Der Zielrechner sendet daraufhin eine Bestätigung (»ack« genannt) an den initiierenden Rechner und teilt diesem mit, dass er die »syn« empfangen hat und dass die gewünschte Socket-Nummer verfügbar ist. Darüber hinaus sendet der zweite Rechner (in einer Übertragung) selbst auch eine Synchronisierungsanforderung, in der er die Socket-Nummer angibt, an die er Pakete an den initiierenden Rechner zurückschicken möchte. Dieses Paket hat die Bezeichnung »syn-ack«, weil damit sowohl das erste Paket bestätigt als auch eine Synchronisierung angefordert wird. Schließlich sendet der initiierende Rechner eine Bestätigung an den zweiten Rechner und teilt diesem mit, dass die in der »syn-ack« angeforderte Socket-Nummer für die Verbindung zur Verfügung steht.

Nun ist die TCP-Sitzung eingerichtet. Sie kann anhand der eindeutigen Endpunkte, der IP-Adresse und Socket-Nummer des ersten Rechners und der IP-Adresse und Socket-Nummer des zweiten Rechners erkannt werden. Zu diesem Zeitpunkt gibt es diese Kombination nur einmal.

Die ganze Wahrheit

Wenn ein Client eine HTTP-Verbindung zu einem Server anfordert, richtet er diese Anforderung an die IP-Adresse des Servers an Port 80. Der Server sucht sich dann einen beliebigen Port über 1023 und sendet ein Paket an den anfordernden Client. Damit fragt er, ob Antwortpakete an die IP-Adresse des anfordernden Client am beliebig gewählten Port gesendet werden können. Wenn dieser Port beim Client frei ist, bestätigt er die Anfrage und beginnt den vereinbarten Port abzuhören.

So kann ein Client mehrere TCP-Sitzungen gleichzeitig mit einem bestimmten Server anfordern und dennoch für jede Sitzung eigene IDs verwenden. Der Port, über den der Server mit dem Client kommuniziert, wird beliebig zugewiesen. Wenn beim Client der vom Server vorgeschlagene Port belegt ist, lehnt der Client den Vorschlag des Servers ab. Daraufhin schlägt der Server einen neuen Port vor. Das geht so lange, bis sich die beiden Rechner auf einen Port einigen können.

Beim IP-Protokoll werden zwei Datenbyte für die Definition der TCP-Socket-Nummer (bzw. UDP-Socket-Nummer) verwendet. Das bedeutet, dass es insgesamt $(2^8)*(2^8) = 255 * 255 = 65.025$ Socket-Nummern gibt.

Die Port- bzw. Socket-Nummern 0 bis 1023 sind für die Definition des Prozesses reserviert. Anders ausgedrückt: Ein mit IP arbeitender Rechner darf nur bestimmte Protokolle auf diesen Ports zulassen. Ports über 1023 (von 1024 bis 65025) sind keinen bestimmten Protokollen zugewiesen und können für jedes beliebige Protokoll verwendet werden.

Dem WWW-Protokoll HTTP ist Port 80 zugeordnet. Das bedeutet, dass zwischen den Ports 0 und 1023 nur Port 80 für HTTP verwendet wird. HTTP-Daemons können neben Port 80 jedoch auch anderen Ports zugewiesen werden, vorausgesetzt, der entsprechende Port befindet sich zwischen 1024 und 65025. So kann einem HTTP-Daemon Port 8080, nicht jedoch Port 25 zugewiesen werden. Eine typische Situation sieht so aus, dass die Entwicklungs-Website über einen HTTP-Daemon Port 8080 und die Produktions-Website über einen HTTP-Daemon Port 80 anspricht.

Die Dienste, die über die Ports 0 bis 1023 ausgeführt werden (d.h. die Programme, die auf Anfragen an diese Ports reagieren) werden als »*bekannte Dienste*« (»well-known service«) bezeichnet. Es ist »bekannt«, dass SMTP (Mailserver) auf Anfragen an Port 25 und HTTP auf Anfragen an Port 80 reagiert. Bei einem UNIX-System finden Sie eine Liste der Port-Nummernzuweisungen unter /ETC/SERVICES. Dem Dienst *telnet* ist Port 23 zugewiesen. Im Ordner /ETC/SERVICES befindet sich auch eine Liste der UDP-Sockets, sowie Hinweise auf die Ports ab Port 1024. Darüber hinaus befinden sich hier auch Hinweise auf andere Dienste wie *listen*, *nterm*, *kpop*, *ingreslock*, *tnet*, *cfinger*.

Gelegentlich wird die Port-Nummer in URLs mit angegeben und dabei durch einen Doppelpunkt vom Namen des Zielrechners abgesetzt: `http://www.slac.stanford.edu:80/`. In einem solchen Fall kann die URL auch ohne Port-Nummer angegeben werden, da – wenn nicht anders angegeben – der gesamte HTTP-Verkehr ohnehin an Port 80 geleitet wird. Bei der URL `http://www.slac.stanford.edu:8080/` kann die 8080 dagegen nicht weggelassen werden. Diese 8080 bedeutet, dass der Rechner eine Verbindung mit einem HTTP-Daemon bei `www.slac.stanford.edu` an Port 8080 anfordert.

TCP wird jedoch nicht nur für HTTP verwendet. *telnet*, *FTP* und *SMTP* (Mailserver) sind andere gebräuchliche Anwendungen, die sich TCP zunutze machen. Um TCP-Verbindungen voneinander unterscheiden zu können, sind diese einem »bestimmten« Port zugeordnet. So wie ein Schiff mit Kurs auf die USA letztlich in einem bestimmten Hafen (engl. port) festmachen muss, so muss eine TCP-Verbindung ebenfalls für einen Port bestimmt sein. Der Port kann mit einer Ganzzahl angegeben werden, die einen bestimmten Dienst repräsentiert (z.B. *telnet*, *FTP* und *HTTP*). Wenn TCP eine Verbindung zwischen zwei Rechnern initiiert, wird der Port angegeben, zu dem die Verbindung hergestellt werden soll. Damit wird dem anderen Rechner auch gleich mitgeteilt, welcher Dienst gewünscht wird.

Damit alle Pakete erfolgreich abgeliefert werden können, ist es manchmal erforderlich, dass TCP einige Pakete, die ihr Ziel nicht erreicht haben, noch einmal sendet. Um möglichst wenige Pakete mehrmals senden zu müssen, verfügt TCP über einen Mechanismus, mit dessen Hilfe die Zuverlässigkeit und voraussichtliche Bandbreite einer bestimmten Verbindung ermittelt werden kann. TCP beginnt langsam und wird dann immer schneller, bis die für eine bestimmte Verbindung maximale Geschwindigkeit erreicht ist. Dieser Mechanismus wird als *Slow-Start-Algorithmus* bezeichnet. Im Wesentlichen funktioniert das Ganze folgendermaßen: Zunächst wird eine feste Anzahl von Paketen an den Zielrechner gesendet und dann auf eine Empfangsbestätigung von diesem Rechner gewartet. Wenn eine Bestätigung für den erfolgreichen Empfang (»ack«) der ersten Pakete eingeht, wird eine weitere, größere Anzahl von Paketen gesendet. Wenn der Empfang der ersten Pakete nicht bestätigt wird, werden diese erneut, jedoch weniger Pakete auf einmal gesendet. Die passende Anzahl an Paketen wird ausgelotet, bis eine maximale Übertragungsrate gefunden wird oder alle Pakete gesendet sind und deren Empfang bestätigt worden ist. Wenn die Pakete bei keiner Geschwindigkeit erfolgreich übertragen werden können, wird eine Fehlermeldung an die Anwendung der höheren Schicht gesendet.

Die Anzahl der Pakete, die mit einem Mal übertragen werden (bevor die Übertragung unterbrochen und auf die Empfangsbestätigung gewartet wird), wird als *Fenstergröße* bezeichnet. Die anfängliche Fenstergröße ist ein konfigurierbarer Parameter, der von einem Systemadministrator festgelegt werden kann.

Die Fähigkeit von TCP, Pakete erneut zu versenden und somit eine erfolgreiche Auslieferung der einzelnen Pakete gewährleisten zu können, führt dazu, dass von der Anwendung wesentlich mehr Daten übertragen werden müssen, was wiederum wesentlich mehr Zeit in Anspruch nimmt. Dieser Nachteil wird aber für eine zuverlässige Übertragung gerne in Kauf genommen. Es kann jedoch vorkommen, dass auf Kosten der Zuverlässigkeit lieber mit einem geringeren Daten- und Zeitaufwand übertragen wird. Ein Protokoll, das so arbeitet, UDP, wird weiter hinten in diesem Kapitel ausführlicher beschrieben.

Übungen zu 3.4

3.4.1 Die Socket-Nummer für »bekannte Dienste« bestimmen

Suchen Sie sich einen UNIX-Rechner, mit dem Sie arbeiten können. Suchen Sie dort nach dem Ordner /ETC/SERVICES.

a) Welche Port-Nummer ist der Anwendung *telnet* zugeordnet?

___

___

___

b) Enthält der Ordner /ETC/SERVICES nur Hinweise für TCP-Sockets?

3.4.2 Die Verwendung von Ports und Diensten verstehen

Schauen Sie sich noch einmal den Ordner /ETC/SERVICES auf einem UNIX-Rechner an.

a) Gibt es dort Hinweise auf Ports ab Port 1024 aufwärts?

Lösungen zu den Übungen

Suchen Sie sich einen UNIX-Rechner, mit dem Sie arbeiten können. Suchen Sie dort nach dem Ordner /ETC/SERVICES.

Lösungen zu 3.4.1

a) Welche Port-Nummer ist der Anwendung *telnet* zugeordnet?

Lösung: *telnet* ist der Port 23 zugeordnet.

b) Enthält der Ordner /ETC/SERVICES nur Hinweise für TCP-Sockets?

Lösung: Dieser Ordner enthält auch Hinweise auf UDP-Sockets.

Lösung zu 3.4.2

Schauen Sie sich noch einmal den Ordner /ETC/SERVICES auf einem UNIX-Rechner an.

a) Gibt es dort Hinweise auf Ports ab Port 1024 aufwärts?

Lösung: Ja, in dieser Datei gibt es Hinweise auf Ports ab 1024 aufwärts. Der Server, bei dem ich gerade nachgesehen habe, hat Hinweise auf *listen*, *nterm*, *kpop*, *ingreslock*, *tnet* und *cfinger*.

Wiederholungsfragen zu 3.4

Überprüfen Sie Ihr Wissen und versuchen Sie nun, die folgenden Fragen zu beantworten:

1. Bringen Sie die folgenden Pakete in die richtige Reihenfolge und beginnen Sie mit dem ersten.

   a) syn-ack
   b) syn
   c) ack

2. Der Slow-Start-Algorithmus dient dazu, ... möglichst gering zu halten.

   a) die Ausfallzeit des Netzwerks
   b) die Anzahl der erneut zu übertragenden Pakete
   c) die Anzahl der DNS-Serverabfragen
   d) Alle genannten Möglichkeiten.

3. Für gleichzeitige HTTP-Sitzungen wird immer derselbe Port verwendet.

   a) Richtig
   b) Falsch

4. Mit Ports und Sockets sind welche der folgenden Möglichkeiten gemeint? Geben Sie alle zutreffenden Möglichkeiten an.

   a) Verschiedene Dienste
   b) Ein und dasselbe
   c) IP-Adressen
   d) Keine der genannten Möglichkeiten

5. Bekannte Dienste sprechen Ports unter 256 an.

   a) Richtig
   b) Falsch

Die Lösungen befinden sich im Anhang des Buches zum Abschnitt 3.4.

Projekt 3.5: MAC-Adressen (Media Access Control)

Nach diesem Kapitel können Sie:

- MAC-Adressen von Computern in Ihrem LAN finden
- MAC-Adressen lesen und interpretieren

Das Internet wird oft als »ein aus Netzwerken bestehendes Netzwerk« bezeichnet. Diese unzähligen Netzwerke, die zum Internet zusammengeschlossen sind, arbeiten mit einer Vielzahl unterschiedlicher Netzwerktechnologien wie Ethernet, FDDI, SONET und ATM. SONET (Synchronous Optical Network) ist übrigens der ANSI-Standard für die synchrone Datenübertragung über Glasfaserkabel. ATM (Asynchronous Transfer Mode) ist eine leistungsstarke, auf Zellen beruhende Switching- und Multiplexing-Technologie, die mit Paketen bestimmter Größe arbeitet, um unterschiedliche Arten von Daten zu übertragen. Jedes dieser Protokolle wurde für eine unabhängige Nutzung im Internet entwickelt. Daher war für diese kein Internet-Adressierungsverfahren vorgesehen. Viele dieser Technologien gab es immerhin schon vor dem Internet.

Damit zwei Einheiten über ein gemeinsames Netzwerkmedium miteinander kommunizieren können, musste ein Adressierungsverfahren entwickelt werden. So kam es, dass für jede der genannten Technologien ein eigenes Adressierungsverfahren entwickelt wurde. Erinnern Sie sich noch, dass diese Technologien in Schicht 2 des OSI-Modells angesiedelt sind? Daher werden die entsprechenden Adressen auch als *Schicht-2-Adressen* bezeichnet. Das Medium (Media) ist der Hardwareteil des Netzwerks, also beispielsweise ein Ethernet-Kabel oder ein FDDI-Glasfaserkabel. Den Teil der Zugriffssteuerung (Access Control) übernimmt das Gerät in Ihrem Computer oder ein Router oder ein Switch, der den Zugriff von Paketen von und zum Medium steuert. Somit ergibt sich alternativ für Schicht-2-Adresse die Bezeichnung *MAC-Adresse* (Media Access Control).

Wenn ein IP-Paket das Internet durchquert, durchquert es mehrere Netzwerke unterschiedlicher Art. Das bedeutet, dass das Paket im Laufe seiner »Reise« durch das Internet mit unterschiedlichen Quell- und Zieladressen der Schicht 2 versehen wird.

In Abbildung 3.1 ist eine Kommunikation zwischen zwei Computern in verschiedenen Ethernet-Segmenten dargestellt. In jedem dieser Ethernet-Segmente befindet sich ein Router. Die Router sind über einen FDDI-Ring miteinander verbunden. Einem Paket, das von einem Computer zum anderen gesendet wird, werden auf seinem Weg durch das Internet drei verschiedene Quell- und Zieladressen zugewiesen. Zuerst wird dem Paket als Quelladresse die MAC-Adresse von Computer A und als Zieladresse MAC-Adresse von Router 1, der Schnittstelle X zugewiesen. Danach erhält das Paket als Quelladresse die MAC-Adresse von Router 1, der Schnittstelle Y, und als Zieladresse die MAC-Adresse von Router 2, der Schnittstelle X. Und schließlich wird dem Paket die MAC-Adresse von Router 2, der Schnittstelle Y, als Quelladresse und die MAC-Adresse des Computers B als Zieladresse zugeordnet. Während der gesamten Übertragung bleiben jedoch die Quell- und Zieladressen der Schicht 3, d.h. die IP-Quell- und -Zieladressen für die Computer A und B dieselben.

Im Zusammenhang mit dem MAC-Adressierungsverfahren können Sie sich ein Paket auch wie ein Ei mit mehreren Schalen vorstellen. Zu Beginn hat eine Anwendung ein paar Daten, die an einen anderen Computer gesendet werden sollen. Diese Daten werden in eine Schale gepackt, die die IP-Adresse des Rechners, für den die Daten bestimmt sind, sowie die eigene IP-Adresse, d.h. die IP-Quelladresse, enthält. Wenn dann das Paket über ein Ethernet-Netzwerk (um bei unserem Beispiel von oben zu bleiben) übertragen wird, muss das Paket in eine neue Schale mit der MAC-Zieladresse des Hop gepackt werden, der auf dem Weg zum Ziel am nächsten liegt. In unserem Beispiel ist das der Router. Auch die MAC-Quelladresse befindet sich in dieser zweiten Schale. Wenn der *Rahmen*, wie das Paket jetzt genannt wird, beim Router ankommt, legt es die erste Schalenschicht ab, und legt damit die IP-Quell- und -Zieladresse frei. Danach wird festgelegt, wohin das Paket als nächstes gesendet wird. Es wird eine neue Schale mit den entsprechenden MAC-Quell- und -Zieladressen des nächsten Hop angelegt.

Abb. 3.1: Kommunikation zwischen Computern in unterschiedlichen Ethernet-Segmenten

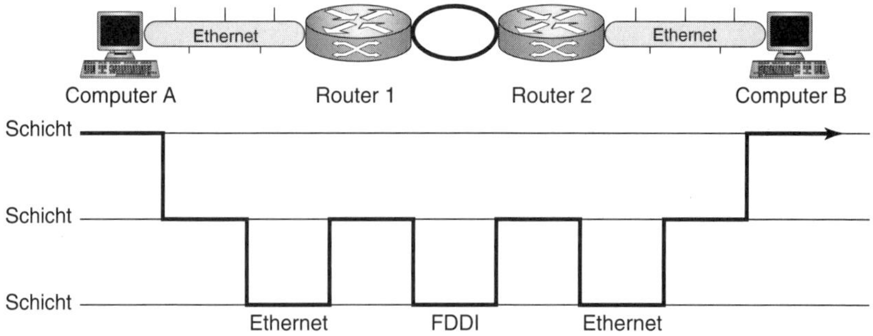

Dieser Vorgang wird so lange wiederholt, bis das Paket (oder Datagramm) schließlich am Ziel ankommt. Dort wird die IP-Schale sowie die MAC-Schale vom Paket abgenommen und der Datenteil des Pakets wird an die entsprechende Anwendung weitergeleitet.

MAC-Adressen und Ethernet

Heutzutage ist Ethernet die in den meisten LANs (Local Area Networks) vorherrschende Technologie der Schicht 2. Damit zwei beliebige Computer in einem Ethernet-Segment miteinander kommunizieren können, wird jedem Ethernet-Adapter bei der Herstellung eine eindeutige MAC-Adresse zugewiesen. Diese Adressen ähneln den IP-Adressen sehr, bestehen aber aus sechs verschiedenen Zahlen zwischen 0 und 255, die häufig durch einen Doppelpunkt voneinander getrennt sind. So kann eine Ethernet-MAC-Adresse beispielsweise folgendermaßen aussehen: 01:00:198:234:43:45. Häufiger werden Ethernet-MAC-Adressen jedoch mit Hexadezimalzeichen dargestellt. Dieselbe MAC-Adresse sähe in Hexadezimalschreibweise so aus: 01:00:C6:EA:2B:2D. Falls Ihnen die Hexadezimalzahlen (Basis 16) und deren Entsprechungen im Dezimalsystem (Basis 10) nicht mehr präsent sein sollten, hier eine kurze Erläuterung: Die Zahlen von eins bis neun sind in beiden Zahlensystemen dieselben. Darüber hinausgehende Zahlen werden im Hexadezimalsystem bis zu der der Dezimalzahl 15 entsprechenden Zahl mit Hilfe von Buchstaben dargestellt: A=10, B=11, C=12, D=13, E=14 und F=15.

Damit jeder Hersteller seinen Ethernet-Adaptern eine eigene MAC-Adresse zuweisen kann, wird die MAC-Adresse in zwei Teile geteilt: das Herstellerfeld und die Seriennummer. Die erste Hälfte einer MAC-Adresse ist jeweils die einem Hersteller zugewiesene, nur einmal vorkommende Herstellernummer. Die zweite Hälfte der Adresse ist eine Seriennummer die von 00:00:00 bis FF:FF:FF (in Dezimalschreibweise von 0 bis 16.581.375) reicht. Wenn ein Hersteller mehr als 16,5 Millionen Ethernet-Karten produzieren möchte, muss er eine zweite Herstellernummer beantragen. Im Vergleich zu den nur vier Milliarden IP-Adressen gibt es insgesamt mehr als 270 Billionen MAC-Adressen.

In den letzten Abschnitten ging es nur um Ethernet-MAC-Adressen. Vergessen Sie jedoch nicht, dass es für alle Übertragungsmedien, aus denen das Internet besteht, MAC-Adressen gibt.

Broadcast-Adressen

Es kommt vor, dass dieselben Daten an alle Computer im LAN übertragen werden sollen. Statt nun dieselben Daten in unterschiedlichen Paketen an die einzelnen Rechner im LAN zu verschicken, wird eine speziell für solche Zwecke vorgesehene Ethernet-MAC-Adresse, eine so genannte *Broadcast-Adresse* verwendet. Jeder Ethernet-Adapter, der diese Adresse als Ziel eines Rahmens erkennt, liest das Paket. Bei dieser Broadcast-Adresse handelt es sich ganz einfach um die höchste Ethernet-MAC-Adresse, d.h. FF:FF:FF:FF:FF:FF. Es kann auch vorkommen, dass Daten an einen Teil der Computer in einem Netzwerk gesendet werden sollen. In diesem Fall spricht man vom *Multicasting* und auch hierfür gibt es ein spezielles Adressierungsverfahren.

Übungen zu 3.5

3.5.1 MAC-Adressen von Computern in Ihrem LAN finden

a) Geben Sie in Ihrem PC in der DOS-Eingabeaufforderung den Befehl `arp -a` ein. Hinweis: arp steht für Address Resolution Protocol (zu deutsch etwa Protokoll für die Auflösung von Adressen). Welche Ergebnisse erhalten Sie und was bedeuten diese?

3.5.2 MAC-Adressen lesen und interpretieren

Die Hardwareadresse eines Systems lautet: 00-04-C0-3C-D8-94.

a) Wie lautet der Herstellercode in Dezimalschreibweise?

b) Wie lautet die Seriennummer in Dezimalschreibweise?

Lösungen zu den Übungen

Lösung zu 3.5.1

a) Geben Sie in Ihrem PC in der DOS-Eingabeaufforderung den Befehl `arp -a` ein. `arp` steht für Address Resolution Protocol (zu deutsch etwa Protokoll für die Auflösung von Adressen). Welche Ergebnisse erhalten Sie und was bedeuten diese?

Lösung: Wenn Sie einen über Ethernet an ein LAN angeschlossenen Rechner haben, werden die MAC-Adressen einiger anderer an das LAN angeschlossener Rechner angezeigt.

Die meisten Windows-Rechner kennen den Befehl `arp`. Unter Windows kann dieser Befehl über die DOS-Eingabeaufforderung eingegeben werden. Wenn der Befehl `arp` mit der Option `-a` eingegeben wird, werden alle Ihrem Computer bekannten MAC-Adressen angezeigt.

Lösungen zu 3.5.2

Die Hardwareadresse eines Systems lautet: 00-04-C0-3C-D8-94.

a) Wie lautet der Herstellercode in Dezimalschreibweise?

Lösung: Der Herstellercode besteht aus den ersten drei Zahlenpaaren und lautet also in Hexadezimalschreibweise 00-04-C0. In Dezimalschreibweise bedeutet das 00-04-192 (C=12 in Dezimalschreibweise; die Dezimalzahl für C0 ergibt sich durch die Multiplikation von 12 mit 16, da das Hexadezimalzahlensystem auf der Basis 16 beruht).

b) Wie lautet die Seriennummer in Dezimalschreibweise?

Lösung: Die Seriennummer besteht aus den restlichen drei Zahlenpaaren und lautet also in Hexadezimalschreibweise 3C-D8-94. In das Dezimalsystem übertragen ergibt sich für die erste Zahl des ersten Zahlenpaars 3x16=48 und für die zweite Zahl des ersten Zahlenpaars 12. Somit lautet die erste Zahl der Seriennummer in Dezimalschreibweise 60. Das zweite Zahlenpaar setzt sich aus 13x16=208 plus 8 zusammen und ergibt somit 216. Das dritte Zahlenpaar berechnet sich aus 9x16=144 plus 4 ergibt 148. Somit lautet die gesamte Seriennummer in Dezimalschreibweise wie folgt: 60-216-148.

Wiederholungsfragen zu 3.5

Überprüfen Sie Ihr Wissen und versuchen Sie nun, die folgenden Fragen zu beantworten:

1. Jeder Ethernet-Adapter hat eine eigene, nur einmal vorkommende MAC-Adresse.

   a) Richtig
   b) Falsch

2. MAC-Adressen werden zwischen OSI-Schichten übertragen.

   a) Richtig
   b) Falsch

3. MAC ist die Abkürzung für

   a) Michigan Algorithm Coder
   b) Maximum Allowable Cache
   c) Media Access Control
   d) Macaroni And Cheese
   e) Keine der genannten Möglichkeiten

4. Für die SONET-Technologie wird was verwendet?

   a) ATM-Technologie
   b) Glasfaserkabel
   c) FDDI
   d) Ethernet
   e) Alle genannten Möglichkeiten

5. Die MAC-Adresse ist auf welcher OSI-Schicht angesiedelt?

   a) Schicht 2
   b) Schicht 3
   c) Schicht 1
   d) Keine der genannten Schichten

Die Lösungen befinden sich im Anhang des Buches zum Abschnitt 3.5.

Projekt 3.6: UDP (User Datagram Protocol)

Nach diesem Kapitel können Sie:

- ✘ Den Unterschied zwischen TCP und UDP nennen
- ✘ Anwendungen nennen, die mit UDP arbeiten und verstehen, warum das so ist

UDP ist die Abkürzung für *User Datagram Protocol*, zu deutsch etwa Protokoll für Benutzerdatagramme. Manche nennen UDP aber auch *Unzuverlässiges Datagramm Protokoll*. Die große Mehrheit der UDP-Pakete erreicht übrigens ihr Ziel zuverlässig. Mit »unzuverlässig« in diesem Zusammenhang ist gemeint, dass UDP keine Mechanismen zur Verfügung stellt, die eine Überwachung der erfolgreichen Auslieferung von Paketen gewährleistet. Angesichts der Tatsache, dass TCP eine zuverlässige Auslieferung aller Pakete sicherstellt, stellt sich die Frage, wer dann noch ein Protokoll wie UDP verwenden möchte?

Die drei wichtigsten Gründe, die für die Verwendung von UDP sprechen, sind folgende:

1. UDP bedeutet eine geringere Belastung des Netzwerks und ein geringerer Zeitaufwand, da es keine Mechanismen gibt, mit deren Hilfe geprüft und sichergestellt wird, dass alle Pakete sicher an ihrem Ziel angekommen sind.
2. Bei einigen Anwendungen ist es nicht erforderlich, dass jedes einzelne Paket auch wirklich an der Zieladresse ankommt.
3. In einem gut funktionierenden Netzwerk kommt die überwältigende Mehrheit von UDP-Paketen auch tatsächlich am Ziel an.

Somit verdient es UDP nicht wirklich, als unzuverlässig bezeichnet zu werden.

UDP wird in der Regel bei Anwendungen eingesetzt, bei denen es nicht unbedingt erforderlich ist, dass jedes einzelne Paket tatsächlich am Ziel ankommt. Darüber hinaus gibt es keinen Grund, warum eine Anwendung nicht mit UDP arbeiten kann und dennoch verlangt, dass jedes Paket an seinem Ziel abgeliefert wird. In einem solchen Fall ist die Anwendung der höheren Schicht, die das Protokoll UDP nutzt, für die ordentliche Auslieferung der einzelnen Datenpakete verantwortlich. UDP selbst kümmert sich darum nicht.

Wenn eine Anwendung die erfolgreiche Übertragung aller Pakete erfordert, kann TCP verwendet werden. Dieses Protokoll überwacht die ordentliche

Übertragung von Paketen automatisch. Alternativ kann der Programmierer UDP verwenden und die Anwendung mit zusätzlichen Funktionen für die zuverlässige Auslieferung von Datenpaketen versehen. In einem solchen Fall ist es jedoch einfacher, TCP zu verwenden.

Übungen zu 3.6

3.6.1 Den Unterschied zwischen TCP und UDP nennen

a) Welches ist der wichtigste Unterschied zwischen TCP und UDP?

____

____

____

3.6.2 Anwendungen nennen, die mit UDP arbeiten, und verstehen, warum das so ist

a) Nennen Sie zwei Anwendungen, die mit UDP arbeiten können, und erläutern Sie, warum das so ist.

____

____

____

Lösungen zu den Übungen

Lösung zu 3.6.1

a) Welches ist der wichtigste Unterschied zwischen TCP und UDP?

Lösung: Im Gegensatz zu TCP gewährleistet UDP die erfolgreiche Auslieferung der einzelnen Pakete nicht. Daher wird UDP auch als Unzuverlässiges Datagramm Protokoll bezeichnet. Es ist jedoch nicht so, dass UDP wirklich unzuverlässig ist. UDP verfügt lediglich nicht über die Funktionen die für eine Überwachung der erfolgreichen Auslieferung wirklich aller Pakete erforderlich ist, wie TCP dies tut. Bei UDP spielt es keine Rolle, wenn einige wenige Pakete verloren gehen. Dafür arbeitet UDP schneller und belastet das Netzwerk nicht so stark wie TCP. Für einige Anwendungen ist es jedoch erforderlich, dass wirklich jedes einzelne Paket tatsächlich am Ziel ankommt. Diese Anwendungen sollten daher besser mit TCP arbeiten.

Lösung zu 3.6.2

b) Nennen Sie zwei Anwendungen, die mit UDP arbeiten können, und erläutern Sie, warum das so ist.

Lösung: Stellen Sie sich einmal eine Streaming-Media-Anwendung vor. Die Qualität dieser Anwendung hängt davon ab, ob genügend Pakete ausgeliefert werden. Der Verlust einiger weniger Pakete (was dazu führt, dass nicht jedes Bild aktualisiert wird und das Bild dadurch gelegentlich flimmert) mag akzeptabel sein, wenn dieser Nachteil durch eine deutlich höhere Übertragungsgeschwindigkeit wettgemacht wird.

Ein weiteres Beispiel für eine Situation, in der häufig UDP zum Einsatz kommt, sind Anwendungen, die statistische Informationen über ihre Leistungen auf einem externen Server aufzeichnen. Wird die Leitung bei einer Übertragung zum externen Server überlastet, lohnt es sich möglicherweise nicht, die Aufzeichnungsnachrichten erneut zu versenden (wie dies bei TCP der Fall wäre). Diese Nachrichten fallen einfach unter den Tisch, während die Verbindung wieder aufgebaut wird. So ist es eher unwahrscheinlich, dass die Aufzeichnungsfunktion mit der eigentlichen Anwendung in Konflikt gerät.

Wiederholungsfragen zu 3.6

Überprüfen Sie Ihr Wissen und versuchen Sie nun, die folgenden Fragen zu beantworten:

1. Welches Protokoll eignet sich für die folgenden Situationen am besten? (TCP oder UDP)

   a) E-Mail
   b) Web
   c) Streaming-Media-Anwendungen
   d) FTP
   e) Übertragung von Aufzeichnungsdateien

2. Mit Hilfe einer Anwendung einer niederen Schicht kann UDP so zuverlässig sein wie TCP.

   a) Richtig
   b) Falsch

3. Welche Aussage(n) trifft/treffen auf UDP zu? Geben Sie alle zutreffenden Möglichkeiten an.

   a) UDP wird als unzuverlässig beschrieben.
   b) UDP gewährleistet die erfolgreiche Auslieferung eines Pakets.
   c) UDP wird häufig für Streaming-Media-Anwendungen verwendet.
   d) UDP bringt im Vergleich zu TCP eine geringere Belastung des Netzwerks mit sich.
   e) UDP ist zuverlässiger als TCP.

4. Was muss geschehen, damit UDP so zuverlässig ist wie TCP?

   a) Eine Anwendung einer niederen Schicht muss die Überwachung von Paketen übernehmen.
   b) Eine Anwendung einer höheren Schicht muss mit zusätzlichen Funktionen ausgestattet werden.
   c) Zusätzlicher Code muss in Java geschrieben werden.
   d) UDP wird nie so zuverlässig wie TCP.

5. Welches sind die Vorteile von UDP?

   a) UDP ist zuverlässiger als TCP.
   b) UDP belastet das Netzwerk nicht so stark wie TCP.
   c) UDP ist ein nicht standardisiertes Protokoll.
   d) Keine der genannten Möglichkeiten.

Die Lösungen befinden sich im Anhang des Buches zum Abschnitt 3.6.

Überprüfen Sie Ihre Sachkenntnis!

Traceroute ist ein Programm für die Überwachung von Paketen auf ihrem Weg von einem Computer zu einem anderen. Windows-Computer kennen dieses Programm unter der Bezeichnung *tracert*. Beim Start von *traceroute* bzw. *tracert* geben Sie den Host an, der sich am anderen Ende der Verbindung befinden soll. (Ihr Computer ist der Anfang der Verbindung.) Hinweis: Bei Windows starten Sie *tracert*, indem Sie unter START auf AUSFÜHREN klicken. Dann können Sie den Pfad von Ihrem Computer zum Webserver von Yahoo mit folgendem Befehl überwachen: `tracert www.yahoo.com`. Daraufhin werden Informationen über alle Hosts angezeigt, die sich auf dem Weg von Ihrem Computer zum Webserver von Yahoo befinden.

Geben Sie statt des Webservers von Yahoo Ihre Lieblingswebsite ein. Suchen Sie anschließend unter den DNS-Einträgen der Hosts nach folgenden Angaben:

1. Schauen Sie sich die Zeiten an.

   Wann verließ das Paket das Netzwerk Ihres ISPs?

   Wann durchquerte das Paket ein Backbone?

   Wann gelangte das Paket zu einem MAE? (Vorausgesetzt es gelangte zu einem MAE.)

   Wann erreichte das Paket den ISP des Zielwebservers?

2. Wie lange brauchten die einzelnen Hosts zum Weiterleiten des Pakets?

   Welche Hosts waren die langsamsten?

   Wo befinden sich die langsamsten Hosts: im Netzwerk Ihres ISPs oder im Backbone?

Kapitel 4

Anwendungen und Protokolle

Überblick

In diesem Kapitel erfahren Sie mehr über die folgenden Themen:

- ✗ HTTP (Hypertext Transfer Protocol) Seite 118
- ✗ SMTP, MIME und FTP Seite 126
- ✗ Push- und Pull-Technologien Seite 131
- ✗ Streaming-Multimedia Seite 135

HTTP (Hypertext Transfer Protocol, zu deutsch etwa Protokoll für die Übertragung von Hypertext) ist das Protokoll, auf dem das World Wide Web beruht. In diesem Kapitel nun geht es um dieses Protokoll und darüber hinaus auch um die wichtigsten E-Mail- und Dateiübertragungsprotokolle SMTP, MIME und FTP. Außerdem wird erläutert, wie sich die Push- und Pull-Technologien bei der Darstellung von Informationen im Web voneinander unterscheiden. Serverbasierte Technologien wie Streaming-Multimedia bieten einen weiteren Mechanismus für eine sehr breitbandige Übertragung von Informationen im Web.

Projekt 4.1: HTTP (Hypertext Transfer Protocol)

ZIEL

Nach diesem Kapitel können Sie:

- Den Abruf einer Webseite aus dem Internet skizzieren
- Den Abruf einer Webseite aus dem Zwischenspeicher skizzieren

Das HTTP-Protokoll (Hypertext Transfer Protocol) wurde als eine Sammlung von Regeln für den Austausch von Dateien im Web entwickelt. Einer der Vorteile des HTTP ist es, dass damit Daten in Form von Text, Bildern, Tönen, Video und anderen Arten gemischter Multimediaformate übertragen werden können. Im Vergleich zu TCP/IP ist HTTP ein Anwendungsprotokoll, das Daten mit Hilfe der Transport- und Netzwerkprotokolle des Internet überträgt. HTTP wird als ein Lightweight-Protokoll bezeichnet. Entsprechend dem Client/Server-Modell verfügt das Web über eine Client-Komponente, nämlich den Webbrowser, und über eine Server-Komponente, die Webserver-Software. Jeder Webserver ist mit einem HTTPD (Hypertext Transfer Protocol Daemon) ausgestattet, der auf Anfragen aus dem Web wartet. Ein Deamon ist ein Programm, dessen Aufgabe darin besteht, auf eingehende Anfragen zu warten und diese an die entsprechende Stelle weiterzuleiten.

Als HTTPD entwickelt wurde, wurde dafür die Terminologie von UNIX-Systemen verwendet und es wurde als Daemon, d.h. ein Prozess, der auf einem Server abläuft, bezeichnet. Heute wird der HTTP-Daemon meist Webserver genannt. Das Programm HTTPD wurde entwickelt, um auf HTTP-Anfragen zu warten und diese zu verarbeiten. Eine Anfrage geht beim Daemon in Form einer URL (Uniform Resource Locator, zu deutsch etwa Universeller Ressourcen-Aufspürer) ein, die die im Internet auf einem Webserver befindliche Webseite erkennt, auf die der Client mit Hilfe des Webbrowsers zugreifen möchte. Jede URL kann mit Hilfe des in Kapitel 3 beschriebenen DNS (Domain Name System) in eine IP-Adresse übersetzt werden. Der Webserver kann auch FTP- und Telnetanfragen sowie Fragen nach lokalen Dateien weiterleiten, wenn diese in der URL angegeben sind.

Der Webbrowser, Netscape Navigator oder Communicator, Internet Explorer oder ein Browser eines anderen Anbieters, fungiert als HTTP-Client. Der Webbrowser sendet eine Anfrage an einen Server. Diese Anfrage wird von einem Benutzer erstellt, indem dieser eine URL eingibt oder auf eine Hypertextverknüpfung (einen Link) zu einer URL klickt. Der Webbrowser macht daraus eine HTTP-Anfrage und sendet diese an die in der URL angegebene IP-Adresse. Der HTTP-Zieldaemon empfängt die Anfrage des Benutzers und sendet die angeforderte Datei an den Client.

HTTP (Hypertext Transfer Protocol, zu deutsch etwa Protokoll für die Übertragung von Hypertext) umfasst die Regeln für das Übertragen von Dateien (Text, Bilder, Töne, Video und andere Multimediadateien) im World Wide Web. Das HTTP-Protokoll wird als Transportprotokoll bezeichnet, da es die Vorstellung unterstützt, dass Dateien Verweise auf andere Dateien enthalten, die, wenn sie aktiviert werden, weitere Übertragungsanforderungen verbreiten.

Ein Browser ist ein Anwendungsprogramm, das eine Möglichkeit bietet, die Informationen im World Wide Web zu betrachten und diese interaktiv zu nutzen. Die Bezeichnung »Browser« wurde für Benutzerschnittstellen, mit denen Textdateien online durchsucht werden konnten, bereits verwendet bevor es das Web gab. 1992, als Mosaic mit seiner grafischen Benutzeroberfläche auf den Markt kam, wurde der Ausdruck »Browser« für eine Benutzerschnittstelle verwendet, mit deren Hilfe Multimediadateien durchsucht werden konnten. Technisch gesehen ist ein Webbrowser ein Clientprogramm, das durch den Benutzer veranlasst mit Hilfe des HTTP-Protokolls Anfragen über das Internet an Webserver sendet. Neben den bekannten Browsern Netscape Communicator bzw. Netscape Navigator und Microsoft Internet Explorer gibt es auch weniger bekannte Browser wie Lynx und Opera. Lynx ist ein textbasierter Browser für UNIX- und VMS-Benutzer. Opera Software in Norwegen hat einen Browserclient entwickelt, der für Entwickler von Webinhalten und Anwendungen für Netzwerke und Informationskiosken gedacht ist.

HTTP 1.1 ist der Nachfolger von HTTP 1.0. HTTP 1.1 wurde speziell mit Blick auf Themen wie Leistung und persistente Verbindungen entwickelt. Statt für jede Anwendungsanfrage eine Verbindung auf- und abzubauen, stellt HTTP 1.1 eine persistente Verbindung zur Verfügung, über die mehrere Anfragen an einen Ausgabepuffer gesendet werden können. Die zugrunde liegende TCP-Schicht kann mehrere Anfragen (und Antworten auf Anfragen) in ein TCP-Segment packen, das zur Paketübertragung an die IP-Schicht weitergeleitet wird. Da nicht ständig Verbindungen hergestellt und wieder beendet werden, müssen deutlich weniger Pakete über das Internet übertragen werden. Da Anfragen im Pipeline-Verfahren übertragen werden, sind TCP-Segmente wesentlich effektiver. Unter dem Strich bedeutet das ein geringeres Verkehrsaufkommen im Internet und schnellere Übertragungen.

HTTP 1.1 erkennt und findet die gefragten Seiten mit Hilfe des URI (Uniform Resource Identifier, zu deutsch etwa Universeller Ressourcenkennzeichner). Es gibt zwei Formen des URI:

- URL (Uniform Resource Locator), der bei HTTP 1.0 zum Einsatz kommt
- URN (Uniform Resource Name), der mit HTTP 1.1 für persistente Namen eingeführt wurde

Da es im Internet viele Seiten gibt, werden URIs zur Kennzeichnung dieser Seiten verwendet. Bei diesen Seiten kann es sich um Textseiten, Video- oder Soundclips, animierte oder nicht animierte Bilder oder um ein Programm handeln. Die am häufigsten vorkommende Form einer URI ist die einer Webseitenadresse. Die Webseitenadresse ist eine URL in HTTP 1.0, häufiger jedoch eine URI in HTTP 1.1.

Eine URI beschreibt folgendes:

- Das Verfahren, mit dem auf Ressourcen zugegriffen wird
- Den Computer, auf dem sich die Ressource momentan befindet
- Den Namen der Ressource auf dem Computer, wie er durch einen Dateinamen in einem Verzeichnis angegeben ist

Beispiel für eine URI:

```
http://www.brainjolt.com/images/logo.gif
```

Diese URI gibt an, dass es sich um ein Bild handelt, auf das mit Hilfe der Webprotokoll-Anwendung HTTP (`http://`) zugegriffen werden kann. Das Bild befindet sich in einer Datei auf einem Computer mit dem Namen `www.brainjolt.com`. Dieser Computername kann einer eindeutigen Internetadresse zugeordnet werden. In der Verzeichnisstruktur des Computers befindet sich die Datei *logo.gif* im Verzeichnis *images*.

URIs können auch für die Angabe von FTP-Adressen und E-Mail-Adressen in Zeichenketten verwendet werden. Diese URIs sind ebenso Teil der URIs wie die URLs.

Die zweite Art von URIs ist der URN (Uniform Resource Name). Ein URN ist eine Art von URI mit »institutioneller Persistenz«. Hierbei handelt es sich um ein neues Konzept, um das die URL erweitert wurde. Mit Hilfe eines URN kann eine Ressource auch dann aufgefunden werden, wenn sich deren URL geändert haben sollte.

Wenn ein HTTP 1.1 unterstützender Browser angibt, dass er HTML-Dateien dekomprimieren kann, komprimiert der Server die Dateien für die Übertragung über das Internet, damit die zu übertragende Datenmenge nicht so groß ist. Da Bilddateien ohnehin in komprimierter Form vorliegen, ist diese Verbesserung nur bei HTML- und anderen bilderlosen Dateien spürbar.

Neben den Vorzügen von persistenten Verbindungen und anderen Verbesserungen hinsichtlich der Leistungsfähigkeit bietet HTTP 1.1 die Möglichkeit, dass sich mehrere Domänennamen eine IP-Adresse teilen. Das vereinfacht die Verarbeitung für Webserver, die eine große Anzahl von Websites mit »virtuellen Domänen« mit Hilfe des so genannten »virtuellen Hosting« verwalten.

Das HTTP-Protokoll ist ein Anfrage/Antwort-Protokoll. Ein Client sendet eine Anfrage mit der URI und der Protokollversion, gefolgt von einer MIME-ähnlichen Nachricht, die Anfragemodifier, Clientinformationen und möglichen Body-Inhalt enthält, über eine Verbindung an den Server. Der Server antwortet mit einer Statuszeile, die die Protokollversion der Nachricht und einen Erfolgs- bzw. Fehlercode, gefolgt von einer MIME-ähnlichen Nachricht enthält, die ihrerseits Serverinformationen, Entity-Meta-Informationen und möglichen Entity-Body-Inhalt umfasst.

In der Regel werden HTTP-Kommunikationen von einem User Agent (Client des Benutzers) initiiert. Sie bestehen aus der Anforderung einer Ressource auf einem Server. Im einfachsten Fall geschieht dies über eine einfache Verbindung (v) zwischen dem User Agent (UA) und dem Origin Server (O) (Server, auf dem das Original einer Ressource liegt):

Anforderungskette ---------->UA ----------v---------- O<---------- Antwortkette

Etwas komplizierter wird es, wenn die Anforderungs-/Antwortkette durch eine oder mehrere Vermittlungsstellen unterteilt wird. Es gibt drei Arten von solchen Vermittlungsstellen: Proxy, Gateway und Tunnel. Ein Proxy ist ein Weiterleitungsdienst, der Fragen nach einer URI in absoluter Form empfängt, einen Teil der Nachricht oder die ganze Nachricht neu schreibt, und die neu formatierte Anfrage an den in der URI genannten Server weiterleitet. Ein Gateway ist ein Empfangsdienst, der als eine Schicht über anderen Servern agiert und, falls erforderlich, die Anfragen in das Protokoll des zugrunde liegenden Servers übersetzt. Ein Tunnel ist eine Weitergabestelle zwischen zwei Verbindungen, die Nachrichten unverändert weiterleitet. Tunnels werden eingesetzt, wenn die Kommunikation eine Vermittlungsstelle (wie z.B. eine Firewall) passieren muss, und diese Vermittlungsstelle den Inhalt der Nachrichten nicht versteht.

Anforderungskette --->UA ---v--- A ---v--- B ---v--- C ---v--- O<--- Antwortkette

In dieser Kette sind drei Vermittlungsstellen (A, B und C) zwischen dem User Agent und dem Origin Server dargestellt. Eine Anforderung oder Antwort passiert auf diesem Weg vier Verbindungen. Diese Unterscheidung ist deshalb wichtig, weil einige HTTP-Kommunikationsoptionen nur für die Verbindung mit dem nächstgelegenen Nicht-Tunnel-Nachbar, nur für die Endpunkte der Kette oder für sämtliche Verbindungen der Kette gelten. Die Kette ist zwar linear dargestellt, aber jeder Teilnehmer kann natürlich gleichzeitig an mehreren Verbindungen beteiligt sein. So kann beispielsweise B Anforderungen von vielen anderen Clients empfangen und/oder Anforderungen an andere Server weiterleiten, während B gleichzeitig die Anforderung von A verarbeitet.

Übungen zu 4.1

4.1.1 Den Abruf einer Webseite aus dem Internet skizzieren

a) Zeichnen Sie ein Flussdiagramm und stellen Sie die Schritte dar, die erfolgen, wenn ein Client eine Anfrage an eine Webseite entweder durch Klicken auf eine Hypertextverknüpfung oder durch Eingabe einer URL sendet. Stellen Sie den Abruf der gefragten Seite aus dem Internet dar.

4.1.2 Den Abruf einer Webseite aus dem Zwischenspeicher skizzieren

Ein Teilnehmer an einer Webseitenkommunikation, bei dem es sich nicht um einen Tunnel handelt, verwaltet Anforderungen mit Hilfe eines internen Zwischenspeichers. Das führt dazu, dass die Anforderungs-/Antwortkette kürzer wird, wenn einer der in der Kette befindlichen Teilnehmer eine zutreffende Antwort auf die Anforderung in seinem Zwischenspeicher abgelegt hat.

a) Zeichnen Sie ein Diagramm der Anforderungs-/Antwortkette, in dem dargestellt ist, wie eine zwischengespeicherte Seite abgerufen wird.

Lösungen zu den Übungen

Lösung zu 4.1.1

a) Zeichnen Sie ein Flussdiagramm und stellen Sie die Schritte dar, die erfolgen, wenn ein Client eine Anfrage an eine Webseite entweder durch Klicken auf eine Hypertextverknüpfung oder durch Eingabe einer URL sendet. Stellen Sie den Abruf der gefragten Seite aus dem Internet dar.

Lösung:

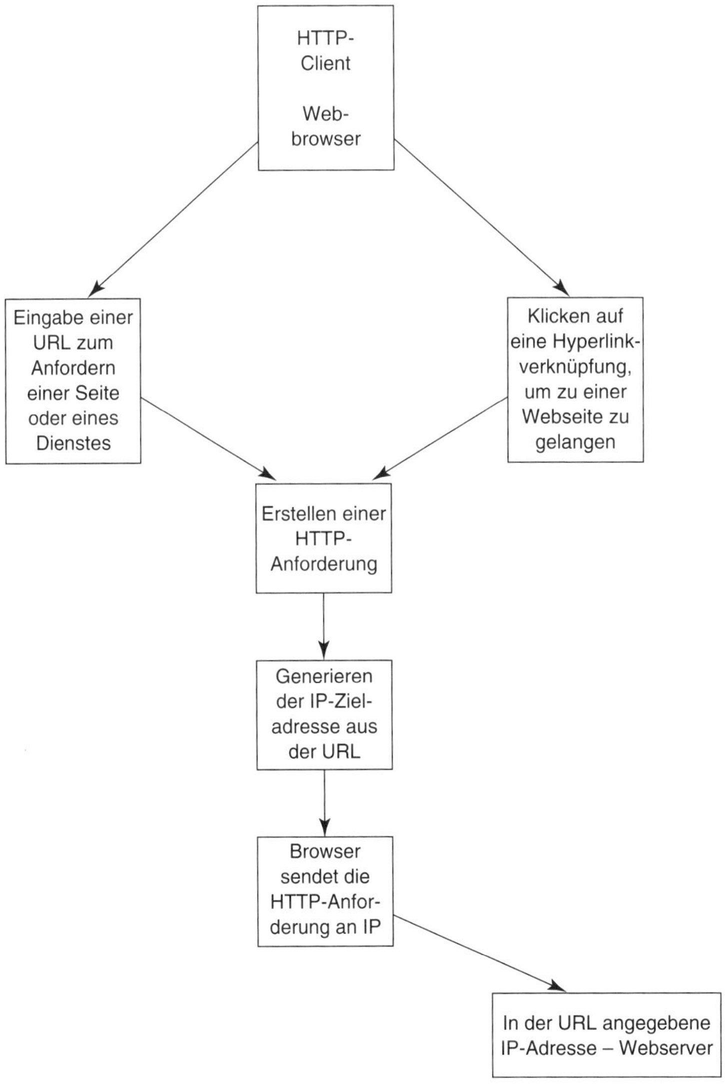

Lösung zu 4.1.2

Ein Teilnehmer an einer Webseitenkommunikation, bei dem es sich nicht um einen Tunnel handelt, verwaltet Anforderungen mit Hilfe eines internen Zwischenspeichers. Das führt dazu, dass die Anforderungs-/Antwortkette kürzer wird, wenn einer der in der Kette befindlichen Teilnehmer eine zutreffende Antwort auf die Anforderung in seinem Zwischenspeicher abgelegt hat.

a) Zeichnen Sie ein Diagramm der Anforderungs-/Antwortkette, in dem dargestellt ist, wie eine zwischengespeicherte Seite abgerufen wird.

   Lösung: Im Folgenden ist die Kette dargestellt, die sich ergibt, wenn B über eine Kopie einer früheren Antwort von O (über C) verfügt, die von UA und A nicht im Zwischenspeicher abgelegt wurde.

   Anforderungskette ----->UA ---v--- A ---v--- B ---- C --- O<---- Antwortkette

Wiederholungsfragen zu 4.1

Überprüfen Sie Ihr Wissen und versuchen Sie nun, die folgenden Fragen zu beantworten:

1. HTTP-Anforderungen werden in Form einer ... erstellt.
   a) IP-Adresse
   b) Domänennamens
   c) URL
   d) Alle genannten Möglichkeiten
2. HTTP 1.1 sorgt für eine persistente Verbindung.
   a) Richtig
   b) Falsch
3. Welche der folgenden Antworten sind Formen von Vermittlungsstellen? (Geben Sie alle zutreffenden Möglichkeiten an.)
   a) Browser
   b) Proxy
   c) Server
   d) Tunnel
4. Was ist der Unterschied zwischen einem Webserver und einem Webclient? (Geben Sie alle zutreffenden Möglichkeiten an.)
   a) Ein Webclient fordert eine Seite an, während der Webserver die Seite sendet.
   b) Der Webclient zeigt die Informationen an, die der Webserver sendet.
   c) Der Webclient ist sicher, der Webserver jedoch nicht.

d) Der Webclient läuft auf einem PC, während der Webserver auf einem UNIX-System ausgeführt wird.

5. Vergleichen Sie die Protokolle TCP und HTTP miteinander. (Geben Sie alle zutreffenden Möglichkeiten an.)

   a) TCP operiert in einer höheren Schicht des OSI-Modells als HTTP.
   b) HTTP ist auf TCP angesiedelt.
   c) TCP ist ein Schicht-4-Protokoll
   d) HTTP und TCP operieren auf derselben Schicht, keines der Protokolle beruht auf dem anderen.

Die Lösungen befinden sich im Anhang des Buches zum Abschnitt 4.1.

Projekt 4.2: SMTP, MIME und FTP

ZIEL

Nach diesem Kapitel können Sie:

- Sagen, wie Mailprotokolle funktionieren
- Wissen, wie das FTP-Protokoll angewendet wird

SMTP (Simple Mail Transfer Protocol, zu deutsch etwa einfaches Mail-Übertragungsprotokoll) ist ein Protokoll für die Übertragung von Daten in Form von E-Mails. SMTP verwendet zum Senden und Empfangen von E-Mails das Protokoll TCP/IP. Da Funktionen zum Speichern von Nachrichten in Warteschlangen auf das SMTP-Protokoll beschränkt sind, werden Nachrichten häufig mit einem Protokoll versehen, das diese Funktionen enthält. Die beiden am häufigsten verwendeten Protokolle dieser Art sind POP3 und IMAP. POP3 (Post Office Protocol 3) übernimmt die Speicherung und Weiterleitung von E-Mails für Softwarepakete wie Eudora. Immer mehr Benutzer verschicken und empfangen E-Mails von mobilen Systemen aus und weichen daher auf Protokolle aus, die dafür sorgen, dass Nachrichten auf externen Fileservern gespeichert werden, von wo aus sie von jedem System abgerufen werden können. IMAP (Internet Message Access Protocol) speichert E-Mail-Nachrichten auf einem externen Fileserver, von wo aus mobile Systeme die Nachrichten abrufen können. Wenn Sie E-Mails über den Browser Netscape abrufen, können Sie zwischen den Protokollen POP3 mit SMTP und IMAP mit SMTP wählen. SMTP ist in IETF RFC 821 genormt. SMTP spricht in der Regel über TCP-Port 25 an.

MIME ist die Abkürzung für Multipurpose Internet Mail Extensions, zu deutsch etwa Allzweck-Erweiterungen für Internetmails. Das Protokoll MIME stellt eine Erweiterung des Internet/E-Mail-Protokolls dar. Mit Hilfe des Protokolls MIME können Audio-, Video-, Bild- und Anwendungsdaten ausgetauscht werden. Obwohl MIME ursprünglich für E-Mail-Erweiterungen entwickelt worden ist, wird es inzwischen hauptsächlich im Web für den Austausch unterschiedlicher Arten von Dateiformaten verwendet. Server fügen den MIME-Header zu Beginn einer Webübertragung ein. Die Clients geben anschließend mit dem MIME-Header den Datentyp an, der als MIME-Typ bezeichnet wird. Für integrierte Typen, die der Browser versteht, wählt der Browser die entsprechende Anwendung. Wenn der Browser den Datentyp jedoch nicht versteht, fragt er, welche Anwendung geöffnet werden soll. Sie können eine Anwendung angeben, so dass der Browser den Datentyp mit der geeigneten Anwendung anzeigt. Sie können die entsprechende Anwendung auch aus dem Web herunterladen.

FTP ist die Abkürzung für File Transfer Protocol, zu deutsch Dateiübertragungsprotokoll. Dieses Protokoll ist für den Austausch von Dateien zwischen Internethosts verantwortlich. FTP ist ein Anwendungsprotokoll, das die TCP/IP-Protokolle des Internets ebenso nutzt wie HTTP und SMTP. FTP wurde bereits zum Dateiaustausch verwendet, bevor es das Web gab. Mit FTP kann ein Webmaster Webseiten erstellen und die Webseitendateien dann vom System des Erstellers an einen Webserver im Internet senden. FTP stellt Funktionen bereit, mit deren Hilfe Programme und Dateien von anderen Servern herunter geladen werden können. Der Nachteil von FTP ist der, dass die dafür erforderlichen Textbefehle für technisch nicht so versierte Benutzer nicht besonders attraktiv sind. Wenn FTP über einen Webbrowser oder über ein FTP-Paket mit grafischer Benutzeroberfläche verwendet wird, ist es unabhängig von technischen Kenntnissen für jeden Benutzer möglich, Dateien von einem System zu einem anderen System zu übertragen bzw. Dateien von einem anderen System abzurufen.

Übungen zu 4.2

4.2.1 Verstehen, wie Mailprotokolle funktionieren

Suchen Sie in Ihrem Browser unter FAVORITEN oder OPTIONEN (je nachdem, welchen Browser Sie verwenden) nach Mailservern. Beachten Sie dabei die Anforderung für SMTP-Server. Experimentieren Sie mit diesen Einstellungen.

e) Was geschieht, wenn Sie Informationen auf dem Server für eingehende Mails, nicht jedoch auf dem Server für ausgehende Mails bereithalten?

____

____

____

f) Welche Informationen werden benötigt, damit Sie E-Mails von Ihrem Benutzerkonto an Ihren Mailserver senden können?

____

____

____

4.2.2 Wissen, wie das FTP-Protokoll angewendet wird

Geben Sie im Fenster Ihres Browsers die Adresse des Softwarearchivs von Free Software ein: `ftp://ftp.freesoftware.com/`

Schauen Sie sich die über FTP verfügbare Open-Source-Software an.

a) Versuchen Sie, FTP über Ihren Browser oder als ein Utility auf Ihrem PC zu verwenden. Sie können mit Hilfe des auf Windows basierenden FTP-Utility *Ws_ftp* Seiten, die Sie auf Ihrem PC erstellt haben, auf Ihren Webserver übertragen. Suchen Sie nach der Protokolldatei *Ws_ftp.log*, in der ein Protokoll über die zuletzt übertragenen Dateien gespeichert ist. Woran können Sie erkennen, ob die Datei an den Server oder vom Server zum PC übertragen worden ist?

____

____

____

Lösungen zu den Übungen

Lösungen zu 4.2.1

Suchen Sie in Ihrem Browser unter FAVORITEN oder OPTIONEN (je nachdem, welchen Browser Sie verwenden) nach Mailservern. Beachten Sie dabei die Anforderung für SMTP-Server. Experimentieren Sie mit diesen Einstellungen.

a) Was geschieht, wenn Sie Informationen auf dem Server für eingehende Mails, nicht jedoch auf dem Server für ausgehende Mails bereithalten?

   Lösung: Sie können keine Webseite oder E-Mail mit Hilfe Ihres Browsers verschicken. Auch dann, wenn Sie eine eigenes E-Mail-Programm wie Eudora verwenden, empfiehlt es sich, den Mailserver auf dem Browser so zu konfigurieren, dass eine Webseite an einen Kollegen oder Bekannten weitergeleitet werden kann.

b) Welche Informationen werden benötigt, damit Sie E-Mails von Ihrem Benutzerkonto an Ihren Mailserver senden können?

   Lösung: Sie müssen den Server für ausgehende Mails ebenso angeben wie Ihren Benutzernamen, damit Sie E-Mails von Ihrem Benutzerkonto an Ihren Mailserver senden können. Wenn Sie unterwegs sind, können Sie über einen anderen Mailserver auf ausgehende Nachrichten zugreifen.

Lösung zu 4.2.2

Geben Sie im Fenster Ihres Browsers die Adresse des Softwarearchivs von Free Software ein: `ftp://ftp.freesoftware.com/`

Schauen Sie sich die über FTP verfügbare Open-Source-Software an.

a) Versuchen Sie, FTP über Ihren Browser oder als ein Utility auf Ihrem PC zu verwenden. Sie können mit Hilfe des auf Windows basierenden FTP-Utility *Ws_ftp* Seiten, die Sie auf Ihrem PC erstellt haben, auf Ihren Webserver übertragen. Suchen Sie nach der Protokolldatei *Ws_ftp.log*, in der ein Protokoll über die zuletzt übertragenen Dateien gespeichert ist. Woran können Sie erkennen, ob die Datei an den Server oder vom Server zum PC übertragen worden ist?

   Lösung: In der Protokolldatei *Ws_ftp.log* befindet sich eine Liste der Dateien, die beim letzten Dateitransfer übertragen wurden. Pfeile geben an, in welche Richtung die Dateien übertragen wurden: --> vom eigenen PC zum Webserver, <-- vom Webserver zum eigenen PC.

Wiederholungsfragen zu 4.2

Überprüfen Sie Ihr Wissen und versuchen Sie nun, die folgenden Fragen zu beantworten:

1. MIME-Header geben ... einer Datei an.
   a) Die Größe
   b) Den Datentyp
   c) Den Ursprung
   d) Keine der genannten Möglichkeiten
2. Unter Verwendung des Protokolls IMAP werden Nachrichten auf ... gespeichert.
   a) Dem Client
   b) Dem Router
   c) Dem E-Mail-Server
   d) Dem Webserver
3. Das Protokoll ... wird zum Senden und Empfangen von E-Mails verwendet.
   a) POP3
   b) IMAP
   c) HTTPD
   d) SMTP
   e) FTP

4. Das Mailprotokoll IMAP würde helfen, wenn Sie was wären? (Geben Sie die wahrscheinlichste Möglichkeit an.)

   a) Ein/e Außendienstmitarbeiter/in
   b) Ein neuer, unerfahrener Benutzer
   c) Ein Hightech-Benutzer
   d) Ein UNIX-Programmierer

5. Das Protokoll POP3 würde helfen, wenn Sie was wären? (Geben Sie die wahrscheinlichste Möglichkeit an.)

   a) Ein Handybenutzer
   b) Ein Eudora-Benutzer
   c) Ein Verkäufer, der viel unterwegs ist
   d) Ein Browserbenutzer

Die Lösungen befinden sich im Anhang des Buches zum Abschnitt 4.2.

Projekt 4.3: Push- und Pull-Technologien

Nach diesem Kapitel können Sie:

- Zwischen Push- und Pull-Technologien unterscheiden
- Entscheiden, wann die Push-Technologie am besten geeignet ist

Push und Pull sind zwei Verfahren, mit denen aktuelle Informationen an Internetbenutzer verteilt werden. Der Ausdruck »Push-Technologie« wird genau so verwendet wie die Bezeichnung »Push-Marketing«, bei dem Kunden automatisch mit Informationen und Diensten versorgt werden. Beim »Pull-Marketing« bleibt es dagegen dem Kunden überlassen, sich die erforderlichen Informationen über Produkte und Dienste z.B. durch Suchen einer Firma in den Gelben Seiten selbst zu besorgen. Jede Technologie hat ihre Vor- und Nachteile. Beide Verfahren werden nicht nur zum Übertragen von Text, sondern auch von Bildern, Animationen und Videos verwendet. Bei der Push-Technologie sendet ein Server Daten von sich aus an einen Client. Diese Technologie wird verwendet, um Websites, die Nachrichten, Aktienkurse und andere, sich ständig ändernde Daten enthalten, immer auf dem aktuellen Stand zu halten. Bei der Push-Technologie wird auf dem Server ein Skript ausgeführt, das dafür sorgt, dass Informationen an Clients gesendet werden, ohne dass die Clients diese Informationen anfordern müssen. Bei der Pull-Technologie wird ebenfalls ein Skript ausgeführt. Dieses Skript wird jedoch auf dem Client ausgeführt und es sorgt dafür, dass automatisch Informationen beim Server angefordert werden.

Ursprünglich wurde das Webbrowsing als Pull-Technologie konzipiert, bei der Informationen auf Webseiten zur Verfügung gestellt und Benutzer dazu eingeladen werden, Informationen anzufordern und die gewünschten Seiten durchzulesen. Wenn Sie ein Buch kaufen möchten, können Sie zu `amazon.com` oder `barnesandnoble.com` gehen, die Buchbesprechungen lesen und das Buch bestellen. Sie sind bereit, die Informationen »herunterzuziehen« (engl. pull), da Sie aktiv nach einem bestimmten Buch suchen. Es gibt aber auch andere Informationen, die immer auf dem neuesten Stand und jederzeit verfügbar sein sollen, wie z.B. Aktienkurse, Wettervorhersagen oder Nachrichtenberichte. Einige Unternehmen konfigurieren derartige Informationen mit der Push-Technologie, so dass die Informationen ohne Ihr Zutun aktualisiert werden.

Übungen zu 4.3

4.3.1 Zwischen Push- und Pull-Technologien unterscheiden

a) Suchen Sie im Web nach Beispielen für Push- und Pull-Technologien. Geben Sie für jede Technologie ein Beispiel.

____

____

____

4.3.2 Entscheiden, wann die Push-Technologie am besten geeignet ist

a) Wann eignet sich der Einsatz der Push-Technologie?

____

____

____

Lösungen zu den Übungen

Lösung zu 4.3.1

a) Suchen Sie im Web nach Beispielen für Push- und Pull-Technologien. Geben Sie für jede Technologie ein Beispiel.

Lösung: Bei der Push-Technologie wird auf dem Server ein Skript ausgeführt, das Informationen von sich aus an Clients sendet. Sie können Ihre Site beispielsweise mit Wettervorhersagen ergänzen und mit Hilfe der Push-Technologie Benutzer automatisch über die neuesten Wetterprognosen informieren. Bei der Pull-Technologie wird ein Skript auf dem Client ausgeführt, das dafür sorgt, dass der Client automatisch Informationen von Servern abfragt. Jeder Aufruf einer bestimmten Webseite von einer Site aus nutzt die Pull-Technologie.

Lösung zu 4.3.2

a) Wann eignet sich der Einsatz der Push-Technologie?

Lösung: Der Einsatz der Push-Technologie muss unter dem Licht der Wünsche und Erwartungen der Anwender betrachtet werden. Die Push-Technologie konnte sich trotz der großen Geldsummen, die in die Entwicklung und das Marketing dieser Technologie investiert worden sind, nicht wirklich durchsetzen. Die Tatsache, dass dies nicht gelang, zeigt uns Webmastern Folgendes: Ob wir als Technologieentwickler von einer bestimmten Technologie oder Anwendung nun überzeugt sind oder nicht, es sind letztlich immer die Benutzer, die entscheiden, ob ihnen ein bestimmtes Feature gefällt, welche Art von Webfunktionalität für sie nützlich ist und welche Informationen für sie wichtig sind. Diese Benutzer sind das Publikum, das wir mit unseren Websites erreichen möchten. Marktforscher investieren eine Menge Zeit, Geld und Anstrengung in die Erforschung der Bedürfnisse des Markts und die Erwartungen der Anwender. Für uns Webmaster ist es wichtig zu wissen, wer die Zielgruppe unserer Website ist. Wir müssen wissen, welche Hardware, Software und Netzwerkeinrichtungen unsere Zielgruppe verwendet. Wenn Sie für eine Kundenseite verantwortlich sind, die für nicht technische, private Benutzer gedacht ist, kann es sein, dass diese immer noch mit einem 28,8-Kbaud-Modem arbeiten. Wenn Sie dagegen E-Commerce im Business-to-Business-Bereich im Web betreiben, wird Ihre Zielgruppe aller Wahrscheinlichkeit nach über schnelle Glasfaser, T1- oder DSL-Verbindungen verfügen. Fragen wie diese müssen bei der Entwicklung einer Website sowie bei der Festlegung der Technologie und die zu verwendenden Einrichtungen unbedingt berücksichtigt werden. Die Tatsache, dass sich die Push-Technologie am Markt nicht durchgesetzt hat, zeigt, dass wir die Trends am Markt aufmerksam verfolgen müssen, dass wir darauf achten müssen, was unsere Benutzer und Kunden wünschen und über welche Einrichtungen unsere Kunden Zugang zum Web haben.

Wiederholungsfragen zu 4.3

Überprüfen Sie Ihr Wissen und versuchen Sie nun, die folgenden Fragen zu beantworten:

1. Mit welcher Technologie werden Informationen automatisch herunter geladen?

   a) Push
   b) Pull
   c) Mit beiden Technologien

2. Die Push-Technologie konnte sich am Markt erfolgreich durchsetzen.

   a) Richtig
   b) Falsch

3. Wenn Sie sich bei `Amanzon.com` anmelden, erhalten Sie jedes Mal Tipps, wenn Sie die Site aufrufen. Das ist ein Beispiel für welche Technologie?

   a) Push
   b) Pull
   c) Keine dieser Technologien

4. Nehmen wir einmal an, Sie lassen sich auf der Website von Pearson Education registrieren und fordern die Infomail mit Informationen über neue Produkte an. Diesen Newsletter erhalten Sie per E-Mail. Um welche der folgenden Technologien handelt es sich hierbei?

   a) Push
   b) Pull
   c) Keine dieser Technologien

5. Bei der Pull-Technologie wird auf dem Server ein Skript ausgeführt, das dafür sorgt, dass Informationen an Clients gesendet werden, ohne dass die Clients diese Informationen anfordern müssen.

   a) Richtig
   b) Falsch

Die Lösungen befinden sich im Anhang des Buches zum Abschnitt 4.3.

Projekt 4.4: Streaming-Multimedia

Nach diesem Kapitel können Sie:

- Die Übertragungsmechanismen im Bereich Streaming-Multimedia nennen
- Entscheiden, wann es sinnvoll ist, Streaming-Multimedia-Einrichtungen einzusetzen

Hypermedia ist ein Begriff, der sich aus Hypertext und Multimedia zusammensetzt. Hypermedia-Verknüpfungen umfassen neben Verknüpfungen zu Texten auch Verknüpfungen zu Multimediaobjekten, d.h. Ton-, Video- und Virtual-Reality-Objekten. Hypermedia bringt darüber hinaus im Vergleich zu Hypertext eine höhere Stufe der Benutzer/Netzwerk-Interaktivität mit sich.

Streaming-Media funktioniert so, dass kleinere Teile eines größeren Pakets fortlaufend übertragen werden, so dass für die Übertragung eine Leitung mit geringerer Bandbreite verwendet werden kann. Ein größeres Problem beim Internet von heute ist, dass die meisten Benutzer keinen Breitbandzugriff auf das Internet haben. Viele Benutzer sind auch hinsichtlich der zur Verfügung stehenden Systeme und Software eingeschränkt. Daher müssen Webmaster und Ersteller von Websites die Art der Ausrüstung und des Netzwerkzugriffs berücksichtigen, über die ihre Benutzer aller Wahrscheinlichkeit nach verfügen. Wie wichtig es ist, dass Websites für die Benutzer erstellt werden, kann gar nicht genug betont werden. Wenn Sie eine Website entwickeln, für deren Zugriff die Benutzer besonders schnelle Verbindungen benötigen, werden die Benutzer nicht viel Spaß am Besuch Ihrer Website haben und diese einfach nicht mehr aufrufen.

Die Breitbandtechnologie bietet einen schnellen Zugriff auf Multimediainformationen, die von einem Webserver im Streaming-Verfahren herunter geladen werden. Der Begriff *Breitband* bezieht sich auf eine Telekommunikationstechnologie, bei der über ein Übertragungsmedium mehrere Datenkanäle zur Verfügung gestellt werden. Dies wird in der Regel durch das Multiplexverfahren realisiert, bei dem durch Frequenz- oder Wellenlängenteilung eine Vervielfachung der Bandbreite erreicht wird. Beim Multiplexverfahren werden mehrere Signale oder Informationsströme gleichzeitig über einen Kanal in Form eines einzelnen, komplexen Signals gesendet. Die eigentlich voneinander unabhängigen Signale werden am empfangenden Ende wieder getrennt. Je nachdem, ob Signale analog oder digital vorliegen, unterscheidet man verschiedene Multiplexverfahren. Digitale Signale werden in der Regel mittels Zeitmultiplex-Verfahren übertragen. Dabei werden mehrere Signale über denselben Kanal in abwechselnden Zeitintervallen übertragen. Das Frequenzmultiplex-Verfahren kommt in der Regel bei der Übertragung analoger Signale zum Einsatz. Hierbei wird die Trägerbandbreite in mehrere unabhängige Kanäle unterschiedlicher Frequenz aufgeteilt. Jeder dieser Kanäle überträgt Signale gleichzeitig mit den anderen Kanälen.

Das Wellenlängenmultiplex-Verfahren wird für Glasfasernetzwerke verwendet. Dabei werden mehrere Signale gemeinsam in unterschiedlichen Wellenlängen in einem Multiplexsignal übertragen. Mittels Streaming-Übertragung können Benutzer mit langsamen Internetverbindungen auf Audio- und Videodateien zugreifen, die ihnen ansonsten zu groß wären.

Breitbandzugriff bedeutet in der Regel Zugriff über eine Standleitung. Eine Standleitung ist das Gegenteil einer vermittelten Leitung. Eine Verbindung über eine Standleitung ist somit keine Wählverbindung und wird somit auch nicht von mehreren Benutzern gemeinsam genutzt. Eine Standleitung ist eine Telekommunikationsverbindung zwischen zwei Punkten, die einem bestimmten Benutzer jederzeit zur Verfügung steht. Aufgrund der Kosten für das Mieten einer Leitung von einer Telefongesellschaft sind es in der Regel keine Einzelbenutzer, die sich eine Standleitung leisten. Häufig sind es Unternehmen, die von einer Telefongesellschaft eine Standleitung mieten, um so ihrem Personal einen schnellen Zugriff auf das Internet zu ermöglichen.

Multimediainformationen können auf den Arbeitsplatzrechner oder PC eines Benutzers herunter geladen werden. Das Herunterladen braucht jedoch eine Menge Zeit und belegt viel Speicherplatz auf dem Rechner des Benutzers. Darüber hinaus ist es möglich, dass der Eigentümer der Multimediainformationen Benutzern für das Anhören oder Ansehen der Daten eine Erlaubnis erteilen möchte, und dass er nicht möchte, dass sich die Benutzer eine Kopie der Informationen auf dem eigenen Rechner erstellen. Mit Hilfe der Streaming-Technologie kann ein Website-Administrator dafür sorgen, dass die Daten auf dem Server bleiben. Für Onlineschulungen wird die Streaming-Technologie nicht nur eingesetzt, damit sich Studenten die Kurse live ansehen und anhören können, sondern auch, damit die Daten auf dem Server des Eigentümers der Daten bleiben. Dank der Streaming-Technologie ist es möglich, Videodaten auch mit einem 28,8-Kbaud-Modem herunter zu laden. Moderne Datenkomprimierungstechniken werden eingesetzt, um die Menge der zu übertragenden Daten deutlich zu reduzieren. Mit *Komprimierung* ist die Reduzierung der Datenmenge zum Sparen von Speicherplatz und Übertragungszeit gemeint. Bei der Datenübertragung können entweder nur die eigentlichen Informationen oder die gesamte Übertragungseinheit (einschließlich der Header-Daten) komprimiert werden, was von einer Reihe unterschiedlicher Faktoren abhängt. Bei der Komprimierung der Informationsdaten werden einfach alle überflüssigen Leerzeichen entfernt, ein einziges Wiederholungszeichen als Hinweis auf eine Kette wiederholter Zeichen eingefügt, und regelmäßig auftretende Zeichen durch weniger Bit beanspruchende Zeichenketten ersetzt. Mit dieser Art der Komprimierung kann eine Textdatei auf 50 % ihrer ursprünglichen Größe reduziert werden. Die Komprimierung wird von einem Programm durchgeführt, das mit Hilfe einer Formel bzw. Algorithmus festlegt, wie Daten komprimiert bzw. dekomprimiert werden. Bild-, Audio- und Videodateien werden in der Regel sehr stark komprimiert, da es sich hierbei meist um sehr große Dateien handelt.

Beim Streaming-Video-Verfahren werden Sequenzen bewegter Bilder in komprimierter Form über das Internet übertragen und gleichzeitig beim Betrachter angezeigt. Streaming-Media ist Streaming-Video mit Tönen. Weder beim Streaming-Video- noch beim Streaming-Media-Verfahren kann der Benutzer das Video bereits ansehen und die Töne bereits hören, bevor die gesamte Datei übertragen ist. Die Datei wird in einem fortlaufenden Datenfluss übertragen und dabei gleichzeitig auch schon angezeigt. Dazu benötigt der Benutzer einen Player. Dabei handelt es sich um ein Programm, das Videodaten dekomprimiert und an den Bildschirm sendet und Audiodaten ebenfalls dekomprimiert und an die Lautsprecher sendet. Ein Player kann bereits im Browser integriert sein oder von der Website des Herstellers herunter geladen werden.

Zu den bekannten Video- und Streaming-Technologien zählen RealSystem G2 con RealNetwork, Microsoft Windows Media Technologies (darunter die NetShow Services und Theater Server) und VDO. Das Produkt von Microsoft verwendet für Videodateien den Komprimierungsalgorithmus MPEG4. Bei den anderen Produkten werden anbietereigene Algorithmen eingesetzt. (Das Programm, das für die Komprimierung und Dekomprimierung zuständig ist, wird auch als *Codec* bezeichnet.) Die Technologie von Microsoft bietet für die Übertragung von Audiodaten im Streaming-Verfahren eine Übertragungsrate von bis zu 96 Kbit/s und für die Übertragung von Videodaten im Streaming-Verfahren (mit dem NetShow Theater Server) eine Übertragungsrate von bis zu 8 Mbit/s. Bei den meisten Benutzern beschränkt sich jedoch die Übertragungsrate auf die der Verbindung (beispielsweise auf 128 Kbit/s bei einer ISDN-Verbindung). Die Streaming-Mediadateien von Microsoft liegen im eigenen ASF-Format (Advanced Streaming Format) vor.

Streaming-Videos werden in der Regel von zuvor aufgezeichneten Videodateien verschickt, können aber auch als Teil einer Lifeübertragung gesendet werden. Bei einer Lifeübertragung wird das Videosignal in ein komprimiertes Digitalsignal umgewandelt und von einem multicatingfähigen Webserver übertragen, der dieselbe Datei gleichzeitig an mehrere Benutzer senden kann.

Streaming-Sounds sind Audiodaten, die bei ihrem Empfang gleichzeitig abgespielt werden. Die Alternative dazu ist eine Tonaufzeichnung (wie z.B. eine WAV-Datei), die erst abgespielt wird, wenn die gesamte Datei übertragen ist. Streaming-Sound wird von einem Player unterstützt, der entweder im Browser integriert ist oder vom Internet herunter geladen werden kann. Führende

Anbieter von Streaming-Sound-Produkten sind RealAudio von Progressive Networks und Shockwave for Director von Macromedia (der außerdem einen Animationsplayer enthält).

Übungen zu 4.4

4.4.1 Die Übertragungsmechanismen im Bereich Streaming-Multimedia nennen

a) Stellen Sie sich einmal vor, Sie möchten ein Seminar life übertragen. Welche Technologie können Sie für die Lifeübertragung einsetzen?

____

____

____

4.4.2 Entscheiden, wann es sinnvoll ist, Streaming-Multimedia-Einrichtungen einzusetzen

Multimediadaten können mittels Streaming-Verfahren zum Benutzer übertragen werden. Schauen Sie sich eine Ausbildungssite online an, auf der Kurse mit Hilfe der Streaming-Video-Technologie übertragen werden.

Rufen Sie dazu die Stanford Online-Site unter `http://stanford-online.stanford.edu` auf.

Rufen Sie einen der kostenlosen Onlinekurse auf (VIEW FREE SEMINARS). Wenn Sie den Media Player von Microsoft auf Ihrem Rechner noch nicht installiert haben, müssen Sie sich diesen zunächst einmal herunterladen und installieren. Herunterladen können Sie sich dieses Programm übrigens von der Stanford Online-Site.

Die Kurse werden in zwei verschiedenen Komprimierungsstufen angeboten: mit einer geringen Bandbreite für Übertragungsraten ab 28,8 Kbit/s und mit einer hohen Bandbreite für Dual-ISDN. Wenn es die Bandbreite Ihrer Netzwerkverbindung zulässt, betrachten Sie einen Kurs mit beiden Komprimierungsstufen.

a) Vergleichen Sie die Qualität des Videobildes und der Töne. Können Sie bei geringer Bandbreite alle Datenströme sehen? Wie sieht das Bild Ihrer Ansicht nach im Vergleich zu einem Fernsehbild aus? Meinen Sie, die Qualität ist für die Übertragung eines Seminars ausreichend? Angenommen der Videofilm hat eine vergleichbare Qualität, würden Sie dann ein Seminar lieber am Computer oder lieber am Fernsehgerät anschauen?

Lösungen zu den Übungen

Lösung zu 4.4.1

a) Stellen Sie sich einmal vor, Sie möchten ein Seminar life übertragen. Welche Technologie können Sie für die Lifeübertragung einsetzen?

Lösung: Für die Lifeübertragung von Veranstaltungen sind neben Video-Streming-Produkten für das Internet eine entsprechende Ausstattung wie Videokamera, Bearbeitungseinrichtungen usw. für das Fernsehen sowie ein Komprimierungsprogramm erforderlich. In Stanford sind die Klassenzimmer mit permanent installierten Videokameras ausgestattet. Wichtig zu wissen ist, dass der Ort, an dem die Daten codiert und an den Benutzer gesendet werden, nicht der Ort sein muss, an dem die Veranstaltung stattfindet. Stanford verfügt über einen Bearbeitungsraum, in dem die Videofilme bearbeitet werden. Eine ähnliche Einrichtung gibt es in einem Nebengebäude, wo die Komprimierung durchgeführt erfolgt und wo sich die Streaming-Server befinden.

Lösung zu 4.4.2

Multimediadaten können mittels Streaming-Verfahren zum Benutzer übertragen werden. Schauen Sie sich eine Ausbildungssite online an, auf der Kurse mit Hilfe der Streaming-Video-Technologie übertragen werden.

Rufen Sie dazu die Stanford Online-Site unter `http://stanford-online.stanford.edu` auf.

Rufen Sie einen der kostenlosen Onlinekurse auf (VIEW FREE SEMINARS). Wenn Sie den Media Player von Microsoft auf Ihrem Rechner noch nicht installiert haben, müssen Sie sich diesen zunächst einmal herunterladen und installieren. Herunterladen können Sie sich dieses Programm übrigens von der Stanford Online-Site.

Die Kurse werden in zwei verschiedenen Komprimierungsstufen angeboten: mit einer geringen Bandbreite für Übertragungsraten ab 28,8 Kbit/s und mit einer hohen Bandbreite für Dual-ISDN. Wenn es die Bandbreite Ihrer Netzwerkverbindung zulässt, betrachten Sie einen Kurs mit beiden Komprimierungsstufen.

a) Vergleichen Sie die Qualität des Videobildes und der Töne. Können Sie bei geringer Bandbreite alle Datenströme sehen? Wie sieht das Bild Ihrer Ansicht nach im Vergleich zu einem Fernsehbild aus? Meinen Sie, die Qualität ist für die Übertragung eines Seminars ausreichend? Angenommen der Videofilm hat eine vergleichbare Qualität, würden Sie dann ein Seminar lieber am Computer oder lieber am Fernsehgerät anschauen?

Lösung: Die Auflösung eines mittels Streaming-Verfahren übertragenen Videofilms ist nicht so hoch wie die des Fernsehbilds. Auch die Ausstrahlung des Bildes unterscheidet sich (das Streaming-Bild ruckelt). Studenten befanden die Qualität einer mittels Streaming-Verfahren online übertragenen Aufzeichnung eines Seminars für ausreichend. Ob Sie das Seminar lieber am Fernsehgerät oder am Computer verfolgen, hängt von einer Reihe von Faktoren ab: wie bequem der Zugriff ist, Verfügbarkeit der Daten und wie bequem Sie es sich eingerichtet haben. Dazu gehört auch, ob Sie beispielsweise an einem Tisch sitzen, so dass Sie sich während des Seminars Notizen machen können. Features zur Unterstützung von Online-Kursen tragen dann natürlich mit dazu bei, dass ein Kurs lieber am Computer verfolgt wird.

Wiederholungsfragen zu 4.4

Überprüfen Sie Ihr Wissen und versuchen Sie nun, die folgenden Fragen zu beantworten:

1. Beim Streaming-Verfahren werden ... Teile eines ... Pakets über eine Leitung ... Bandbreite übertragen.

   a) Größere, größeren, größerer
   b) Kleinere, kleineren, geringerer
   c) Kleinere, größeren, geringerer
   d) Kleinere, größeren, größerer

2. Die Breitbandtechnologie stellt über ... Übertragungsmedium/en ... Datenkanal/kanäle zur Verfügung.

   a) Wenige, mehrere
   b) Viele, mehrere
   c) Mehrere, einen
   d) Ein, einen

3. Für das Streaming-Video-Verfahren mit einem 28,8-Kbaud-Modem ist keine Komprimierung erforderlich.

   a) Richtig
   b) Falsch

4. Was versteht man unter einem Player? (Geben Sie alle zutreffenden Möglichkeiten an.)

    a) Ein Programm
    b) Eine Anwendung, die Daten dekomprimiert
    c) Die Software, die Videodaten an den Bildschirm sendet
    d) Die Anwendung, die Audiodaten an die Lautsprecher weiterleitet

5. Was kann ein Streaming-Video-Player sein?

    a) Teil eines Browsers
    b) Vom Hersteller der Software zur Verfügung gestellt
    c) Auf einer Website verfügbar
    d) a und b
    e) b und c
    f) Alle genannten Möglichkeiten

Die Lösungen befinden sich im Anhang des Buches zum Abschnitt 4.4.

Überprüfen Sie Ihre Sachkenntnis!

Öffnen Sie in einem E-Mail-Programm Ihrer Wahl eine alte E-Mail. Sorgen Sie dafür, dass alle E-Mail-Header angezeigt werden. (Wenn Sie nicht wissen, wie das geht, finden Sie dazu Angaben in der Dokumentation zu Ihrem E-Mail-Programm.)

1. Die Felder RECEIVED bzw. EMPFANGEN geben die Hosts an, die die E-Mail auf Ihrem Weg zu Ihnen durchlaufen hat.
2. Kommen Ihnen einige der Namen der Hosts bekannt vor?
3. Beziehen sich einige der Namen auf Ihren ISP oder auf den ISP des Absenders?
4. Hat die E-Mail viele verschiedene Hosts passiert?
5. Hat der Absender denselben ISP wie Sie?
6. Können Sie herausfinden, mit welchem E-Mail-Client der Absender die E-Mail erstellt und gesendet hat?
7. Wann wurde die E-Mail gesendet?
8. Können Sie anhand der Zeitangabe feststellen, ob sich der Absender in derselben Zeitzone wie Sie befindet?
9. Wie sieht es mit der Zeitzone Ihres ISP aus?
10. Dem Absender? Dem ISP des Absenders?
11. Suchen Sie im Internet eine Site, von der Sie über HTTP bzw. FTP Dateien herunterladen können. Laden Sie dieselben Dateien vom gleichen Server einmal mit HTTP und einmal mit FTP herunter. Achten Sie beim Herunterladen darauf, wie lange das Herunterladen jeweils dauert und wie schnell herunter geladen wird.
12. Welches Protokoll ist schneller?
13. Was meinen Sie anhand dieses Experiments: Welches Protokoll kann mehr Benutzer verwalten?
14. Welches Protokoll ist Ihrer Meinung nach das, welches für die Übertragung großer Dateien verwendet werden sollte?

KAPITEL 5

Konnektivität

Überblick

In diesem Kapitel erfahren Sie mehr über die folgenden Themen:

✗ ISDN, DSL und T-Carrier Seite 144

✗ Drahtlose Netzwerke Seite 150

✗ Kabelmodems Seite 157

Der Zusammenfluss von Telekommunikation, Verbraucherelektronik und Computertechnologie wird nirgendwo so augenscheinlich wie bei den Entscheidungen, mit denen wir beim Thema Konnektivität konfrontiert werden. Die Telefongesellschaften bieten im Wesentlichen drei Arten von Netzwerkdiensten: ISDN, DSL und T-Carrier. Einige ISPs bieten die Möglichkeit sowohl über DSL als auch über einen drahtlosen Zugang auf das Internet zuzugreifen. Über Kabelmodems können Daten besonders schnell übertragen werden.

Projekt 5.1: ISDN, DSL und T-Carrier

ZIEL

Nach diesem Kapitel können Sie:

- Zwischen den von Telefongesellschaften angebotenen Technologien unterscheiden
- Feststellen, welche Netzwerkdienste in Ihrer Umgebung angeboten werden

Telefongesellschaften bieten heutzutage eine Reihe von Diensten für den Zugang zum Internet. Momentan gibt es im Wesentlichen drei Arten von Netzwerkdiensten; ISDN (Integrated Services Digital Network, zu deutsch etwa digitale Dienste integrierendes Kommunikationsnetzwerk), DSL (Digital Subscriber Link, zu deutsch etwa digitale Teilnehmerverbindung) und T-Carrier (zu deutsch Trägerfrequenzkanal).

In den USA konnte sich ISDN nur langsam durchsetzen, in Europa ist diese Technologie dagegen inzwischen etwas ganz Alltägliches. DSL ist die neueste Entwicklung in diesem Bereich und stellt eine kostengünstige, leistungsstarke Möglichkeit des Internetzugangs dar. Dennoch sind heute in Unternehmen T-Carrier-Verbindungen wie T1 und T3 nach wie vor gängig.

5.1.1 ISDN

ISDN ist ein sehr schneller, digitaler Datendienst. Mit Hilfe von ISDN können große Mengen an Daten-, Sprach- und Videosignalen über eine einzelne Telefonleitung übertragen werden. ISDN ist die Antwort auf die Frage, wie digitale Dienste über Kupferleitungen übertragen werden können, die ursprünglich nur für den Transfer von analogen Signalen konzipiert waren. ISDN ist ein internationaler Standard. Die Standardisierung erfolgte durch die Standardisierungsorganisationen für den Bereich Telekommunikation CCITT (Comité Consultatif International Téléphonique et Télégraphique) und ITU (International Telecommunikations Union).

Bei ISDN sind B- und D-Kanäle in einer Leitung zusammengefasst. Die B-Kanäle werden als *Datenkanäle* bezeichnet (das *B* kommt vom engl. Bearer Channel). Sie sind für die Übertragung von Daten- und Sprachsignalen verantwortlich. Die D-Kanäle werden als *Signalkanäle* bezeichnet (das *D* kommt vom engl. Data Channel). Die D-Kanäle übernehmen Steuerungs- und Signalfunktionen. Die Telefongesellschaften bieten zwei Arten von ISDN-Anschlüssen an: Basisanschluss (Basic Rate Interface) und Primärmultiplexanschluss (Primary Rate Interface). Der Basisanschluss ist für den privaten oder SOHO-

Bereich (Small Office/Home Office) gedacht. Der Basisanschluss besteht aus einem oder zwei B-Kanälen zu je 64 Kbit/s und einem D-Kanal zu 16 Kbit/s. Diese werden als *1B-ISDN-Dienst* bzw. *2B-ISDN-Dienst* bezeichnet. Die Übertragungsgeschwindigkeit hängt von der Anzahl der B-Kanäle ab und damit davon, ob 64 Kbit/s oder 128 Kbit/s übertragen werden (eigentlich werden ja nur 56 Kbit/s bzw. 112 Kbit/s übertragen, da ein paar der Datenbits für die Übertragung an sich benötigt werden). Für größere Unternehmen und Organisationen ist der Primärmultiplexanschluss besser geeignet. In den USA besteht ein solcher aus 23 B-Kanälen und einem D-Kanal zu 64 Kbit/s. In Europa besteht ein Primärmultiplexanschluss dagegen aus 30 B-Kanälen und einem D-Kanal. Während sich ISDN in Europa weitestgehend durchgesetzt hat, findet diese Technologie in den USA nur wenig Anklang. Als die kostengünstigen ISDN-Anschlüsse über ISPs verfügbar wurden, gingen mehr Unternehmen dazu über, über ISDN auf das Internet zuzugreifen.

5.1.2 DSL

Die Abkürzung DSL steht für Digital Subscriber Link, zu deutsch etwa digitale Teilnehmerverbindung. DSL ist eine relativ neue Entwicklung, die 1998 am Markt eingeführt wurde. DSL ermöglicht eine Übertragung mit großer Bandbreite über Telefonleitungen aus Kupferkabel. Mit einem DSL-Anschluss können Daten mit Geschwindigkeiten von bis zu 6,1 Mbit/s übertragen werden. Typische Zahlen für die Übertragungsrate mit DSL bewegen sich im Bereich von 1,544 Mbit/s bis 512 Kbit/s für den Empfang von Daten (Downstream) und 128 Kbit/s für das Versenden von Daten (Upstream). Von DSL gibt es mehrere Arten mit unterschiedlichem Leistungsspektrum: ADSL (Asymmetric DSL, zu deutsch etwa asymmetrisches DSL), HDSL (High bit-rate DSL, zu deutsch etwa DSL mit hoher Übertragungsrate) und RADSL (Rate Adaptive DSL, zu deutsch etwa DSL mit anpassbarer Übertragungsrate). Über eine DSL-Leitung werden sowohl Daten- als auch Sprachsignale übertragen, wobei der Datenteil der Leitung ständig in Verbindung bleibt. Für die DSL-Technologie werden die guten, alten Telefonleitungen verwendet. Das bedeutet, dass die Signale über Leitungen aus Zweidraht-Kupferkabel übertragen werden. Mit Hilfe der DSL-Technologie werden sowohl digitale als auch analoge Signale über Kupferkabel übertragen. Digitale Signale dienen dabei der Übertragung von Daten, während gleichzeitig analoge Signale Sprache über eine DSL-Leitung übertragen können. Das analoge Signal beansprucht einen kleinen Teil der Bandbreite, womit maximal 56 Kbit/s für die Datenübertragung zur Verfügung stehen. Ein Vorteil von DSL ist der, dass bei dieser Technologie die Daten nicht in analoge Signale und umgekehrt umgewandelt werden müssen. Mit DSL werden digitale Daten direkt an den Computer übertragen. Damit stehen deutlich größere Bandbreiten für die Datenübertragung zur Verfügung. Aufgrund des Alters und der darauf zurückzuführenden eingeschränkten Zuverlässigkeit der für die Übertragung von Signalen verwendeten Kupferleitungen kann diese Technologie nicht überall angeboten werden und ist von der Entfernung der Zentrale der jeweiligen Telefongesellschaft abhängig. So sollte die Entfernung zwischen Ihnen und der Zentrale Ihrer Telefongesellschaft nicht mehr als drei bis fünf Kilometer betragen. Da DSL das Signal in einen analogen und einen digitalen Teil zerlegen kann, können Sie gleichzeitig auf derselben Leitung telefonieren und von Ihrem Computer aus Daten übertragen.

Mit ADSL (Asymmetrical DSL, zu deutsch asymmetrisches DSL) können Sie gleichzeitig telefonieren und faxen und dabei beim Empfang von Daten eine Geschwindigkeit von bis zu 1,5 Mbit/s und beim Versenden von Daten eine Geschwindigkeit von bis zu 128 Kbit/s erreichen. Wie bereits erwähnt, besteht der Nachteil der ADSL-Technologie darin, dass die Verfügbarkeit und die erreichbare Übertragungsgeschwindigkeit beim Empfang von Daten von der Entfernung zur Zentrale der Telefongesellschaft abhängig ist. Im Gegensatz zu ISDN setzt sich ADSL in den USA schnell am Markt durch. Es wird geschätzt, dass es im Jahr 2002 weltweit bis zu fünf Millionen ADSL-Teilnehmer geben wird. Es wird spannend zu beobachten, ob diese Schätzung zutreffen wird und ob die ADSL-Technologie allgemein anderen Technologien gegenüber der Vorzug gegeben wird.

5.1.3 T-Carrier-Dienst

Das T-Carrier-System wurde in den 60er-Jahren von Bell Telephone auf den Markt gebracht. Ursprünglich unterstützte das T-Carrier-System digitalisierte Sprachsignale mit Geschwindigkeiten von 1,544 Mbit/s bei T1-Leitungen und 44,736 Mbit/s bei T3-Leitungen. Darüber hinaus gibt es hier die Möglichkeit, die T1-Leitung aufzuteilen und einen Teil von 24 Kanälen zu mieten und die anderen Kanäle ungenutzt zu lassen. Das T-Carrier-System ist ein durch und durch digitaler Dienst. Mit Hilfe der Impulscodemodulation werden analoge Daten digital übertragen. Im Zeitmultiplex-Verfahren werden Signale in viele, kurze Segmente aufgeteilt zusammen mit Signalen für die Übertragung in einer Leitung gesendet. Dazu werden vier Drähte verwendet, so dass die Bits im Vollduplexbetrieb gesendet werden können, wobei zwei Drähte für den Empfang und zwei für das Senden der Datenbits zuständig sind. Die Signale werden in Abschnitte zerlegt, von denen jeweils 8000 pro Sekunde gesendet werden können. Jedes Paket wird zu einem 8-Bit-Wort digitalisiert, wobei 24 Kanäle gleichzeitig digitalisiert werden. Von den 192-Bit-Rahmen können 8000 pro Sekunde übertragen werden. Da ein Bit zwischen die Rahmen eingefügt wird, ergibt sich für eine T1-Leitung eine Geschwindigkeit von 193 Bit multipliziert mit 8000 pro Sekunde, d.h. 1,544 Mbit/s.

Übungen zu 5.1

5.1.4 Zwischen den von Telefongesellschaften angebotenen Technologien unterscheiden

Schauen Sie sich die Netzwerkdienste DSL, T1, T3 und ISDN an.

Vergleichen Sie die Technologien T-Carrier, ISDN und DSL miteinander.

a) Erstellen Sie eine Tabelle, in der Sie die Vor- und Nachteile der einzelnen Netzwerktechnologien einander gegenüberstellen.

5.1.5 Feststellen, welche Netzwerkdienste in Ihrer Umgebung angeboten werden

a) Rufen Sie die Website Ihrer lokalen Telefongesellschaft auf und schauen Sie nach, ob diese Ihnen in Ihrem Bereich DSL-Dienste anbietet.

b) Wenn Sie DSL in Ihrem Bereich nutzen können: Wie weit sind Sie von der Zentrale Ihrer Telefongesellschaft entfernt? Mit welcher Geschwindigkeit steht Ihnen DSL zur Verfügung?

Lösungen zu den Übungen

Lösung zu 5.1.1

Schauen Sie sich die Netzwerkdienste DSL, T1, T3 und ISDN an.

Vergleichen Sie die Technologien T-Carrier, ISDN und DSL miteinander.

a) Erstellen Sie eine Tabelle, in der Sie die Vor- und Nachteile der einzelnen Netzwerktechnologien einander gegenüberstellen.

Lösung:

Technologie	Bandbreite	Vorteile	Nachteile
ISDN	56-112 Kbit/s	Symmetrisch, entfernungsunabhängig	Langsamer als andere Technologien
DSL	128 Kbit/s beim Versenden von Daten, 384 Kbit/s – 1,544 Mbit/s beim Empfang von Daten	Kostengünstiger als T-Carrier, kann aber in einigen Bereichen beim Empfang von Daten dieselbe Geschwindigkeit erreichen	Entfernungsabhängig, asymmetrisch, nicht überall verfügbar
T-Carrier	1,544 Mbit/s (T1) bis 44,736 Mbit/s (T3)	Symmetrischer, sehr schneller Internetzugriff	Teuer

b) DSL ist eine schnellere und teurere Technologie als ISDN. DSL ist jedoch entfernungsabhängig, d.h. die Bandbreite beim Empfang von Daten hängt von der Entfernung zwischen Kunden und Telefongesellschaft ab. Der momentan schnellste DSL-Dienst ist asymmetrisch und bietet beim Empfang von Daten wesentlich größere Bandbreiten als beim Versenden von Daten. ISDN ist ein symmetrischer Dienst, der in beide Richtungen dieselbe Bandbreite (die jedoch geringer ist als die der DSL-Technologie) bietet.

Lösungen zu 5.1.2

a) Rufen Sie die Website Ihrer lokalen Telefongesellschaft auf und schauen Sie nach, ob diese Ihnen in Ihrem Bereich DSL-Dienste anbietet.

Lösung: Ich habe die Website von Pacific Bell (`www.pacbell.com`) aufgerufen und herausgefunden, dass dieses Unternehmen in meiner Gegend DSL anbietet.

b) Wenn Sie DSL in Ihrem Bereich nutzen können: Wie weit sind Sie von der Zentrale Ihrer Telefongesellschaft entfernt? Mit welcher Geschwindigkeit steht Ihnen DSL zur Verfügung?

Lösung: Da wir etwa 6,5 km von der Telefongesellschaft entfernt wohnen, können wir nur die langsamste Geschwindigkeit von DSL nutzen, d.h. etwa 384 Kbit/s zum Empfang von Daten und 128 Kbit/s zum Versenden von Daten.

Wiederholungsfragen zu 5.1

Überprüfen Sie Ihr Wissen und versuchen Sie nun, die folgenden Fragen zu beantworten:

1. Bringen Sie die folgenden Netzwerkdienste in die richtige Reihenfolge und beginnen Sie mit dem langsamsten.

   a) DSL
   b) ISDN
   c) T3
   d) T1

2. Welcher Anschluss ist für einen Haushalt mit vier Benutzern am besten geeignet?

   a) ISDN
   b) DSL
   c) T3
   d) T1

3. Die Verfügbarkeit von DSL ist von der Entfernung eines Standorts von der nächsten Zentrale abhängig.

   a) Richtig
   b) Falsch

4. DSL-Netzwerkdienste hängen vom Telefondienst in Ihrer Gegend ab.

   a) Richtig
   b) Falsch

5. Nennen Sie die Aussagen, die auf ISDN nicht zutreffen.

   a) ISDN ist in Europa weiter verbreitet als in den USA.
   b) ISDN bietet im Wesentlichen dieselbe Bandbreite wie DSL.
   c) DSL setzt sich in den USA schneller durch als ISDN.
   d) ISDN ist die Abkürzung für Integrated Digital Services Network.

Die Lösungen befinden sich im Anhang des Buches zum Abschnitt 5.1.

Projekt 5.2: Drahtlose Netzwerke

ZIEL

Nach diesem Kapitel können Sie:

- ✗ Zwischen drahtlosen Netzwerken und Kabelnetzwerken unterscheiden
- ✗ Beschreiben, wie Daten in drahtlosen Netzwerken übertragen werden

Drahtlose Netzwerke setzen sich heutzutage immer mehr durch. Wenn Sie sich in Sichtweite einer Funkantenne befinden, bietet ein drahtloses Netzwerk einen kostengünstigen und zuverlässigen Zugang zum Internet. Da wir auf einem Berg wohnen, haben wir ein leistungsstarkes, drahtloses Netzwerk zu vernünftigen Preisen. Bei einem drahtlosen Netzwerk werden Signale nicht über ein Kabel, sondern mittels elektromagnetischer Wellen übertragen. Für die Signale werden hochfrequente oder Infrarotwellen verwendet. Für die Verbindung werden drahtlose Transceiver eingesetzt. Am häufigsten werden drahtlose Netzwerke für Verbindungen vom Laptop ins Internet ohne Telefon verwendet. Irgendwann werden drahtlose Netzwerke über Satellit auf das Internet zugreifen können.

Die drahtlose Technologie für den Anschluss an das Internet gibt es derzeit in drei Ausführungen: Sichtverbindung, Mikrozellularanbindung und Satellitenverbindung (nur zum Empfang).

Bei der drahtlosen Technologie mittels Sichtverbindung wird auf dem Dach Ihres Bürogebäudes oder Hauses eine Antenne aufgestellt. Diese Antenne sendet Funksignale an eine von Ihrem ISP betriebene Antenne, die in direkter Verbindung zu Ihrer Antenne steht, d.h. die Strecke zwischen den beiden Antennen wird durch nichts gestört. Diese Art der drahtlosen Technologie wird gegenwärtig für die Verbindung von Netzwerken in nahe gelegenen Gebäuden, für die Internetanbindung dagegen kaum verwendet. Die meisten Netzwerklösungen dieser Art funktionieren bei einer Entfernung von etwa 50 km mit einer Geschwindigkeit wie sie von Modems her bekannt sind, d.h. von 10 Mbit/s. Die Verbindung ist symmetrisch und ermöglicht damit in beide Richtungen dieselbe Geschwindigkeit. Das Problem bei der drahtlosen Technologie mittels Sichtverbindung besteht darin, dass die Strecke zwischen zwei Antennen hindernisfrei sein muss und durch nichts gestört werden darf. Dies ist in dicht bevölkerten Gegenden in der Regel nicht zu realisieren.

Bei einem drahtlosen Mikrozellularnetzwerk kommt ähnlich wie beim öffentlichen Mobilfunknetz die Funktechnologie zum Einsatz. Diese Technologie ermöglicht eine geringere Reichweite und eine niedrigere Übertragungsrate, weil die Daten hier mit geringerer Leistung in alle Richtungen gleichzeitig übertragen werden. Diese Technologie ist jedoch für drahtlose Modems für Laptops oder andere mobile Netzwerkanwendungen recht gut geeignet. Diese Art der Netzwerktechnologie eignet sich nicht für den Anschluss von Servern an das Internet, da Server langsamer und stationär untergebracht sind. Gegenwärtig bietet Metricom mikrozellulare Funkmodems mit Geschwindigkeiten von bis zu 33,6 Kilobaud an. Neuere Produkte sollen in naher Zukunft Übertragungsgeschwindigkeiten ermöglichen, die mit denen von ISDN vergleichbar sind.

Satellitenverbindungen sind drahtlose Funkverbindungen, die momentan jedoch noch sehr teuer sind. Satellitenverbindungen stehen der Öffentlichkeit zur Zeit nur im Empfangsmodus zur Verfügung. DirecPC bietet für den Empfang von Daten Übertragungsgeschwindigkeiten von bis zu 400 Kbit/s. Sie verwenden eine Modemverbindung über einen anderen ISP. Für ausgehende Übertragungen benötigen Sie eine Modemverbindung über einen gesonderten ISP. Satellitenverbindungen eignen sich für entfernte Standorte mit wenigen anderen Möglichkeiten für den Zugang zum Internet.

In Abbildung 5.1 sind die unterschiedlichen Möglichkeiten eines drahtlosen Zugangs zum Internet dargestellt.

Übungen zu 5.2

5.2.1 Zwischen drahtlosen Netzwerken und Kabelnetzwerken unterscheiden

Informieren Sie sich über die unterschiedlichen Netzwerktechnologien im Internet. Bei den Telefongesellschaften (z.B. bei Pacific Bell unter `www.pacbell.com/DSL/`) erhalten Sie Informationen über DSL.

Informieren Sie sich über drahtlose High-Speed-Internetzugänge auf der Website von Wavepath unter `www.wavepath.com`.

a) Wie unterscheidet sich der drahtgebundene Zugang zum Internet vom drahtlosen?

____

____

____

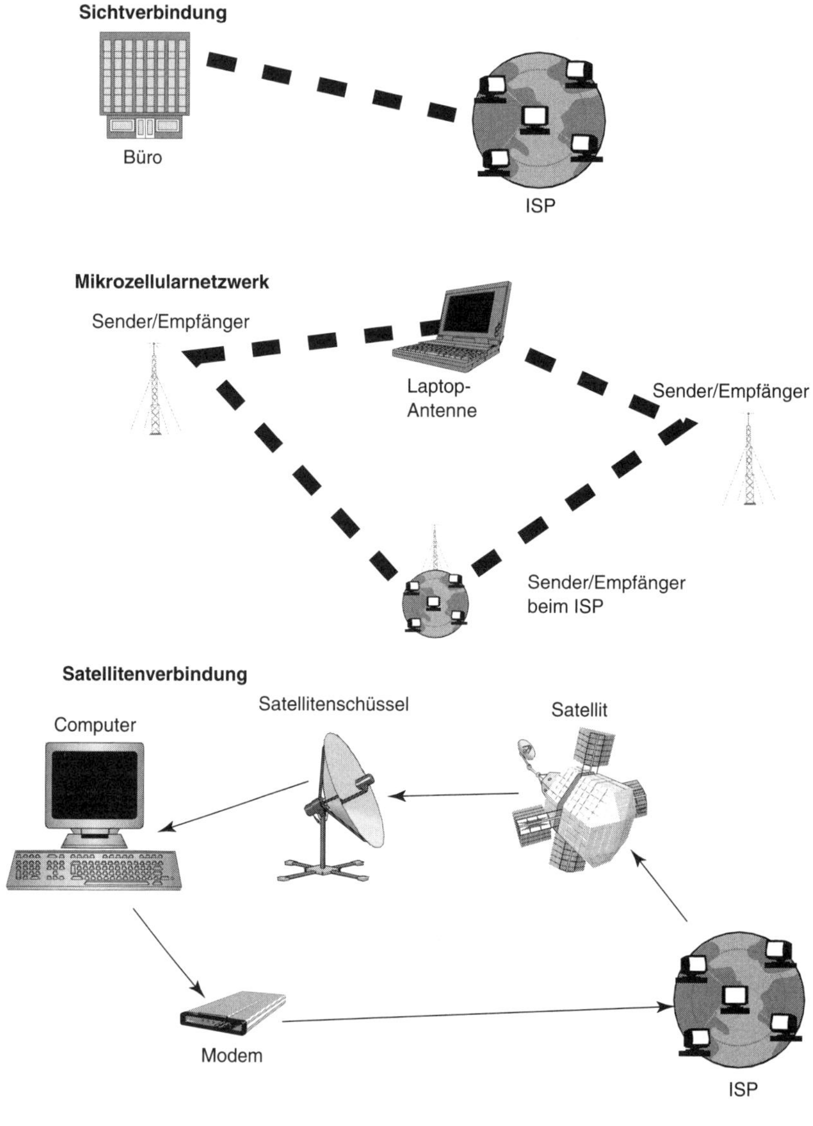

Abb. 5.1: Möglichkeiten eines drahtlosen Zugangs zum Internet

5.2.2 Beschreiben, wie Daten in drahtlosen Netzwerken übertragen werden

a) Informieren Sie sich auf der Website von Metricom unter www.metricom.com über drahtlose Mikrozellularnetzwerke.

____

____

____

b) Informieren Sie sich auf der Website von Wavepath unter www.wavepath.com über drahtlose Sichtverbindungsnetzwerke.

____

____

____

Lösungen zu den Übungen

Lösung zu 5.2.1

Informieren Sie sich über die unterschiedlichen Netzwerktechnologien im Internet. Bei den Telefongesellschaften (z.B. bei Pacific Bell unter www.pacbell.com/DSL/) erhalten Sie Informationen über DSL.

Informieren Sie sich über drahtlose High-Speed-Internetzugänge auf der Website von Wavepath unter www.wavepath.com.

a) Wie unterscheidet sich der drahtgebundene Zugang zum Internet vom drahtlosen?

   Lösung: Bei einem drahtlosen Zugang zum Internet werden Signale mittels elektromagnetischer Wellen übertragen. Bei einem drahtgebundenen Zugang zum Internet werden Signale über Kabel wie z.B. Twisted-Pair-Kabel übertragen. Drahtlose Zugangslösungen wie z.B. Wavepath bieten eine höhere Bandbreite als drahtgebundene Zugangslösungen wie z.B. DSL, vorausgesetzt Sie verfügen über eine hindernisfreie Sichtverbindung zur Wavepath-Installation und Ihr Haus steht in einem Umkreis von weniger als 6 km von der Zentrale Ihrer Telefongesellschaft entfernt.

5.2.2: Lösungen

a) Informieren Sie sich auf der Website von Metricom unter `www.metricom.com` über drahtlose Mikrozellularnetzwerke.

Lösung: Auf der Website von Metricom ist zu erfahren, dass die Grundstruktur des Ricochet-Netzwerks aus mikrozellularen Funkzellen besteht, die strategisch in einem Abstand von 0,5 bis 1 km in einem Schachbrettmuster angeordnet sind. In dieser Maschennetzarchitektur werden Daten zwischen den Modems und den WAPs (Wired Access Points, zu deutsch etwa drahtgebundene Zugangspunkte) weitergeleitet. Eine höhere Dichte, wie sie die Mikrozellulartechnologie bietet, gewährleistet eine sichere, effiziente Übertragung von Daten und eine bessere Innenraumdurchdringung der Funksignale. Darüber hinaus bietet die Mikrozellulartechnologie die Zuverlässigkeit sowie die Möglichkeit zur nahtlosen Weiterreichung (Handoff), die erforderlich ist, um eine Verbindung auch beim Wechsel von einer Zelle in eine andere aufrecht zu erhalten. Die Maschennetzarchitektur von Ricochet bietet gegenüber der üblichen Netzwerktopologie, nämlich der Sterntopologie, bei der sämtliche Verbindungen eine oder mehrere Basisstationen oder Hubs passieren müssen, einige Vorteile. Bei der Sterntopologie werden Probleme wie Überlastung und schwache Signale durch die Installation zusätzlicher Hubs behoben, was in der Regel hohe Kosten und einen nicht zu unterschätzenden Zeitaufwand mit sich bringt. Beim Ricochet-Netzwerk werden derartige Probleme durch die Installation eines oder mehrerer relativ kostengünstiger WAPs auf Laternenpfählen beseitigt.

b) Informieren Sie sich auf der Website von Wavepath unter `www.wavepath.com` über drahtlose Sichtverbindungsnetzwerke.

Lösung: Auf der Website von Wavepath ist zu erfahren, dass ein iSpeed-Kunde (der drahtlose Dienst von Wavepath) über eine spezielle, konstante, drahtlose Verbindung an den iSpeed-POP (Point of Presence) angebunden ist. Informationsanforderungen werden vom PC, Mac oder LAN über eine herkömmliche 10BaseT-Ethernet-Verbindung an ein spezielles Modem gesendet. Das Modem leitet die Anforderung an einen digitalen Transceiver (Sender-Empfänger-Antenne) am Standort des Kunden. Von dort aus wird die Anforderung über das private Spektrum von Wavepath an einen von zwei iSpeed-Standorten in der San Francisco Bay Area gesendet und an den iSpeed-POP weitergeleitet. Die Daten werden über die Hochgeschwindigkeitsverbindung des iSpeed-Backbone aus dem Internet abgerufen. Anschließend werden die Informationen auf demselben Weg an den Kunden gesendet. Über das iSpeed-System können mittels eines Breitbandsendesystems, das das MMDS-Spektrum nutzt, Übertragungsgeschwindigkeiten von bis zu 1,5 Mbit/s erreicht werden. Dieses Spektrum im 2,1- bis 2,6-GHz-Bereich ist ausschließliches Eigentum von Wavepath in der San Francisco/Silicon Valley Area und eignet sich hervorragend für das Senden von Daten. Diese Frequenzen sind stabil und privat. Eine 6-MHz-QAM-Übertragung (Quadrature Amplitude Modulation) wird für den Empfang und eine 6-MHz-QPSK-Übertragung (Quadrature Phase Shift Keying) für das Senden von Daten verwendet. Frequenzen werden bei dieser Architektur durch die Aufteilung in 5°- bis 10°-Sektoren effizient wieder verwendet. In dieser Konfiguration werden Kanäle abwechselnd wieder verwendet, damit das iSpeed-System einen Markt mit der Größe der San Francisco Bay Area bedienen kann. Wavepath ist das einzige Unternehmen in den USA, das befugt ist, mit der FCC-Lizenz digitale Daten über unterschiedliche Polarisationen auf derselben Frequenz in gleichen geografischen Gebiet zu übertragen. Diese Lizenz erlaubt eine Aufteilung in Sektoren mittels Polarisationsstreuung, was zu einer 1000%-igen Wiederverwendung der Frequenzen führt.

Wiederholungsfragen zu 5.2

Überprüfen Sie Ihr Wissen und versuchen Sie nun, die folgenden Fragen zu beantworten:

1. Funktioniert eine Sichtverbindung in den folgenden Situationen?
   a) Weite Entfernung über ein bewaldetes und bergiges Gebiet
   b) Zwischen zwei benachbarten Wolkenkratzern
   c) Hunderte von Kilometern im Flachland
2. Die meisten Satellitenverbindungen von Kunden zum Internet sind
   a) Unidirektional
   b) Bidirektional
3. Wann eignet sich ein drahtloses Weitbereichsnetz? (Geben Sie alle zutreffenden Möglichkeiten an.)
   a) Laptop innerhalb einer Stadt
   b) Server in einem Büro
   c) Laptop in einer ländlichen Gegend
4. Beschreiben Sie die drahtlose Technologie, die auf Sichtverbindung beruht. (Geben Sie alle zutreffenden Möglichkeiten an.)
   a) Die drahtlose Technologie mittels Sichtverbindung eignet sich für den Internetzugriff
   b) Die drahtlose Technologie ist teuerer als die T-Carrier-Technologie.
   c) Bei der drahtlosen Technologie mittels Sichtverbindung spielen Hindernisse auf der Übertragungsstrecke keine Rolle.

d) Bei der drahtlosen Technologie mittels Sichtverbindung dürfen sich zwischen der Antenne des Benutzers und dem Transceiver des ISP keine Hindernisse befinden.

5. Beschreiben Sie die drahtlose Mikrozellulartechnologie. (Geben sie alle zutreffenden Möglichkeiten an.)

   a) In einem drahtlosen Mikrozellularnetzwerk werden Daten mit hoher Leistung gesendet.
   b) Bei der drahtlosen Mikrozellulartechnologie werden Daten in alle Richtungen gleichzeitig gesendet.
   c) Bei der Übertragung in alle Richtungen gleichzeitig können Daten nicht so schnell und nur in einem kleineren Bereich gesendet werden.
   d) Bei einem drahtlosen Mikrozellularnetzwerk kommt ähnlich wie beim öffentlichen Mobilfunknetz die Funktechnologie zum Einsatz.
   e) Die drahtlose Mikrozellulartechnologie eignet sich für drahtlose Modems für Laptops oder andere mobile Netzwerkanwendungen.

Die Lösungen befinden sich im Anhang des Buches zum Abschnitt 5.2.

Projekt 5.3: Kabelmodems

Lernziele

Nach diesem Kapitel können Sie:

- Unterschiedliche Netzwerktechnologien und Netzwerkdienste miteinander vergleichen
- Zwischen von Telefongesellschaften und Fernsehkabelgesellschaften angebotenen Technologien unterscheiden

Kabelmodems zählen zu den neuesten Technologien, die einen schnelleren Zugang zum Internet ermöglichen. Aber was bieten Kabelmodems und wie funktionieren sie? Mit Hilfe eines Kabelmodems ist es möglich, dass Ihr PC über ein Fernsehkabel Daten mit einer Geschwindigkeit von etwa 1,5 Mbit/s empfängt. Somit bieten Kabelmodems etwa dieselbe Datenübertragungsrate wie die DSL-Technologie. Ein Kabelmodem kann zusätzlich zu einer Set-Top-Box angeschlossen werden oder in dieser bereits integriert sein und damit aus Ihrem Fernsehgerät einen Internetkanal machen. Das PC-Zubehör besteht aus einem Splitter, der die Leitung in einen Teil, der zum Fernsehgerät, und einen anderen Teil, der zum Kabelmodem und PC führt, aufteilt. So dient das Kabelmodem eher als Netzwerkkarte. Das Kabelmodem wird an das Koaxialkabel der Fernsehkabelgesellschaft angeschlossen und kommuniziert mit der Kopfstation (CMTS, Cable Modem Termination System), die sich beim Kabelnetzbetreiber befindet. Kabelmodems empfangen Signale nur von Kopfstationen und senden Signale nur an Kopfstationen. Kabelmodems kommunizieren untereinander nicht. Beim Zugriff auf das Internet über ein Fernsehkabel stehen Bandbreiten von bis zu 27 Mbit/s zum Teilnehmer und etwa 2,5 Mbit/s vom Teilnehmer zur Verfügung. Wenn der Anbieter mit T1 arbeitet, können Datenübertragungsraten von nahezu 1,5 Mbit/s erreicht werden. Verglichen mit normalen Telefonleitungen erfolgt der Zugriff auf das Internet mittels Fernsehkabel mit wesentlich höherer Geschwindigkeit.

Die Vor- und Nachteile von Kabelmodems im Vergleich zu ADSL werden heiß diskutiert. Einige meinen, ADSL sei zuverlässiger, sicherer und biete eher gleich bleibende Geschwindigkeiten, da ADSL über eine Standleitung zwischen der Zentrale und dem Haus oder Büro des Benutzers zur Verfügung steht. Einigen Analysten zufolge ist der Zugriff auf das Internet über ein Kabelmodem mit schwankenden Leistungen verbunden, da die Leistung von Kabelmodems davon abhängt, wie viele Benutzer einer Gruppe die Bandbreite gleichzeitig nutzen.

Übungen zu 5.3

5.3.1 Unterschiedliche Netzwerktechnologien und Netzwerkdienste miteinander vergleichen

Informieren Sie sich über unterschiedliche Netzwerktechnologien hinsichtlich der angebotenen Dienste, der relativen Kosten, Geschwindigkeit und Verfügbarkeit.

Vergleichen Sie drahtgebundene, drahtlose und Kabeldienste.

a) Erstellen Sie eine Tabelle und vergleichen Sie die unterschiedlichen Netzwerktechnologien und Netzwerkdienste miteinander.

5.3.2 Zwischen von Telefongesellschaften und Fernsehkabelgesellschaften angebotenen Technologien unterscheiden

Schauen Sie sich Ihre Tabelle an. Rufen Sie die Internetseite `www.cable-modems.org/tutorial/` auf. Hier erfahren Sie alles, was Sie schon immer über Kabelmodems wissen wollten.

a) Welche der aufgeführten Anschlussmöglichkeiten bietet die höchste Bandbreite?

b) Welche der aufgeführten Anschlussmöglichkeiten bietet die niedrigste Bandbreite?

____

____

____

c) Welche der aufgeführten Anschlussmöglichkeiten ist am meisten von der Anzahl der Online-Benutzer abhängig?

____

____

____

Lösungen zu den Übungen

Lösung zu 5.3.1

Informieren Sie sich über unterschiedliche Netzwerktechnologien hinsichtlich der angebotenen Dienste, der relativen Kosten, Geschwindigkeit und Verfügbarkeit.

Vergleichen Sie drahtgebundene, drahtlose und Kabeldienste.

a) Erstellen Sie eine Tabelle und vergleichen Sie die unterschiedlichen Netzwerktechnologien und Netzwerkdienste miteinander.

Lösung:

Dienst	Relative Kosten	Geschwindigkeit	Verfügbarkeit	Kommentar
Öffentliches Wählnetz über Modem	Sehr gering	28,8-56 Kbit/s	Weit verbreitet	Bereits vorhandene Telefonleitungen können verwendet werden. Die Geschwindigkeit ist auf die der Telefonverbindung beschränkt.
ISDN	Gering bis mittelmäßig	56-128 Kbit/s	Gut	In Europa weiter verbreitet als in den USA. Spezielle ISDN-Leitungen müssen installiert werden.

Dienst	Relative Kosten	Geschwindigkeit	Verfügbarkeit	Kommentar
DSL	Gering bis mittelmäßig	144 Kbit/s – 1,544 Mbit/s (DSL arbeitet noch viel schneller, dafür sind jedoch kaum Dienste zu finden)	Gut bis mittelmäßig	Gute Wahl, wenn verfügbar.
T1	Hoch	1,544 Mbit/s	Gut	Standard für Server.
T3	Sehr hoch	44,736 Mbit/s	Gut	Teuer.
Sichtverbindung	Mittelmäßig	384 Kbit/s – 10 Mbit/s	Schlecht bis mittelmäßig	Gute Wahl, wenn verfügbar.
Mikrozellulare Verbindung	Gering	22,8-128 Kbit/s	Gut bis mittelmäßig	Für Laptops unterwegs geeignet.
Satellitenverbindung	Mittelmäßig	400 Kbit/s beim Empfang von Daten, Modemgeschwindigkeit beim Versenden von Daten	Mittelmäßig	Hoher Preis, langsame Verbindungen auswärts.
Kabelmodem	Gering	128 Kbit/s beim Versenden von Daten, bis zu 3 Mbit/s beim Empfang von Daten	Gut bis mittelmäßig	Gemeinsames Kabel, hohe Geschwindigkeiten, nicht skalierbar. Wird langsamer, je mehr Benutzer online sind.

Lösungen zu 5.3.2

Schauen Sie sich Ihre Tabelle an. Rufen Sie die Internetseite `www.cable-modems.org/tutorial/` auf. Hier erfahren Sie alles, was Sie schon immer über Kabelmodems wissen wollten.

a) Welche der aufgeführten Anschlussmöglichkeiten bietet die höchste Bandbreite?

   Lösung: T3-Standleitungen bieten die höchste Bandbreite und die zuverlässigste Verbindung, sind jedoch sehr teuer.

b) Welche der aufgeführten Anschlussmöglichkeiten bietet die niedrigste Bandbreite?

Lösung: 28,8-Kbaud-Modems können praktisch überall angeschlossen werden. Sie sind preisgünstig und überall erhältlich. Einige Benutzer arbeiten mit langsameren Modems, aber im Allgemeinen werden heute Modems mit 28,8 Kbaud eingesetzt. Inzwischen sind sogar häufig schon 56-Kbaud-Modems anzutreffen.

c) Welche der aufgeführten Anschlussmöglichkeiten ist am meisten von der Anzahl der Online-Benutzer abhängig?

Lösung: Kabelmodems können recht preiswert sein und beim Empfang von Daten eine sehr hohe Bandbreite ermöglichen, sind in ihrer Leistung jedoch von der Anzahl der gleichzeitig online befindlichen Benutzer abhängig. Die Leistung eines Kabelmodems lässt mit steigender Anzahl gleichzeitig online befindlicher Benutzer deutlich nach.

Wiederholungsfragen zu 5.3

Überprüfen Sie Ihr Wissen und versuchen Sie nun, die folgenden Fragen zu beantworten:

1. Kabelmodems senden einander Signale.

   a) Richtig
   b) Falsch

2. Die Geschwindigkeit von Kabelmodems lässt nach, je mehr Benutzer sich anmelden.

   a) Richtig
   b) Falsch

3. ISDN ist viel schneller als ein Kabelmodem.

   a) Richtig
   b) Falsch

4. Welche dieser Aussagen trifft auf Kabelmodems zu? (Geben Sie alle zutreffenden Möglichkeiten an.)

   a) Für Kabelmodems wird das in Ihrem Haus verlegte Fernsehkabel verwendet.
   b) Kabelmodems sind in der Regel nicht so teuer wie ADSL.
   c) Kabelmodemdienste sind 2001 in den ganzen USA verfügbar.
   d) Kabelmodemdienste werden von einer Gruppe von Benutzern gemeinsam genutzt.

5. Welche dieser Aussagen trifft auf DSL zu? (Geben Sie alle zutreffenden Möglichkeiten an.)
   a) ISDN ist schneller als DSL.
   b) DSL ist so schnell wie T1.
   c) Die Ihnen bei DSL zur Verfügung stehende Bandbreite hängt davon ab, ob Ihr Nachbar gerade telefoniert oder nicht.
   d) DSL ist ab 2001 in allen Teilen der USA erhältlich.

Die Lösungen befinden sich im Anhang des Buches zum Abschnitt 5.3.

Überprüfen Sie Ihre Sachkenntnis!

Sie haben unterschiedliche Möglichkeiten für den Zugang zum Internet kennen gelernt. Untersuchen Sie nun Ihre Möglichkeiten für den Zugang zum Internet.

1. Vergleichen Sie unterschiedliche Lösungen für Benutzer zu Hause, für kleine Büros, mittelgroße Büros und Unternehmen. Informieren Sie sich bei lokalen und nationalen ISPs.
2. Welche Bedürfnisse haben die unterschiedlichen Benutzergruppen? Einige benötigen beispielsweise 24 Stunden am Tag, 7 Tage die Woche Kundensupport, während andere z.B. viele IP-Adressen brauchen.
3. Erstellen Sie eine Tabelle und vergleichen Sie Kosten, Geschwindigkeit, Verfügbarkeit und Dienst.
4. Fassen Sie das, was Sie für jede Gruppe herausgefunden haben, zusammen.
5. Welches ist die beste Internetlösung für den jeweiligen Benutzertyp?
6. Welches sind die Vor- und Nachteile der einzelnen Lösungen?

Kapitel 6

Netzwerksicherheit

Überblick

In diesem Kapitel erfahren Sie mehr über die folgenden Themen:

- ✘ Verschlüsselungssysteme Seite 164
- ✘ Sichere Internetprotokolle Seite 175
- ✘ Firewalls und Sniffers Seite 183
- ✘ Proxyserver, VPNs (Virtual Private Networks) und Smartcards Seite 188

Die Tatsache, dass das Internet ein öffentliches Netzwerk ist, ist sowohl ein Vorteil als auch ein Nachteil. Das World Wide Web hat aufgrund der öffentliche Zugänglichkeit von auf Websites angebotenen Informationen ein unglaubliches Wachstum erfahren. Diese öffentliche Zugänglichkeit wird dann zu einem Problem, wenn es um vertrauliche Informationen oder um E-Commerce geht. In diesen Fällen muss der Öffentlichkeit des World Wide Web mit Technologien der Netzwerksicherheit begegnet werden, um eine sichere Umgebung für E-Commerce und vertrauliche Transaktionen zu schaffen.

Projekt 6.1: Verschlüsselungssysteme

ZIEL

Nach diesem Kapitel können Sie:

- ✘ Den Gebrauch von Verschlüsselungsverfahren mittels öffentlicher Schlüssel verstehen
- ✘ Die Nachteile bei der Verschlüsselung von Nachrichten einschätzen

Wann soll verschlüsselt werden? Was soll verschlüsselt werden? Wie viele Daten sollen verschlüsselt werden?

Verschlüsselung ist die Konvertierung von Daten mittels einer Chiffre in eine Form, in der diese von unbefugten Parteien nicht ohne weiteres gelesen werden können. Entschlüsselung ist die Konvertierung von verschlüsselten Daten in deren ursprüngliche Form. Die Entschlüsselung wird angewendet, um den Inhalt verschlüsselter Nachrichten lesen zu können. Ver- und Entschlüsselungsverfahren werden in der einen oder anderen Form schon seit jeher verwendet. In Kriegszeiten werden Chiffren häufig verwendet, um zu verhindern, dass der Feind abgefangene Nachrichten lesen kann.

Bei einfachen Chiffren werden Buchstaben durch Zahlen ersetzt, die Buchstaben im Alphabet verschoben und Frequenzen des Seitenbands umgekehrt, um Sprachsignale zu chiffrieren.

Zu den komplexeren Chiffren zählen Computeralgorithmen und die Neuanordnung von digitalen Bits in digitale Signale. Mit Hilfe des Schlüssels wird der Inhalt eines verschlüsselten Signals wieder hergestellt. Dies geschieht unter Einsatz eines Algorithmus, der die Verschlüsselung »rückgängig macht«. Es ist möglich einen Code mit einem Computer zu »knacken«. Komplexere Verschlüsselungsalgorithmen sind schwieriger zu knacken.

Besonders bei drahtlosen Verbindungen ist es wichtig, ein Ver- und Entschlüsselungsverfahren einzusetzen, da diese Verbindungen leichter »angezapft« werden können als kabelgebundene Verbindungen. Sensible Transaktionen wie das Onlineeinkaufen mit Kreditkarte und interne Diskussionen sollten auf jeden Fall geschützt werden.

Ein langer Schlüssel ist schwieriger zu knacken, bietet besseren Schutz und ist teuerer. Es gibt eine kontrovers geführte Diskussion um den Einsatz von langen Schlüsseln. Mit langen Schlüsseln verschlüsselte Nachrichten können ohne den Schlüssel praktisch nicht geknackt werden. Unternehmen und Kunden möchten natürlich gerne möglichst lange Schlüssel verwenden und sehen darin den besten Schutz ihrer Daten und den besten Schutz vor Missbrauch.

Aus der Sicht von Regierungsbehörden können lange Schlüssel jedoch von Terroristen zur Untergrabung der Regierungsautorität verwendet werden. Aus diesem Grund haben sich die Regierungen für eine Vereinbarung zur treuhänderischen Verwaltung von langen Schlüsseln durch die Regierungen stark gemacht. Das würde bedeuten, dass eine Regierung bei der Nutzung eines Schlüssels eine Kopie des Schlüssels erhalten würde. Die Schlüssel werden an einem »sicheren« Ort hinterlegt. Nur Behörden haben auf richterliche Anordnung Zugang zu den Schlüsseln. Befürworter derartiger Vereinbarungen sind der Ansicht, dass Kriminelle aufgrund dieser Vereinbarung davon abgehalten werden, Nachrichten zu verschlüsseln. Gegner derartiger Vereinbarungen halten dagegen, dass Kriminelle in eine Datenbank, in der Schlüssel hinterlegt sind, eindringen und die Schlüssel nutzen oder ändern können.

Ein großes Problem bei der Verschlüsselung im Internet ist die Tatsache, dass es aufgrund der meisten Verschlüsselungsverfahren zu deutlichen Leistungseinbußen kommt. Bei der Stromverschlüsselung RC4 wird der RC4-Schlüssel verwendet, der als einer der schnellsten Schlüssel betrachtet werden kann. RC4 ist ein Stromschlüssel, der von Ronald Rivest (das »R« in RSA) für RSA Data Security, Inc. entwickelt wurde. RC4 ist ein Verschlüsselungsverfahren mit variabler Schlüssellänge für byteorientierte Operationen. Der Algorithmus für die Berechnung des RC4-Schlüssels beruht auf einer zufallsbasierten Permutation. Analytiker haben die Sicherheit des RC4-Schlüssels geprüft und diesen Schlüssel für sicher befunden. Darüber hinaus kann von diesem Schlüssel erwartet werden, dass er bei Softwareimplementierungen schnell arbeitet. RC4 wird für die Verschlüsselung von Webverkehr von und an sichere Seiten verwendet, so dass eine sichere Kommunikation zwischen den das SSL-Protokoll verwendenden Sites gewährleistet werden kann. RC4-Verschlüsselungsverfahren mit einer 128-Bit-Verschlüsselung arbeiten mit einer MD5-Nachrichtenauthentifizierung (Message Digest, zu deutsch etwa Nachrichtenverarbeitung) mit $3{,}4 \times 10^{38}$ möglichen Schlüsseln. Beim Message Digest handelt es sich um eine Hashfunktion, mit deren Hilfe die Authentifizierung auch ohne die Verschlüsselung der gesamten Nachricht erfolgen kann. Dabei wird aus einem Teil des nicht verschlüsselten Klartexts eine Zeichenkette mit fester Bitlänge berechnet. Dies ist ein recht hilfreicher Ansatz, da sich die Hashfunktion einer bestimmten Klartextzeichenkette einfach berechnen lässt. Wenn die Hashfunktion einer bestimmten Zeichenkette bekannt ist, ist es dennoch kaum möglich, die Klartextzeichenkette selbst zu bestimmen. Außerdem ist es bei einer Hashfunktion mit einer Länge von 128 Bit nicht möglich, zwei Nachrichten mit demselben Message Digest zu erstellen. Message Digests können verwendet werden, um digitale Signaturen schneller zu berechnen, da es schneller geht, ein Message Digest eines Teils eines Klartexts zu berechnen als eine Klartextzeichenkette mit einem öffentlichen Schlüssel zu verschlüsseln. Innerhalb der USA darf für Transaktionen im E-Commerce-Bereich ein 128 Bit langer Schlüssel verwendet werden. Es ist jedoch nur erlaubt, 40 Bit lange Schlüssel aus den USA zu exportieren. Das amerikanische

Handelsministerium beabsichtigte die Exportbestimmungen im Herbst 1999 aufzuheben. Ende 1999 wurde über die entsprechenden Entwürfe jedoch immer noch diskutiert. Diese Verordnungen sollten die Exportbestimmungen für den Einzelhandel lockern, wobei sich Vertreter der Industrie über die Auswirkungen auf Telekommunikationsanbieter der Regierungen außerhalb der USA besorgt zeigten. Dabei geht es um die Sicherheit von 40-Bit-Verschlüsselungsverfahren, denn ein RC4-Schlüssel mit einer 40-Bit-Verschlüsselung und Nachrichtenauthentifizierung mittels MD5 ermöglichen maximal 1,1 x 10^{12} Schlüssel. Befürworter von sicheren Protokollen sind für die Aufhebung der Exportbeschränkungen und die Zulassung von 128-Bit-Verschlüsselungsverfahren für internationale Transaktionen im Bereich E-Commerce.

Zu den älteren Verschlüsselungsverfahren zählt das Verfahren mit Hilfe eines privaten Schlüssels, die Private-Key-Kryptografie. Bei der Private-Key-Kryptografie wird für die Ver- und Entschlüsselung von Nachrichten nur ein Geheimschlüssel verwendet. Dieses Verfahren kann jedoch durchschaut werden, wenn der Schlüssel während der Übertragung abgehört bzw. erkannt wird. Wenn der private Schlüssel erst einmal bekannt ist, können Nachrichten problemlos entschlüsselt werden.

Public-Key-Kryptografie

Die Public-Key-Kryptografie wird auch als asymmetrisches Verschlüsselungsverfahren bezeichnet. Der öffentliche Schlüssel (engl. public key) ist bekannt, wird gemeinsam genutzt und ist über das Internet in einem Verzeichnis öffentlich zugänglich abgelegt. Der private Schlüssel (engl. private key) ist dagegen geschützt und wird nur von einer Person verwendet.

Bei der Public-Key-Kryptografie werden der öffentliche und der private Schlüssel mit demselben Algorithmus gleichzeitig erstellt. Für das Erstellen der Schlüsselpaare ist eine Zertifizierungsstelle (CA, Certification bzw. Certificate Authority) zuständig. Die Zertifizierungsstelle übergibt dem Antragsteller einen privaten Schlüssel und ein digitales Zertifikat mit einem öffentlichen Schlüssel. Der öffentliche Schlüssel wird in einem öffentlich zugänglichen Verzeichnis gespeichert. Der private Schlüssel ist geschützt, wird nur von einer einzigen Person verwendet und wird nicht über das Internet übertragen. Mit Hilfe des privaten Schlüssels wird der vom Absender mit dem öffentlichen Schlüssel verschlüsselte Text von einer anderen Person entschlüsselt, die den öffentlichen Schlüssel des Absenders von einem Verzeichnis erhält. Um eine verschlüsselte Nachricht senden zu können, muss man sich an einen zentralen Administrator für öffentliche Schlüssel wenden. Damit der Empfänger der Nachricht erkennt, wer ihm diese Nachricht sendet, muss das digitale Zertifikat mit dem privaten Schlüssel des Absenders verschlüsselt werden. Der Empfänger entschlüsselt das digitale Zertifikat mit Hilfe des öffentlichen Schlüssels des Absenders und bestätigt die Identität des Absenders.

Die einzelnen Schritte der Public-Key-Kryptografie können wie folgt zusammengefasst werden:

1. Der Absender überträgt eine verschlüsselte Nachricht unter Verwendung des öffentlichen Schlüssels des Empfängers.
2. Der Absender überträgt die verschlüsselte Signatur unter Verwendung des Schlüssels des Absenders.
3. Der Empfänger entschlüsselt die verschlüsselte Nachricht mit dem privaten Schlüssel des Empfängers.
4. Der Empfänger entschlüsselt die verschlüsselte Signatur und bestätigt die Identität des Absenders unter Verwendung des öffentlichen Schlüssels des Absenders.

Die Public-Key-Kryptografie hat gegenüber der Private-Key-Kryptografie viele Vorteile. Dennoch gibt es bei der Public-Key-Kryptografie zwei größere Probleme. Damit verschlüsselte Nachrichten übermittelt werden können, müssen Verfahren und Mechanismen für die Verteilung von Schlüsseln eingesetzt werden, so dass die Schlüssel der Öffentlichkeit zugänglich sind. Momentan gibt es aber nicht überall öffentliche Verzeichnisse. Das größte Problem hat jedoch damit zu tun, dass die Public-Key-Kryptografie mit Leistungseinbußen einhergeht. Die Übertragungsgeschwindigkeit wird unter dem Einsatz der Public-Key-Kryptografie häufig derart gemindert, dass große Dokumente nicht mehr effektiv übertragen werden können.

Ein Ansatz, diesen Leistungseinbußen entgegenzuwirken, besteht in der Kombination der asymmetrischen und der symmetrischen Kryptografie. Dabei wird ein Geheim- oder Sitzungsschlüssel erstellt und die Nachricht wird mit dem symmetrischen Algorithmus und dem Sitzungsschlüssel verschlüsselt. Der Sitzungsschlüssel wird mit dem öffentlichen Schlüssel des Empfängers verschlüsselt und wird zum so genannten »digitalen Umschlag«. Sowohl die verschlüsselte Nachricht als auch der digitale Umschlag werden an den Empfänger gesendet. Wenn die Nachricht ankommt, entschlüsselt der Empfänger den Sitzungsschlüssel mit seinem privaten Schlüssel. Anschließend entschlüsselt er die Nachricht mit dem entschlüsselten Sitzungsschlüssel.

Die Public-Key-Infrastruktur (PKI) setzt sich aus folgenden Elementen zusammen:

- Die Zertifizierungsstelle, die digitale Zertifikate herausgibt und prüft
- Das digitale Zertifikat, das den öffentlichen Schlüssel enthält
- Die Registrierungsstelle (RA, Registration Authority), die die Zertifizierungsstelle vor der Herausgabe eines digitalen Zertifikats prüft
- Ein Verzeichnis, das digitale Zertifikate und öffentliche Schlüssel enthält
- Ein Zertifikatsverwaltungssystem

Die Public-Key-Infrastruktur hat sich nur langsam durchgesetzt. Ein wesentliches Problem, das für die zunächst geringe Akzeptanz dieses Systems in der Industrie verantwortlich ist, ist darin begründet, dass für eine derartige Verschlüsselung Vertrauen zu den elektronischen Datenschutzeinrichtungen benötigt wird. Vertrauen ist die Grundlage für den Erfolg des Handels im Internet. Im täglichen Leben gibt es viele Arten der Identifikation zur Vertrauensgewinnung wie Führerschein, Passfotos, Ausweis, Kreditkarten mit PIN (Persönliche Identifikations-Nummer) für Geldausgabegeräte und Krankenkassenkarten.

Digitale Zertifikate

In der Welt der Elektronik sind digitale Zertifikate das Pendant dieser Art der Identifikation zur Vertrauensgewinnung. Mit Hilfe von digitalen Zertifikaten kann sichergestellt werden, dass die an vertraulichen Transaktionen wie z.B. an elektronischen Zahlungsvorgängen beteiligten Personen diejenigen sind, die sie vorgeben zu sein. Ein digitales Zertifikat ist ein digitales Dokument, das die Zuordnung des öffentlichen Schlüssels an eine natürliche oder juristische Person bescheinigt und die Authentizität des öffentlichen Schlüssels prüft. So verhindert ein digitales Zertifikat eine mögliche Imitation durch den Gebrauch eines falschen Schlüssels.

Ein digitales Zertifikat enthält folgende Informationen:

- Den Name der zertifizierten Person
- Den öffentlichen Schlüssel
- Den Namen der Zertifizierungsstelle (CA)
- Seriennummer
- Auslaufdatum des Zertifikats
- Weitere optionale Informationen

Es gibt mehrere Arten von digitalen Zertifikaten, darunter folgende:

- E-Mail-Zertifikate
- Browser-Zertifikate
- Server-Zertifikate (SSL, Secure Sockets Layer)
- Softwaresignatur-Zertifikate
- Unternehmensermächtigungs-Zertifikate
- SET-Zertifikate (Secure Electronic Transaction)
- EDI-Zertifikate (Electronic Data Interchange)

Diese Arten der digitalen Zertifikate spielen unterschiedliche Rollen. Digitale Zertifikate weisen die Identität nach und übernehmen damit eine Bestätigungsfunktion. Digitale Zertifikate können auch Marken nachweisen und erbringen damit den Nachweis einer Beziehung zwischen einem Markennamen und dem Zertifikat. Auf der Seite der Server ist ein digitales Zertifikat eine Komponente der durch das Protokoll SSL (Secure Sockets Layer) ermöglichten Sicherheit. Bei SETs (Secure Electronic Transactions, zu deutsch sichere elektronische Transaktionen) dienen digitale Zertifikate als Teil des Sicherheits- und Authentifizierungsprozesses.

Digitale Zertifikate werden von Unternehmen verwendet, um bei einem Fernzugriff die Identität der beteiligten Parteien feststellen zu können. Auch für den Zugriff auf Intranets und Extranets von Unternehmen werden digitale Zertifikate verwendet. Einige Organisationen verwenden digitale Zertifikate für den sicheren Zugriff auf das Internet. Auch der Zugriff auf Mainframeeinrichtungen und Personalakten kann mit Hilfe von digitalen Zertifikaten geregelt werden. In einigen Organisationen werden digitale Zertifikate für das Versenden von E-Mails in vertraulichen Kommunikationen verwendet.

Wer verwendet heutzutage digitale Zertifikate? Organisationen, die mit digitalen Zertifikaten arbeiten, reichen von Onlinebanken, Wertpapierhändlern und Verlegern bis hin zu Herausgebern von Softwareprodukten, Gesundheitsorganisationen und Handelsunternehmen. Digitale Zertifikate werden nicht nur im Internet verwendet, sondern kommen bei einigen dieser Organisationen auch bei Übertragungen per Telefon und Fax zum Einsatz.

Der durch die digitalen Zertifikate ermöglichte Sicherheitsstandard bringt eindeutige Vorteile. Dennoch gibt es heute noch einige Nachteile, zu denen folgende zählen:

- Übertragbarkeit von digitalen Zertifikaten von einem System auf ein anderes
- Anfälligkeit der Firmen, die digitale Zertifikate ausstellen
- Interoperabilität zwischen Systemen, in denen digitale Zertifikate eingesetzt werden
- Widerruf und das Fehlen von akzeptierten Verfahren zur Steuerung des Widerrufs von digitalen Zertifikaten
- Kennwortgestütztes Vertrauen; Kennwort kann preisgegeben werden
- Marktakzeptanz, die aus den genannten Gründen nicht besonders groß war

Die Herausforderungen bei der kritischen, allgemeinen Akzeptanz von digitalen Zertifikaten reicht von Fragen der Sicherheitstechnologie bis hin zu Fragen der Infrastruktur von Organisationen. Zu den besonderen Herausforderungen zählt der Umgang mit dem komplexen Authentifizierungsprozess. Es werden sichere E-Mail- und Webverfahren zur Anforderung von digitalen Zertifikaten benötigt. Darüber hinaus müssen sichere Verfahren für die Verteilung von digitalen Zertifikaten per E-Mail oder über das Web eingerichtet werden. Das Verfahren für den Widerruf von digitalen Zertifikaten muss definiert und implementiert werden. Gleichzeitig muss eine Infrastruktur für die Ausgabe, Überwachung des Gebrauchs und des Missbrauchs von digitalen Zertifikaten eingerichtet werden. Die Möglichkeit der Kennwortpreisgabe ist nach wie vor ein großes Problem, das gelöst werden muss.

Zertifizierungsstellen

Zertifizierungsstellen wurden als Antwort auf das Problem, ob dem öffentlichen Schlüssel einer Person vertraut werden kann, eingerichtet. Wie bei anderen Transaktionen vertrauen wir auch hier auf dritte Parteien. Diese dritte Parteien sind die Zertifizierungsstellen (CA, Certification bzw. Certificate Authorities). Eine Zertifizierungsstelle prüft die Identität eines Antragsstellers und versieht das Zertifikat des Antragsstellers mit einer digitalen Unterschrift.

Eine Zertifizierungsstelle stellt als vertrauenswürdige Instanz ein Zertifikat aus, um damit die Identität des Zertifikatinhabers und den rechtmäßigen Besitz eines bestimmten öffentlichen Schlüssels zu bestätigen. Die Zertifizierungsstelle stellt Authentifizierungsdienste zur Verfügung, die wichtig sind und die Grundlage für das Vertrauen in den Inhaber des Zertifikats bilden. Fehler bei der Authentifizierung kommen sehr teuer zu stehen. Authentifizierungsdienste müssen schnell und zu günstigen Preisen zur Verfügung gestellt werden. Gegenwärtig sind verschiedene Authentifizierungsmodelle im Einsatz. Bei diesen Modellen ist es häufig erforderlich, persönlich zu erscheinen und ein Passfoto mitzubringen. Elektronische Authentifizierung bieten Dun & Bradstreet, TRW, Equifax und Kreditauskunfteien. VeriSign stellt 128-Bit-starke Verschlüsselungszertifikate zur Verfügung. Zu den Überprüfungsmaßnahmen eines Unternehmens gehört es, dass Satzungen von Körperschaften bzw. die Statuten geprüft werden (wie Banken dies tun, wenn ein Unternehmen ein Bankkonto eröffnet). Zertifizierungsstellen arbeiten auch mit Banken und Angestellten zusammen, um die Identität einer Person vor der Herausgabe eines digitalen Zertifikats festzustellen. Auch die Biometrie kann bei der Feststellung der Identität von Personen hilfreich sein. Dabei werden Aufnahmen der Retina oder Fingerabdrücke für die Identifikation von Personen verwendet, denen ein digitales Zertifikat ausgestellt werden soll.

Zu den kryptografischen Lösungen gehört auch eine sichere Hardwarebox von BBN (Bolt Beranek und Newman), in der eine Zertifizierungsstelle die Zertifikatswurzel speichert. Es gibt kryptografische PCMCIA-Geräte (Personal Computer Memory Card International Organization), die dem Standard FIPS 140-1 (Federal Information Processing Standard) entsprechen und fälschungssicher sind. Techniken mit geteilten Schlüsseln erhöhen die Sicherheit. Ganz oben in der Vertrauenskette ist es möglich, einen 2048-Byte-Schlüssel und damit den größtmöglichen Schlüssel zu verwenden, um eine maximale Sicherheit zu erreichen.

Für eine Zertifizierungsstelle spielt auch die Sicherheit am physikalischen Standort eine wichtige Rolle. Eine Zertifizierungsstelle fordert eine sichere Einrichtung mit Zugriffskontrolle von außen und einer Überwachung rund um die Uhr, 365 Tage im Jahr, 24 Stunden am Tag. Darüber hinaus ist eine strikte interne Authentifizierung zum Schutz der Sicherheit der von der Zertifizierungsstelle verwalteten Wurzelzertifikate erforderlich. Zertifizierungsstellen setzen Sicherheitsgeräte zur doppelten Kontrolle ein. Der Speicher für die Generierung von Wurzelschlüsseln kann mit biometrischen Zugriffskontrollmechanismen geschützt werden.

Bei der Generierung des öffentlichen und des privaten Schlüssels muss der öffentliche Schlüssel an die Zertifizierungsstelle gesendet werden. Die Zertifizierungsstelle stellt nach Prüfung der Identität des Antragsstellers ein unterschriebenes Zertifikat aus, das per E-Mail verschickt oder an einer sicheren Website zum Abruf durch den Antragsteller bereit gelegt wird. Der Antragsteller legitimiert mit Hilfe dieses Zertifikat seinen öffentlichen Schlüssel. Um die Sicherheit zu erhöhen, können die einzelnen Rollen delegiert werden. So ist es möglich, den physikalischen Prozess der Ausstellung, die eigentliche Unterschrift des Zertifikats vom Authentifizierungsprozess zu trennen, bei dem die Zertifizierungsstelle die Identität und Beziehung des öffentlichen Schlüssels mit dem Unterschreibenden feststellt. Wenn die Aufgaben geteilt sind, ist die Zertifizierungsstelle für die Ausstellung der Zertifikate und die Registrierungsstelle für die Registrierung anderer juristischer Personen und für die Authentifizierung von Zertifikatsempfängern verantwortlich.

Es gibt mehrere Ebenen von digitalen Zertifikaten:

- Individuelle Zertifikate
- Untergeordnete RA-Zertifikate (Registration Authority)
- Wurzelzertifikate

Aufgrund dieser verschienen Ebenen gibt es eine hierarchische Kette von Zertifikaten in einer geordneten Zertifikatsliste.

Übungen zu 6.1

6.1.1 Den Gebrauch von Verschlüsselungsverfahren mittels öffentlicher Schlüssel verstehen

a) Wie sollten ein neu gegründetes Unternehmen für die Entwicklung von Websoftware und eine etablierte Computerfirma die Public-Key-Kryptografie Ihrer Ansicht nach jeweils nutzen?

6.1.2 Die Nachteile bei der Verschlüsselung von Nachrichten einschätzen

Eine etablierte Computerfirma hat sich entschieden, sämtliche Nachrichten an wichtige Vertragspartner, nicht jedoch die tägliche Kommunikation zwischen den Softwareingenieuren zu verschlüsseln.

a) Was meinen Sie, warum die Firma sich so entschieden hat?

Lösungen zu den Übungen

Lösung zu 6.1.1

a) Wie sollten ein neu gegründetes Unternehmen für die Entwicklung von Websoftware und eine etablierte Computerfirma die Public-Key-Kryptografie Ihrer Ansicht nach jeweils nutzen?

   Lösung: Ein neu gegründetes Unternehmen wird sich wohl entschließen, Nachrichten, die über das Internet gehen und sich auf strategische Technologien und Produktpläne beziehen, mit Hilfe der Public-Key-Kryptografie zu verschlüsseln. Eine etablierte Firma wird die Public-Key-Kryptografie für die Verschlüsselung von Bestellungen und vertraulichen Berichten für deren vertraute Partner verwenden.

Lösung zu 6.1.2

Eine etablierte Computerfirma hat sich entschieden, sämtliche Nachrichten an wichtige Vertragspartner, nicht jedoch die tägliche Kommunikation zwischen den Softwareingenieuren zu verschlüsseln.

a) Was meinen Sie, warum die Firma sich so entschieden hat?

Lösung: Die Firma war besorgt darum, dass sich Konkurrenten Zugang zu Informationen über die wichtigsten Kunden verschaffen. Dagegen ist die Firma nicht bereit, die mit der Verschlüsselung aller Nachrichten einhergehenden Leistungseinbußen bei der täglichen Kommunikation zwischen den Softwareingenieuren hinzunehmen, auch dann nicht, wenn über Details im Entwicklungsprozess diskutiert wird.

Wiederholungsfragen zu 6.1

Überprüfen Sie Ihr Wissen und versuchen Sie nun, die folgenden Fragen zu beantworten:

1. Bei der drahtlosen Kommunikation ist es wichtig, Ver- und Entschlüsselungsverfahren einzusetzen.

   a) Richtig
   b) Falsch

2. Die US-Regierung befürwortet eine möglichst starke Verschlüsselung.

   a) Richtig
   b) Falsch

3. Bringen Sie die folgenden Schritte der Public-Key-Kryptografie in die richtige Reihenfolge und beginnen Sie dabei mit dem ersten Schritt.

   a) Der Empfänger entschlüsselt die verschlüsselte Nachricht mit dem privaten Schlüssel des Empfängers.
   b) Der Absender überträgt eine verschlüsselte Nachricht unter Verwendung des öffentlichen Schlüssels des Empfängers.
   c) Der Empfänger entschlüsselt die verschlüsselte Signatur und bestätigt die Identität des Absenders unter Verwendung des öffentlichen Schlüssels des Absenders.
   d) Der Absender überträgt die verschlüsselte Signatur unter Verwendung des Schlüssels des Absenders.

4. Digitale Zertifikate .... (Geben Sie alle zutreffenden Möglichkeiten an.)

   a) werden für die Identifikation von Internetbenutzern verwendet
   b) werden von den meisten Internetbenutzern verwendet
   c) werden in der Public-Key-Infrastruktur verwendet
   d) können für Marken verwendet werden

5. Wählen Sie die Aussagen, die auf Zertifizierungsstellen zutreffen.

   a) Zertifizierungsstellen werden mit CA abgekürzt.
   b) Zertifizierungsstellen sind die dritten Parteien, die eine Vertrauenskette aufbauen.
   c) Die Zertifizierungsstelle ist nicht für die Überprüfung der Identität eines Antragsstellers verantwortlich.
   d) Die digitale Signatur einer Zertifizierungsstelle wird für das Zertifikat eines Antragsstellers verwendet.

Die Lösungen befinden sich im Anhang des Buches zum Abschnitt 6.1.

Projekt 6.2: Sichere Internetprotokolle

Nach diesem Kapitel können Sie:

- ✗ Die Funktion des Protokolls SSL verstehen
- ✗ Eine Datenschutzerklärung entwickeln

ZIEL

SSL (Secure Sockets Layer)

SSL ist ein Allzweck-Verschlüsselungssystem, das von Netscape Communications entwickelt wurde. SSL ist eine Programmschicht für die Verwaltung der Sicherheit bei der Übertragung von Nachrichten in einem Netzwerk. Die Version 2.0 von SSL kam 1994 auf den Markt. Die von der IETF (Internet Engineering Task Force) genehmigte Spezifikation basiert auf der Version 3.0 von SSL. Die beiden Browser Netscape und Internet Explorer unterstützten die Version 3.0 des Protokolls SSL. Beim SSL-Verfahren wird die Public-Key-Kryptografie RSA mit einem 40-Bit-Schlüssel und dem Stromverschlüsselungsalgorithmus RC4 verwendet. Dies wird für den kommerziellen Austausch als angemessen angesehen. SSL schließt den Einsatz von digitalen Zertifikaten ein.

Ein Faktor, der neben der einfachen Nutzung für die Ausbreitung des Web mit verantwortlich ist, ist die zunehmende Akzeptanz von Einkäufen mittels Kreditkarte auf sicheren Websites. Ein Kreditkartenbesitzer hat Rechte, die seine Einkäufe bis zu einem gewissen Grad schützen. Kreditkartenbesitzer fühlen sich sicher, da sie das Recht auf Rückerstattung des Geldbetrages innerhalb einer bestimmten zeitlichen Frist haben. Im Laufe der letzten Jahre hat sich das Sicherheitsbewusstsein der Käufer gewandelt. Immer mehr Menschen besuchen immer mehr Websites, die sie als »sicher« wahrnehmen. Diese Websites ermöglichen eine sichere Bezahlung mittels SSL.

Der SSL-Code ist eine Programmschicht zwischen der Anwendung (Webbrowser oder HTTP) und den Schichten von TCP/IP. HTTP ist auf SSL und SSL auf TCP/IP angesiedelt. SSL operiert auf der TCP/IP-Transportschicht. Diesem Protokoll ist der TCP/IP-Port 443 zugeordnet. Auf das SSL-Protokoll wird nicht mit `http://`, sondern mit `https://` verwiesen. Der Browser von Netscape enthält den Client-Teil von SSL, während der Netscape Commerce Server den Server-Teil von SSL umfasst. Der Netscape Commerce Server enthält die Programmbibliothek SSLRef, die auch für den Einsatz auf Servern herunter geladen werden kann, die die Server-Seite der SSL-Funktionalität nicht enthalten.

Beim Einsatz von SSL stellt ein Client eine Verbindung zu einem Server her. Daraufhin gibt der Client an, welche Version von SSL, welche Schlüsselsätze und welches Komprimierungsverfahren er verwendet. Der Server antwortet unter Angabe des von ihm verwendeten Schlüsselsatzes und Komprimierungsverfahrens. Der Server sendet dem Client eine Sitzungs-ID und sein X.509v3-Zertifikat. Der Client generiert ein so genanntes »Premaster Secret« und verschlüsselt dies mit dem öffentlichen Schlüssel des Servers, um so einen digitalen Umschlag zu erstellen. Der Client leitet diesen Umschlag an den Server weiter. Daraufhin tauschen der Server und der Client so genannte »ChangeCipherSpec«-Nachrichten zur Bestätigung aus. Abschließend senden beide so genannte »Finished Message«-Nachrichten. Für die Dauer der restlichen Sitzung verschlüsseln der Client und der Server sämtliche nachfolgenden Nachrichten mit Sitzungsschlüssel symmetrisch. SSL unterstützt den Einsatz von digitalen X.509-Zertifikaten vom Server, so dass der Benutzer die Identität des Absenders feststellen kann.

1995 kam es zu zwei häufig beschriebenen Fehlern, die aufgrund von SSL in Netscape Navigator 2.0 auftraten. Leider ist ein 40-Bit-Schlüssel nicht dagegen gefeit, geknackt zu werden. Der für SSL in Netscape Navigator 2.0 verwendete Code generierte mit einem Zufallsgenerator die Schlüssel. Dies erwies sich für sichere Transaktionen als nicht ausreichend. Daher wurde der Algorithmus zur Generierung der Schlüssel geändert.

SET (Secure Electronic Transaction)

SET ist die Abkürzung für Secure Electronic Transaction, zu deutsch etwa sichere elektronische Transaktion. Dabei handelt es sich um ein System für die Sicherheit des Zahlungsverkehrs im Internet. SET wurde von und für die größten Kreditkartenunternehmen (Mastercard und VISA) und Softwareunternehmen wie Netscape und Microsoft entwickelt. Bei einer SET-Transaktion wird dem Benutzer eine elektronische Brieftasche ausgehändigt. Diese elektronische Brieftasche enthält ein digitales Zertifikat. Die gesamte Transaktion wird unter Verwendung von digitalen Zertifikaten geführt und geprüft. Bei einer SET-Transaktion verwenden der Käufer, der Händler und die Bank des Käufers zur Sicherstellung der Geheimhaltung und Vertraulichkeit digitale Signaturen. SET vereint die Funktionen von SSL von Netscape, von SST (Secure Transaction Technology) von Microsoft und von S-HTTP (Secure Hypertext Transfer Protocol) von Terisa Systems. SET umfasst darüber hinaus auch einige, wenn auch nicht alle Aspekte der Public-Key-Infrastruktur (PKI).

Schauen wir uns einmal an, wie das Ganze aus der Sicht des Kunden aussieht. Ein Kunde beginnt damit, dass er einen SET-aktivierten Browser wie Netscape oder den Internet Explorer von Microsoft aufruft. Der Anbieter einer Transaktion, entweder eine Bank oder ein Kaufhaus, stellt einen SET-aktivierten Webserver bereit. Dabei kann es sich um einen Netscape Commerce-Server oder einen anderen SET-aktivierten Webserver handeln. Wenn der Kunde ein Mastercard- oder VISA-Konto eröffnet, ist der Aussteller der Kreditkarte eine Bank. Bei der Eröffnung eines Kontos erhält der Kunde ein digitales Zertifikat. Dann stellt eine elektronische Datei die Funktionen des digitalen Zertifikats als eine Kreditkarte für Onlineeinkäufe oder andere Onlinevorgänge dar. Dieses digitale Zertifikat enthält einen öffentlichen Schlüssel mit dem Ablaufdatum des Zertifikats und wurde von der Bank zum Zeichen der Gültigkeit mit einer digitalen Unterschrift versehen. Händler erhalten ebenfalls digitale Zertifikate von der Bank, die neben dem öffentlichen Schlüssel des Händlers auch den öffentlichen Schlüssel der Bank enthalten.

Wenn ein Kunde im Web eine Bestellung aufgibt, empfängt der Browser des Kunden das Zertifikat des Händlers und bestätigt anhand des Zertifikats die Berechtigung des Händlers. Der Browser sendet die Bestellinformationen, und die Nachricht, mit der die Bestellinformationen übertragen werden, wird mit dem öffentlichen Schlüssel des Händlers verschlüsselt. Darüber hinaus werden die Zahlungsinformationen mit dem öffentlichen Schlüssel der Bank verschlüsselt, so dass diese Informationen vom Händler nicht gelesen werden können. Die für die Zahlung erforderlichen Informationen werden nur für diese Bestellung verwendet. Der Händler prüft nun die Identität des Kunden, indem er die digitale Signatur auf dem Zertifikat des Kunden prüft. Nach der Überprüfung sendet der Händler die Bestellnachricht an die Bank. Diese Nachricht enthält den öffentlichen Schlüssel der Bank, die Zahlungsinformationen des Kunden, die der Händler nicht entschlüsseln kann, und das Zertifikat des Händlers. Die Bank überprüft daraufhin mit Hilfe der digitalen Signatur auf dem Zertifikat sowohl den Händler als auch die Nachricht. Die Bank prüft auch den Zahlungsteil der Nachricht. Nun versieht die Bank die Genehmigung mit einer digitalen Unterschrift und sendet diese an den entsprechenden Händler. Nach dem Empfang der Genehmigung kann der Händler die Bestellung des Kunden ausführen.

Die mit SET ausgeführten Zahlungsvorgänge bieten eine größere Sicherheit als die mit SSL ausgeführten Zahlungsvorgänge. Mit seinen vielen Schritten ist SET jedoch komplizierter als SSL allein. Die einfache Handhabung von SSL-Transaktionen hat dazu geführt, dass SSL auf eine breitere Akzeptanz gestoßen ist, während SET wider Erwarten weitaus weniger häufig eingesetzt wird.

SHTTP (Secure HyperText Transfer Protocol) ist eine Version von HTTP mit verbesserten Sicherheitsfunktionen, die von Terisa Systems, einer Tochtergesellschaft von Enterprise Integration Technology (EIT), den ursprünglichen Projektmanagern der Arbeitsgemeinschaft CommerceNet entwickelt wurde. SHTTP wurde im Rahmen der Entwicklung von Tools für CommerceNet von EIT/Terisa entwickelt. SHTTP bietet eine serverseitige Funktionalität für SET. SHTTP wurde 1994 entwickelt, als Mastercard und VISA beschlossen, dass sie einen gemeinsamen Sicherheitsmechanismus benötigten. SSL war damals noch nicht erhältlich und beide Kreditkarteninstitute waren zu der Ansicht gelangt, dass der beste Weg, zu sicheren elektronischen Zahlungsvorgänge mittels Kreditkarten zu gelangen, darin besteht, bei der Definition eines gemeinsamen Sicherheitsmechanismus zusammenzuarbeiten. Kurz danach kam SSL als eine kostenlose und einfach zu handhabende Einrichtung im Browser von Netscape integriert auf den Markt und ließ SHTTP keine Chance.

SSL arbeitet mit HTTPS, auch als Secure Hypertext Transfer Protocol bekannt, obwohl das S am Ende der Abkürzung steht. SSL ist ein Webprotokoll, das von Netscape entwickelt und im Browser von Netscape integriert wurde. SSL ver- und entschlüsselt Seitenanfragen von Benutzern sowie die vom Webserver gesendeten Seiten. HTTPS versendet SSL als eine Unterschicht unter der regulären HTTP-Anwendungsschicht. Wenn Sie mit dem Browser von Netscape einen Webkatalog anschauen, beginnt die URL nicht mit `http://`, sondern mit `https://`. Wenn die Seite an die Website eines Einzelhändlers gesendet wird, verschlüsselt die HTTPS-Schicht des Browsers die Seite. Daraufhin bestätigt der Katalogserver den Empfang der Seite in verschlüsselter Form über eine HTTPS-URL. Der Empfang wird anschließend von der HTTPS-Unterschicht des Browsers entschlüsselt. Da die Funktionalität von HTTPS über gewöhnliche Webbrowser zur Verfügung steht, erfolgt diese Operation für den Benutzer sichtbar. Den meisten Benutzern wird die SSL-Operation jedoch nur bewusst, wenn in einem Bestellformular eine Option enthalten ist, mit der zwischen einem sicheren und einem einfachen (nicht verschlüsselten bzw. in Klartext erfolgenden) Bezahlungsverfahren gewählt werden kann, oder wenn sie das `https://` in der URL der Webseite bemerken, auf dem sich das Bestellformular befindet.

Neue Produkte und elektronische Brieftaschen

Neue Produkte werden sowohl von Startups als auch von etablierten E-Commerce-Unternehmen auf den Markt gebracht. Diese Produkte vereinfachen den Einsatz von sicheren Diensten. VeriSign ist ein Unternehmen, das PKI-Lösungen mit 128-Bit-Verschlüsselung anbietet, der Anfang 2000 stärksten Verschlüsselung am Markt. Es wurden Dienste eingeführt, die sichere Transaktionen ohne Händlerkonto ermöglichen. Diese vereinfachen die Verarbeitung von SET-Transaktionen und bieten dabei gleichzeitig die größere Sicherheit von SET.

Elektronische Brieftaschen wurden am Markt eingeführt, setzen sich jedoch nur sehr langsam durch. Eine elektronische Brieftasche ist ein kleines Programm, das für Onlinezahlungsvorgänge verwendet wird. Elektronische Brieftaschen können als Browser-Ad-ons eingesetzt werden. Momentan gibt es von CyberCash eine kostenlose Brieftaschensoftware, die mehrere Bezahlungsarten beispielsweise mit unterschiedlichen Kreditkarten ermöglicht, die in der Brieftasche definiert werden können. Die Bezahlung über die elektronische Brieftasche geschieht folgendermaßen: Wenn Sie etwas bestellen, wird Ihre Bestellung an den Händler gesendet. Der Händler sendet über seinen Server eine Rechnung und bittet Sie, Ihre Brieftaschensoftware zu starten. Wenn Sie die Bezahlungsoption angeben, sendet die Software des Händlerservers eine Nachricht an Ihr System, mit der die Brieftaschensoftware aktiviert wird. Daraufhin wählen Sie eine der in der Brieftasche definierten Kreditkarten aus. Während des Zahlungsvorgangs wird die Kreditkarte übrigens in Echtzeit überprüft und bestätigt.

Privatsphäre und Datenschutz

TRUSTe ist ein Dienst, der ein »Datenschutzsiegel« zum Schutz von Informationen auf Websites durch Respektieren der Privatsphäre verleiht. Obgleich Geheimhaltung mit Sicherheit nicht gleichbedeutend ist, hat die Frage des Schutzes von persönlichen Daten mit der Netzwerksicherheit zu tun und muss bei den Sicherheits- und Datenschutzplänen für eine Organisation berücksichtigt werden. Es ist wichtig, in einem Unternehmen Datenschutzrichtlinien zu definieren und auf der Website anzuzeigen. Sämtliche von Besuchern und Kunden Ihrer Website gesammelten Informationen sollten sorgfältig geschützt werden. Wenn Informationen für einen bestimmten Zweck verwendet werden, muss darauf in der Datenschutzerklärung auf Ihrer Website hingewiesen werden. Auf der Website von TRUSTe (`www.truste.org`) finden Sie Anleitungen für die Entwicklung und Veröffentlichung einer Datenschutzerklärung auf Ihrer Website.

Übungen zu 6.2

6.2.1 Die Funktion des Protokolls SSL verstehen

Rufen Sie die Website eines sicheren E-Commerce-Anbieters wie `www.amazon.de` auf. Unter PRIVATSPHÄRE UND DATENSCHUTZ finden Sie hier einen Hinweis darauf, dass das Unternehmen mit SSL arbeitet.

a) Wie wird bei dem sicheren Bestellformular SSL eingesetzt? Finden Sie heraus, was auf der Seite des Client geschieht, und beschreiben Sie, was Sie herausgefunden haben.

____

____

____

b) Finden Sie heraus, was auf der Seite des Servers geschieht, und beschreiben Sie, was Sie über die sichere Bestellung mittels SSL herausgefunden haben.

___

___

___

6.2.2 Eine Datenschutzerklärung entwickeln

Rufen Sie die Website von TRUSTe unter `www.truste.org` auf. Schauen sie sich den »Privacy Resource Guide« und den »Coordinator's Guide« auf dieser Site an.

a) Entwickeln Sie mit Hilfe der Vorlage für eine Datenschutzerklärung (steht in HTML und im Word-Format zur Verfügung) eine Datenschutzerklärung für Ihre Organisation.

___

___

___

Lösungen zu den Übungen

Lösungen zu 6.2.1

Rufen Sie die Website eines sicheren E-Commerce-Anbieters wie `www.amazon.de` auf. Unter »Privatsphäre und Datenschutz« finden Sie hier einen Hinweis darauf, dass das Unternehmen mit SSL arbeitet.

a) Wie wird bei dem sicheren Bestellformular SSL eingesetzt? Finden Sie heraus, was auf der Seite des Client geschieht, und beschreiben Sie, was Sie herausgefunden haben.

Lösung: Bei einem sicheren Bestellformular wird SSL auf der Seite des Client verwendet, wenn die Person, die etwas bestellt, Informationen zur Bezahlung über einen sicheren Server eingibt.

b) Finden Sie heraus, was auf der Seite des Servers geschieht, und beschreiben Sie, was Sie über die sichere Bestellung mittels SSL herausgefunden haben.

Lösung: Auf der Seite des Servers wird SSL auf einem der »Handelsserver« oder durch Herunterladen der Programmbibliothek SSLRef verwendet. Wenn der Client eine Verbindung zum Server herstellt und seine Fähigkeiten aufführt, kommt es zu einer Interaktion, bei der der Server unter Angabe des Clientschlüsselsatzes und des verwendeten Komprimierungsverfahrens antwortet.

Lösung zu 6.2.2

Rufen Sie die Website von TRUSTe unter `www.truste.org` auf. Schauen sie sich den »Privacy Resource Guide« und den »Coordinator's Guide« auf dieser Site an.

a) Entwickeln Sie mit Hilfe der Vorlage für eine Datenschutzerklärung (steht in HTML und im Word-Format zur Verfügung) eine Datenschutzerklärung für Ihre Organisation.

   Lösung: Damit Ihre Datenschutzerklärung den Richtlinien von TRUSTe entspricht, muss darin zumindest Folgendes angegeben werden:

   - Welche persönlich erkennbaren Informationen gesammelt werden
   - Welche Organisation die Informationen sammelt
   - Wie die Informationen verwendet werden
   - Wer die Informationen möglicherweise außerdem verwendet
   - Welche Möglichkeiten dem Benutzer hinsichtlich der Aufzeichnung, Verwendung und Verbreitung der Informationen zur Verfügung stehen
   - Welche Sicherheitsvorkehrungen zum Schutz vor Verlust, Missbrauch oder Änderung der Informationen getroffen werden
   - Wie Benutzer falsche Angaben korrigieren können

Wiederholungsfragen zu 6.2

Überprüfen Sie Ihr Wissen und versuchen Sie nun, die folgenden Fragen zu beantworten:

1. SSL ist zwischen der ... und der ...-Schicht angesiedelt.

   a) SMTP, HTTPD
   b) HTTPD, TCP/IP
   c) FTP, TCP/IP
   d) TCP, IP

2. SET-Benutzer verwenden ....

   a) Eine digitale Zugriffsnummer
   b) Eine digitale Kennnummer
   c) Eine digitale Brieftasche
   d) Ein digitales Zertifikat

3. Bei SET wird eine Kreditkarte durch ein digitales Zertifikat online erkannt.

   a) Richtig
   b) Falsch

4. SET ermöglicht es Händlern, sich die Kreditkarteninformationen ihrer Kunden anzuschauen.

   a) Richtig
   b) Falsch

5. SSL verwendet welche der folgenden Protokolle?

   a) SHTTP
   b) HTTPS
   c) STCP/IP
   d) SET

Die Lösungen befinden sich im Anhang des Buches zum Abschnitt 6.2.

Projekt 6.3: Firewalls und Sniffers

ZIEL

Nach diesem Kapitel können Sie:

- ✗ Die Funktion einer Firewall verstehen
- ✗ Zwischen dem Einsatz von Sniffern durch Netzwerkadministratoren und dem Einsatz von Sniffern durch Hacker unterscheiden

Firewalls

Eine Firewall besteht aus einer Reihe von zusammengehörigen Programmen, die auf dem Gatewayserver des Netzwerks ausgeführt werden. Eine Firewall dient dem Schutz von privaten Netzwerkressourcen wie z.B. eines Intranets einer Organisation, das sich hinter einer Firewall befindet. Eine Firewall ermöglicht darüber hinaus den Angestellten der Organisation den Zugriff auf das Internet. Die Firewall verhindert den Zugriff von außen auf private Datenressourcen einer Organisation. Gleichzeitig steuert eine Firewall, auf welche externen Ressourcen Benutzer innerhalb der Organisation zugreifen dürfen. Dateien sollen innerhalb einer Organisation gemeinsam genutzt werden können. Dagegen sollte es nicht möglich sein, dass angeschlossene Systeme, die im Internet sichtbar sind, Dateien gemeinsam nutzen.

Eine Firewall arbeitet mit Routersoftware, indem sie sämtliche Netzwerkpakete filtert und entscheidet, welche dieser Pakete weitergeleitet werden. Darüber hinaus enthält eine Firewall einen Proxyserver oder arbeitet mit einem Proxyserver zusammen, um für die Arbeitsplatzrechner Netzwerkanforderungen zu versenden. Eine Firewall ist im Allgemeinen auf einem von anderen Netzwerkservern getrennten System installiert (und sollte dies auch sein), so dass eingehende Anfragen nicht an interne Ressourcen gelangen. Auf diese Art und Weise werden die Anfragen mit Hilfe der Paketfilterung aussortiert und es wird geprüft, ob sie von einer akzeptierten Domäne und einer akzeptierten IP-Adresse stammen. Bei der Übertragung von E-Mails dient eine Firewall als Anwendungsgateway. Ein Mailgateway mit aktivierter Firewall kann Nachrichten anhand der Header, der Nachrichtengröße und sogar anhand von in der Nachricht enthaltenen Wörtern übertragen oder deren Weiterleitung ablehnen. Die meisten Firewalls sind mit Protokollier- und Aufzeichnungsfunktionen mit einer grafischen Benutzeroberfläche für die Verwaltung der Firewallfunktionen ausgestattet. Firewalls können auch mit automatischen Alarmfunktionen versehen sein, die bei Erreichen bestimmter Schwellwerte aktiviert werden.

Sniffers

Was ist ein Sniffer und wie wird er verwendet? Ein Sniffer ist ein Programm für die Netzwerkanalyse, das den Netzwerkverkehr überwacht und analysiert. Ein Sniffer erkennt Engpässe und Probleme und sorgt dafür, dass der Verkehr effizient fließt. Da ein Sniffer Daten, die übertragen werden, sammelt, kann er von Hackern zum Sammeln vertraulicher Daten wie z.B. von in Klartext gesendeten Kennwörtern und Kreditkarteninformationen verwendet werden. Der Netzwerkrouter liest die Datenpakete und bestimmt das Ziel der Daten im Netzwerk. Dazu muss zunächst einmal festgestellt werden, ob sich das Ziel im Netzwerk des Routers selbst befindet, oder ob die Daten an das Internet weitergeleitet werden müssen. Ein mit einem Sniffer ausgestatteter Router kann Daten in einem Paket sowie die Quell- und Zieladresse lesen. Router von Anbietern wie Cisco und Bay Networks verfügen über ein Verfahren zur Verschlüsselung, so dass Daten nicht in Klartext gesendet werden.

Übungen zu 6.3

6.3.1 Die Funktion einer Firewall verstehen

a) Wie sieht Ihre Sicht von außerhalb der Firewall einer Organisation aus?

b) Wie sieht Ihre Sicht als Angestellter einer Organisation auf die Firewall der Organisation aus?

c) Wie sieht Ihre Sicht als Netzwerkadministrator für eine Organisation auf die Firewall der Organisation aus?

6.3.2 Zwischen dem Einsatz von Sniffers durch Netzwerkadministratoren und dem Einsatz von Sniffers durch Hacker unterscheiden

a) Welche Aufgabe hat ein Sniffer aus der Sicht eines Netzwerkadministrators?

____

____

____

b) Welche Aufgabe hat ein Sniffer aus der Sicht eines Hackers?

____

____

____

Lösungen zu den Übungen

Lösungen zu 6.3.1

a) Wie sieht Ihre Sicht von außerhalb der Firewall einer Organisation aus?

Lösung: Von außerhalb erscheint eine Firewall als etwas, das Sie daran hindert, auf die Ressourcen der Organisation hinter der Firewall zugreifen zu können. Eine Firewall ist somit für jemanden von außerhalb wie eine verschlossene Tür, zu der er keinen Schlüssel hat.

b) Wie sieht Ihre Sicht als Angestellter einer Organisation auf die Firewall der Organisation aus?

Lösung: Als Angestellter einer Organisation sehen Sie die Firewall als etwas, das Ihre vertraulichen Daten und die von Ihnen verwendeten internen Ressourcen schützt. Eine Firewall steuert jedoch auch entsprechend der Unternehmensrichtlinien Ihren Zugriff auf externe Ressourcen. So kann ein Unternehmen beispielsweise den Zugriff auf bestimmte Websites beispielsweise mit pornografischem Inhalt verhindern.

c) Wie sieht Ihre Sicht als Netzwerkadministrator für eine Organisation auf die Firewall der Organisation aus?

Lösung: Als Netzwerkadministrator ist für Sie eine Firewall ein Schutz für die internen Ressourcen, für die Sie verantwortlich sind. Sie sehen die Firewall auch als ein Fenster, in dem Sie sehen, was draußen vor sich geht. Mit Hilfe von Protokollen können Sie erkennen, wer versucht, in das Intranet einzudringen, für dessen Schutz Sie verantwortlich sind. Als Netzwerkadministrator möchten Sie eine Firewall mit Protokollier- und Aufzeichnungsfunktionen und einer einfach zu bedienenden grafischen Benutzeroberfläche zum Verwalten und Überprüfen des Status der kritischen Firewallfeatures. Möglicherweise möchten Sie auch eine automatische Alarmfunktion, die aktiviert wird, wenn jemand versucht, in das Intranet einzudringen.

Lösungen zu 6.3.2

a) Welche Aufgabe hat ein Sniffer aus der Sicht eines Netzwerkadministrators?

Lösung: Aus der Sicht eines Netzwerkadministrators ist ein Sniffer ein hilfreiches Programm, das ihn bei der Analyse und Verwaltung des Netzwerks sowie bei der Überwachung und Analyse des Netzwerkverkehrs unterstützt. Ein Netzwerkadministrator kann mit Hilfe eines Sniffers Engpässe und andere Probleme erkennen und sagen, was getan werden muss, damit der Verkehr effizient fließt.

b) Welche Aufgabe hat ein Sniffer aus der sicht eines Hackers?

Lösung: Aus der Sicht eines Hackers ist ein Sniffer eine praktische Einrichtung zum Eindringen in die Privatsphäre einer Organisation während einer Datenübertragung. Ein Hacker kann mit einem Sniffer die Daten, die übertragen werden, sammeln. Damit versucht er, an in Klartext gesendete, vertrauliche Daten wie Kennwörter und Kreditkartennummern zu kommen. Mit Hilfe der Kennwörter kann ein Hacker dann in das Intranet einer Organisation eindringen und die internen Datenressourcen nutzen. Kreditkarten können von Hackern praktisch entwendet werden, wenn sie Kreditkartennummern bei der Übertragung im Rahmen einer Onlinebezahlung abhören. Aus diesem Grund sollten Kreditkartentransaktionen immer verschlüsselt erfolgen.

Wiederholungsfragen zu 6.3

Überprüfen Sie Ihr Wissen und versuchen Sie nun, die folgenden Fragen zu beantworten:

1. Firewalls filtern sämtliche Netzwerkpakete und bestimmen, ob die Pakete weitergeleitet werden.

   a) Richtig
   b) Falsch

2. Mit einem Sniffer können vertrauliche Daten gesammelt werden.

   c) Richtig
   d) Falsch

3. Firewalls werden in der Regel im gleichen System wie die anderen Netzwerkserver installiert.

   a) Richtig
   b) Falsch

4. Welche der folgenden Aussagen treffen auf manche Firewalls zu? (Geben Sie alle zutreffenden Möglichkeiten an.)

   a) Sie haben eine grafische Benutzeroberfläche für die Verwaltung.
   b) Sie sind Hardwaresysteme.
   c) Sie können als Feuerlöscher verwendet werden.
   d) Sie sind Softwaresysteme.
   e) Sie arbeiten mit dem Betriebssystem Linux (kostenlose Version von UNIX)
   f) Es ist schwierig, sie richtig zu konfigurieren.

5. Was hat ein Sniffer mit einer Kreditkarte zu tun? (Geben Sie alle zutreffenden Möglichkeiten an.)

   a) Ein Sniffer kann eine digitale Signatur für eine Kreditkarte zur Verfügung stellen.
   b) Ein Sniffer kann die Verschlüsselung des Magnetstreifens auf der Kreditkarte beschädigen.
   c) Ein Sniffer kann beim Senden von Kreditkarteninformationen diese Informationen abhören.
   d) Bei der Verwendung einer Kreditkarte lässt sich ein in der Leitung befindlicher Sniffer aufspüren.

Die Lösungen befinden sich im Anhang des Buches zum Abschnitt 6.3.

Projekt 6.4: Proxyserver, VPNs (Virtual Private Networks) und Smartcards

ZIEL

Nach diesem Kapitel können Sie:

- Die Funktionsweise eines Proxyservers verstehen
- Die Umsetzbarkeit einer Smartcard-Lösung einschätzen

Proxyserver

Was ist ein Proxyserver und wie funktioniert er? Ein Proxyserver dient als Vermittlungsstelle zwischen dem Benutzer am Arbeitsplatzrechner und dem Internet. Der Proxyserver bietet Sicherheit, verwaltungstechnische Steuerungsmöglichkeiten und Zwischenspeicherfunktionen. Ein Proxyserver ist an einen Gatewayserver angeschlossen oder im Gatewayserver integriert. Er trennt ein Intranet vom Internet oder einer Firewall und schützt damit das Intranet vor Eindringlingen. Ein Proxyserver erhält die Anfrage nach einem Internetdienst, z.B. eine Webseitenanforderung, von einem Benutzer. Zunächst einmal wird der Proxyserver die Anfrage filtern. Der Proxyserver, der gleichzeitig auch ein Cacheserver sein kann, durchsucht im lokalen Zwischenspeicher die zuletzt herunter geladenen Seiten. Wenn sich die angeforderte Seite im Zwischenspeicher befindet, sendet er diese an den Arbeitsplatzrechner, ohne die Anfrage an das Internet weiterzuleiten. So verhält sich der Proxyserver gegenüber dem Benutzer wie ein Client. Der Proxyserver arbeitet in einer für den Benutzer transparenten Art und Weise. Wenn sich die angeforderte Seite nicht im Zwischenspeicher befindet, verwendet der Proxyserver (statt der Adresse des Arbeitsplatzrechners, der nach der Seite fragt) seine eigene IP-Adresse und sendet die Anforderung an den entsprechenden Server im Internet. Wenn die angeforderte Seite beim Proxyserver eintrifft, leitet dieser sie an den Benutzer weiter.

Ein Proxyserver kann mit anderen Serverprogrammen in einem Paket enthalten sein oder neben anderen Programmen als eigenes Programm auf demselben oder einem anderen System installiert sein. So kann sich der Proxyserver beispielsweise auf dem Firewallserver befinden. Alternativ kann der Proxyserver auf einem anderen Server installiert sein und Anfragen an die Firewall weiterleiten. Der Zwischenspeicher dient allen Benutzern und beschleunigt die Antworten auf Anfragen.

VPNs (Virtual Private Networks)

Ein VPN dient als ein privates Datennetzwerk, für das keine eigenen bzw. Standleitungen, sondern die öffentliche Telekommunikationsinfrastruktur verwendet wird. Es ist wesentlich kostengünstiger, die öffentliche Infrastruktur zu nutzen als ein privates Netzwerk zu installieren und zu verwalten. Sie erhalten dieselben Leistungen zu geringeren Preisen mit einem größeren Maß an Flexibilität und Expansionsmöglichkeiten. Der dabei zu berücksichtigende, wichtigste Faktor ist die Privatsphäre. Zum Schutz der Privatsphäre müssen Tunnelprotokolle implementiert und Sicherheitsmaßnahmen getroffen werden.

So wie Telefongesellschaften sichere Ressourcen für die Sprachübertragung bieten, bieten Extranets oder Weitbereichsintranets, die als VPNs eingesetzt werden, sichere Ressourcen für die Datenübertragung. Um vertrauliche Daten zu schützen, werden die Daten vor dem Versenden durch das öffentliche Netzwerk verschlüsselt und vom Empfänger wieder entschlüsselt. Darüber hinaus werden auch die Absender- und Empfängeradressen verschlüsselt. Microsoft, 3COM und andere Unternehmen propagieren den Einsatz des Standardtunnelprotokolls PPTP (Point-to-Point Tunneling Protocol).

PPTP ist ein Protokoll, mit dessen Hilfe Unternehmen ihr eigenes Netzwerk über private »Tunnels« im öffentlichen Internet ausdehnen können. Ein Unternehmen nutzt somit ein Weitbereichsnetz als ein einziges, großes lokales Netzwerk. So muss ein Unternehmen keine eigenen Leitungen für Weitbereichskommunikationen mieten, sondern kann die öffentlichen Netzwerke sicher nutzen. Eine Verbindung dieser Art ist es, was ein VPN ausmacht.

PPTP und das von Cisco Systems eingebrachte Layer 2 Forwarding zählen zu den Vorschlägen, die am wahrscheinlichsten als Grundlage für einen neuen IETF-Standard (Internet Engineering Task Force) dienen werden. Mit PPTP, eine Erweiterung des Protokolls PPP (Point-to-Point Protocol), kann jeder Benutzer eines PCs mit PPP-Clientunterstützung über einen ISP (Internet Service Provider) eine Verbindung zu einem beliebigen Server im Unternehmen des Benutzers herstellen.

Smartcards

Eine Smartcard ist eine Plastikkarte in der Größe einer Kreditkarte. Eine Smartcard ist mit einem Mikrochip versehen, in dem Daten gespeichert sind, die zum Telefonieren, für Zahlungsvorgänge im Rahmen von EC (Electronic Cash) und anderen Anwendungen verwendet werden. Die Karte kann immer wieder neu aufgeladen werden. Anwendungen für Smartcards können folgende Möglichkeiten sein:

- ✘ Auf einem Handy eine Verbindung wählen und pro Gespräch eine Gebühr berechnen

- Bei der Anmeldung im Internet oder bei einer Onlinebank Ihre Identität nachweisen
- Parkgebühren oder Fahrkarten für Bus, Bahn und Straßenbahnen bezahlen
- Krankenhäusern und niedergelassenen Ärzten Patientendaten liefern, ohne dass erst ein Formular ausgefüllt werden muss
- In elektronischen Kaufhäusern im Web einkaufen
- Benzin an der Tankstelle bezahlen

Eine Smartcard kann mehr Informationen speichern als eine Karte mit Magnetstreifen. Außerdem kann eine Smartcard für unterschiedliche Anwendungen entsprechend programmiert werden. Einige Smartcards enthalten zur Unterstützung mehrerer Anwendungen Programme und Daten, einige werden nach ihrer Herausgabe für neue Anwendungen aktualisiert. Smartcards können so konzipiert sein, dass sie in ein spezielles Lesegerät geschoben werden müssen, um gelesen werden zu können. Andere Smartcards können auch mit einem entsprechenden Lesegerät aus einer gewissen Distanz gelesen werden. Es gibt Smartcards, die nur einmal verwendet werden können, und es gibt Smartcards, die neu geladen und damit mehrmals verwendet werden können.

Von einer sich aus den Unternehmen Microsoft, IBM, Bull, Schlumberger und anderen interessierten Unternehmen zusammensetzenden Arbeitsgruppe wurde PC/SC als Industriestandard für eine Schnittstelle zwischen Programmierung und PC-Hardware entwickelt. Ein anderer Standard wurde unter der Bezeichnung »OpenCard« bekannt. Gegenwärtig gibt es zwei führende Betriebssysteme für Smartcards: JavaCard und MultiOS.

Mit mehr als einer Milliarde Smartcards im Umlauf sind diese Karten in Europa weit verbreitet. In den USA setzen sich Smartcards dagegen nur langsam am Markt durch. Computerhersteller entwickeln Tastaturen mit integriertem Lesegerät für Smartcards. Zu den Unternehmen, die Smartcards und die entsprechenden Lesegeräte herstellen zählen unter anderen Bull, Gemplus und Schlumberger.

Übungen zu 6.4

6.4.1 Die Funktionsweise eines Proxyservers verstehen

Der Netzwerkadministrator eines neu gegründeten Unternehmens für Websoftware hat eine kostenlose Version eines Proxyservers installiert. Zur gleichen Zeit hat der Netzwerkadministrator eines etablierten Mainframeanbieters einen Proxyserver gekauft und im Unternehmensnetzwerk installiert.

a) Warum hat der Netzwerkadministrator des neu gegründeten Unternehmens Ihrer Ansicht nach einen kostenlosen Proxyserver installiert?

b) Warum hat der Netzwerkadministrator des etablierten Mainframeanbieters Ihrer Ansicht nach einen Proxyserver gekauft und im Unternehmensnetzwerk installiert?

6.4.2 Die Umsetzbarkeit einer Smartcard-Lösung einschätzen

Der Administrator in einem Krankenhaus führt Smartcards für die Verwendung durch das Krankenhauspersonal ein. Er möchte, mit der Smartcard drei Funktionen kombinieren: (1) Kartenschlüssel für den Zutritt in das Gebäude, (2) Autorisierungskarte für den Zugriff auf das Krankenhausberichtssystem im Intranet, und (3) Kennkarte zur Identifizierung von Personen für den Zugang zu Stationen und Untersuchungsräumen.

Der Administrator des Krankenhauses schlägt vor, die gesamte Krankenakte von Patienten auf einer persönlichen Smartcard zu speichern, die sich dann im Besitz des jeweiligen Patienten befindet und zur Behandlung dem Arzt übergeben wird.

a) Wie schätzen Sie die Umsetzbarkeit einer Smartcard-Lösung hinsichtlich der einzelnen verfolgten Ziele ein?

____

____

____

Lösungen zu den Übungen

Lösungen zu 6.4.1

Der Netzwerkadministrator eines neu gegründeten Unternehmens für Websoftware hat eine kostenlose Version eines Proxyservers installiert. Zur gleichen Zeit hat der Netzwerkadministrator eines etablierten Mainframeanbieters einen Proxyserver gekauft und im Unternehmensnetzwerk installiert.

a) Warum hat der Netzwerkadministrator des neu gegründeten Unternehmens Ihrer Ansicht nach einen kostenlosen Proxyserver installiert?

Lösung: Der Netzwerkadministrator des neu gegründeten Unternehmens installiert einen Proxyserver, um die Sicherheit und den Schutz der in Entwicklung befindlichen Software im Intranet zu verbessern. Ein Proxyserver dient als Vermittlungsstelle zwischen dem Benutzer am Arbeitsplatzrechner und dem Internet. Der Proxyserver bietet Sicherheit, verwaltungstechnische Steuerungsmöglichkeiten und Zwischenspeicherfunktionen. Ein Proxyserver ist an einen Gatewayserver angeschlossen oder im Gatewayserver integriert. Er trennt ein Intranet vom Internet oder einer Firewall und schützt damit das Intranet vor Eindringlingen.

b) Warum hat der Netzwerkadministrator des etablierten Mainframeanbieters Ihrer Ansicht nach einen Proxyserver gekauft und im Unternehmensnetzwerk installiert?

Lösung: Proxyserver fordern für einen Benutzer am Arbeitsplatzrechner eine Webseite an. Wenn sich die angeforderte Seite noch im Zwischenspeicher befindet, wird sie von dort geladen. Der Cacheserver leitet die Seite über den Proxyserver an den anfragenden Rechner weiter. Die Installation eines Proxyservers im Unternehmen des etablierten Mainframeanbieters trägt zu einer höheren Bandbreite bei, da regelmäßig angeforderte Seiten nicht immer wieder aus dem Web, sondern aus dem Zwischenspeicher geladen werden können.

Lösung zu 6.4.2

Der Administrator in einem Krankenhaus führt Smartcards für die Verwendung durch das Krankenhauspersonal ein. Er möchte, mit der Smartcard drei

Funktionen kombinieren: (1) Kartenschlüssel für den Zutritt in das Gebäude, (2) Autorisierungskarte für den Zugriff auf das Krankenhausberichtssystem im Intranet, und (3) Kennkarte zur Identifizierung von Personen für den Zugang zu Stationen und Untersuchungsräumen.

Der Administrator des Krankenhauses schlägt vor, die gesamte Krankenakte von Patienten auf einer persönlichen Smartcard zu speichern, die sich dann im Besitz des jeweiligen Patienten befindet und zur Behandlung dem Arzt übergeben wird.

a) Wie schätzen Sie die Umsetzbarkeit einer Smartcard-Lösung hinsichtlich der einzelnen verfolgten Ziele ein?

   Lösung: Eine Smartcard eignet sich als ein Kartenschlüssel für den Zutritt zum Krankenhausgebäude. Die Karte bietet eine physikalische Sicherheit für das Gebäude und die Patienten. So eignet sich eine Smartcard auch als Kennkarte zur Identifizierung von Personen, mit der dem Krankenhauspersonal Zutritt zu Stationen und Untersuchungsräumen gewährt wird.

   Bei der Nutzung von Smartcards für den autorisierten Zugriff auf das Krankenberichtsystem im Intranet stellen sich jedoch einige Fragen. Da Smartcards leicht verloren gehen oder gestohlen werden können, sollte in einem solchen Fall die von der Smartcard gebotene Sicherheit um weitere Maßnahmen zur Identifizierung von Personen wie z.B. durch den Fingerabdruck ergänzt werden. Möglichkeiten wie diese lassen sich bei einigen Computersystemen mit Smartcard-Lesegeräten realisieren. Ein weiteres Problem bei der Nutzung von Smartcards für den autorisierten Zugriff auf das Krankenberichtsystem im Intranet besteht darin, dass Systeme in Krankenhäusern häufig in Bereichen stehen, in denen sich viele Leute aufhalten. Es kann vorkommen, dass ein Arzt oder eine Krankenschwester bei der Eingabe oder Überprüfung von Patientendaten weggerufen wird und einfach vergisst sich abzumelden. Daher ist es in einem Krankenberichtsystem wichtig, dass der Benutzer nach einer kurzen Zeit der Inaktivität automatisch abgemeldet wird.

   In einigen europäischen Ländern werden Smartcards in Pilotprojekten bereits für die Speicherung von Krankenakten verwendet. In den USA wird dies jedoch als Eingriff in die Privatsphäre von Patienten gesehen. Ein weiteres Problem bei der Speicherung von Patientendaten auf einer Smartcard besteht darin, dass die Karte bei jedem Arztbesuch aktualisiert werden muss. Bei den staatlichen Gesundheitsdiensten in vielen Ländern Europas hat ein Patient eine Kennnummer, die ihn im gesamten Gesundheitssystem identifiziert. In den USA bekommt jeder Patient an jedem Behandlungsort eine neue Kennnummer zugewiesen und jeder Behandlungsort hat ein eigenes manuelles oder elektronisches Krankenaktensystem. Wenn der Administrator eine Smartcard für die Speicherung von Krankenakten einführen möchte, wird er auf Widerstände stoßen, die sich in Bedenken hinsichtlich der Verletzung der Privatsphäre, Bedenken hinsichtlich der Kosten für die ständige Aktualisierung der Daten auf der Karte und in Schwierigkeiten hinsichtlich der Akzeptanz außerhalb seines Krankenhauses begründen.

Wiederholungsfragen zu 6.4

Überprüfen Sie Ihr Wissen und versuchen Sie nun, die folgenden Fragen zu beantworten:

1. Proxyserver bieten .... (Geben Sie alle zutreffenden Möglichkeiten an.)
   a) Sicherheit
   b) Möglichkeiten zum Zwischenspeichern
   c) Höhere Geschwindigkeit
   d) Verwaltungstechnische Steuermöglichkeiten
2. VPNs nutzen private Telekommunikationsinfrastrukturen.
   a) Richtig
   b) Falsch
3. Die Netzwerkadressen von Absender und Empfänger werden beim Versand über ein VPN verschlüsselt.
   a) Richtig
   b) Falsch
4. PPTP bietet Folgendes:
   a) Die Möglichkeit, über einen ISP eine Verbindung herzustellen.
   b) Sichere Tunnel-Funktionen
   c) Smartcard
   d) a und c
   e) a und b
   f) b und c
5. Bei welchen Technologien kommen Verschlüsselungsmechanismen zum Einsatz? (Geben Sie alle zutreffenden Möglichkeiten an.)
   a) VPN
   b) Cacheserver
   c) Proxyserver
   d) PPTP

Die Lösungen befinden sich im Anhang des Buches zum Abschnitt 6.4.

Überprüfen Sie Ihre Sachkenntnis!

Überprüfen Sie, was Sie über die Public-Key-Kryptografie gelernt haben. Sie haben hier nun die Gelegenheit, mit Hilfe der Public-Key-Kryptografie Ihre E-Mail-Kommunikation zu schützen.

1. Laden Sie aus dem Internet (`www.pgp.com/international/germany/` und `www.computerchannel.de/download/`) das Programm PGP (Pretty Good Privacy) herunter. Generieren Sie für sich einen öffentlichen und einen privaten Schlüssel. Bitten Sie einen Kollegen oder Bekannten dasselbe zu tun. Tauschen Sie die öffentlichen Schlüssel miteinander aus (Unterstützung dazu finden Sie in der Softwaredokumentation).
2. Verschlüsseln Sie eine E-Mail mit dem öffentlichen Schlüssel Ihres Bekannten.
3. Senden Sie Ihrem Bekannten eine E-Mail.
4. Bitten Sie Ihren Kollegen oder Bekannten, die E-Mail zu entschlüsseln.
5. Bitten Sie Ihren Kollegen oder Bekannten, Ihnen eine verschlüsselte E-Mail zu senden.
6. Entschlüsseln Sie die E-Mail mit Ihrem privaten Schlüssel.
7. Beginnen Sie mit jemand anderem eine Konversation per E-Mail via Internet.
8. Tauschen Sie Ihre öffentlichen Schlüssel miteinander aus.
9. Unterschreiben Sie Ihre E-Mails mit Ihrem Schlüssel, so dass die andere Person erkennt, wer Sie sind.
10. Rufen Sie die Website eines E-Commerce-Anbieters wie z.B. `Amazon.de` auf. Legen Sie ein Produkt in Ihren Einkaufswagen. Gehen Sie an die »Kasse« und geben Sie Ihre Kreditkarteninformationen ein. Sie brauchen die Informationen nicht wirklich einzugeben. Öffnen Sie in Ihrem Webbrowser das Sicherheitsinformationsfenster (siehe Softwaredokumentation).
11. Kommunizieren Sie mit dem Server über eine sichere, verschlüsselte Verbindung?
12. Wenn ja, welche Art der Verschlüsselung wird verwendet?
13. Wenn nein, würden Sie hier Ihre Kreditkarteninformationen eingeben?
14. Wer hat das Verschlüsselungszertifikat ausgestellt?

KAPITEL 7

Webserver aufbauen

Überblick

In diesem Kapitel erfahren Sie mehr über die folgenden Themen:

- ✘ Die Webserver-Evaluierung — Seite 199
- ✘ Modelle des Websiteservice — Seite 209
- ✘ Mehrere Server unterstützen — Seite 216
- ✘ Die Serversicherheit — Seite 223
- ✘ Taxonomie des Dokument-Stammordners — Seite 239
- ✘ Zugangsschutz, Sicherheit und Vertraulichkeit — Seite 247
- ✘ Suchen und Indizieren — Seite 255

Im Körper einer Organisation oder eines Unternehmens stellt ein Webserver ein vitales Organ dar, bei dem wie bei allen anderen Organen darauf geachtet werden muss, dass es gesund und fit ist und effektiv arbeitet. Der Webmaster ist der Arzt, Gesundheitstrainer und Therapeut, dessen Aufgabe darin besteht, diesen Zustand zu überwachen und dafür zu sorgen, dass er aufrechterhalten wird.

Unbekannter Verfasser

Die meisten Websurfer bewerten die Qualität einer Website nach der Qualität und Aufmachung ihres Inhalts. Und so sollte es auch sein, denn wenn ein Nutzer oder Leser einer Website einmal in die Vorgänge auf der Seite des Webservers involviert sein sollte, kann es sich nur um unerfreuliche Dinge handeln, wie etwa unterbrochene Links, nicht funktionierende Verbindungen, langsame Antwortzeiten und ähnliches! Die Webseitendesigner heimsen in der Regel all das Lob der Öffentlichkeit für die von ihnen entworfenen Seiten ein, während es aber tatsächlich die Administratoren des Webservers sind, die den Alltagsbetrieb möglich machen.

Die folgenden Übungen machen Sie mit einer Reihe von Fragen bekannt, denen sich ein Webmaster auf der Systemseite gegenübersieht. Alle diese Fragen und die hinter ihnen stehenden Technologien haben das Ziel, den Nutzern und Benutzern der Website einer Organisation die bestmöglichen Leistungen und den bestmöglichen Support zu bieten. Schon der Umfang und die Breite dieser Fragen und Technologien ist ein Indiz dafür, wie komplex der Betrieb und die Verwaltung eines Webservers heute geworden sind.

Projekt 7.1: Die Webserver-Evaluierung

Nach diesem Kapitel können Sie:

- Die Grundkonzepte des Webhosting verstehen

ZIEL

Strategien der Serverimplementierung

Es ist einfach für eine Organisation, sich für eine Präsenz im Web zu entscheiden. Weitaus schwieriger ist die Entscheidung dafür, *wie* man ins Web geht. Diese Entscheidung sollte sich auf die Faktoren gründen, die bestimmend für die Rolle der Website im Rahmen der Organisationsstrategie und maßgebend für den Umfang der Dienste und Ressourcen sind, die für den Betrieb der Website vernünftigerweise investiert werden können.

Im folgenden werden Sie mehr über drei gebräuchliche Strategien zur Serverimplementierung erfahren:

- Hosting-Services. Der Webserver wird remote unterstützt, und zwar in der Regel über den ISP (Internet Service Provider) der Organisation.
- Schlüsselfertige Lösungen bzw. Server-Applikationen. Dies ist eine vollständige und in sich geschlossene Hardware- und Softwarelösung, die lokal, also am physischen Standort der Organisation, verwaltet wird.
- Dedizierte Serverunterstützung. Dies ist eine vollständig konfigurierbare Hardware- und Softwarelösung, die entweder lokal oder über zwei Standorte verwaltet wird.

Eine wichtige Frage, die man bei der Entscheidung über eine Strategie berücksichtigen sollte, bezieht sich auf die Auswirkung, die die Strategie auf die Nutzer und Leser der Site haben wird. So lange die Endergebnisse dieselben sind, wird Ihr Publikum nicht mitbekommen, für welche Strategie Sie sich entschieden haben. Ihr Publikum wird jedoch dann etwas von Ihrer Strategie mitbekommen, wenn es nicht mehr den Webdienst bekommt (Geschwindigkeit, Zuverlässigkeit und so weiter), den es erwartet hat oder den Sie ihm versprochen haben.

Hosting-Services

Die meisten großen ISPs (Internet Service Provider) bieten ihren Kunden eine breite Palette an Hosting-Services für Webserver an. Die einfachste, bequemste und schnellste Methode zur Erlangung einer Webpräsenz stellt für den Kunden in diesem Zusammenhang ein WSP (Web Services Provider) dar. Der Preis derartiger Services richtet sich nach dem Umfang der jeweiligen

Dienstleistung, die recht unterschiedlich ausfallen kann und oftmals auch direktes Ergebnis des Wettbewerbs zwischen den ISPs ist.

Aus der Sicht der Organisation besteht der Vorteil im Abschluss eines Dienstleistungsvertrages für einen Hosting-Service darin, dass die Unterstützung und die Verwaltung des gesamten Service aus der Organisation herausgehalten werden, so dass diese nur noch hinsichtlich der Inhaltsgestaltung Ressourcen bereitstellen muss. Services dieser Art eignen sich zumeist für Einzelpersonen, kleine Unternehmen und Organisationen, die nicht über die erforderliche technische Erfahrung verfügen.

Da die Internet-Konnektivität preislich inzwischen auf eine Stufe gefallen ist, die für die allermeisten Unternehmen erschwinglich ist, stellen die Kosten nicht länger ein Problem dar. Ein Unternehmen, das sich eine dedizierte Internetverbindung immer noch nicht leisten kann, weil es sich beispielsweise in einer abgelegenen Gegend befindet, hat in der heutigen Welt des Internet eher schlechte Karten – ein Webzugang, der davon abhängt, dass das Unternehmen sich in die Verbindung einwählen oder sie auf andere Art und Weise erst herstellen muss, hat die gleiche Wirkung wie das Schild »Geschlossen!« an Ihrer Eingangstür!

Ein Vorteil in diesem Szenario kann der Preis sein. Internet-Verbindungen sind beispielsweise in Deutschland immer noch bedeutend kostspieliger als in den Vereinigten Staaten. Ihre Auswahl an ISPs ist auf diejenigen beschränkt, die Ihren Standort physisch bedienen können. Bei der Wahl Ihres WSP jedoch sind Sie so gut wie frei. Sie können sich daher den Preisvorteil zunutze machen und Ihren Webserver als virtuellen Webserver in den Vereinigten Staaten aufstellen lassen. Die Besucher Ihrer Website werden nach der Eingabe Ihrer URL in den Browser transparent zu Ihrer Site geleitet, ohne dass sie einen Unterschied bemerken werden.

Der Nachteil in der Aufteilung der Funktionen liegt darin, dass es für Sie im Falle eines Supportbedarfs mehr als nur eine einzige Kontaktanlaufstelle gibt. Ein System, das einmal eingerichtet und in Betrieb ist, benötigt zwar normalerweise nicht mehr viel Support, jedoch kann die Frage für Sie erwägenswert sein, ob Sie zwei Organisationen haben möchten, die in den Support involviert sind.

Die meisten Hosting-Services bieten eine 24stündige Betriebsbereitschaft 7 Tage die Woche an. Sie erhalten die Garantie, dass die Verfügbarkeit Ihrer Website im maximal möglichen Umfang gewährleistet sein wird. Die Tabelle 7.1 enthält weitere gebräuchliche Dienste, die von WSPs normalerweise angeboten werden. Viele dieser Dienste werden nur auf Wunsch angeboten und können in der Bewertung eines WSP eine wichtige Rolle spielen.

Tabelle 7.1: Vom WSP angebotene Dienste

DNS (Domain Name Service)	vereinbarter Festplattenspeicherplatz
Hochleistungs-Internetverbindung (zum Beispiel ISDN, DSL, T1 und so weiter)	Technischer Support
Dateiarchivierung und -suche	vereinbarte Durchsatzmenge (zum Beispiel Gigabyte pro Tag)
Registrierung bei wichtigen Suchmaschinen (zum Beispiel Yahoo, Lycos und anderen)	Management und Analyse der Webserver-Protokolldateien
Bibliotheksfunktionen für übliche Webseitenfunktionen und -dienste (zum Beispiel Page-Counter, Warenkörbe und so weiter)	Unterstützung von Streaming Media
Indizierung von Webseiten zur Unterstützung lokaler Suchvorgänge	Unterstützung einer Datenbankschnittstelle
Pflege und Unterstützung einer Softwarebibliothek (zum Beispiel Server, Compiler für Programmiersprachen und ähnliches)	FTP, Telnet, E-Mail-Dienste
Virtuelles Hosting	Unterstützung sicherer Verbindungen (zum Beispiel SSL)
Kontrolle der Zugangsberechtigungen	Design- und Programmierwerkzeuge mit entsprechender Unterstützung (zum Beispiel die Unterstützung von Microsoft FrontPage)

Schlüsselfertige Lösungen

Ein Nachteil der Hosting-Services für das Web besteht darin, dass sie immer *remote* sind, was bedeutet, dass Ihre Organisation immer von jemand anderem abhängig ist, der Ihren Webserver am Laufen hält. Dies hat beispielsweise zur Folge, dass Sie im Falle eines Problems jemanden telefonisch verständigen müssen, und dass sich Ihre Daten und Informationen nicht in Ihrer Obhut, sondern in der Obhut einer anderen Person befinden.

Mit schlüsselfertigen Lösungen bzw. Server-Applikationen steht Ihnen eine Lösung zur Verfügung, mit denen die Organisation eine größere Kontrolle über den von einem WSP angebotenen Webservice erhält. Gleichwohl erfordern sie aber immer noch ein gewisses Minimum an technischer Erfahrung.

Bei Server-Applikationen handelt es sich um vollständige und in sich geschlossene Hardware- und Softwareprodukte, die zu dem Zweck entwickelt worden sind, einer Organisation einen Webservice zur Verfügung zu stellen, und die besonders einfach in der Handhabung und im Setup sind. Eine Server-Appliance schließen Sie nur am Netzwerk und am Stromnetz an – damit sind Sie sofort im Web.

Server-Applikationen sind sowohl für kleine Unternehmen als auch große Organisationen entwickelt worden. Sie sind so aufgebaut, dass sie nur wenig oder gar keine Wartung erfordern und auch von Personal bedient werden können, das über keine technischen Kenntnisse verfügt. Die Konfiguration des Server wird normalerweise über einen Webbrowser bzw. -Client und eine leicht bedienbare grafische Oberfläche vorgenommen. Die bei Applikationen verwendete Software gehört typischerweise zum Open Standard (wie zum Beispiel das Linux-Betriebssystem oder der Apache-Webserver) und unterliegt keinerlei lizenzrechtlichen Bestimmungen.

Dedizierte Serverunterstützung

Die Entscheidung einer Organisation für einen dedizierten Webserver stellt eine Entscheidung dar, die eine große Verantwortung mit sich bringt. Sie erfordert eine gut definierte Webstrategie der Organisation und eine herausragende Verbindlichkeit hinsichtlich des Supports der Hard- und Software und des Einsatzes der Personalressourcen.

Im Gegensatz zu den bisher in diesem Buch erörterten Strategien ist bei der dedizierten Serverunterstützung aufgrund ihrer Komplexität eine einfache Quantifizierung nicht möglich.n.

Fallstudie zur Serverevaluierung

Die Entscheidung für eine Webserversoftware ist eine weitreichende Entscheidung, die getroffen werden muss, sobald sich eine Organisation zum Aufbau eines dedizierten Webservers entscheidet. Die Entscheidung muss strikt in der Web-Gesamtstrategie der Organisation wurzeln.

Die folgende Fallstudie illustriert, wie eine Organisation eine Entscheidung über die einzusetzende Serversoftware herbeiführen kann. Darüber hinaus zeigt sie, wie auf durchdachte und methodische Weise ein Ansatz zur Identifizierung von Faktoren entwickelt werden kann, die für diese Entscheidung grundlegend sind.

Hintergrund

Die Organisation, die die folgende Evaluierung der Serversoftware durchgeführt hat, hatte sich zum Ziel gesetzt, die vorhandene Software durch eine andere zu ersetzen. Die Organisation betrieb die CERN-Serversoftware auf einer Unix-Plattform. Die Entscheidung zum Ersatz der CERN-Software ergab sich aufgrund der Tatsache, dass der Support und die Wartung der Software aufgegeben worden war. Da die Organisation im UNIX-Bereich über technische Erfahrungen verfügte, wurde entschieden, als Plattform für die neue Serversoftware wieder Unix einzusetzen.

Der Marktanteil stellt in der Entscheidung für eine Software einen eher fraglichen Faktor dar. Die Organisation, die hier vorgestellt werden soll, betrachtete den Markanteil jedoch als Indikator für eine starke Nutzergemeinde, die beim Support des Servers möglicherweise Unterstützung und Hilfe bieten konnte. Die Abbildung 7.1 (von `www.netcraft.com`) gab zum Zeitpunkt dieser Evaluierung Hinweise auf die bestehenden Markanteile bei Serversoftware.

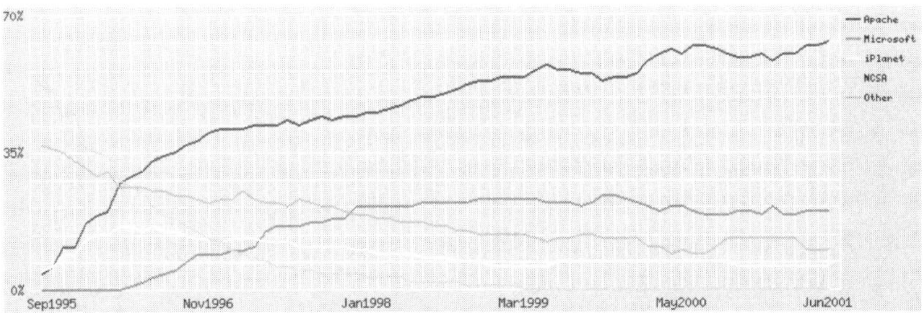

Abb. 7.1: Zwischen August 1995 und Juni 2001 eingesetzte Webserversoftware (Quelle: www.netcraft.com/survey)

Auf der Grundlage dieser Informationen zog die Organisation schließlich die Serversoftware Apache und die von Netscape Corporation in die engere Wahl. Die für diese Entscheidung verwendeten Kriterien werden weiter unten Thema der Übung sein.

Die Organisation stellte eine kleine Gruppe zur Bewertung der technischen Leistungsmerkmale zusammen, die als kritisch für den Betrieb angesehen und vom CERN-Server bereits zur Verfügung gestellt wurden. Auch die von der neuen Serversoftware erwarteten Leistungsmerkmale wurden identifiziert. Die Gruppe bestand aus Webnutzern und Personen aus dem technischen Support. Anschließend wurde geprüft, in welcher Form die identifizierten Leistungsmerkmale in beiden Softwarepaketen zur Verfügung standen.

Das Ergebnis ist in der Tabelle 7.2 enthalten. Ein »Ja« in einer Tabellenspalte weist darauf hin, dass die Serversoftware das gewünschte Leistungsmerkmal entweder in sich bereits enthält oder in Verbindung mit einer anderen Anwendung unterstützt.

Die in der Tabelle enthaltenen Anforderungsmerkmale stellen ganz offensichtlich spezifische Merkmale dar, die für die Organisation, die diese Evaluierung durchgeführt hat, von entscheidender Bedeutung waren. Es wurde kein Versuch unternommen, diese Anforderungsmerkmale rangmäßig einzuordnen oder zu gewichten, was in diesem Evaluierungsmodell leicht möglich gewesen wäre.

Tabelle 7.2: Vergleich der Leistungsmerkmale von Serversoftware

Anforderungsmerkmal	gewünscht von	verfügbar bei Apache?	verfügbar bei Netscape?
Muss das gegenwärtig implementierte Sicherheitsmodell unterstützen	Allen	Ja	Ja
Muss mit dem CGI-Wrapper-Programm zusammenarbeiten	Allen	Ja	Ja
Muss in der Lage sein, einen Teil des URL-Pfads einem CGI-Skript zur Verfügung zu stellen und den Rest des URL-Pfads als Argument dem Skript übergeben zu können	Nutzer	Ja	Ja
Unterstützung von SSL (Secure Socket layer), beispielsweise zur sicheren Kennwortübertragung	Allen	Ja	Ja
Soll definierbare Grenzen für von Skripten verwendete Ressourcen unterstützen	Support	Ja	Ja
Die Nutzer sollten in der Lage sein, kennwortgeschützte Dokumente einrichten zu können, ohne für Änderungen der Regeldatei die Administratoren zu benötigen	Nutzer	Ja	Ja
Muss in der Lage sein, beim Reboot des Computers von /etc/rc.local zu starten	Support	Ja	Ja
Unterstützt die Microsoft Front-Page Extensions	Alle	Ja	Ja
Kann die aktuell eingesetzte Webkonferenzsoftware verwenden	Nutzer	Ja	unbekannt
Unterstützt persönliche Verzeichnisse	Nutzer	Ja	Ja
Erlaubt die Definition benutzerdefinierter Fehlermeldungen	Alle	Ja	Ja
Die aktuell verwendeten Modelle der Zugangsberechtigungen müssen leicht migrierbar sein	Support	Ja	Ja
Server kann leicht geklont werden (als Testserver und/oder anderer Server)	Support	Ja	Ja

Anforderungsmerkmal	gewünscht von	verfügbar bei Apache?	verfügbar bei Netscape?
Bietet Unterstützung von Java-Servlets	Nutzer	Ja	Ja
Automatisches Melden von unterbrochenen Links	Support	wahrscheinlich nicht	Ja
Unterstützung serverseitiger Includes	Alle	Ja	Ja
Integrierte Suchmaschine	Support	Nein	Ja

Die in dieser Tabelle enthaltene technische Evaluierung wurde anschließend noch mit Preis- und Verfügbarkeitserwägungen kombiniert und diente in dieser Form als Grundlage einer Empfehlung für die anzuschaffende Serversoftware.

Übungen zu 7.1

7.1.1 Die Grundkonzepte des Webhostings verstehen

a) Erörtern Sie den Unterschied zwischen einem ISP (Internet Service Provider) und einem WSP (Web Services Provider) sowie die Frage, wann Sie den einen gegenüber dem anderen bevorzugen würden. Schließen Sie in die Erörterung die Fragestellung ein, ob es erforderlich ist, dass Ihr ISP gleichzeitig auch Webservices anbietet.

b) Erörtern Sie die Vor- und Nachteile von schlüsselfertigen Lösungen.

c) Ein Webservice beinhaltet heute mehr als nur einen Server, der Webseiten anbieten kann. Erörtern Sie die Kriterien, die im Prozess der Entscheidungsfindung eine Rolle spielen.

____

____

____

Lösungen zu den Übungen

Lösungen zu 7.1.1

a) Erörtern Sie den Unterschied zwischen einem ISP (Internet Service Provider) und einem WSP (Web Services Provider) sowie die Frage, wann Sie den einen gegenüber dem anderen bevorzugen würden. Schließen Sie in die Erörterung die Fragestellung ein, ob es erforderlich ist, dass Ihr ISP gleichzeitig auch Webservices anbietet.

Lösung: Ein ISP stellt Ihnen lediglich eine Verbindung ins Internet zur Verfügung. Je nach dem ISP und dem Preis, den Sie zu zahlen bereit sind, besteht diese unter Umständen nur in einer simplen Telefonnummer, die Sie zur Einwahl in den Server benutzen, und die dann die Verbindung ins Internet herstellt. Diese Art der Verbindung ist bei den meisten Nutzern gegeben (das heißt Nutzer, die nicht kommerziell aktiv sind). Der Support ist in der Regel auf grundlegende Konfigurationsfragen beschränkt und kann, je nach dem Provider, 24 Stunden und 7 Tage die Woche angeboten werden oder auch nicht. Am oberen Ende der Dienstleistungsskala befinden sich Provider, die Ihnen sämtliche benötigte Hardware zur Verfügung stellen und alle Konfigurationsarbeiten an Ihrem Standort durchführen, so dass Sie Ihr Netzwerk letztlich nur noch mit der Ausrüstung des ISP verbinden müssen. In manchen Fällen wird sogar dies noch vom Provider selbst erledigt

Ein WSP stellt einen Webserver zur Verfügung, auf dem Sie Ihre Webseiten unterbringen. Die technischen Möglichkeiten dafür können irgendwo zwischen einem Unterverzeichnis auf dem Hauptserver des WSP (zum Beispiel in der Form von `www.web-provider.com/~user/`), einem virtuellen Host unter Verwendung Ihres eigenen Domänennamens (der sich auf demselben physischen Server wie auch andere Domänen befindet) und einer dedizierten Maschine liegen, die ausschließlich für Ihre Webseiten zuständig ist.

Ein WSP bietet Ihnen nicht notwendigerweise auch die Verbindung ins Internet. Es gibt eine Reihe von Gründen für eine Aufteilung der Funktionen, zu denen beispielsweise die hohen Kosten für eine 24stündige, täglich verfügbare Internetleitung gehören können.

b) Erörtern Sie die Vor- und Nachteile von schlüsselfertigen Lösungen.

Lösung: Der größte Vorteil einer schlüsselfertigen Lösung liegt in der Schnelligkeit, mit der sie im Vergleich mit der Entwicklung einer eigenen Website aufgebaut werden kann. Bedenken Sie beispielsweise einmal einen Vergleich zwischen einem Schnellimbiss und einem Fünf-Sterne-Restaurant – wie lange dauert es, bis Ihre Bestellung ausgeführt ist, und welche Wahlmöglichkeiten haben Sie bei den Beilagen?

Der Einsatz von Server-Applikationen ist definitiv nachteilig, und zwar wegen der Unwägbarkeiten, die mit ihrer Bequemlichkeit einhergehen. Unter Umständen ist ein solches System nicht skalierbar, so dass Sie mit zunehmendem Wachstum und größerer Komplexität Ihrer Website »herauswachsen«. Außerdem ermöglichen viele derartige Applikationen keine Erweiterungen der Hardware zur Anpassung an größere Datenvolumen, wie etwa größere Festplatten. Andererseits wiederum sind viele Server-Applikationen günstig im Preis. Oft spielen sie die investierten Kosten schon nach kurzer Zeit wieder herein.

Zusätzlich zu den Kosten stellen die folgenden Faktoren weitere Elemente in der Evaluierung von Server-Applikationen dar:

- Eingesetzte Prozessoren
- RAM- und Festplattenkapazität
- Maximale Anzahl unterstützter Nutzer
- Angebotene Setup- und Backupprogramme
- Serverbetriebssystem
- Unterstützte Clientbetriebssysteme
- Leistung der Netzwerkverbindung

c) Ein Webservice beinhaltet heute mehr als nur einen Server, der Webseiten anbieten kann. Erörtern Sie die Kriterien, die im Prozess der Entscheidungsfindung außerdem noch eine Rolle spielen.

Lösung: Die Kriterien hängen von Ihrem Unternehmen ab. Kleinere Sites, die beispielsweise einem Unternehmen intern lediglich Webseiten zur Verfügung stellen, bieten weniger Angriffsflächen als etwa eine Site wie `Amazon.com`, die Waren und Dienstleistungen über das Internet anbietet, so dass Sie also weniger Sicherheitserwägungen anstellen müssen. Sicherheitserwägungen sollten trotzdem grundsätzlich nie unterschätzt werden

Außerdem müssen Sie natürlich auch noch die Leistungsmerkmale einbeziehen, die der Server anbietet. Je mehr Sie zu zahlen bereit sind, umso mehr Kontrolle werden Sie auch darüber haben, wie der Server bei Ihrem WSP implementiert wird, und umso mehr kann dieser an Ihren Wünschen ausgerichtet sein. Falls Sie sich jedoch nur einen virtuellen Host auf einem schon vorhandenen Server leisten können, ist es unwahrscheinlich, dass Sie viel Einfluss darauf haben, wie der Server eingerichtet wird. Unter Umständen werden Sie daher eine Entscheidung zwischen Leistungsmerkmalen und Kosten herbeiführen müssen (dies ist in der Praxis häufig der Fall).

Wiederholungsfragen zu 7.1

Überprüfen Sie Ihr Wissen und versuchen Sie nun, die folgenden Fragen zu beantworten:

1. Der Internetzugang des ISP und der Webserver des WSP werden aus Sicherheitsgründen immer getrennt angeboten.

   a) Richtig
   b) Falsch

2. Alle WSP bieten einen 24stündigen Betrieb 7 Tage die Woche.

   a) Richtig
   b) Falsch

3. Ein dedizierter Server bietet im allgemeinen eine größere Kontrolle über das System hinsichtlich der installierten Software und der Konfiguration an.

   a) Richtig
   b) Falsch

4. Welches der folgenden Kriterien ist typischerweise nicht Bestandteil der Entscheidungsfindung für eine schlüsselfertige Lösung?

   a) verwendeter Prozessor
   b) RAM- und Festplattenkapazität
   c) Maximale Anzahl unterstützter Nutzer
   d) Internet Service Provider
   e) Angebotene Setup- und Backupprogramme

Die Lösungen befinden sich im Anhang des Buches zum Abschnitt 7.1.

Projekt 7.2: Modelle des Website-Service

Nach diesem Kapitel können Sie:

- Die grundlegenden Architekturmodelle einer Website verstehen

ZIEL

Häufig verwendete Architekturmodelle für Websites

Für die Architektur der Website einer Organisation reicht es heute nicht mehr aus, nur die Webserverhardware und –software zu beschaffen. Heute muss der Administrator der Website eine Entscheidung über die am besten geeignete Websitearchitektur bzw. –topologie treffen, die eine gewünschte Leistungsstufe gewährleisten kann.

In diesem Kapitel werden Sie die am häufigsten verwendeten Architekturen kennen lernen.

Einzelner Server

Die Architektur mit einem einzelnen Server weist darauf hin, dass sich zwischen dem Nutzer/Leser und dem Webserver der Organisation nur noch das Netzwerk befindet. Die Einfachheit dieser Architektur deutet gleichzeitig ihre inhärenten Probleme an:

- Verfügbarkeit und Leistung unter Bedingungen hohen Datenaufkommens
- Single Point of Failure – falls der Server ausfällt, ist die Organisation vom Web ausgeschlossen
- Sicherheitsfragen – Verwundbarkeit durch Hackerangriffe

DNS-Round-Robin

Bei zunehmendem Datenverkehr auf der Website der Organisation stößt das Modell mit einem einzelnen Server schnell an die Grenze seiner Skalierbarkeit. Der nächste logische Schritt besteht oftmals darin, zu einer verteilten Serverarchitektur überzugehen. Innerhalb dieser Architektur werden HTTP-Anfragen auf eine »Serverfarm« verteilt. Der Inhalt jedes Servers wird gespiegelt, damit jeder Server funktionell mit jedem anderen identisch ist. Der Begriff der funktionellen Identität schließt nicht aus, dass die Server in der Farm nach Bedarf trotzdem auf der Grundlage unterschiedlicher Computerplattformen und Serversoftware arbeiten können. Ein für dieses Architekturmodell sehr oft verwendetes Verfahren ist DNS-Round-Robin (Round Robin: zu deutsch zyklischer Warteschlangenbetrieb) mit einer Konfiguration, die in der Abbildung 7.2 umrissen ist.

DNS-Round-Robin setzt eine Kombination aus DNS-Server, Routern und Switches ein, um Anfragen linear an die Serverfarm weiterzuleiten. In der Abbildung unten erhält der Server A die erste, Server B die zweite und Server C die dritte Anfrage. Die lineare Rotation beginnt anschließend von neuem.

Server mit verteiltem Lastenausgleich

Das grundlegende Konzept einer Architektur mit verteiltem Lastenausgleich besteht darin, dass HTTP-Anfragen an die Serverfarm nicht in der Form einer linearen Rotation (wie beim Round-Robin-Modell), sondern entsprechend der Betriebslast (Aktivität) der Server verteilt werden. Bei diesem Modell ist keiner der Server mehr mit Anfragen als andere belastet. Das Konzept des »Lastenausgleichs« sorgt dafür, dass alle Server gleichmäßig ausgelastet und neue HTTP-Anfragen nur an diejenigen Server gesendet werden, die am wenigsten beschäftigt sind. Die Abbildung 7.3 enthält eine typische Serverarchitektur mit Lastenausgleich.

Der Lastenausgleich wird über spezielle Software in der Bridge erreicht. Die Bridge erscheint gegenüber den anfragenden Browsern oder Clients als ein »virtueller« Server. Sämtlicher Internetverkehr wird mit DNS zu einer virtuellen IP-Adresse (virtueller Server) geleitet. Diese Anfragen werden anschließend über eine Reihe realer IP-Adressen an die Server (reale Server) weitergereicht. Die Definition einer virtuellen IP-Adresse besagt, dass sich eine solche Adresse im DNS befindet und sehr wahrscheinlich über einen Domänennamen verfügt. Eine reale IP-Adresse ist physisch auf einem realen Server hinter einer Bridge lokalisiert.

Abb. 7.2: DNS-Round-Robin

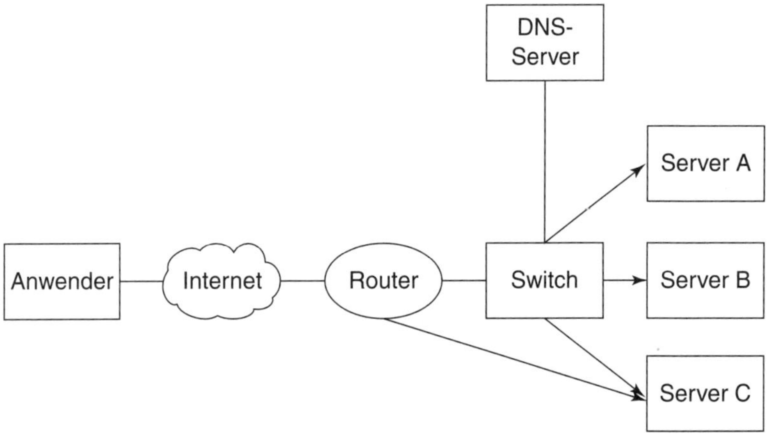

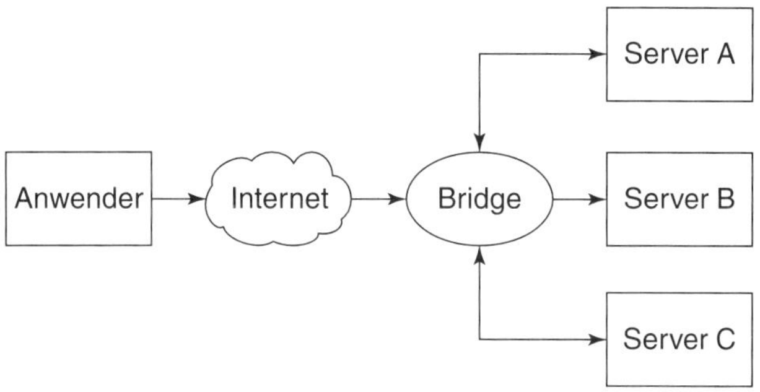

Abb. 7.3: Serverarchitektur mit Lastenausgleich

Proxyserver

Proxies, *Cache* und *Mirroring* (Plattenspiegelungen) stellen Techniken zur Verbesserung der Webleistung und –sicherheit dar. Sie helfen dabei, Verzögerungszeiten zu reduzieren, die beim Zugriff auf Webdokumente, bei der für Dokumentenübertragungen benötigten Netzwerkbandbreite, durch Betriebslasten auf Servern mit ausgesprochen häufig angeforderten Dokumenten und bei der Sicherheit für die elektronischen Dienste entstehen können.

Ein Proxyserver ist ein spezieller Webserver, der gleichzeitig als Server und Client operieren kann. Die Abbildung 7.4 illustriert eine häufige Implementierungsform eines Proxyserver.

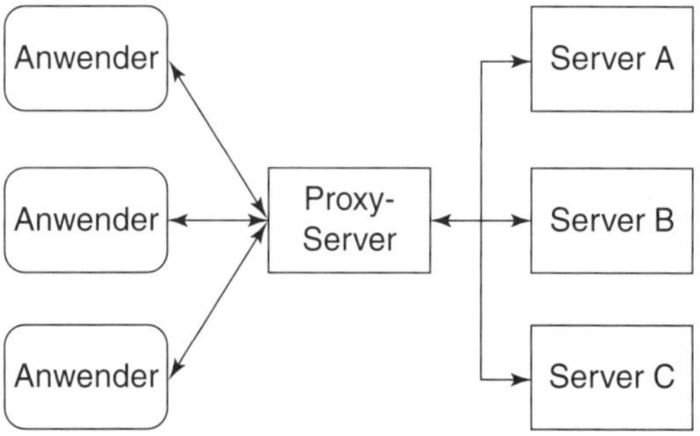

Abb. 7.4: Implementierungsform für einen Proxyserver

Ein Proxy arbeitet als ein Agent, der gegenüber dem Nutzer bzw. Client den (bzw. die) Server und gegenüber dem Server den Nutzer bzw. Client repräsentiert. Er akzeptiert Anfragen von Nutzern bzw. Clients und leitet diese Anfragen an einen oder mehrere Webserver weiter. Sobald der Proxy eine Antwort von einem Server im Netzwerk erhält, leitet er diese Antwort an die Nutzer bzw. Clients weiter. Proxies wurden ursprünglich zu dem Zweck entworfen, Nutzern in privaten Netzwerken, die nur über eine Firewall auf das Internet zugreifen konnten, den Zugang ins Web zur Verfügung zu stellen.

Proxyserver leisten mehr als nur eine einfache Weiterleitung von HTTP-Antworten. Webproxies können dafür konfiguriert werden, verzögerte Antworten zu cachen und auf diese Weise zu Caching-Proxies zu werden. In Netzwerken wie dem Web kann das Caching zu einer Schlüsselvoraussetzung für eine gute Systemleistung werden.

Die grundlegende Idee hinter dem Caching ist einfach und besteht darin, dass man häufig benötigte Dokumente zur späteren Verwendung in lokalen Dateien oder Proxies ablegt und auf diese Weise vermeidet, dass sie bei erneuter Anforderung ein weiteres Mal heruntergeladen werden müssen.

Übungen zu 7.2

7.2.1 Die grundlegenden Architekturmodelle einer Website verstehen

Erörtern Sie die Vor- und Nachteile der folgenden Punkte:

a) Einzelner Server

b) DNS-Round-Robin

c) Verteilter Lastenausgleich

d) Caching-Proxyserver

Lösungen zu den Übungen

Lösungen zu 7.2.1

Erörtern Sie die Vor- und Nachteile der folgenden Punkte:

a) Einzelner Server

Lösung: Der Hauptvorteil eines einzelnen Servers sind die Kosten. Alle anderen Methoden erfordern mehrere physische Server, was die Kosten bedeutend in die Höhe treibt, da die Hardware generell zu den kostenaufwendigsten Faktoren gehört. Ein Hauptnachteil besteht in der Skalierbarkeit – es ist extrem schwierig, ohne einen großen Neukonfigurationsaufwand von diesem Modell zu einem anderen überzuwechseln.

b) DNS-Round-Robin

Lösung: Die DNS-Round-Robin-Architektur kann dann eine effiziente Lösung für verteilte Serversysteme sein, wenn die Unzulänglichkeiten beim Servermanagement miteinkalkuliert werden. Bei dieser Methode werden sämtliche Server gleich behandelt – es wird nicht versucht, die Betriebslast des Servers oder die Verfügbarkeit zu ermitteln. Die Betriebslast kann aber wegen der unterschiedlichen Verbindungszeiten eines Browsers bzw. Clients und des variierenden Umfangs des abgerufenen Inhalts enorm schwanken. Bei einer Konfiguration mit vier Servern und »normalen« Internetinhalten und –datenaufkommen kann einer der Server bis zu 75% der Betriebslasten erhalten, was unter Umständen seinen Ausfall herbeiführt.

Das Szenario beschreibt eine weitere Hauptschwäche der DNS-Round-Robin-Architektur. Falls ein Server ausfällt, empfängt er immer noch Anfragen, die dann gegenüber den Browsern bzw. Clients mit Meldungen wie »Server nicht verfügbar« quittiert werden. Die Wartung für die Server stellt einen weiteren kritischen Punkt dar. Jeder Webserver erhält eine eindeutige IP-Adresse. Muss ein Server vom Administrator wegen Wartungsarbeiten wie etwa einem Upgrade des Betriebssystems oder einer Anwendung aus dem Netz genommen werden, kann es bis zu zwei Tagen dauern, bis die IP-Adresse des Servers im DNS geändert und diese Information im Internet entsprechend »weiterverteilt« worden ist. In dieser Zeit senden die Nutzer und Leser praktisch Anfragen an einen nicht existierenden Server.

c) Verteilter Lastenausgleich

Lösung: Eine Architektur mit verteiltem Lastenausgleich erlaubt den Administratoren der Website eine schrittweise Heraufstufung der Kapazität der Website und die einfache Hinzufügung, Entfernung und Neuallokierung von Servern als Antwort auf veränderte Spitzenbelastungen beim Datenaufkommen. Der Schlüsselvorteil sind die Kosten. Zur Bestimmung der aktuellen Betriebslast auf jedem der Server und der Festlegung des am wenigsten beschäftigten Servers ist eine zusätzliche Software erforderlich.

d) Caching-Proxyserver

Lösung: Das Caching minimiert die Zugriffszeiten, indem es die Informationen näher zum Nutzer bzw. Leser bringt. Das Caching verbessert die Zugriffsgeschwindigkeiten und reduziert den Netzwerkverkehr, da Dokumente häufig aus einem in der Nähe liegenden Cache geliefert werden können, anstatt auf einen weit entfernt stehenden Server zugreifen zu müssen.

Das Caching hat viele Vorteile, führt aber auch zu spezifischen Problemen. Wie kann man beispielsweise mit Sicherheit wissen, ob ein im Cache gehaltenes Dokument noch aktuell ist? Welche Dokumente sollten gecacht werden, und für welchen Zeitraum?

Ein anderes Problem stellt die Sicherheit dar. Wie hindern Sie andere Personen am Zugriff auf einen Inhalt, der anwendungsspezifisch ist (das heißt, auf den nur mit einem Kennwort zugegriffen werden kann)?

Wiederholungsfragen zu 7.2

Überprüfen Sie Ihr Wissen und versuchen Sie nun, die folgenden Fragen zu beantworten:

1. Eine Webarchitektur mit einem einzigen Server ist anfänglich preiswert, aber später schwer upzugraden.

   a) Richtig
   b) Falsch

2. Eine Architektur mit verteilten Lastenausgleich sorgt für eine »Ausbalancierung« der Lasten beim Speichern häufig verwendeter Dateien auf einem einzelnen Server.

   a) Richtig
   b) Falsch

3. Ein Problem beim DNS-Round-Robin liegt darin, dass die Last nicht gleich über die verfügbaren Server verteilt ist.

   a) Richtig
   b) Falsch

4. Was stellt bei einer Architektur mit einem einzelnen Server kein Problem dar?

   a) Die Verfügbarkeit und Leistung unter Bedingungen mit hohem Datenaufkommen.
   b) Single Point of Failure – falls der Server ausfällt, ist die Organisation vom Web ausgeschlossen.
   c) Die Administration wird im Hinblick auf die Sicherstellung einer korrekten Konfiguration schwieriger.
   d) Sicherheitsfragen – Verwundbarkeit gegenüber Hackerangriffen.

5. Was ist kein Merkmal eines Proxyservers?

   a) Die Fähigkeit zur schnellen Lieferung häufig angeforderter Seiten.
   b) Die Fähigkeit zur Einrichtung einer zusätzlichen Sicherheitsstufe.
   c) Die Fähigkeit zum DNS-Lastenausgleich.
   d) Die Fähigkeit zur Verteilung der Betriebslast auf mehrere Server.

Die Lösungen befinden sich im Anhang des Buches zum Abschnitt 7.2.

Projekt 7.3: Mehrere Server unterstützen

ZIEL

Nach diesem Kapitel können Sie:

- Eine angemessene Webserverkonfiguration festlegen

Bei der Erörterung mehrerer Server ist es wichtig, zwischen den Hardware- und Softwaredefinitionen eines Servers unterscheiden zu können. Bei der Beschreibung des Client/Server-Modells kann es zu Verwirrungen führen, wenn der beschriebene Server sich einmal auf die Hardware (das heißt, er ist ein Computer) und ein anderes Mal auf die Anwendung einer Serversoftware bezieht. Ein IP-Name (wie beispielsweise info.blatz.com) bezieht sich typischerweise auf einen einzelnen Computer, der im Internet über diese Adresse verfügt. Auf diesem Computer können mehrere Serveranwendungen bzw. -prozesse gleichzeitig ausgeführt werden. Das Konzept der Anschlussnummern (zum Beispiel `info.blatz.com:80` oder `info.blatz.com:8080`) bietet dem Client einen Mechanismus dafür an, den Prozess auf dem Computer, an den die Kommunikation gerichtet ist, identifizieren zu können.

In den meisten Organisationen ist die jederzeitige Auslastung der Computer eine wichtige Frage, und sie wünschen oft, dass die Computer möglichst stark beschäftigt sind, um den durch sie dargestellten Investitionswert zu amortisieren. Andererseits sollten Versuche zur Auslastung der Computer nicht dazu führen, dass nachteilige Nebeneffekte auf die Dienste entstehen, die sie bieten,.

In Abhängigkeit von der Webserverlast, -kapazität oder den unterstützten Anwendungen sollte der Administrator eines Webservers gegebenenfalls in Erwägung ziehen, auf derselben Hardware, auf der die Webserveranwendung läuft, auch mehrere Serveranwendungen laufen zu lassen. Hier in Frage kommende Einsatzmöglichkeiten wären reale Server verschiedener Typen, virtuelle Hardware- und virtuelle Software-Webserver.

Virtueller Hardwareserver

Ein *virtueller Hardwareserver* ist eine Serverkonfiguration, in der ein Serverprozess auf mehrere IP-Adressen reagiert. Das heißt, dass mehrere IP-Adressen »virtuell« demselben physischen Computer zugewiesen sind. Es ist wichtig zu verstehen, dass hierbei die IP-Adressen in denselben IP-Namen des Computers aufgelöst werden.

In der Abbildung 7.5 beispielsweise können die Clients auf den Computer, auf dem der Webserver läuft, über die Adressen 134.79.12.34, 120.63.67.12

oder 116.32.56.87 zugreifen. Alle diese Adressen werden in denselben Servernamen aufgelöst (beispielsweise `www.blatz.com`). Mit anderen Worten sind die folgenden vier URLs alle logisch (obgleich nicht unbedingt auch funktionell) synonym:

1. `http://134.79.12.34`
2. `http://120.63.67.12`
3. `http://116.32.56.87`
4. `http://www.blatz.com`

Um diese Konfiguration möglich zu machen, werden für jede IP-Adresse separate DNS-Einträge benötigt, die sie mit demselben Computer verknüpfen. Innerhalb dieser Architektur gibt es typischerweise nur einen einzigen Webserverprozess mit einer einzigen Konfigurationsdatei.

Hardware

Virtuelle Server werden zu dem Zweck verwendet, mit nur einer einzigen laufenden Webserveranwendung verschiedene Konfigurationen eines Webservice auf der Grundlage der IP-Adresse anzubieten. Der Webserver kann beispielsweise so konfiguriert werden, dass Anfragen, die von bestimmten Adressen stammen, auf bestimmte Dokumentspeicherbereiche zugreifen, die dagegen für Anfragen mit anderen Adressen nicht zur Verfügung stehen.

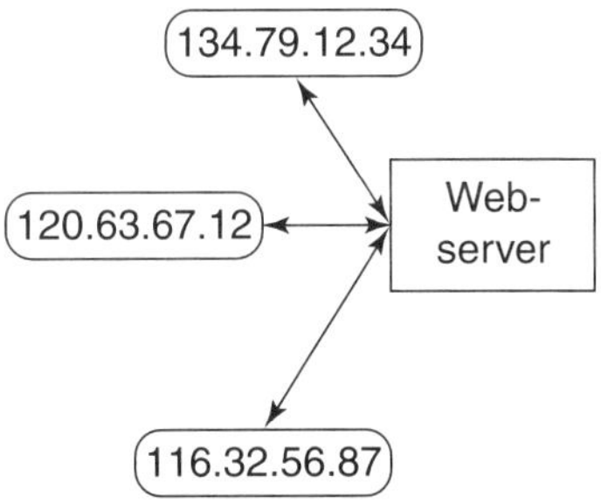

Abb. 7.5: Konfiguration mit einem virtuellen Hardwareserver

In der Übung 7.1 haben Sie Hosting-Services als eine Strategie kennen gelernt, mit deren Hilfe eine Organisation eine Webpräsenz aufbauen kann. Es wurde darauf hingewiesen, dass die Nutzer bzw. Leser dieser Sites nicht feststellen können, ob im Hintergrund ein Hosting-Service, eine Web-Appliance oder ein dedizierter Webserver eingesetzt wird. Wie kann bei Verwendung eines WSP aber dafür gesorgt werden, dass die URL der Organisation möglichst nicht den Namen oder die Adresse des ISP (Internet Service Provider) enthält?

Virtueller Softwareserver

Falls Sie der Webdesigner für Blatz Corporation wären, dann möchten Sie als Adresse für Ihr Unternehmen natürlich lieber `http://www.blatz.com` als `http://116.84.22.11/` (an dieser Stelle wäre eine IP-Adresse weder praktisch noch lesbar) oder `http://www.hosting.com/blatz/` (wobei `www.hosting.com` der Name Ihres ISP sein soll) haben. Mit einem virtuellen Hardwareserver wäre dies nicht möglich. Die Architektur der *virtuellen Softwareserver* dagegen macht diese Konfiguration realisierbar, indem sie mehrere Servernamen (die virtuellen Softwareserver) zur Auflösung einer einzigen IP-Adresse zulässt.

In der Abbildung 7.6 werden beispielsweise die IP-Namen `www.blatz.com` und `www.boo.com` beide in dieselbe IP-Adresse des Computers aufgelöst, auf dem der Hosting-Webserver des ISP läuft. Dies setzt einen DNS-Eintrag (DNS: Domain Name Server) und die nötige Konfiguration des Webserver zur Identifizierung des Namens des virtuellen Host voraus.

Wie die Abbildung 7.6 zeigt, wurde der Dokumentspeicherbereich bzw. das Dokumentverzeichnis auf dem Hostcomputer für jeden einzelnen Namen eines virtuellen Softwareservers entsprechend partitioniert. Sobald daher eine Clientanfrage an `www.boo.com` stattgefunden hat, greift der Webserver nur auf den für diese Serveradresse bestimmten Inhalt zu. Unter Verwendung dieser Technik kann ein WSP eine beliebig hohe Anzahl »virtueller« Server unterhalten.

Abb. 7.6: Konfiguration mit einem virtuellen Softwareserver

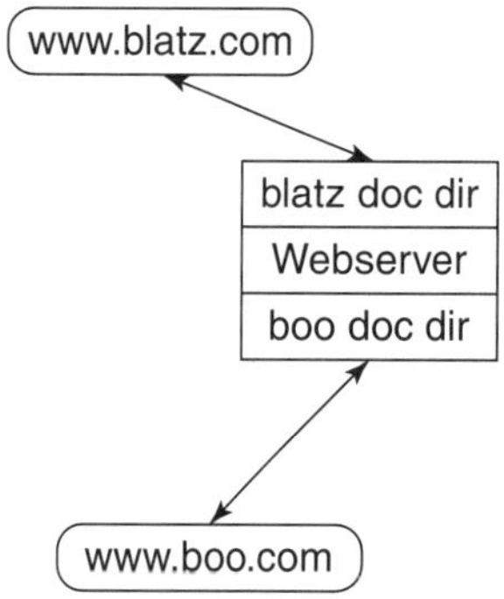

Übungen zu 7.3

7.3.1 Eine angemessene Webserverkonfiguration festlegen

a) Erörtern Sie Serveranwendungen, die sich gut für einen einzelnen Server eignen würden. Welche Anwendungen wären weniger geeignet?

b) Erörtern Sie die Probleme, die bei mehreren Serveranwendungen auf einem einzelnen physischen Server auftreten können. Wie würden Sie diesen Problemen begegnen?

Lösungen zu den Übungen

Lösungen zu 7.3

a) Erörtern Sie Serveranwendungen, die sich gut für einen einzelnen Server eignen würden. Welche Anwendungen wären weniger gut geeignet?

Lösung: Die Wahl der Server auf den Computern hängt von Ihrer Situation und den Anwendungen ab. Sie müssen auf jeden Fall in Erwägung ziehen, welche Daten und Dateien gemeinsam genutzt werden sollen. Falls beispielsweise auf die Daten sowohl über FTP als auch HTTP zugegriffen werden soll, wäre es unter Umständen sinnvoll, beide auf demselben physischen Computer zu haben

Anwendungen, die alle auf demselben Server laufen können, wären etwa:

- ✘ Ein sicherer Webserver
- ✘ Ein Indizierungsserver
- ✘ Ein FTP-Server
- ✘ Ein Verzeichnisserver

In Frage kommende Serveranwendungen können sein:

- Ein Mailserver (SMTP)
- Ein Newsserver (NNTP)
- Ein DNS-Server (Domain Name Server)

Diese Server erfordern wegen der mit ihnen verbundenen starken Betriebslasten normalerweise jeder einen eigenen Computer.

In der Abbildung 7.7 sehen Sie:

- Einen unter Anschluss 80 (Standardanschluss) laufenden Produktions-Webserver
- Einen unter Anschluss 8080 laufenden Test-Webserver
- Einen unter Anschluss 443 (Standardanschluss) laufenden sicheren Webserver
- Einen unter Anschluss 21 (Standardanschluss) laufenden FTP-Server
- Einen Suchserver für Indizierungs- und Suchvorgänge für die lokale Website, der unter einem nicht spezifizierten Anschluss läuft
- Einen Verzeichnisserver, der unter einem nicht spezifizierten Anschluss läuft

Es scheint offensichtlich zu sein, dass diese Computerkonfiguration ziemlich stark beschäftigt sein wird!

Abb. 7.7: Ein einzelner Hardwareserver, der mehrere Serveranwendungen unterstützt.

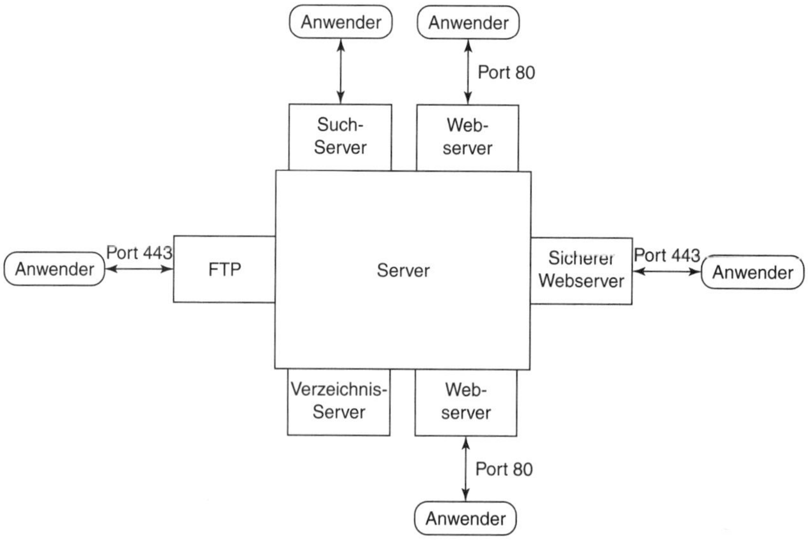

b) Erörtern Sie die Probleme, die bei mehreren Serveranwendungen auf einem einzelnen physischen Server auftreten können. Wie würden Sie diesen Problemen begegnen?

Lösung: Eine Entscheidung für den Betrieb mehrerer Server birgt immer gewisse Nachteile und Risiken in sich. Beispielsweise kann jede nicht typische Aktivität auf einer der Serveranwendungen aufgrund von Faktoren wie etwa hohem Datenaufkommen oder außer Kontrolle geratenen Prozessen die Leistung der anderen Server oder des Computers selbst in Mitleidenschaft ziehen. Darüber hinaus gibt es immer eine Konkurrenz um die Ressourcen – beispielsweise stehen der FTP- und der Webserver in Konkurrenz um denselben Plattenplatz bzw. dasselbe Dateisystem. Außerdem kann eine Verletzung der Systemsicherheit (das heißt, ein Einbruchsversuch) bei einer der Serveranwendungen dazu führen, dass alle anderen Anwendungen ebenfalls untergraben werden.

Allen diesen Nachteilen kann durch sinnvolle Strategien begegnet werden, wie beispielsweise:

- Lassen Sie die einzelnen Serveranwendungen in der »Gummizelle« laufen. Das heißt, dass die Anwendungen strikt separat mit Zugangskontrollen zu den Systemressourcen und ohne gemeinsam genutzten Dateispeicherplatz betrieben werden. Ein ins System eingebrochener Hacker hätte dann nur Zugang zur jeweiligen »Gummizelle«
- Systemüberwachung des Serverstatus. Eine systemweit eingesetzte Anwendungen könnte regelmäßig den Betriebszustand des Server überwachen, damit sichergestellt wird, dass es keine außer Kontrolle geratenen Prozesse gibt und der Server ordnungsgemäß läuft.
- Begrenzte Services. Problemen der Sicherheit können Sie durch eine umsichtige Anwendung von Sicherheitsbestimmungen für die Services begegnen (zum Beispiel kein anonymes FTP).
- Terminpläne. Stellen Sie fest, ob ein permanenter Betrieb der Server sinnvoll ist. Ist es beispielsweise notwendig, dass die Indizierung der Suchmaschine die ganze Zeit über läuft? Vielleicht können Sie sie auch außerhalb der Spitzenbelastungszeiten ablaufen lassen.

Wiederholungsfragen zu 7.3

Überprüfen Sie Ihr Wissen und versuchen Sie nun, die folgenden Fragen zu beantworten:

1. Der Indexserver sollte permanent in Betrieb sein, um die Seiten aktuell zu halten und um zu vermeiden, dass die Gefahr einer Überbeanspruchung der Systemressourcen entsteht, die auftreten kann, wenn viele nötige Arbeitsvorgänge auf einmal ausgeführt werden.

   a) Richtig
   b) Falsch

2. Mit welcher Methode werden mehrere IP-Adressen einem einzelnen physischen Computer zugewiesen?

   a) Virtuelle Hardwarehosts
   b) Virtuelle Softwarehosts
   c) DNS mit Lastenausgleich
   d) Virtuelle IP-Verteilung

3. Welchen Vorteil weisen virtuelle Softwarehosts gegenüber virtuellen Hardwarehosts auf?

   a) Falls der Server eines Hosts stoppt, werden andere Server davon nicht betroffen.
   b) Ein Einbruchsversuch beeinträchtigt nicht die Sicherheit der anderen Server.
   c) Falls ein Server die Systemressourcen übermäßig beansprucht, gibt es keinerlei Auswirkungen auf die anderen Server.
   d) Es wird nur eine einzige IP-Adresse benötigt.

4. Was ist keine geeignete Methode, um zu verhindern, dass in einem Betrieb mit mehreren Servern der ordnungsgemäße Betrieb der Server durch andere Server gestört wird?

   a) Der Betrieb separater Server in »Gummizellen«.
   b) Die Systemüberwachung des Serverstatus.
   c) Der Betrieb jedes Servers mit separater IP-Adresse.
   d) Die Verlegung unwichtiger Dienste auf Zeitpunkte außerhalb der Spitzenbelastungszeiten.

Die Lösungen befinden sich im Anhang des Buches zum Abschnitt 7.3.

Projekt 7.4: Die Serversicherheit

Öffentliche Webserver stellen attraktive Ziele für Einzelpersonen oder Gruppen dar, die Informationen oder Software entwenden, Sabotage begehen, Organisationen bloßstellen, politische Ziele durchsetzen oder einfach nur ihre Kompetenz beweisen wollen. (...) Dieselben Leistungsmerkmale, die einen Webserver attraktiv machen, sind gleichzeitig für seine Verwundbarkeit verantwortlich.

Unbekannter Verfasser

Ein Sicherheitsvorfall wird als ein widriger Vorfall in einem Informationssystem oder Netzwerk und seinen Daten bzw. seiner Verfügbarkeit definiert. Unter widrigen Vorfällen werden Verletzungen der Integrität, der Verlust der Betriebsbereitschaft, Verletzungen der Vertraulichkeit oder Beschädigungen des Systems verstanden. Beispiele derartiger Vorfälle wären die Einschleusung schädlichen Programmcodes (zum Beispiel Viren, Trojanische Pferde oder »Hintertüren«), nicht autorisierte Untersuchungen und Sondierungen, erfolgreiche oder erfolglose Einbruchsversuche und Attacken durch Insider.

US-amerikanisches Department of Energy

ZIEL

Nach diesem Kapitel können Sie:

- Die grundlegenden Sicherheitsrisiken verstehen
- Angemessene Sicherheitsmaßnahmen implementieren

Der Administrator einer Website ist wie ein Krieger, der immer wachsam und auf der Hut sein muss, ob der Inhalt der Website seiner Organisation auch korrekt ist. Administratoren haben darauf zu achten, ob Ihre Websites das gewünschte öffentliche Image repräsentieren. Die Verfügbarkeit der Webserver sollte ihr ständiges Anliegen sein, denn jeder Betriebsausfall kann die Organisation Leser oder Kunden kosten. Allerdings ist es nicht unbedingt der Webadministrator, der hierüber die Kontrolle hat, sofern er lediglich der Verantwortliche für den Inhalt ist. Der Ausfall eines Servers kann ein Ereignis sein, das sich seiner Kontrolle völlig entzieht.

Die Serversicherheit stellt ebenfalls einen bedenkenswerten Punkt dar. Allerdings handelt es sich diesmal um eine Frage, für die zweifelsfrei der Webadministrator zuständig ist. Es gehört zu den kritischen Aufgaben im Rahmen der Verwaltung und des Managements einer Website, die verschiedenen Fälle erkennen zu können, die zu einer Gefährdung einer Website führen, und für jeden dieser Fälle entsprechende Strategien vorbereitet zu haben.

Die am meisten gefährdeten Bereiche sind:

- Kennwortdateien. Der Zugang zur Liste der Benutzernamen und –kennwörter öffnet dem Eindringling Tür und Tor für Einbrüche jetzt und in der Zukunft.
- Organisationsdatenbestände. Sicherheitsempfindliche Organisationsdaten wie etwa Planungsdaten, Testdaten oder Gehaltslisten werden oftmals zum Ziel von Spionageversuchen, und zwar sowohl durch organisationsinterne als auch –externe Spione.
- Kundendaten. Kommerzielle Websites sollten sich darüber im klaren sein, dass der Zugriff auf Kundendaten wie etwa Kreditkartennummern für Hacker eine Fundgrube wäre.
- Anwendungssoftware. Für Eindringlinge kann auch der Zugang zu und das Herunterladen von lizenzierter, Original- oder sicherheitsempfindlicher Software interessant sein.

Wie die Abbildung 7.8 zeigt, stellt die Sicherheit des Serversystems nur einen Teil der Sicherheits- und Vertraulichkeitsfragen dar, mit denen der Administrator einer Website konfrontiert ist.

Abb. 7.8: Fragen der Sicherheit und Vertraulichkeit, mit denen der Webadministrator konfrontiert ist.

Bereiche mit potentiellen Sicherheitsrisiken

Das Web ist wie ein Dschungel – der Administrator einer Website sollte sich immer darüber im Klaren sein, dass jederzeit Angriffe und Attacken aus den Tiefen des Web stattfinden können. Hat es ein Eindringling erst einmal geschafft, ins System einzubrechen, stehen ihm zahlreiche Möglichkeiten zur Verfügung.

Die häufigsten davon sind:

- ✗ Diebstahl der Daten, Dateien oder Software
- ✗ Nicht autorisierter Zugriff auf Computerressourcen
- ✗ Attacken durch Denial-of-Service
- ✗ Löschen oder Manipulieren von Inhalten
- ✗ Installation nicht autorisierter Ressourcen

Attacken durch Denial-of-Service

Attacken durch das so genannte »Denial-of-Service« kommen häufig vor. Hiermit sind alle Aktionen gemeint, deren Ziel die Überlastung des Servers oder die Ausschaltung des Zugangs zu ihm ist. Attacken dieser Art sind nicht unbedingt das Ergebnis eines Einbruchs in den Server. Beispielsweise kann ein Webrobot einen Webserver dermaßen mit HTTP-Anfragen überhäufen, dass er ausfällt oder stark verlangsamt wird bzw. auf Nutzeranfragen nicht mehr reagiert. Dieser Robot ist dann die Ursache dafür, dass der Server seinen Betrieb gegenüber anderen Nutzern praktisch einstellt (engl. denial of service).

In einem ähnlichen Fall kann eine durch einen Eindringling auf einem Server installierte Anwendung die Systemverfügbarkeit so negativ beeinflussen, dass der Server nicht mehr in der Lage ist, die Anfragen der Nutzer bzw. Leser wie gewünscht zu beantworten. In diesem Fall bewirken der Eindringling und seine Anwendung die Verweigerung der Betriebsbereitschaft des Servers.

Löschen und Austauschen von Inhalten

In der jüngsten Vergangenheit gab es Webserverattacken, deren Ziel einfach nur in der Bloßstellung der Hosting-Organisation bestand und über die in den Medien breit berichtet wurde. Bei solchen Attacken ersetzt der Eindringling den vorhandenen Inhalt der Website einfach nur durch einen anderen Inhalt, der dem Ziel des Eindringlings dienlich ist. Gegenüber dem Nutzer bzw. Leser der Website erscheint der gesamte Betrieb der Website nach wie vor normal mit dem Unterschied, dass nicht die Inhalte der Organisation, sondern des Eindringlings angezeigt werden.

Die Abbildung 7.9 zeigt das Ergebnis einer weithin bekannten derartigen Attacke auf die Website des US-amerikanischen Justizministeriums.

Abb. 7.9: Hier wurde der Inhalt der Website des US-amerikanischen Justizministeriums ausgewechselt

Eine Attacke dieses Typs ist abgesehen vom Inhalt besonders deswegen heimtückisch, weil sich der Eindringling vorhandener Dateinamen und –referenzen bedienen konnte. Die Attacke wurde daher nicht durch interne Serverüberprüfungen bemerkt, sondern erst durch entsprechende Hinweise der Nutzer bzw. Leser.

Ein Beispiel dieser Art zeigt, dass dem Eindringling in einen Webserver die Berechtigungen zum Hinzufügen, Löschen oder Ersetzen der Inhalte auf einem Server zur Verfügung stehen, sobald er den Zugriff auf die Serverkonfigurationsdaten hat.

Installation nicht autorisierter Ressourcen

Eindringlinge in Websites sind auch dadurch bekannt geworden, dass sie neben Aktionen wie dem Löschen oder Austauschen der Inhalte und dem nicht autorisierten Gebrauch von Ressourcen auch Installationen von nicht autorisierten Ressourcen im Webserversystem vornehmen. Außer den negativen Auswirkungen, die solche Installationen auf die Serverleistung haben können, gibt es noch weitere mögliche Probleme, zu denen beispielsweise oft die Softwarelizenzierung gehört. Falls ein Eindringling lizenzierte Software auf Ihrem Webserver installiert, sind Sie für diese Lizenz (bzw. ihr Fehlen) automatisch verantwortlich. Aus der Sicht des Softwareherstellers wird Ihr Server daher mit illegaler, nicht lizenzierter Software betrieben. Eine derartige Situation schafft nicht nur eine peinliche Lage für Ihre Organisation, sondern kann auch rechtliche Konsequenzen nach sich ziehen.

In einem vor einigen Jahren breit in der Öffentlichkeit bekannt gewordenen Fall installierte ein Eindringling auf dem Webhost einer US-amerikanischen wissenschaftlichen Einrichtung einen FTP-Server. Dieser FTP-Server diente dann zur Weiterverbreitung pornografischen Materials.

Gute Sicherheitspraktiken

Es gibt zahlreiche Richtlinien und Praktiken, mit denen diese und andere potentielle Sicherheitsrisiken vermieden werden können. Es ist extrem unwahrscheinlich, dass alle diese denkbaren Richtlinien und Praktiken für sämtliche Websites interessant sind. Es liegt jedoch in der Verantwortung des Website-Administrators, die Sicherheitsbedrohungen zu ermitteln, von denen die Site möglicherweise betroffen sein könnte, und die Richtlinien und Praktiken festzulegen, mit denen diesen Bedrohungen begegnet werden kann.

Firewalls

Firewalls sind Bestandteil der am häufigsten vorkommenden Strategien zur Vermeidung der Sicherheitsrisiken bei Webservern. Firewalls kommen in der Form von Software- oder Hardwareimplementierungen vor und können bei einer Vielzahl von Netzwerkkonfigurationen verwendet werden.

In der einfachsten Konfiguration wird der Webserver hinter eine Netzwerk-Firewall gestellt. Diese Firewall wird dann so konfiguriert, dass sie sämtliche Netzwerkanfragen an den Server mit Ausnahme von Anfragen für gewünschte Services ausfiltert.

Begrenzung der Services eines Servers

In der Übung 7.3 haben Sie die Fragen kennen gelernt, die sich aus dem Betrieb mehrerer Services auf einem Webserver ergeben können. In der Übung wurde darauf hingewiesen, dass zusätzliche Services immer auch ein potentielles Sicherheitsrisiko nach sich ziehen. Der Administrator des Webservers muss daher eine Abwägung zwischen der maximalen Auslastung der Webservercomputer und der möglichen Gefahr von Sicherheitslücken treffen.

Serverwartung und -verwaltung

Ein gut gewartetes und verwaltetes System ist für die Sicherheit von außerordentlicher Bedeutung. Sie müssen sich genau darüber im Klaren sein, wie das System konfiguriert und welches Verhalten für das System »normal« ist. Der Administrator muss weiterhin alle Änderungen (bei der Hardware oder Software) in Rechnung stellen, die zur Steigerung der Sicherheit notwendig werden.

Für den Administrator der Website stellt die Protokolldatei des Servers die erste Informationsquelle über Einbrüche oder Einbruchsversuche eines Eindringlings dar. Sie macht außerdem deutlich, ob die implementierten Sicherheitsmaßnahmen (zum Beispiel der eingeschränkte Zugang zum Webinhalt) wie gewünscht funktionieren.

Für den potentiellen Eindringling enthält die Protokolldatei Informationen wie etwa die Benutzernamen, Domänennamen und Adressen des Computers, Hinweise auf die Taxonomie des Serverdateisystems (dieses Thema wird in der nächsten Übung behandelt), die verwendete Browser- und Serversoftware einschließlich der Versionen und so weiter. Die Abbildung 7.8 illustriert die Rolle des Vertrauensschutzes der Kunden im Gesamtkonzept der Sicherheit. Der Schutz der Daten in der Protokolldatei ist eine Maßnahme zum Schutz der Vertraulichkeit.

Betrachten Sie beispielsweise die folgenden Einträge einer Protokolldatei:

```
http://www.wpi.edu/~ack/women_of_internet.html
file:\ \ SHARE1\ ADMIN\ ARB\ STOCKS_TO_SELL_SHORT.HTM
http://bigstore.com/cgi-bin/order&product=H4219&ccno=
4128002258329347
```

Dem ersten Eintrag kann der Eindringling einen Domänennamen (wpi.edu) und einen Benutzernamen (ack) sowie einen Hinweis darauf entnehmen, dass der Benutzer eine Frau sein könnte. Der zweite Eintrag zeigt auf eine lokale Datei, die (wie man dem Namen entnehmen kann) sehr wahrscheinlich sicherheitsempfindliche Informationen enthält. Der dritte Eintrag ist das Ergebnis eines mangelhaft geschriebenen CGI-Programms, das Kreditkarteninformationen eines Benutzers preisgibt!

Zu den Strategien, die sich mit der Sicherheit der Protokolldatei befassen, gehören die folgenden:

- Falls die Protokolldateien auf dem Computer mit dem Webserver gespeichert werden sollen, sollten sie verschlüsselt sein. Anderenfalls sollten Sie in Erwägung ziehen, die Protokolldateien auf einem anderen Computer und sogar einem anderen Dateisystem zu speichern.
- Die Protokolldateien des Webservers sollten niemals im Web außer über eine administrative Webschnittstelle sichtbar sein.
- Protokolldateien sollten häufig auf verdächtige Aktivitäten inspiziert werden. Programme zur Protokolldateianalyse weisen auf die IP-Adressen oder Namen von Benutzern im Web hin, die häufig oder übermäßig viele Anfragen stellen, und zeigen an, auf was sie zuzugreifen versuchen.

- Für die Protokolldateien sollte immer ausreichender Plattenplatz zur Verfügung stehen. Achten Sie aber darauf, dass Attacken nach dem Muster des Denial-of-Service nicht dazu führen, dass die Größe der Protokolldateien den verfügbaren Plattenplatz überschreitet und möglicherweise ein Serverausfall herbeigeführt wird.

Programme und Skripte

Wie Sie im Beispiel oben erkennen können, stellt die Preisgabe der Kreditkartennummer eines Benutzers zweifellos eine Sicherheitslücke dar. Schlecht geschriebene oder entworfene Serverskripte und –programme stellen ein Einfallstor für Verletzungen der Sicherheit eines Webservers dar. Es liegt in der Verantwortung des Administrators, die auf dem Webserver laufenden Skripte und Programme einer genauen Überprüfung zu unterziehen.

Ein Organisation sollte mindestens die folgende Punkte berücksichtigen:

- Einführung einer generellen Verfahrensweise hinsichtlich des Verfassens und Testens (insbesondere im Hinblick auf Sicherheitsfragen) von CGI-Skripten und anderen serverseitigen Anwendungen.
- Alle unbenötigten Skripte und Programme aus dem standardmäßigen Verzeichnis für Serverskripte löschen (normalerweise /cgi-bin).
- Serverkonfigurationen in Erwägung ziehen, mit denen CGI-Skipte oder andere Prozesse isoliert und auf »Gummizellen« beschränkt werden können, in denen sie ablaufen. Durch derartige Konfigurationen werden Sicherheitsrisiken durch mangelhaft geschriebene Skripte minimiert.
- Überprüfen Sie sorgfältig alle Anwendungen und Services, die die Installation von Skripten voraussetzen, die Gebrauch von der Server-API machen. Beispiele solcher Anwendungen sind HTML-Editoren und Publishing-Programme.

Sicherheitstools

Sicherheitstools können ein außerordentlich wirksamer Bestandteil der defensiven Sicherheitsstrategie des Websiteadministrators gegenüber Eindringlingen werden. Tools dieser Art werden kommerziell angeboten. Sie können auch von der Organisation selbst geschrieben werden. Auch viele generelle Systemtools können zur Unterstützung der Webserversicherheit verwendet werden.

Eine sinnvolle »Werkzeugkiste für die Webserversicherheit« kann folgendes beinhalten:

- »Fangschaltungs«- bzw. Spähprogramme zur Erkennung von Einbrüchen

- Makros oder Skripte, die periodisch die Integrität kritischer Dateien überprüfen. Programme dieser Art könnten beispielsweise über Prüfsummen erkennen, ob Dateien verändert worden sind.
- Programme, die periodisch HTTP-Anfragen an den Webserver absetzen, um seine Verfügbarkeit zu überprüfen.
- Scan-Programme, die nach bestimmten kritischen Punkten der Verwundbarkeit eines Servers suchen.

Serverwartung

Die Konfigurationsdatei des Servers und die Serversoftware sind das Herzstück des Webservers. Beide Komponenten müssen daher immer in der bestmöglichen Verfassung sein.

Ein Eindringling, der die verwendete Serversoftware entdeckt hat, kann auch den standardmäßigen Aufbau der Serverkonfigurationsdatei erkennen. Durch einen Bug oder eine mangelhafte Konfiguration des Servers kann eine Sicherheitslücke entstehen, die einem Eindringling die Gelegenheit verschafft, einen nicht autorisierten Zugang zum Server oder ins Netzwerk, mit dem dieser verbunden ist, zu bekommen. Falls in der Standardkonfiguration eines Servers bekannte Sicherheitslücken bestehen, kann der Eindringling diese Information zu seinem Vorteil ausnutzen. Folgende Punkte können daher erwägenswerte Bestandteil Ihres Sicherheitsverfahrens sein:

- Entfernen und verschieben Sie den standardmäßig von der Serversoftware definierten Dokument-Stammordner.
- Isolieren Sie nach Möglichkeit den Webdokument-Stamm im »realen« Dateisystem (»virtuelle« Dateipfade werden in der Übung 7.5 erörtert).
- Nehmen Sie regelmäßige Sicherungen der Konfigurationsdatei für den Fall vor, dass die aktive Version ungültig oder verändert worden ist.
- Deaktivieren Sie:
  - Automatische Verzeichnislistings, die Informationen aus dem Dateisystem enthalten
  - Basisverzeichnisse, die Skripte mit Sicherheitslücken oder nicht autorisierte Informationen enthalten
  - Serverseitige Includes mit der Anweisung #EXEC
  - Die Ausführung von CGI-Skripten aus beliebigen Verzeichnissen

Der Administrator einer Website muss Eindringlingen auch hinsichtlich der Wartung der Serversoftware immer einen Schritt voraus sein. Sie müssen sich darüber im Klaren sein, dass potentielle Eindringlinge oftmals über dieselben

Informationen über Server-Patchlevel und Bugreports verfügen wie Sie selbst auch. Ein Administrator, der nicht schnell genug auf Bugreports reagiert und die entsprechenden Fixes nicht unverzüglich installiert, verschafft Eindringlingen eine Einladung zum Ausnutzen des Bugs. Beachten Sie als Administrator die Ratschläge von CERT (`www.cert.org`) und lesen Sie regelmäßig die Newsgroups zum Thema Sicherheit.

Auch die Hacker-Newsgroups können wertvolle und interessante Hinweise auf die aktuell verfügbaren Hackertools, -tricks und -strategien liefern. Hacker lieben es, sich über die Sites, die sie »geknackt« haben, und ihre zukünftigen Pläne auszulassen. Sie sind oft auch dazu bereit, Informationen und Tools mit ihren »Kollegen« auszutauschen.

Einer der Vorteile des Mirroring eines Webservers besteht darin, dass eine Organisation den Webservice nach einem Angriff auf den Produktionsserver rasch wiederherstellen kann. Ein Mirror, der hinter einer Firewall und /oder einem nicht standardmäßigen Anschluss betrieben wird, kann von potentiellen Eindringlingen auch nicht so einfach entdeckt und angegriffen werden.

Im Falle eines Einbruchs

Für den Administrator einer Website ist ein Einbruch ins System mit einem Einbruch in seinem eigenen Haus vergleichbar, denn er sieht eine solche Situation wie einen Hausfriedensbruch an. Im Falle eines Einbruchs ist es wichtig, nicht übertrieben zu reagieren, sondern anstelle dessen systematisch und umsichtig Maßnahmen zu treffen, mit denen der gewünschte Service Ihren Nutzern bzw. Lesern wieder zur Verfügung gestellt werden kann. Sie sollten noch vor einem Versuch, den angerichteten Schaden wieder zu »reparieren«, die folgenden Maßnahmen treffen:

- Fahren Sie den Server herunter, um weitere Beeinträchtigungen der Nutzer bzw. Leser und den fortgesetzten Zugriff des Eindringlings aufs System zu unterbinden.
- Erklären Sie Ihrer Nutzer- und Lesergemeinde den Grund dafür, weshalb der Service im Moment nicht zur Verfügung steht. Verbreiten Sie diese Erklärung beispielsweise über E-Mail.
- Sichern Sie alle Serverkonfigurationen, um ein genaues Gesamtbild des angegriffenen Systems zu erhalten. Die Sicherung ist nicht nur wertvoll für die Analyse, sondern auch für die rechtliche Beweisführung gegenüber dem Eindringling.
- Melden Sie den Einbruch den zuständigen Stellen (zum Beispiel CERT, der Staatsanwaltschaft und anderen).

- Halten Sie die Auswirkungen des Vorfalls auf die Öffentlichkeit so gering wie möglich. Diese Maßnahme dient nicht dem Zweck, die Bloßstellung der Organisation zu verschweigen, sondern um zu verhindern, dass der Eindringling ein öffentliches Forum für seinen Einbruch erhält (was unter Umständen genau das ist, was er sich wünscht), und um ihn von zukünftigen Einbruchsversuchen abzuhalten.

Die Website (bzw. der Mirror) sollte erst dann wiederhergestellt werden, wenn die Umstände und Ursachen des Einbruchs und die Vorgehensweise des Eindringlings genau identifiziert und Wiederholungsmöglichkeiten ausgeschaltet werden konnten. Bei der Wiederherstellung der Website sollten Sie damit rechnen, dass es entweder von Seiten des Eindringlings oder seiner »Kollegen« weitere Einbruchsversuche geben wird. Führen Sie daher entsprechende zusätzliche Überprüfungsmaßnahmen durch.

Übungen zu 7.4

7.4.1 Die grundlegenden Sicherheitsrisiken verstehen

a) Zunächst denken Sie vielleicht, dass es auf einem Webserver nichts gibt, was man stehlen könnte. Diebstahl bezieht sich jedoch nicht nur auf Geld und ähnliche Dinge von Wert. Erörtern Sie, welche Objekte eines Webservers zum Ziel eines Diebstahls werden können.

____

____

____

b) Diebstahl auf einem Computer beinhaltet mehr als nur die Entwendung von Dateien. Ein Computer verfügt über Ressourcen, die von anderen Personen unsachgemäß verwendet werden könnten. Erörtern Sie, welche Objekte eines Webservers zum Ziel eines Diebstahls dieser Art werden können.

____

____

____

c) Diebstahl endet nicht bei den Dateien oder Ressourcen. Es gibt Leute, die ihr Signum in der Welt hinterlassen möchten; genauso, wie ein Hund einen Baum markiert. Auf welche Weise kann ein böswilliger Nutzer Schaden in Ihrem System anrichten?

7.4.2 Angemessene Sicherheitsmaßnahmen implementieren

a) Eine Firewall ist eines der wichtigsten Mittel zur Verhinderung eines unzulässigen Zugriffs auf Ihr System. Erörtern Sie, wo und wie Sie eine Firewall einsetzen könnten.

b) Je weniger Eingangstüren ein System hat, umso weniger Angriffsflächen für einen Eindringling sind vorhanden. Erörtern Sie Möglichkeiten zur Beschränkung des Zugriffs auf das System.

c) Auch beim Einbruch eines Eindringlings ins System kann der Umfang der erteilten Berechtigungen noch begrenzt sein (jedenfalls anfänglich). Indem der Eindringling Informationen des Systems nutzt, kann er weitere Sicherheitslücken ausfindig machen. Erörtern Sie, welche Schritte ein Administrator unternehmen kann, um den Zugriff auf wichtige Informationen zu verhindern.

Lösungen zu den Übungen

Lösungen zu 7.4.1

a) Zunächst denken Sie vielleicht, dass es auf einem Webserver nichts gibt, was man stehlen könnte. Diebstahl bezieht sich jedoch nicht nur auf Geld und ähnliche Dinge von Wert. Erörtern Sie, welche Objekte eines Webservers zum Ziel eines Diebstahls werden können.

   Lösung: Das häufigste Ergebnis einer Attacke auf einen Webserver besteht im Diebstahl von Ressourcen und/oder Daten der Organisation. Bei den meisten derartigen Attacken stellt der Webserver für den Eindringling lediglich den »Einstiegspunkt« in das Computersystem der Organisation dar – er ist selbst nicht das primäre Ziel des Eindringlings. Da der Webserver oft über den Zugang zum Dateisystem der Organisation verfügt, erhält der Eindringling automatisch ebenfalls den Zugang zum Dateisystem.

b) Diebstahl auf einem Computer beinhaltet mehr als nur die Entwendung von Dateien. Ein Computer verfügt über Ressourcen, die von anderen Personen unsachgemäß verwendet werden könnten. Erörtern Sie, welche Objekte eines Webservers zum Ziel eines Diebstahls dieser Art werden können.

   Lösung: Hacker sind nicht immer bösartig – manchmal wollen Sie auch einfach nur ihren Spaß haben! Für Eindringlinge dieser Art können die Computersysteme großer Organisationen zu idealen Spielplätzen werden. Diese Systeme bieten oftmals den Zugang zu Anwendungsprogrammen, Sprachcompilern und anderen Ressourcen, die dem Eindringling anderenfalls nicht zugänglich wären.

   Wenn Sie eine Website betreiben, die den Zugang zu bestimmten Bereichen nur Personen verschafft, die zu Mitgliedern werden (zum Beispiel durch Mitgliedsbeiträge), dann ist der Sinn der Mitgliedschaft in Frage gestellt, wenn sich jemand durch die Mitgliedschaft einen unbefugten Zugang zum System verschaffen kann.

   Einbruchsversuche dieser Art mögen noch harmlos erscheinen. Der Administrator einer Website kann es sich aber nicht leisten, sie auf die leichte Schulter zu nehmen. Einbrüche dieses Typs können Auswirkungen auf die Systemleistung haben oder Möglichkeiten zum Ausnutzen von Systemressourcen bieten. Wenn diesen Einbrüchen nicht rechtzeitig begegnet wird, arten sie oft in böswillige Attacken aus.

c) Diebstahl endet nicht bei den Dateien oder Ressourcen. Es gibt Leute, die ihr Signum in der Welt hinterlassen möchten; genauso, wie ein Hund einen Baum markiert. Auf welche Weise kann ein böswilliger Nutzer Schaden in Ihrem System anrichten?

Lösung: Der offensichtlichste Weg, auf dem ein Nutzer Schaden im System anrichten kann, besteht in der Beschädigung oder Änderung von Systemdateien, wodurch Einfallstore ins System geschaffen werden können. Manche Hacker gehen sogar so weit, dass sie den Zugang aller anderen Personen zum System auszuschalten versuchen.

Lösungen zu 7.4.2

a) Eine Firewall ist eines der hauptsächlichen Mittel zur Verhinderung eines unbefugten Zugriffs auf Ihr System. Erörtern Sie, wo und wie Sie eine Firewall einsetzen können

Lösung: In der einfachsten Konfiguration wird eine Firewall zwischen das Internet und den Webserver platziert. Die Firewall wird dann so konfiguriert, dass sie sämtliche Netzwerkanfragen an den Server außer für benötigte Services (beispielsweise Anschluss 80 für den Standardanschluss des Webserver und Anschluss 443 für den Standardanschluss des sicheren Webservers) ausfiltert. Die Firewall kann auch dafür konfiguriert werden, alle HTTP-Anfragen außer denjenigen auszufiltern, die für bestimmte Webserver gedacht sind. Alle diese Strategien erzwingen eine Verfahrensweise der strikten Kontrolle über das Servermanagement und verhindern damit, dass nicht autorisierte Server zu Sicherheitslücken für einen potentiellen Eindringling werden können.

Mit einem ausgebauten Einsatz von Firewalls können entsprechend weitergehendere Sicherheitsanforderungen für die Intranets und Extranets der Organisation abgedeckt werden. Beide Konfigurationen beantworten unmittelbar die Sicherheitsproblematik des Zugangs zu empfindlichen Organisationsdaten. Die Abbildung 7.10 zeigt die Konfiguration für eine Firewall und das »klassische« Intranet.

Abb. 7.10: Klassische Internetkonfiguration

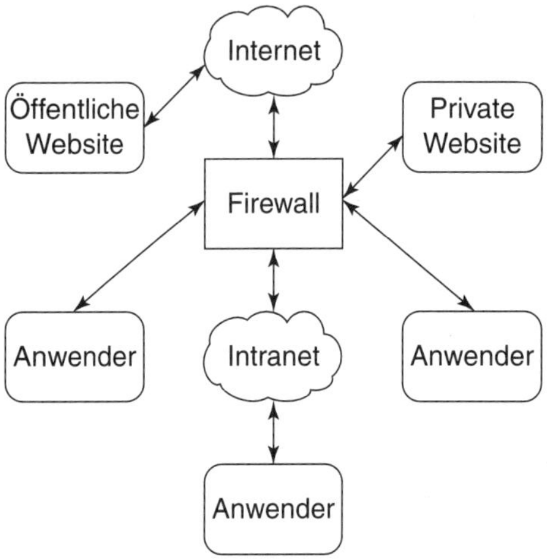

b) Je weniger Eingangstüren ein System hat, umso weniger Angriffsflächen für einen Eindringling sind vorhanden. Erörtern Sie Möglichkeiten zur Beschränkung des Zugriffs auf das System.

Lösung: Im allgemeinen wird empfohlen, sämtliche nicht benötigten und nicht betriebsnotwendigen Services vom Host des Webservers zu entfernen. Zu den Ausnahmen kann beispielsweise ein FTP-Server gehören (der nach Möglichkeit keinen anonymen Zugang erlauben sollte), der den Dokumentspeicherbereich des Webservers nutzt und eine sichere Anmeldung vorsieht, die zur Serverkonfiguration und –wartung benutzt werden kann.

Es ist offensichtlich, dass ein Webserver, der über viele Zugangsmöglichkeiten für den Support und die Wartung verfügt, ebenso viele Zugangsmöglichkeiten für potentielle Eindringlinge bietet. Ein Eindringling, der den Zugriff auf die Services der Webadministration erhält, kann die Konfiguration des Servers auf jede gewünschte Weise abändern. Dieser Problematik kann mit Hilfe mehrerer Strategien begegnet werden:

- Alle Remote-Administrationszugänge bis auf einen Zugang über ein nur einmal verwendetes Kennwort oder über eine verschlüsselte Verbindung abschalten. Alle Telnet-Zugänge über nicht vertrauenswürdige Sites begrenzen oder abschalten.
- Die Anzahl der Personen begrenzen, die als Administratoren zugelassen sind oder den Root-Zugang zum Webserver haben.
- Falls der Webserver über eine spezielle Administrationsschnittstelle verfügt (zum Beispiel eine über das Web zugängliche Schnittstelle), sollte diese während der Nutzung durch entsprechende Einschränkungen geschützt werden.

c) Beim Einbruch eines Eindringlings ins System kann der Umfang der erteilten Berechtigungen noch begrenzt sein (jedenfalls anfänglich). Indem der Eindringling Informationen des Systems nutzt, kann er weitere Sicherheitslücken ausfindig machen. Erörtern Sie, welche Schritte ein Administrator unternehmen kann, um den Zugriff auf wichtige Informationen zu verhindern

Lösung: Die Protokolldatei des Webservers ist für den Administrator der Website und den potentiellen Eindringling aus gänzlich unterschiedlichen Gründen von großem Wert. Angesichts ihrer außerordentlichen Bedeutung sollte die Protokolldatei sämtliche Webserveraktivitäten genau aufzeichnen und ebenso gut wie alle anderen Organisationsdaten geschützt werden

Für Websites ist es normal, Skripte einzusetzen, mit denen Informationen gesammelt oder dargestellt werden. Mangelhaft geschriebene Skripte können jedoch die Tore zu allen möglichen Arten von Sicherheitsproblemen öffnen. Hierunter fällt nicht nur der unberechtigte Zugang zum System selbst, sondern auch der unberechtigte Zugang zu sicherheitsempfindlichen Informationen.

Weiterhin ist es von außerordentlicher Bedeutung, dass das System richtig administriert wird. Dies schließt nicht nur die fortlaufende Aktualisierung der Software auf dem Server durch neue Softwarepatches ein (insbesondere solcher, die Sicherheitsfragen gelten), sondern auch die Überwachung des Systems im Hinblick auf eine Früherkennung von Einbruchsversuchen

Diese Art der Administration besteht darin, zu wissen, wie und wann reagiert werden muss. Es genügt nicht, einfach nur darüber informiert zu sein, dass Ihr System angegriffen worden ist. Sie müssen nicht nur alle nötigen Schritte unternehmen, mit denen Sie feststellen können, welcher Schaden angerichtet wurde, sondern auch überprüfen, ob der Eindringling Hintertüren offengelassen hat.

Wiederholungsfragen zu 7.4

Überprüfen Sie Ihr Wissen und versuchen Sie nun, die folgenden Fragen zu beantworten:

1. Um einen Server, der richtig konfiguriert ist, braucht sich der Administrator nicht mehr zu kümmern.

   a) Richtig
   b) Falsch

2. Die Protokolldateien des Systems, die zunächst unverdächtig erscheinen mögen, können einem Eindringling wertvollste Informationen verschaffen.

   a) Richtig
   b) Falsch

3. Ein CGI-Skript, dass im Kontext des Webservers unter den Nutzerkennung »niemand« läuft, kann nicht als Einfallstor ins System ausgenutzt werden.

   a) Richtig
   b) Falsch

4. Entgegen landläufiger Annahmen ist HTTP kein »Einbahnstraßenprotokoll« – es gestattet auch dem Client das Senden von Informationen an den Server.

   a) Richtig
   b) Falsch

5. Welcher erste Schritt sollte nach einem Einbruch unternommen werden?

   a) Benachrichtigen Sie CERT und die Strafverfolgungsbehörden.
   b) Fahren Sie den Server herunter bzw. trennen Sie ihn vom Netzwerk, um den fortgesetzten Zugang des Eindringlings zum System zu unterbinden.
   c) Stellen Sie das System aus der Datensicherung wieder her, um Auszeiten des Servers zu minimieren.
   d) Benachrichtigen Sie die Nutzer darüber, dass der Server nicht verfügbar ist.

Die Lösungen befinden sich im Anhang des Buches zum Abschnitt 7.4.

Projekt 7.5: Taxonomie des Dokument-Stammordners

Nach diesem Kapitel können Sie:

- Angemessene Taxonomien für den Dokument-Stammordner entwickeln

ZIEL

Taxonomie wird als die »systematische Einordnung von Einheiten in Gruppen oder Kategorien unter Zugrundelegung feststehender Kriterien« definiert.

Methoden wie etwa das Webengineering, die Information Architecture und Information Mapping sind nützlich für die Definition der logischen Struktur von Webdokumenten. Das Ziel dieser Methoden besteht in der Darstellung der Beziehungen zwischen den Seiten und Dokumenten einer Website auf eine Weise, die den Nutzern und Lesern den leichten Zugriff auf die benötigten Informationen und die einfache und logische Navigation zwischen ihnen gestattet. Alle diese Beziehungen können als Definitionen einer Seiten- bzw. Dokumenttaxonomie angesehen werden.

Das Konzept der Seiten- bzw. Dokumenttaxonomie ist deshalb sinnvoll, weil die Konfiguration eines Webservers üblicherweise den Aufbau von ein oder mehreren Dokumentverzeichnissen beinhaltet, über die die Nutzer Inhalte angeliefert bekommen. Eine gut entwickelte (bzw. mangelhaft entwickelte) Seiten- bzw. Dokumenttaxonomie berührt alle Bereiche der Nutzung und Administration einer Website.

Nutzungsstudien wie etwa die von Jakob Neilsen entwickelte stellen außerdem Techniken zur Definition der logischen Beziehungen zwischen den Seiten zur Verfügung. Zu den populärsten Methoden gehört die Methode Kartensortieren. Bei diesem Verfahren erhalten die Nutzer Karten, auf denen Ideen und/oder Konzepte notiert sind. Die Ideen stellen die Knoten eines Hypertextsystems dar. Die Nutzer werden dann dazu aufgefordert, diese Karten entsprechend den Beziehungen zu sortieren, die ihrer Meinung nach zwischen den Konzepten bestehen. Dabei darf man diese Methode nicht wie ein Quiz verstehen, in dem es nur eine richtige Antwort gibt. Das Ergebnis der Übung besteht darin, die Entwickler von Websites mit nützlichen Informationen zu versorgen.

Hierarchische Dateitaxonomien

Um die Informationen dem Server verfügbar zu machen, müssen sie sich entweder in einer Datei des Dateisystems oder innerhalb einer Datenbank befinden. Beim Dateisystem wird die Struktur einem hierarchischen Dateisystem zugeordnet. Da die meisten Dateisysteme schon von Natur aus hierarchisch sind, ist diese Vorgehensweise auf den meisten Computerplattformen problemlos implementierbar. Die Verzeichnisse und Unterverzeichnisse des Dateisystems korrespondieren mit den einzelnen Ebenen der hierarchischen logischen Struktur. Die hierarchische Navigation innerhalb eines Dateisystems ist einfach nachvollziehbar und leicht beschreibbar (diese Art der Navigation lässt sich schon aus den Web-URLs ablesen). Dementsprechend sind auch die Verfahrensweisen zur Anordnung von Hierarchien gut definierbar.

Das oberste Verzeichnis eines solchen Dateisystems dient dabei als die oberste Ebene des im Webserver definierten Dokumentenverzeichnisses.

Die Struktur verfügt nach der Umsetzung über Merkmale des jeweiligen Dateisystems, in dem sie implementiert wird. Beispielsweise wurde nun der Knoten »Home« durch den Stammknoten (/) des Verzeichnisses ersetzt. Außerdem wurden die längeren Namen in den Konzepten der logischen Struktur durch kürzere und sprechende Datei- und Verzeichnisnamen ersetzt.

Es ist empfehlenswert, bei der Zuordnung der Konzepte zu Namen in der Dateistruktur umsichtig vorzugehen und folgendes zu berücksichtigen:

- Die Namen sollten kurz, klar und sprechend sein.
- Hinsichtlich von Namen mit Groß- und Kleinschreibung sollte Vorsicht geübt werden (falls solche überhaupt verwendet werden).
- Die Namen sollten sowohl auf den Inhalt als auch die Nutzungsart hinweisen.
- Verwenden Sie wenn nötig die speziellen Servernamen wie etwa index.html, home.html und ähnliche.

Wie schon weiter oben erwähnt, ähnelt ein durch diese Hierarchie führender Pfad sehr eng dem in einer URL auftauchenden Pfad. Beispielsweise identifiziert der Pfad `/admin/who/photo/joe.tif` den Pfad zur Fotografie einer Person (Joe).

Die umsichtige Entwicklung und Implementierung einer Seiten- und Dateitaxonomie weist einige entschiedene Vorteile auf:

- Sie spiegelt exakt die Struktur der Dokumente bzw. der Site wieder.
- Sie erleichtert die Verwaltung des Dokumentspeicherbereichs.
- Sie erleichtert die Wartung der Konfigurationsdatei des Webservers.
- Sie trägt zur Lernfähigkeit der Nutzer und Leser und zur Berechenbarkeit der Website bei.
- Sie unterstützt die Indizierung der Website.

- Sie ermöglicht dem Autor die Verwendung von »relativen« URL-Pfaden, da die Datei- und Verzeichnisbeziehungen bereits vordefiniert sind.

Wie bei allen normalen Hierarchien sollten Strukturen, die zu tief geschachtelt sind (das heißt, die zu viele Ebenen enthalten), vermieden werden. Derartige Strukturen ergeben Pfad- und URL-Namen, die zu lang und daher schwer zu merken und zu erinnern sind. Außerdem gehen die Indexer vieler Suchmaschinen über eine bestimmte Anzahl von Ebenen nicht hinaus und beziehen tieferliegende Unterverzeichnisse und Seiten daher nicht in die Suche ein.

Reale und virtuelle Dateipfade

Wie schon weiter oben in dieser Übung erörtert, beinhaltet die URL `http://www.blatz.com/products/info` einen Dateipfad namens `/products/info` unterhalb des Dokument-Stammordners des Servers `www.blatz.com`. Dieser Pfad kann jedoch real oder virtuell sein. Ein »realer Dateipfad« bedeutet, dass die URL innerhalb der URL den tatsächlichen Pfad innerhalb des Dokumentenverzeichnisses des Servers darstellt. Im Beispiel weiter oben ist `/admin/who/photo/joe.tif` der reale Pfad, da er genau so im Dateisystem existiert.

Alle Serverkonfigurationen unterstützen die Definition von »virtuellen Dateipfaden«. Ein »virtueller Dateipfad« sieht wie ein »realer Dateipfad« aus, existiert jedoch nicht als realer Pfad im Dateisystem. Der Server ordnet diesen Pfad dagegen einem realen Dateipfad zu. Der virtuelle Pfad `/admin/who/joe.tif` beispielsweise kann sowohl ein Alias als auch ein Synonym für den realen Pfad `/admin/who/photo/joe.tif` sein.

Übungen zu 7.5

7.5.1 Angemessene Taxonomien für den Dokument-Stammordner entwickeln

a) Vergegenwärtigen Sie sich die Informationsarten, die auf unterschiedlichen kommerziellen bzw. Unternehmens-Websites verfügbar sind. Veranschaulichen Sie unter Verwendung der Kartensortiermethode von Nielsen auf einer Abbildung eine Hierarchie der wesentlichen Informationsarten, die auf diesen Websites verfügbar sind.

b) Ordnen Sie mit Hilfe der in der Übung zuvor erstellten Abbildung die Struktur dem korrespondierenden Dateisystem (bzw. den Verzeichnissen) zu.

c) Vergegenwärtigen Sie sich die Ergebnisse der vorherigen Übungen. Erörtern Sie die Vor- und Nachteile einer virtuellen Struktur, die die eigentliche physische Struktur nicht exakt nachbildet.

Lösungen zu den Übungen

Lösungen zu 7.5.1

d) Vergegenwärtigen Sie sich die Informationsarten, die auf unterschiedlichen kommerziellen oder Unternehmens-Websites verfügbar sind. Veranschaulichen Sie unter Verwendung der Kartensortiermethode von Nielsen auf einer Abbildung eine Hierarchie der wesentlichen Informationsarten, die auf diesen Websites verfügbar sind.

Lösung: Die Abbildung 7.11 zeigt Karten mit der Informationsstruktur einer normalen Website, die einen Nutzer vorgelegt und aus denen anschließend eine logische Struktur entwickelt worden ist.

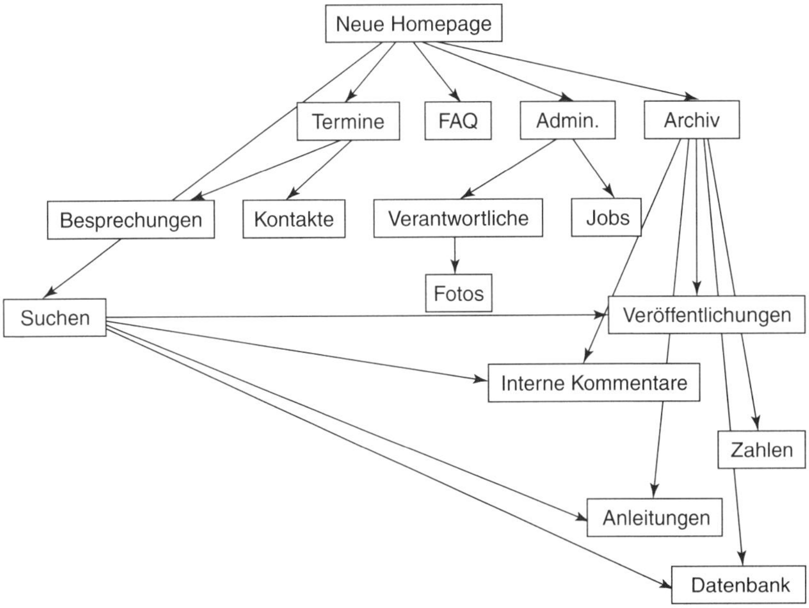

Abb. 7.11: Beispiel für das Ergebnis einer Kartensortierübung

In der Abbildung 7.12 werden die Ergebnisse aus der Übung des Kartensortierens in der Form einer hierarchischen Struktur dargestellt. Der Knoten »Suchen« wurde aus den Ergebnissen entfernt, da diese nicht eigentlich ein Konzept, sondern eine Operation darstellt, die auf viele der anderen Knoten angewendet werden kann. Die logischen Beziehungen zwischen den Knoten blieben dagegen unverändert.

e) Ordnen Sie mit Hilfe der in der Übung zuvor erstellten Abbildung die Struktur dem korrespondierenden Dateisystem (bzw. den Verzeichnissen) zu.

   Lösung: In der Implementierung einer Website muss die logische Struktur einer physischen Struktur zugeordnet werden (siehe Abbildung 7.13). Bei der physischen Struktur handelt es sich normalerweise um ein Dateisystem oder ein Datenbanksystem.

f) Vergegenwärtigen Sie sich die Ergebnisse der vorherigen Übungen. Erörtern Sie die Vor- und Nachteile einer virtuellen Struktur, die die eigentliche physische Struktur nicht exakt nachbildet.

   Lösung: Es gibt gute Gründe für die Verwendung virtueller Dateipfade wie beispielsweise die Sicherheit, die Verkleinerung einer URL und die Unterstützung für mehrere Dateisysteme. Ein Hauptnachteil besteht darin, dass eine Veränderung in der Darstellung der Information arbeitsaufwendig ist, da der Administrator als erstes festlegen muss, wie die neue virtuelle und die vorhandene physische Struktur aufeinander abzustimmen sind.

Vom Standpunkt der Sicherheit aus führen virtuelle Pfade zu einer Reduzierung der Informationen, die einem potentiellen Eindringling in den Server oder einem Hacker zur Verfügung stehen. Bei virtuellen Dateipfaden kann sich ein Eindringling kein so genaues Bild der Pfade im Dateisystem bzw. der Struktur des Dateisystems machen. Fehlende Informationen können die Wahrscheinlichkeit eines Einbruchsversuchs in einen Webserver minimieren.

Weiter oben in dieser Übung wurden die Nachteile langer URL-Namen im Hinblick auf zu tief geschachtelte hierarchische Dateistrukturen angesprochen. Das Konzept der virtuellen Pfade gestattet eine Beibehaltung langer Dateipfade (was wichtig werden kann, falls diese die Dokumentstruktur besser beschreiben) und ersetzt Referenzen auf diese durch kürzere virtuelle Pfade. Der Server ist anschließend für die Übersetzung der kürzeren Pfade bzw. URLs in das längere reale Gegenstück verantwortlich.

Eine der intelligentesten Verwendungsformen von virtuellen Pfaden besteht in der Unterstützung verschiedener Dateisysteme oder Massenspeicher. Auf diese Weise wird es möglich, ein nach außen als geschlossen erscheinendes Dokumentenverzeichnis eines Servers auf mehrere Verzeichnisse in mehreren Massenspeichern zu verteilen. Nehmen Sie beispielsweise einmal die virtuellen Pfade `/info/people` und `/info/addresses` an. Es sieht nun so aus, als ob »people« und »addresses« ein Unterverzeichnis von »info« innerhalb desselben Dateisystems wären. In Wirklichkeit könnte `/info/people` dem realen Pfad `C:\info\people` und `/info/addresses` dem realen Pfad `Z:\info\addresses` zugeordnet sein, wobei C und Z auf verschiedenen Massenspeichern lägen.

Virtuelle Dateipfade stellen Leistungsmerkmale dar, die die in der Übung 7.3 erörterten virtuellen Softwareserver möglich machen. In dieser Eigenschaft gestatten sie, Teile der Dokumenthierarchie bzw. der Dokumentenbaumstruktur wie unabhängige Dokumentenverzeichnisse zu behandeln. Diese Methode wird von ISPs häufig zu dem Zweck benutzt, denselben Dokumentenspeicherbereich mehreren von ihnen betriebenen Servern zuzuordnen.

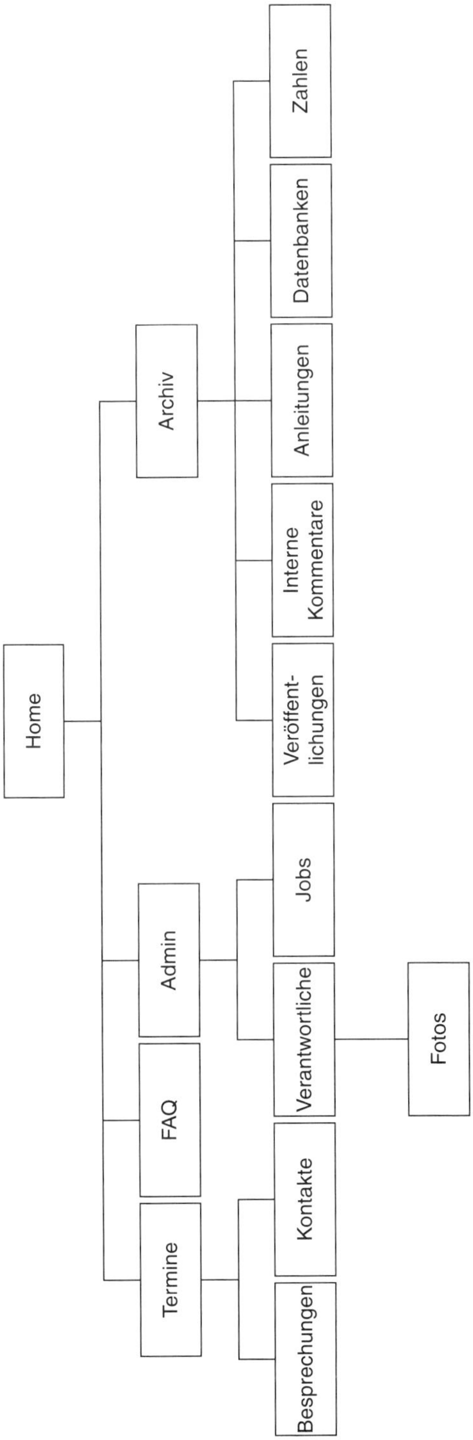

Abb. 7.12: Die Ergebnisse der Kartensortierübung wurden einer hierarchischen Struktur zugeordnet

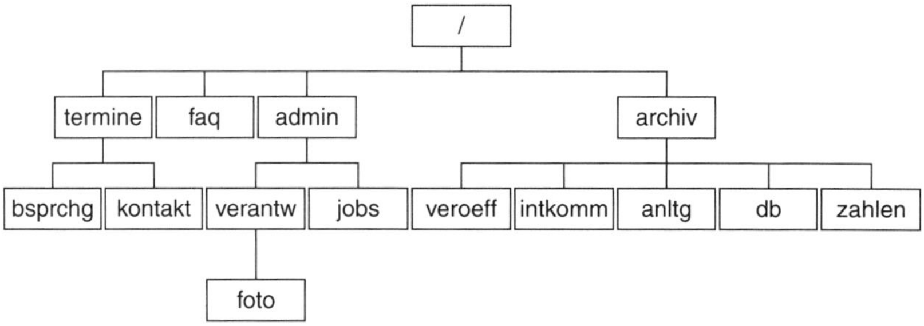

Abb. 7.13: Die Ergebnisse der Kartensortierübung wurden einem hierarchischen Dateisystem zugeordnet

Wiederholungsfragen zu 7.5

Überprüfen Sie Ihr Wissen und versuchen Sie nun, die folgenden Fragen zu beantworten:

1. Mit virtuellen Pfaden wird es möglich, die logische Struktur einer Website unterschiedlich von der physischen Struktur zu gestalten.
   a) Richtig
   b) Falsch
2. Virtuelle Pfade sind nur bei virtuellen Softwareservern und nicht bei virtuellen Hardwareservern möglich.
   a) Richtig
   b) Falsch
3. Was ist generell kein wichtiger Punkt bei der Entwicklung der Zuordnung virtueller zu physischen Pfaden?
   a) Die Namen sollten kurz, klar und sprechend sein.
   b) Vorsicht bei der Verwendung von Groß- und Kleinschreibung (falls überhaupt verwendet).
   c) Die Namen sollten eine Aussage sowohl über den Inhalt als auch die Nutzung machen.
   d) Vorsicht ist geboten, um sicherzustellen, dass mehrere virtuelle Pfade nicht einem einzigen physischen Pfad zugeordnet werden.
4. Was ist kein positives Merkmal einer sorgfältig entwickelten und implementierten Taxonomie?
   a) Sie spiegelt exakt die Struktur der Dokumente bzw. der Site wieder.
   b) Sie erleichtert die Verwaltung des Dokumentspeicherbereichs.
   c) Sie erleichtert die Wartung der Konfigurationsdatei des Webservers.
   d) Sie erleichtert die Wartung der Systemkonfigurationsdatei.

Die Lösungen befinden sich im Anhang des Buches zum Abschnitt 7.5.

Projekt 7.6: Zugangskontrolle, Sicherheit und Vertraulichkeit

Ein Webserver kann jedes Dokument liefern, auf das über sein Dateisystem zugegriffen werden kann. Die Beschränkung des Zugangs zum Dateisystem und die korrekte Einstellung der Dateiberechtigungen ist daher wesentlich für viele, wenn nicht sogar die meisten Probleme der Zugangsberechtigung, Sicherheit und Vertraulichkeit.

Unbekannter Verfasser

ZIEL

Nach diesem Kapitel können Sie:

- Die grundlegende Sicherheitskonfiguration verstehen

In der Übung 7.4, Die Serversicherheit, wurden die Beziehungen zwischen der Sicherheit, Vertraulichkeit und des Vertrauensschutzes erörtert. In dieser Übung werden der Zugangsschutz, die Sicherheit und Vertraulichkeit in ihrer direkten Beziehung zur Vertraulichkeit von Dokumenten innerhalb dieser Beziehung erörtert. Die hier erörterten Methoden der Zugangskontrolle werden zwar unabhängig von denen des Serverdateisystems behandelt, werden jedoch normalerweise in enger Verbindung mit diesen betrachtet werden müssen. Über die Zugangsregeln hinaus, die schon über die Dokumentenverzeichnisse des Servers definiert worden sind, sorgen die hier vorgestellten Methoden generell für einen weiteren Verfeinerungsgrad der Zugangskontrolle für Dokumente. Die an dieser Stelle erörterte Frage lautet, welche Zugangsbeschränkungen über den Inhalt des vom Server gelieferten eigentlichen Dokumententeils hinaus noch angewendet werden können.

Die Zugangsbeschränkung

Im Allgemeinen kann der Zugang zu Dokumenten des Webservers über die IP-Adresse oder den Host- bzw. Domänennamen des Clients bzw. Browsers, über Nutzergruppen oder Nutzernamen beschränkt werden. Ähnlich dazu kann der Zugang über eine Firewall oder einen Proxyserver global, lokal oder über einzelne Komponenten einer HTTP-Anfrage beschränkt werden. Aber was ist mit »global« oder »lokal« eigentlich gemeint? Ist mit »global« die ganze Welt oder nur der gesamte Server gemeint? Meint »lokal« nur den an die Firewall gerichteten Datenverkehr? Zugangsregeln für Verzeichnisse und Dateien können weiterhin sowohl über die Serverkonfigurationsdatei als auch über den Besitzer des Verzeichnisses bzw. der Datei festgelegt werden (bei den meisten Servern).

Der Serverzugang

Die folgenden Beispiele illustrieren die Definition von Nutzern und Gruppen in der Konfigurationsdatei der CERN-Software. Der Server legt über diese Nutzer und Gruppen fest, ob der Zugang zu bestimmten Dokumenten oder Verzeichnissen erlaubt oder beschränkt wird.

```
authors: john, james
trusted: authors, jim
slac_people: @134.79.*.*
hackers: marca@141.142.*.*, sanders@153.39.*.*,
     (luotonen, timbl, hallam)@128.141.*.*,
     cailliau@(128.141.201.162, 128.141.248.119)
cern_hackers: hackers@128.141.*.*
```

In diesem Beispiel besteht die Gruppe `authors` aus den Nutzern john und james. Die Gruppe `trusted` besteht aus den Nutzern john, james und jim. Die Gruppe `slac_people` besteht aus sämtlichen Nutzern, die Browser auf Computern in der Domäne 134.79.*.* ausführen. Die Gruppe `hacker` verknüpft bestimmte Nutzer und Domänen miteinander, während die Gruppe `cern_hackers` eine Untermenge von `hackers` darstellt, die über ihre IP-Adresse identifiziert werden.

Im nächsten Beispiel werden Gruppen und Kennwörter mit bestimmten Dateien und Verzeichnissen verknüpft.

```
Protection PROT-NAME {
     UserId marcus
     GroupId nogroup
     AuthType Basic
     ServerId OurCollaboration
     PasswordFile /WWW/Admin/passwd
     GroupFile /WWW/Admin/group
     GetMask group, user, group@address, ... }
Protect /private/URL/* PROT-NAME
Protect /another/private/* PROT-NAME
```

In diesem Beispiel stellt PROT-NAME die Bezeichnung eines eindeutig definierten Schutzes dar. Zu den für diesen Schutz relevanten Komponenten gehören Links zu einer Kennwortdatei und eine Datei, in der Gruppen wie im Beispiel weiter oben definiert sind.

Die letzten zwei Zeilen dieses Beispiels sind besonders interessant, weil sie die Verzeichnisse definieren, auf die der Schutz angewendet wird. Der Zugang zu jeder beliebigen Datei innerhalb des Verzeichnisses `/private/URL` ist hier nur dann erlaubt, wenn der Nutzer, die Gruppe und die Adressmerkmale, die im Schutz PROT-NAME definiert wurden, vom anfragenden Browser bzw. Client befriedigt werden können.

Die Syntax der hier vorgestellten Spezifikationen ist spezifisch für die Konfiguration des CERN-Server; die zugrundeliegende Funktionalität wird jedoch in dieser oder einer ähnlichen Form von allen Servertypen geboten.

Sie können hier leicht erkennen, wie sehr eine gut definierte Taxonomie (wie sie in der Übung 7.5 erörtert worden ist) bei der Identifizierung und dem Schutz von Verzeichnissen und Unterverzeichnissen helfen kann. Spezielle Knoten innerhalb dieser Taxonomie enthalten die Dateien und Verzeichnisse, für die ein eingeschränkter Zugang festgelegt werden soll.

Die in diesen Beispielen demonstrierten Methoden für den Nutzernamen, die IP-Adresse und den Hostnamen weisen gut bekannte Sicherheitslücken auf. Folgendes kann beispielsweise passieren:

- ✘ Nutzernamen und Hostnamen können verfälscht werden (das heißt, verändert oder manipuliert)
- ✘ IP-Adressen können verfälscht werden
- ✘ CGI-Skripte haben die Möglichkeit, Zugangsbeschränkungen zu umgehen, da vor der Ausführung eines Skipts keinerlei Dateiüberprüfungen gegenüber der Konfigurationsdatei stattfinden.
- ✘ Dokumente können während der Übermittlung (auf dem Wege zwischen dem Browser/Client und dem Server) abgefangen und die Header-Informationen (für die unter Umständen Zugangsregeln gelten) verändert werden.

Die Datei- und Verzeichniskontrolle

Die Zugangskontrolle in der Serverkonfiguration ist zwar leicht realisierbar und gut definierbar, erfordert jedoch einen Eingriff des Webserveradministrators. Dieses Erfordernis bedeutet eine zusätzliche bürokratische Hürde für den Verfasser eines Dokuments, der den Zugang anderer Personen zu seiner Arbeit naturgemäß beschränken möchte. Darüber hinaus führen die Administratoren von Webservern oft Beschränkungen hinsichtlich der Änderungen an den Serverkonfigurationsdateien ein, um diese Dateien übersichtlich und leicht wartbar zu halten. Dazu kommt noch, dass Änderungen in den Konfiguration einen Neustart des Servers erforderlich machen, so dass dieser für eine gewisse Zeit nicht verfügbar ist.

Die meisten wichtigen Softwarepakete für Webserver bieten außer den Regeln zur Serverkonfiguration noch eine Zugangskontrolle auf Verzeichnisebene an. Die am häufigsten implementierte Verfahrensweise dieser Art wird über die Datei *.htaccess* realisiert. Diese Datei wird von großen Serversoftwarepaketen wie Apache und den Netscape-Enterprise-Servern verwendet.

».htaccess« verfügt über die folgenden Eigenschaften:

- Die Verfasser können den Verzeichniszugriff kontrollieren.
- Es sind keinerlei Eingriffe des Webadministrators erforderlich.
- Die Datei liegt in dem Verzeichnis, das kontrolliert werden soll.

Der Name *.htaccess* rührt von der Unix-Namenskonvention her, die den Dateinamen aller Systemdateien, die nicht im Verzeichnislisting erscheinen sollen, einen Punkt (.) voranstellt. Trotz der Herkunft dieser Konvention ist die Verwendung von *.htaccess* jedoch nicht nur auf Computer mit der Unix-Plattform beschränkt.

Obwohl die Datei *.htaccess* über ein anderes Format als die CERN-Konfigurationsdatei verfügt, bietet sie dieselben grundlegenden Leistungsmerkmale an. Die Datei *.htaccess* ist eine reine Text- bzw. ASCII-Datei, die spezielle Direktiven enthält, mit denen die gewünschten Zugangsregeln festgelegt werden. Die am häufigsten verwendeten Direktiven sind:

- *<limit...>*. Leitet eine Liste mit Beschränkungen ein. Beschränkungen können GET, POST und PUT auferlegt werden, und zwar entweder einzelnen Personen oder einer Gruppe.
- *</limit>*. Schließt die Liste der Beschränkungen ab.
- *order deny, allow*. Zulassen bzw. Verweigern des Zugriffs auf ein Verzeichnis in Abhängigkeit davon, von wo aus ein Nutzer bzw. Leser den Zugang zu erlangen versucht.
- *deny from*. Der zu verweigernde Domänenname (Schlüsselwort all).
- *allow from*. Der zuzulassende Domänenname (Schlüsselwort all).
- *AuthUserFile*. Der Speicherort und Name der Datei, in der sich die Kennwortinformationen befinden.
- *AuthGroupFile*. Der Speicherort und Name der Datei, in der die Gruppen und Gruppenmitglieder definiert sind (*/dev/null* verwenden, wenn es keine Gruppen gibt).
- *AuthName*. Titel der Kennworteingabeaufforderung.
- *AuthType*. Basic.
- *require*. Wird zur Gewährleistung verwendet, dass ein oder mehr von drei Kriterien (user, group oder valid-user) vor dem Zugang erfüllt sind.
- *satisfy*. Legt fest, dass alle zutreffenden Krierien akzeptiert werden (Schlüsselwörter: *any/all*; *default:all*).

Richtlinien zur Zugangskontrolle

Die in dieser Übung erörterten Verfahrensweisen sind Beispiele dafür, wie die Fragen zur Dokumentensicherheit, der Vertraulichkeit und des Vertrauensschutzes auf der Ebene des Servers und des Verzeichnisses gelöst werden können. Die Implementierung dieser Methoden ist im Entwurf der Website einer Organisation von außerordentlicher Bedeutung. Der Administrator der Website trägt dazu bei, indem er für die Organisation sinnvolle Richtlinien für die Zugangskontrolle festlegt und durchsetzt, mit denen die ordnungsgemäße Anwendung dieser Methoden sichergestellt werden kann.

Besonders den Richtlinien, die mit der Verwendung der Kennwortauthentifizierung zu tun haben, sollte ein besonderes Augenmerk gewidmet werden. Man sollte sich darüber im Klaren sein, dass sämtliche Kennwörter ohne sichere Übertragungskanäle (wie zum Beispiel SSL) im Klartext über das Netzwerk gehen, was zur Folge haben kann, dass sie abgefangen und ausgespäht werden. Nutzer, die auf diese Weise auf Webdokumente zugreifen, sollten dazu angehalten (oder sogar gezwungen) werden, aus Gründen der Sicherheit als Authentifizierungskennwörter keinesfalls ihre Anmeldekennwörter zu verwenden.

Übungen zu 7.6

7.6.1 Die grundlegende Sicherheitskonfiguration verstehen

a) Erstellen Sie eine .htaccess-Direktive, um GET und POST auf die folgenden Merkmale zu beschränken:

- ✘ Die Reihenfolge in der Auswertung lautet `deny then allow`
- ✘ Der Zugang von sämtlichen Computern steht anfänglich auf `deny`
- ✘ Der Zugang wird anschließend nur Computern in der Domäne `stanford.edu` erlaubt.

___

___

___

b) Erstellen Sie eine weitere .htaccess-Direktive, um nur GET auf die folgenden Merkmale unter Verwendung der folgenden Direktiven zu beschränken:

- AuthUserFile
- AuthGroupFile
- AuthName
- AuthType

Lösungen zu den Übungen

Lösungen zu 7.6

a) Erstellen Sie eine .htaccess-Direktive, um GET und POST auf die folgenden Merkmale zu beschränken:

- Die Reihenfolge in der Auswertung lautet `deny then allow`
- Der Zugang von sämtlichen Computern steht anfänglich auf `deny`
- Der Zugang wird anschließend nur Computern in der Domäne stanford.edu erlaubt

Lösung: Dies ist eine mögliche Lösung:

```
<limit GET POST>
order deny, allow
deny from all
allow from .stanford.edu
</limit>
```

Wie Sie sehen können, werden hiermit alle Dateien in dem Verzeichnis, das die Datei .htaccess enthält, nur Lesern bzw. Clients zugänglich gemacht, die Anfragen von Computern mit dem Hostnamen »stanford.edu« starten. Der Zugang wird nur über den Hostnamen kontrolliert – es gibt keine Nutzernamens- bzw. Kennwortauthentifizierung.

b) Erstellen Sie eine weitere .htaccess-Direktive, um nur GET auf die folgenden Merkmale unter Verwendung der folgenden Direktiven zu beschränken

- AuthUserFile
- AuthGroupFile
- AuthName
- AuthType

Lösung: Dies ist eine mögliche Lösung

```
AuthUserFile /closed/.htpasswd
AuthGroupFile /dev/null
AuthName ByPassword
AuthType Basic
<limit GET>
require user bebo
</limit>
```

Dieses Beispiel veranschaulicht, wie nach einer Kennwortauthentifizierung bestimmten Nutzern der Zugang zu bestimmten Dateien gestattet wird. Die Kennwortdatei, die während der Nutzerauthentifizierung verwendet werden soll, wird über die Direktive AuthUserFile festgelegt. Der Rest der Datei legt fest, dass Anfragen mit HTTP GET nur dem Nutzer »bebo« (und niemandem sonst) nach der Kennwortauthentifizierung erlaubt sein sollen. Beachten Sie, dass es in dieser Datei *.htaccess* keinerlei Beschränkungen hinsichtlich der IP-Adresse oder des Hostnamens gibt. Der Nutzer *bebo* kann daher von jedem beliebigen Client im weltweiten Internet aus auf die Dateien zugreifen.

Die Datei *.htaccess* funktioniert auch in Verbindung mit der Datei *.ht-group*, die eine Definition von Nutzergruppen zulässt. In der folgenden Datei *.htgroup*:

the-group: bebo cailliau

wird eine Gruppe namens *the-group* definiert, die aus den Nutzern *bebo* und *cailliau* besteht. Diese Gruppe kann anschließend auf folgende Art und Weise verwendet werden:

```
AuthUserFile /u/sf/bebo/.data/.htpasswd
AuthGroupFile /u/sf/bebo/.data/.htgroup
AuthName grouptest
AuthType Basic
<limit GET POST PUT>
require group the-group
</limit>
```

Die Direktive *AuthGroupFile* zeigt auf den Speicherort der Datei *.ht-group*. Die Dateien in einem Verzeichnis, das die Datei *.htaccess* enthält, stehen nur für Anfragen mit HTTP GET, POST und PUT zur Verfügung, die von den Nutzern *bebo* und *cailliau* gestartet werden.

Wiederholungsfragen zu 7.6

Überprüfen Sie Ihr Wissen und versuchen Sie nun, die folgenden Fragen zu beantworten:

1. Die Datei *.htaccess* eignet sich besonders gut für eine Zugangskontrolle auf Verzeichnisebene, da sie auf den meisten Webservern zur Verfügung steht.

   a) Richtig
   b) Falsch

2. Gegenüber einer Konfiguration vom Typ CERN hat die Datei *.htaccess* den Vorteil, dass sie den Zugang sowohl auf der Grundlage der IP-Adresse oder des Hostnamens des Clients *und* der Ressource, auf die zugegriffen werden soll, beschränken kann.

   a) Richtig
   b) Falsch

3. Normalerweise beschränken Webserver generell den Zugang zu Dokumenten für alle Objekte außer den folgenden:

   a) IP-Adressen oder Domänennamen von Clients bzw. Browsern
   b) Betriebssystem des Client
   c) Nutzergruppen
   d) Nutzernamen

4. Die Datei *.htaccess* bietet welche der folgenden Merkmale:

   a) Erlaubt den Verfassern die Kontrolle des Verzeichniszugriffs.
   b) Konfiguration ohne Eingriff von seiten des Webadministrators.
   c) Die Datei *.htaccess* liegt im zu kontrollierenden Verzeichnis.
   d) Alle oben genannten Punkte treffen zu.

Die Lösungen befinden sich im Anhang des Buches zum Abschnitt 7.6.

Projekt 7.7: Suchen und Indizieren

Die Möglichkeiten des Internet können nur dann wahrgenommen werden, wenn die Nutzer das, was sie suchen, schnell, exakt und mit nur wenig Aufwand finden können. Die Entwicklung von Werkzeugen, die das Ausfindigmachen des gesuchten Materials mit nur wenigen Mausklicks und Tastenanschlägen ermöglichen, wird mehr und mehr zu einer Grundvoraussetzung dafür. Dies gilt umso mehr, wenn man das nicht abzuschätzende Wachstum des Web und die steigende Zahl von Einsteigernutzern betrachtet.

Pollock & Hockley, British Telecom Labs

ZIEL

Nach diesem Kapitel können Sie:

- Such- und Indizierungsfragen verstehen

Grundsätzlich gibt es zwei Typen von Webnutzern – die »Surfer« und die »Sucher«. Worin besteht der genaue Unterschied zwischen diesen beiden Typen? »Surfen« ist Browsen, also ein Absuchen von Hypertextlinks, die ein Verfasser für relevant hält. »Suchen« ist der Versuch eines Nutzers, etwas zu finden, was er aus verschiedenen Gründen gerade benötigt. Websites müssen so entworfen werden, dass sie sowohl Surfer als auch Sucher unterstützen.

Die Frage »Was sagt die Schaltfläche Suchen auf einer Seite dem Nutzer?« ist von besonderer Bedeutung. Es muss klar sein, ob sich die Suche auf das Internet, ein Intranet, eine Datenbank oder etwas ganz anderes bezieht (wie etwa das Suchen nach einer Datei oder einer Seite unter Verwendung eines Werkzeugs wie *find* oder *grep*).

Diese Übung wird sich allein auf die Fragen beschränken, die sich mit Techniken zur Unterstützung von Suchvorgängen im Internet/Web oder im Intranet befassen. Die Syntax zum Aufbau einer Suchanfrage hängt oft von den Suchwerkzeugen (bzw. Suchmaschinen) ab, die der Nutzer einsetzt und wird daher nicht behandelt.

Robots, Spider und Indexer

Ein Nutzer, der unter Verwendung seiner bevorzugten Suchmaschine eine Suchanfrage eingibt, löst damit ganz offensichtlich keine Suche im gesamten Web aus. Kein Nutzer hätte die Geduld, auf den Abschluss einer solchen Suchaktion zu warten. Die Suchanfrage eines Nutzers richtet sich dagegen lediglich an eine Datenbank, die nur zu dem Zweck aufgebaut und gepflegt wird, Websuchvorgänge zu unterstützen. Die Informationen, die sich in einer solchen Datenbank befinden, werden von einer Vorrichtung gesammelt, die normalerweise als Robot, Spider oder Indexer bezeichnet wird. Alle diese Begriffe werden zur Erleichterung der nun folgenden Diskussion austauschweise verwendet.

Ein *Robot* ist ein Computerprogramm, das automatisch durch Abruf einer Seite/eines Dokuments der Hypertextstruktur eines Web folgt und dabei rekursiv alle über die Links referenzierten Seiten bzw. Dokumente abruft. Es gibt Robots, die so konfiguriert werden können, dass sie nicht den einzelnen Links, sondern anstelle dessen der Verzeichnisstruktur des Dokumentenverzeichnisses einer Website folgen. Diese Methode stellt sicher, dass sämtliche Seiten des Dokumentenverzeichnisses auch dann besucht werden, wenn es überhaupt keine auf sie zeigenden Hypertextlinks gibt. Die während dieser Reise vom Robot gesammelten Informationen werden in einer Datenbank abgelegt. Es ist offensichtlich, dass der Hauptunterschied zwischen den Robots in der Art der Information besteht, die sie sammeln; eine Tatsache, die weiter unten eingehender erörtert wird.

Eine *Suchmaschine* ist ein Programm, das eine Suchanfrage von einem Leser bzw. Nutzer entgegennimmt und anschließend eine Datenbank durchsucht, die von einem Robot aufgebaut worden ist. Im Kontext des Web bezieht sich der Begriff »Suchmaschine« oftmals auf Suchvorgänge in Datenbanken mit HTML-Seiten und -Dokumenten (oder anderen vom Web unterstützten Formaten).

Suchmaschinentypen

Suchmaschinen können in fünf grundlegende Klassen eingeteilt werden, die sich daran orientieren, wie sie auf Anfragen reagieren und welche Art von Datenbank sie durchsuchen. Diese fünf Klassifikationen sind:

- »Echte« Suchmaschinen
- Mega-Indizes
- Simultane (bzw. parallele) Mega-Indizes
- Schlagwortverzeichnisse bzw. Portale
- Robot-spezifische Suchmaschinen

»Echte« Suchmaschinen

»Echte« Suchmaschinen sind technisch unter der Bezeichnung »robotische Internet-Suchmaschinen« bekannt. Ihre Funktionsweise wurde entsprechend dem generellen Modell der Indizierung und des Suchens entwickelt, das an anderer Stelle oben beschrieben worden ist. Sie bieten eine Suchmöglichkeit an, die sich auf einen Teil des Web (zufällig selektiert) bezieht, der so groß wie nur irgend möglich ist. Neuere Studien weisen darauf hin, dass auch die besten Indexer, die Suchmaschinen unterstützen, bestenfalls nicht mehr als annähernd 16% der geschätzten Anzahl ihnen zur Verfügung stehender Webseiten bearbeiten können.

Mega-Indizes

Mega-Indizes (die manchmal auch unter der Bezeichnung »Meta-Indizes« bekannt sind) sind Suchmaschinen, die keine eigene Indexdatenbank unterstützen. Statt dessen stellen sie zunächst über einen Selektionsprozess potentiell zum Indizieren geeignete Webseiten zusammen, bevor sie diese dann endgültig indizieren. Sie können auch mit anderen robotischen Suchmaschinen »verlinkt« sein. Beispiele für dieses Konzept liefern Magellan und NetSearch.

Simultane (bzw. parallele) Mega-Indizes

Simultane (bzw. parallele) Mega-Indizes (die manchmal auch unter der Bezeichnung *multithreaded Meta-Indizes* bekannt sind) greifen auf robotische Suchmaschinen parallel (bzw. simultan) zu und bieten deren Resultate in einer konsolidierten und kompakten Form an. Beispiele für dieses Konzept sind MetaCrawler und (bis zu einem gewissen Grad) Yahoo!.

Schlagwortverzeichnisse bzw. Portale

Schlagwortverzeichnisse bzw. Portale bieten eine Art von Nutzerschnittstelle an, indem sie die Inhalte der von ihnen indizierten Sitesdatenbank in Kategorien aufteilen. In der Theorie soll dies den Nutzern die Probleme ersparen, die sich aus den Schwierigkeiten in der Formulierung einer guten (bzw. effizienten) Suchanfrage ergeben. Es ist offensichtlich, dass die Definition dieser Kategorien so gut sein muss, dass sie aussagekräftig und handhabbar werden. Das beste Beispiel für ein Schlagwortverzeichnis ist Yahoo!. Yahoo! ist in dieser Kategorie vor allem deshalb erfolgreich, weil es sich nicht komplett auf robotisches Indizieren verlässt, sondern obendrein noch über eine manuell verwaltete Datenbank verfügt.

Robotisch spezialisierte Suchmaschinen

Robotisch spezialisierte Suchmaschinen werden zur Indizierung bestimmter Inhaltsbereiche, Inhaltstypen oder Inhaltsanbieter verwendet. Ein Beispiel hierfür wäre ein Index-Robot, der zu dem Zweck konfiguriert worden ist, nur Inhalte mit juristischen Themen zu indizieren. Eine solche Website würde dann Juristen zum Suchen im Web zur Verfügung stehen können. Der Aufbau von durchsuchbaren Bild- oder Musikbibliotheken wäre ein weiteres Beispiel einer speziellen Bearbeitung von Suchvorgängen nach Inhaltstypen. Ein Beispiel für eine Bearbeitung über den Anbieter wäre ein Indexer, der nur Usenet-Newsgroups indiziert.

Webrobots sind im Web alltäglich geworden

Suchmaschinenrobots sind Anwendungsprogramme, die den Links einer Website folgen und Daten für die Indexdatenbanken der Suchmaschinen sammeln. Es sind diese Datenbanken, die ein Leser bzw. Nutzer durchsucht, sobald er eine Suchanfrage in die Suchmaschine einer Website eingibt. Man nennt diese Anwendungen Robots und nicht Programme, weil sie unabhängig arbeiten, das heißt, sie sind nicht dafür programmiert worden, nach speziellen Inhalten oder Seiten zu schauen. Andere Bezeichnungen, die für diesen Typ von Programm häufig verwendet werden, lauten *Spider* oder *Crawler* (weil sie das Netz des Web auf der Suche nach Links durchqueren), *Worm*, *Wanderer* und *Gatherer* (zu deutsch: Sammler). Webweit arbeitende Suchmaschinen verwenden Robots, weil sie remote auf die Seiten zugreifen; ebenso wie ein Nutzer, der eine Website durchsucht, die Seiten über seinen Browser bzw. Client anfordert.

Alle Webrobots verhalten sich im wesentlichen gleich. Wenn Sie Links entworfen haben, denen der eine Robot zum Zweck der Indizierung folgen kann, dann werden sehr wahrscheinlich auch alle anderen Robots diesen Links folgen können. Der Entwurfsprozess für Seiten und Dokumente sollte daher immer auch im Hinblick darauf betrachtet werden, ob er die Durchsuchbarkeit und Indizierbarkeit durch Robots unterstützt.

Die meisten Anbieter von Webinhalten begrüßen es, wenn ihre Seiten indiziert werden. Auf diese Weise können organisationsinterne und -externe Leser bzw. Nutzer viel leichter zu den von ihnen benötigten Informationen gelangen. Eine Organisation, die im Web aktiv ist, hofft, dass eine gute Durchsuchbarkeit ihrer Webinhalte neue Kunden zu Ihrer Website bringen wird.

Die vier Gesetze der Webrobots

Die *vier Gesetze der Webrobots* versuchen eine quantifizierende Aussage darüber zu treffen, wie sich ein Webrobot optimalerweise verhalten muss, um sowohl den Designer des Webrobot als auch einen Websiteadministrator zufrieden zu stellen. Die Gesetze empfehlen Methoden, mit denen Websites und Webrobots eine friedliche Koexistenz herstellen können. Diese Gesetze lauten:

- Ein Webrobot muss sich selbst identifizieren können.
- Ein Webrobot muss Ausschlussbestimmungen beachten und die Erwartungen respektieren, die eine Website stellt.

- Ein Webrobot darf keine Ressourcen belegen und damit potentiell die Verfügbarkeit der indizierten Website gefährden.
- Ein Webrobot muss Fehler melden.

Die Robotidentifikation

Webrobots sollten sich beim Anfordern einer Seite vom Webserver selbst identifizieren. Das HTTP-Kommunikationsprotokoll des Web sieht zu diesem Zweck einige Informationen im Header vor, mit denen die Eigenschaften des Clients (eines Webbrowsers oder eines Robots), die Art der von ihm angeforderten Informationen und andere Dinge beschrieben werden können. Eines dieser Header-Felder ist `User-Agent`, in dem der Name des Client (das Programm, das die Informationen anfordert) abgelegt werden kann und die Information, ob es sich um einen Browser oder Robot handelt. Wenn der Servermonitor bzw. die Protokolldatei diese Informationen speichert, kann der Webserveradministrator leicht feststellen, was der Robot gemacht hat. Beispielsweise weist der folgende Protokolldateieintrag:

```
c4.googlebot.com--- [15/Aug/1999:03:07:29 -0700] "GET /
addconference.html HTTP/1.0" 200 9652 "-" "Googlebot/1.0
(googlebot@googlebot.com http://googlebot.com/)" GET /
addconference.html--"HTTP/1.02
```

darauf hin, dass der Robot »Googlebot« mit der Version 1.0, der auf c4.googlebot.com läuft, eine Datei namens addconference.html indiziert hat. Zusätzliche Informationen wie etwa eine URL für den Robot und eine E-Mailadresse für einen Kontakt werden ebenfalls mitgeliefert.

Informationen dieser Art können auch in den HTTP-Feldern `From` oder `Referrer` untergebracht werden. Jeder Webrobot, der die genannten Gesetze beachten möchte, sollte beim Absetzen von HTTP-Anfragen entsprechende Header-Informationen mitgeben.

Ausschlussbestimmungen

Ein Websiteadministrator, der dies wünscht, kann einen bestimmten Webrobot komplett vom Zugang zur Website ausschließen. Er erledigt das über die in jeder Serversoftware enthaltenen Einrichtungen für den Zugangsschutz. Eine derartige Maßnahme dürfte jedoch weder im Interesse der Organisation sein, die den Webrobot betreibt und normalerweise eine möglichst vollständige Indexdatenbanken haben möchte, noch im Sinne des Websiteadministrators, der eine durchsuchbare Website wünscht. Es kommt jedoch öfter vor, dass der Inhalt einer Website dergestalt ist, dass der Administrator keine Indizierung wünscht. Ein solcher Wunsch kann viele Ursachen haben, die einzig und allein beim Administrator selbst liegen. Das zweite Gesetz für Webrobots schreibt in jedem Fall klar vor, dass solche Wünsche und Erwartungen zu respektieren sind.

Der de-facto-Standard zur Hinterlegung von Ausschlussbestimmungen ist die Datei »robots.txt«. Diese Datei wird in die oberste Ebene des Dokumentenverzeichnisses des Webservers gelegt und sollte vom Webrobot als erste gelesen werden. Die in der Datei *robots.txt* enthaltenen Informationen dienen dem Zweck, auf erlaubte (bzw. nicht erlaubte) Pfade beim Indizieren der Website hinzuweisen.

Die Syntax der Datei *robots.txt* ist recht simpel:

- Die Direktive `user-agent` identifiziert die Webrobotanwendung, auf die die Regel angewendet wird. Diese Identifikation ist dieselbe, die auch im HTTP-Header enthalten ist.
- Die Direktive `disallow` legt einen URL-Pfad fest, der vom Robot nicht verfolgt werden darf.

Indizieren mit Wohlverhalten

Das dritte Gesetz der Webrobotik bestimmt, dass Robots, die »Wohlverhalten« zeigen wollen, niemals übermäßig Serverressourcen beanspruchen. Die Wirkung eines Robots, der HTTP-Anfragen absetzt, ist mit derjenigen eines durchschnittlichen Nutzers vergleichbar. Da Robots jedoch automatisch ablaufende Prozesse darstellen, könnte eine hohe Rate an eingehenden Anfragen den Server möglicherweise »überfluten« und damit praktisch eine Attacke nach dem Muster Denial-of-Service herbeiführen.

Es gibt zahlreiche Beispiele für einen Indexer, der »Wohlverhalten« zeigt. So wäre beispielsweise denkbar, die Indizierung der Site nur zu Zeiten zu starten, die dem Server genehm sind und die wenigsten nachteiligen Auswirkungen nach sich ziehen. Ein Timing dieser Art könnte in Abstimmung mit dem Administrator der Website oder einfach unter Berücksichtigung des Serverstandorts und seiner Zeitzone stattfinden.

Die Indexer sollten nur Inhalte indizieren, die tatsächlich benötigt und/oder angemessen sind. Die Indizierung einer ganzen Website ist nur unter sehr seltenen Umständen wirklich erforderlich. Der Befehl HTTP REQUEST gestattet den Indexern, ausschließlich die HEAD-Informationen aus Webseiten abzurufen und damit die Menge der vom Server an den Indexer übertragenen Informationen zu reduzieren. Um zu vermeiden, dass der Indexer Attacken nach dem Muster Denial-of-Service auslöst, verfügen die meisten Robot-Softwarepakete über spezielle »Drosseln«, mit denen die Rate kontrolliert werden kann, mit der sie Anfragen senden.

Webrobots und Websites existieren in einer Symbiose – sie benötigen einander. Durch eine umsichtige Planung ihrer wechselseitigen Interaktion können ihre Beziehungen gewinnbringend für alle Beteiligten gestaltet werden.

Fehlermeldungen

Jeder Indizierungsprozess sollte logischerweise so effizient wie möglich verlaufen. Es dient weder dem »Indexer« (dem Robot) noch dem »Indizierten« (der indizierten Website), Anfragen zu generieren, die fehlende Seiten und unterbrochene Links zum Ergebnis haben. Derartige Anfragen verschwenden nicht nur Verarbeitungskapazitäten auf beiden Seiten der Client/Server-Beziehung, sondern füllen auch die Protokolldateien mit überflüssigen Fehlermeldungen.

Der Webindexer bzw. Webrobot sollte die Fehler melden, die er während des Indizierungsprozesses bemerkt. Es sei noch einmal darauf hingewiesen, dass diese Meldungen Teil der Beziehung zwischen der Website und dem Robot sind und der Website im allgemeinen dabei helfen, Probleme zu identifizieren und zu beheben, die zu Fehlern geführt haben, und zukünftige Indizierungsvorgänge zu erleichtern.

Übungen zu 7.7

7.7.1 Such- und Indizierungsfragen verstehen

a) Erörtern Sie unter Zugrundelegung der vier im Text vorgestellten Gesetze für Webrobots die Auswirkungen, die unkontrollierte Robots auf Ihr System haben können.

____

____

____

b) Den zwei Direktiven in der Datei robot.txt (user-agent und disallow) folgt immer ein Semikolon. Erstellen Sie einen Eintrag, der den Zugang für alle Robots auf das Verzeichnis `/www/info/` unterbindet.

____

____

____

c) Erstellen Sie für einen Robot, der sich selbst mit dem Namen »harvest« identifiziert, einen Eintrag, der den Zugang dieses Robots zum Verzeichnis `/www/info/` unterbindet.

____

____

____

Lösungen zu den Übungen

Lösungen zu 7.7.1

a) Erörtern Sie unter Zugrundelegung der vier im Text vorgestellten Gesetze für Webrobots die Auswirkungen, die unkontrollierte Robots auf Ihr System haben können.

Lösung: Ein Websiteadministrator muss die Wünsche der Leser berücksichtigen, aber sich ebenso auch der Auswirkungen bewusst sein, die ein Webrobot auf den Betrieb des Webservers haben kann. Webrobots sind beispielsweise keine »echten« Nutzer bzw. Leser, sondern sie besuchen eine Site nur zu dem Zweck, den Dokumenteninhalt zu indizieren. Sie interessieren sich weniger für kleine Teile einer Website (wie beispielsweise ein oder zwei Seiten), sondern eher für den Teil der Website, der so groß wir nur irgend möglich ist bzw. dessen Umfang ihren Instruktionen entspricht

Webrobots werden von vielen Organisationen verwendet, so dass eine Website durchaus bei Tage wie auch in der Nacht von mehr als nur einem Webrobot indiziert werden kann, und zwar sowohl von kommerziellen als auch privaten Robots. Da Webrobots automatisch ablaufende Prozesse darstellen, können Sie Anfragen an Webserver viel schneller als ein menschlicher Leser bzw. Nutzer generieren.

Der letzte Punkt ist für den Administrator einer Website vermutlich der kritischste, da er die Auswirkung des Webrobots auf den Betrieb des Webservers betrifft. Es kann Organisationen geben, die zu dem Schluss kommen, dass der größte Teil des Datenverkehrs auf ihrer Website nur von den indizierenden Robots generiert wird. Eine Indizierung zu nicht opportunen Zeiten (beispielsweise während der Hauptbelastungszeiten) kann die Leistung und das Antwortverhalten des Servers ernstlich in Mitleidenschaft ziehen. Die simultane Indizierung durch mehrere Webrobots kann sogar einen Ausfall eines Webservers herbeiführen.

b) Den zwei Direktiven in der Datei robot.txt (user-agent und disallow) folgt immer ein Semikolon. Erstellen Sie einen Eintrag, der den Zugang für alle Robots auf das Verzeichnis `/www/info/` unterbindet.

Lösung: Die Datei *robots.txt* könnte die folgenden Zeilen enthalten:

```
User-agent: *
Disallow: /www/info/
```

c) Erstellen Sie für einen Robot, der sich selbst mit dem Namen »harvest« identifiziert, einen Eintrag, der den Zugang dieses Robots zum Verzeichnis /www/info/ unterbindet.

Lösung: In diesem Fall könnte die Datei *robots.txt* die folgenden Zeilen enthalten:

```
User-agent: harvest
Disallow: /www/info/
```

Der extremere Fall:

```
User-agent: *
Disallow: /
```

weist alle Webrobots an, »fernzubleiben« und keine Versuche zu unternehmen, den Inhalt der Website zu indizieren.

Wie schon weiter oben erwähnt, lauten die wichtigsten Gründe zur Festlegung von Ausschlussbestimmungen oder der Zurückweisung von Webrobots:

- Die Indizierung eines spezifischen Inhalts ist nicht erwünscht oder sinnvoll.
- Die Indizierung bestimmter Inhalte kann die Leistung des Webserver beeinträchtigen.

Aus diesen Gründen wird in der Datei »robots.txt« oft festgelegt, dass Webrobots keine serverseitigen (CGI-)Skripte ausführen dürfen. Der Grund dafür liegt auf der Hand – viele Skripte setzen eine Interaktion durch den Leser bzw. Nutzer voraus, die der Webrobot nicht bieten kann, was dann unter Umständen zu unerwünschten oder nicht vorhersagbaren Ergebnissen führt. Die folgenden Zeilen enthalten eine derartige Festlegung:

```
User-agent: *
Disallow: /cgi-bin/
```

Wiederholungsfragen zu 7.7

Überprüfen Sie Ihr Wissen und versuchen Sie nun, die folgenden Fragen zu beantworten:

1. Der wichtigste Aspekt von Robots liegt darin, dass sie in der Lage sind, Anfragen viel schneller als menschliche Nutzer bzw. Leser generieren und damit den Server überlasten zu können.

   a) Richtig
   b) Falsch

2. Die vier Gesetze der Webrobotik werden nicht von einer Einrichtung auf Ihrem Server erzwungen, sondern stellen Regeln des erwarteten Wohlverhaltens dar.

   a) Richtig
   b) Falsch

3. Die Dateien, die zur Beschränkung der Aktivitäten von Robots verwendet werden, lauten:

   a) robots.cfg
   b) robots.inf
   c) robots.txt
   d) robots.rc

4. Was ist kein Typ einer Suchmaschine?

   a) »Echte« Suchmaschinen
   b) Mega-Indizes und simultane (parallele) Mega-Indizes
   c) Schlagwortindizes (bzw. Portale)
   d) Enzyklopädische Indizes
   e) Robotisch spezialisierte Suchmaschinen

Die Lösungen befinden sich im Anhang des Buches zum Abschnitt 7.7.

Überprüfen Sie Ihre Sachkenntnis!

1. Wenn Sie sich die Abbildung 7.1 anschauen, werden Sie bemerken, dass der Apache-Server mehr als doppelt so häufig eingesetzt wird wie sein nächster Konkurrent. Dies scheint ein Paradoxon darzustellen, weil der Apache-Webserver grundsätzlich kostenfrei erhältlich ist und von einer Gruppe von Entwicklern geschrieben worden ist, die über das ganze Internet verteilt sind, während doch kommerzielle Unternehmen normalerweise eher zu Software von einem Unternehmen neigen, die im Fehlerfalle telefonischen Support bieten (oder dankbare Opfer werden) können. Darüber hinaus stellen die Kosten für eine Webserversoftware in der Regel einen so geringen Anteil an den Gesamtkosten dar, dass sie normalerweise kein erwägenswerter Faktor sind. Es sieht also so aus, als ob die ISPs und WSP an diesem Punkt eine recht »riskante Geschäftspolitik« betreiben. Was ist Ihrer Meinung nach der Grund dafür?
2. Besuchen Sie einmal verschiedene Suchmaschinen wie etwa Yahoo!, Alta Vista, Lycos und andere. Untersuchen Sie, welche Art von Suchmechanismen von ihnen angeboten werden. Suchen Sie nach Informationen über unterschiedliche Themen und überprüfen Sie, welche Seiten Sie als Antwort erhalten.
3. Suchen Sie im Web nach einer Anzahl verschiedener ISPs und WSPs (möglichst nicht an Ihrem eigenen geografischen Standort). Untersuchen Sie die Dienstleistungen, die sie anbieten, und vergleichen Sie sie miteinander und mit den Dienstleistungen, die Ihr Unternehmen erwartet.

KAPITEL 8

Programmierung und Skripting im Web

Überblick

In diesem Kapitel erfahren Sie mehr über die folgenden Themen:

- ✗ Die Gründe, die Entwickler dafür haben, serverseitige Skripte zu schreiben — Seite 268
- ✗ Das dreistufige Webanwendungsdesign — Seite 274

Poliertes Messing sieht man öfter als Gold.

Chesterfield

Einer der verblüffendsten Aspekte des Internet im allgemeinen und des World Wide Web im besonderen besteht in der ausgesprochenen Plattformunabhängigkeit in der Beziehung zwischen Server und Client. Die Details der zugrundeliegenden Betriebssysteme, der Computerhardware oder der Netzwerkkonfiguration können vollkommen vernachlässigt werden, solange Client und Server in der Lage sind, sich auf einen Protokollstandard zu einigen. Aus diesem Grunde hat es in der letzten Zeit nahezu eine Explosion in der Verfügbarkeit diverser Webserver, Browser, Programmiersprachen und Skriptingtechnologien gegeben. Dieses Kapitel teilt die Webtechnologien in zwei funktionelle Kategorien (nämlich serverseitige und clientseitige) und drei konzeptionelle Schichten (nämlich Darstellungsschicht, Schicht der Geschäftsvorgänge und Speicherschicht) ein. Durch die richtige Wahl des richtigen Werkzeugs für die richtige Aufgabe sind Sie in der Lage, die Technologien zu nutzen, die am besten zu den Anforderungen Ihrer Entwicklung, Ihrer Entwicklungsumgebung und dem von Ihnen erwarteten Bedarf an Skalierbarkeit passen.

Projekt 8.1: Die Gründe, die Entwickler dafür haben, serverseitige Skripte zu schreiben

ZIEL

Nach diesem Kapitel können Sie:

- Die Probleme verstehen, die sich aus dem Schreiben von clientseitigem Code ergeben
- Die Lösung des »kleinsten gemeinsamen Nenners« erklären

In den »guten alten Tagen« der Softwareentwicklung (das heißt, bevor das Web existierte, und nicht etwa zur Zeit der Lochkarte) gab es nur wenig Auswahl an Programmiersprachen und nur wenig Compiler für die einzelnen Sprachen. Wenn man sich für eine Sprache und einen Compiler entschieden hatte, musste man nur noch den Code schreiben und diesen kompilieren. Man hatte die vollständige Kontrolle über die Entwicklungsumgebung.

Code für das Web zu schreiben, war immer eine etwas andere Sache. Das Entwicklungstempo ist hoch, die Anzahl der Webstandards buchstäblich explodierend und niemand hat die Zeit, um immer mit all den verschiedenen Standards, die gerade debattiert, implementiert oder verworfen werden, Schritt halten zu können. Noch schlimmer ist, dass die Browserunterstützung für alle diese Standards nicht immer gegeben ist – jeder Webbrowser weicht in der Art und Weise, wie er die verschiedenen Webstandards implementiert, geringfügig von anderen ab. Ein clientseitiger Code funktioniert vielleicht gut im Internet Explorer und Opera, kann aber Netscape zum Absturz bringen und in Lynx (oder einem anderen textorientierten Browser) sogar komplett nutzlos sein.

Das Problem mit dem Schreiben clientseitigen Codes ist also recht offensichtlich: Der Entwickler hat so gut wie keine Kontrolle mehr über die Umgebung, in der der Code ausgeführt wird. Natürlich stellen gute Entwickler gewisse gutbegründete Prognosen darüber auf, welche Browser sehr wahrscheinlich ihre Seiten besuchen werden, jedoch bleibt in jedem Fall eine Ungewissheit zurück. Zu versuchen, einen Code zu schreiben, der in allen wichtigen Browsern lauffähig ist, ist etwa so, als würde man versuchen, einen Code zu schreiben, der von verschiedenen Compilern ohne Änderungen kompiliert werden kann (Leser, die sich nie durch die Höhen und Tiefen des Kompilierens von Code für verschiedene Plattformen durchwinden mussten, können sich glücklich schätzen...!).

Bei der Vielzahl zur Verfügung stehender inkompatibler so genannter Browser»erweiterungen« und anderer unvollständiger Unterstützungen für Webstandards besteht eines der vorherrschenden (obschon oft entmutigenden) Ziele der Entwicklung darin, Code zu schreiben, der nur diejenige Untermenge der Funktionen von HTML, CSS, JavaScript und DHTML nutzt, die von allen wichtigen Browsern durchgehend unterstützt wird (der bereits erwähnte »kleinste gemeinsame Nenner«). So wie vielleicht die besten Sendungen im Fernsehen zur Hauptsendezeit nur deshalb unterbleiben, weil man das breitestmögliche Publikum vor dem Fernsehschirm haben möchte, so bedeutet auch die Kompatibilität im Word Wide Web oft genug, den Code so zu »bremsen«, dass auch noch der älteste in Gebrauch befindliche Browser mit ihm mithalten kann. Dieser »Sieg« des Praktischen über die Leistung lässt viele Webentwickler zumindest in der Hinsicht unbefriedigt, als damit zwangsläufig neue und interessante Funktionen außen vor bleiben müssen, weil sie von den älteren Browsern nicht verarbeitet werden können.

Als Antwort auf die Unzufriedenheit vieler Entwickler hat Sun mit großem Geräuschaufwand für die Einführung von Java geworben – ein Produkt, das durch das Leistungsmerkmal des »write once, run anywhere« (zu deutsch: Einmal schreiben und überall ablaufen lassen) ein für alle mal mit dem Problem des Codierens für unterschiedliche Plattformen aufräumen sollte. In der Praxis (so sagt man jedenfalls ironisch hinter vorgehaltener Hand) wurde dann für den Entwickler aus dieser Lösung eher ein »write once, debug everywhere« (zu deutsch: Einmal schreiben und überall auf Fehlersuche gehen), da sich auch die Implementierungen der virtuellen Java-Maschine in der einen oder anderen Form als plattformabhängig (und Browser-spezifisch) erwies.

Zur gleichen Zeit, als Java auf der Bildfläche auftauchte, wurden die CGI-Skripte immer leistungsfähiger (es gab sie natürlich schon lange vor Java). Bei diesen Skripten handelt es sich um Codestücke, die auf dem Webserver, nicht auf dem Browser des Nutzers, ablaufen. Ein Code, der auf dem Server, also in einer kontrollierten Umgebung, abläuft, macht die ganze Frage der Browserkompatibilität hinfällig. Solange der Webserver nichts anderes als HTML an den Client zurückgibt, braucht sich der Webentwickler überhaupt nicht mehr um die Marotten der einzelnen Browsertypen zu kümmern. Man konnte richtig den Seufzer der Erleichterung hören, als die Webentwickler dazu übergehen konnten, Code für die kontrollierbare serverseitige Umgebung zu schreiben, anstatt mit clientseitigen Code kämpfen zu müssen, der in einer Umgebung mit den unterschiedlichsten Browsern lauffähig sein musste, die sich völlig außerhalb ihrer Kontrolle befanden.

Übungen zu 8.1

8.1.1 Die Probleme verstehen, die sich aus dem Schreiben von clientseitigem Code ergeben

a) Welche wichtigen Browser unterstützen Ihrer Schätzung nach mehr als 75% aller clientseitigen Funktionen von JavaScript?

____

____

____

b) Unter welchen Umständen können Sie sich auf clientseitige Skripte verlassen, wenn Sie eine wirklich wichtige Anwendung zu schreiben haben?

____

____

____

c) Nehmen Sie einmal an, dass Sie ein Formular auf einer Seite haben, das auf Fehler überprüft werden muss (Buchstaben in Zahlenfeldern, leere Eingabefelder, ungültige Datumsangaben usw.), bevor die Informationen in der Datenbank gespeichert werden können. Würden Sie für diese Fehlerüberprüfung clientseitigen oder serverseitigen Code schreiben, und was sind Ihre Gründe dafür?

____

____

____

8.1.2 Die Lösung des »kleinsten gemeinsamen Nenners« erklären

Stellen Sie sich einmal vor, dass Sie für einen Kunden eine Website bearbeiten. Der Kunde möchte sichergestellt haben, dass jede Person mit Internetzugang immer die volle Funktionalität seiner Website bekommen kann. Er wird Ihre Arbeit über eine Einwählverbindung und mit AOL überprüfen.

a) Welche Designgrenzen sind Ihnen gesetzt?

____

____

____

b) Wie viel Funktionalität werden Sie Ihrer Meinung nach anbieten können?

____

____

____

Lösungen zu den Übungen

Lösungen zu 8.1.1

a) Welche wichtigen Browser unterstützen Ihrer Schätzung nach mehr als 75% aller clientseitigen Funktionen von JavaScript?

Lösung: Also das war wirklich eine etwas gemeine Frage! Es hat in der Tat noch niemand einen Browser geschrieben, der auch nur 75% aller in JavaScript definierten Leistungsmerkmale und Funktionen anbieten könnte. Solange Sie die ausgetretenen Pfade nicht verlassen, werden Sie immer auf der sicheren Seite sein. Sollten Sie jedoch die Idee haben, sich in die ungewisseren Regionen von JavaScript zu begeben, dann werden Sie recht schnell mit kniffligen Bugs zu tun haben, die sich aus einer fehlerhaften oder unvollständigen Browserunterstützung ergeben.

b) Unter welchen Umständen können Sie sich auf clientseitige Skripte verlassen, wenn Sie eine wirklich wichtige Anwendung zu schreiben haben?

Lösung: Unter keinen Umständen! Wenn Sie eine Funktion Ihrer öffentlich zugänglichen Website haben sollten, die absolut kritisch ist (das heißt, ohne diese Funktion ist Ihre Website nicht betriebsfähig), dann sollten Sie die dahinterstehende Anwendungslogik auf gar keinen Fall mit clientseitigen Routinen schreiben.

Als Kommentar zu dieser Frage sei noch angemerkt, dass es Zeiten geben kann, insbesondere bei der Entwicklung einer nur unternehmensintern eingesetzten Webanwendung, in der der Entwickler die Gelegenheit hat, eine Standardisierung der Browserkonfiguration für eine spezielle Anwendung vorzunehmen. Sofern Sie genau wissen, dass alle Besucher Ihrer Seite immer nur mit dem Browser X mit aktiviertem JavaScript arbeiten werden, dann haben Sie eine sichere Grundlage dafür, einen großen Teil clientseitigen Codes schreiben zu können, der vom Browser X unterstützt wird. Beim Schreiben von Webseiten für das öffentliche Internet können Sie von derartigen Grundlagen allerdings nicht ausgehen.

c) Nehmen Sie einmal an, dass Sie ein Formular auf einer Seite haben, das auf Fehlern überprüft werden muss (Buchstaben in Zahlenfeldern, leere Eingabefelder, ungültige Datumsangaben usw.), bevor die Informationen in der Datenbank gespeichert werden können. Würden Sie für diese Fehlerüberprüfung clientseitigen oder serverseitigen Code schreiben, und was sind Ihre Gründe dafür?

   Lösung: Eine clientseitige Überprüfung sollte immer nur minimal verwendet werden. Manchmal ist es hübsch, wenn man auf der Seite des Clients ein Dialogfeld anzeigen kann, das den Nutzer vor dem Absenden des Formulars über Fehler informiert. Sie sollten sich aber keinesfalls auf die Fehlerüberprüfung von JavaScript verlassen. Der Grund liegt darin, dass die Nutzer die Möglichkeit haben, JavaScript in ihren Browsern abzuschalten, was sie auch oft tun.

   Beim Speichern von Informationen in einer Datenbank ist es immer eine gute Idee, vor dem Speichern der Daten eine Fehlerüberprüfung vorzunehmen (dieses Thema, das an mehreren Stellen interessant ist, wird speziell noch einmal Gegenstand des Kapitels 10 über die Sicherheit sein). Aus praktischer Erfahrung heraus gesprochen ist es sehr frustrierend, wenn Ihre Datenbankanwendung wegen relationaler Inkonsistenzen auf einen Fehler läuft, weil jemand Ihre sorgfältig in JavaScript geschriebene Fehlerroutinen durch Abschalten von JavaScript im Browser umgangen, ein falsch ausgefülltes Formular gesendet und damit falsche Daten in Ihre Datenbank geschrieben hat.

Lösungen zu 8.1.2

a) Welche Designgrenzen sind Ihnen gesetzt?

   Lösung: Sie unterliegen sehr ernsten Designeinschränkungen. Vermeiden Sie jeden unnötigen clientseitigen Code und versuchen Sie, reines HTML zu schreiben. Vergessen Sie außerdem die Grafiken nicht – halten Sie diese so klein wie möglich, denn Webentwickler (und besonders Designer) vergessen manchmal, wie langsam Einwählverbindungen sein können.

b) Wie viel Funktionalität werden Sie Ihrer Meinung nach anbieten können?

Lösung: Überraschend viel, sofern Sie die meisten, wenn nicht sogar alle Anwendungsfunktionen über serverseitigen Code realisieren. Es gibt Gerüchte, nach denen amazon.com komplett in einem Browser Version 2.0 lauffähig sein soll. Das bedeutet, dass Amazon eigentlich außer HTML-Tabellen keine sonstigen erweiterten Funktionen auf der Seite des Client erwartet. Es ist absolut möglich, eine funktionell dynamische Website aufzubauen, die mit allen Browsern Version 3.0 kompatibel ist. Sie müssen nur vermeiden, über clientseitiges Skripting weitere Funktionen einzubauen.

Früher war es so, dass alles in einer Website, deren Code unter der Voraussetzung des kleinsten gemeinsamen Nenners geschrieben wurde, korrekt in einem Browser Version 3.0 lauffähig sein musste. Heute jedoch gilt es immer noch als vernünftig, wenn man Sites für Browser aufbaut, die mit dem Internet Explorer oder Netscape 4.0 (oder höher) kompatibel sind.

Wiederholungsfragen zu 8.1

Überprüfen Sie Ihr Wissen und versuchen Sie nun, die folgenden Fragen zu beantworten:

1. Solange der Webserver außer HTML nichts anderes an den Client zurückgibt, braucht sich der Webentwickler überhaupt nicht mehr um die Marotten der einzelnen Browsertypen zu kümmern.

   a) Richtig
   b) Falsch

2. Sowohl Netscape Navigator als auch Internet Explorer in den Versionen 5.0 und höher unterstützen mehr als 75% aller clientseitigen JavaScript-Funktionen.

   a) Richtig
   b) Falsch

3. Auch als guter Entwickler kann man gutbegründete Prognosen darüber aufstellen, welche Browser sehr wahrscheinlich die eigenen Seiten besuchen werden. Es bleibt aber immer eine Ungewissheit zurück.

   a) Richtig
   b) Falsch

Die Lösungen befinden sich im Anhang des Buches zum Abschnitt 8.1.

Projekt 8.2: Das dreistufige Webanwendungsdesign

ZIEL

Nach diesem Kapitel können Sie:

- ✘ Die Darstellungsschicht verstehen und erläutern
- ✘ Die Schicht der Geschäftsvorgänge verstehen und erläutern
- ✘ Die Speicherschicht verstehen und erläutern

Wenn Sie erst einmal Webseiten zu entwickeln beginnen, die mehr können, als nur »Guten Tag« oder »Guten Abend« zu sagen, werden Sie schnell entdecken, dass Skriptingsprachen relativ einfach und außerordentlich flexibel sind. Sie sind in der Tat so flexibel, dass sie keine klaren Richtlinien darüber anbieten können, wie der Code geschrieben werden sollte. Die Syntax ist natürlich nicht schwer zu verstehen – der Aufbau einer einzelnen Seite jedoch kann recht viel Mühe machen. Fünf Seiten miteinander zu verknüpfen, kann sogar zu einer ziemlich schwierigen Angelegenheit werden. Und zu einem Alptraum kann es schließlich werden, wenn Sie 20 oder 30 verschiedene Seiten, die eine zusammenhängende Website darstellen, zum Laufen bringen müssen...! Indem Sie Ihrem Entwicklungsprozess eine gewisse Struktur auferlegen, können Sie sich jedoch viele Umstände ersparen.

Die meisten Arbeiten des Webdesign lassen sich in drei Schichten bzw. Stufen aufteilen. Vielleicht haben Sie schon einmal vom dreistufigen Webdesign oder sogar n-stufigen Anwendungsdesign gehört (wobei mit »n-stufig« gemeint ist, dass die Anwendung in eine beliebig große Anzahl konzeptioneller Elemente aufgeteilt wird, die dann gegebenenfalls auf eigenen Computern liegen). Diese drei Stufen sind die Darstellungsschicht, die Schicht der Geschäftsvorgänge und die Speicherschicht.

Die Darstellungsschicht stellt den Front-end der Site dar und enthält das gesamte Look&Feel der Site. Auch die Benutzerschnittstelle gehört in diese Schicht, und ebenso auch der auf den Nutzer zugeschnittene Code. Eigentlich gehört alles in die Darstellungsschicht, was mit dem Nutzer und seinen Interaktionen, Mausklicks und Lesevorgängen zu tun hat.

Die der Darstellungsschicht zugrundeliegenden Techniken werden mit Web-Skriptingsprachen realisiert. Es handelt sich bei diesen Sprachen immer um interpretierte Sprachen, die beim Zugriff auf die Webseite vom Webserver (oder von einem mit dem Webserver zusammenarbeitenden Programm) analysiert werden.

Die Schicht der Geschäftsvorgänge stellt das »Gehirn« der Anwendung dar, Sie umfasst die gesamte Fehlerüberprüfung, die Plausibilitätsprüfungen der Eingabefelder und natürlich auch die Anwendungslogik für die Geschäftsvorgänge. Wenn Sie Umsatzsteuern berechnen müssen, dann gehört der dafür bestimmte Code in die Schicht der Geschäftsvorgänge. Wenn Sie eine E-Mail an ein Lager zu senden haben, weil eine Sendung an eine andere Adresse als die Rechnungsadresse des Kunden gehen soll, dann gehört auch diese Logik in die Schicht der Geschäftsvorgänge.

Da alle interpretierten Sprachen (und also auch die meisten Web-Skriptingsprachen) zur Laufzeit interpretiert werden, sind sie bekanntermaßen bei gewissen Verarbeitungsvorgängen sehr langsam (insbesondere bei Stringvergleichen). Diese Verarbeitungsvorgänge werden daher besser von serverseitigen Objekten übernommen und ausgeführt. Falls Sie als Bestandteil Ihrer Geschäftslogik eine große Anzahl wiederholt vorkommender Operationen ausführen müssen, sollten Sie sich überlegen, ob Sie diese nicht besser durch vorkompilierte Objekte erledigen lassen.

Schließlich gibt es noch die Speicherschicht. Nachdem Sie alle Berechnungen ausgeführt haben, werden Sie die Ergebnisse vermutlich auch irgendwo speichern wollen. Vielleicht lassen Sie sich als Leser nun dazu verführen, einfach zu sagen: »Tu´s doch einfach in die Datenbank« oder »Schreib´s einfach in eine Textdatei!«. Es ist jedoch viel besser, die Aufgabe des Speichern und Abrufens Ihrer Informationen abstrakter zu fassen und zum Gegenstand einer eigenen Schicht zu machen. Falls Sie beispielsweise Ihre Datenbank später einmal auswechseln müssen, können Sie den Code Ihrer Speicherschicht leicht ändern, ohne dazu auch noch Ihre Geschäftslogik ändern zu müssen. Bei manchen Skriptingsprachen ist es sehr einfach, die Funktionen für die Zusammenarbeit mit der Datenbank zu abstrahieren. Heutzutage gibt es zahlreiche spezielle Datenbanklösungen, die alle über herstellerspezifische Erweiterungen verfügen. Durch die Wahl einer ODBC-Datenbank können Sie sich viele Schwierigkeiten ersparen, die sich aus der Migration einer Datenbank zu einer anderen ergeben können.

Übungen zu 8.2

8.2.1 Die Darstellungsschicht verstehen und erläutern

a) Kennen Sie Skriptingtechnologien, die sich von Natur aus gut für die Verwendung in der Darstellungsschicht eignen würden?

b) Stellen Sie sich einmal vor, dass Sie gerade drei Monate damit zugebracht haben, eine Website für einen Kunden zu entwickeln, der auf Limonengrün steht. Gegen Ihre Überzeugung haben Sie also die ganze Site in Limonengrün geschrieben. Zwei Tage vor dem Start der Site im Web hat der Client seine Meinung geändert und möchte nun anstelle von Limonengrün lieber Purpurrot. Was werden Sie nun tun, und was sind Ihre Gründe?

8.2.2 Die Schicht der Geschäftsvorgänge verstehen und erläutern

a) Sie müssen eine Liste mit Telefonnummern analysieren und aus dieser Liste die Vorwahl extrahieren. Erledigen Sie diese Aufgabe besser mit einem Skript oder mit einem kompilierten Objekt? Was sind Ihre Gründe?

b) Sie müssen Produktinformationen aus einer Datenbank lesen und den Preis so formatieren, dass er im Format »00,00 DM« erscheint. Anschließend soll er auf der Seite eines Produktkatalogs angezeigt werden. Erledigen Sie diese Aufgabe besser mit einem Skript oder mit einem kompilierten Objekt? Was sind Ihre Gründe?

c) Können Sie Technologien benennen, mit denen Sie kompilierte serverseitige Objekte erstellen können?

d) Können Sie Technologien benennen, die Sie zur Programmierung interpretierter (nicht kompilierter, sondern als Skript vorliegender) Geschäftslogik verwenden können?

8.2.3 Die Speicherschicht verstehen und erläutern

Datenbanken bieten oft sowohl eine ODBC(Open Database Connectivity)- als auch eine eigene, herstellerspezifische Schnittstelle an. Die herstellerspezifische Schnittstelle ist oftmals schneller und bietet mehr Funktionen als die ODBC-Schnittstelle an.

a) Welche Gründe könnte jemand dafür haben, ODBC zu verwenden, wenn eine Datenbank eigene, schnellere Treiber mit mehr Funktionen unterstützt?

Lösungen zu den Übungen

Lösungen zu 8.2.1

a) Kennen Sie Skriptingtechnologien, die sich von Natur aus gut für die Verwendung in der Darstellungsschicht eignen würden?

Lösung: HTML, DHTML, CSS, JavaScript, Cold Fusion, ASP, PHP, SSI und verschiedene APIs.

b) Stellen Sie sich einmal vor, dass Sie gerade drei Monate damit zugebracht haben, eine Website für einen Kunden zu entwickeln, der auf Limonengrün steht. Gegen Ihre Überzeugung haben Sie also die ganze Site in Limonengrün geschrieben. Zwei Tage vor dem Start der Site im Web hat der Client seine Meinung geändert und möchte nun anstelle von Limonengrün lieber Purpurrot. Was werden Sie nun tun, und was sind Ihre Gründe?

Lösung: Kommt Ihnen diese Situation bekannt vor?! Wenn Sie jetzt vorschlagen, ein globales Suchen und Ersetzen für die gesamte Website laufen zu lassen, und jedes Vorkommen von `#00FF00` durch `#993399` austauschen, dann kommen Sie in etwa in die Nähe der Lösung. Wenn Sie vorschlagen, die Farbgestaltung der Site über eine serverseitige Include-Datei oder Variable zu abstrahieren, befinden Sie sich auf der richtigen Spur! Über den Ersatz des Literals `#00FF00` durch eine serverseitige Variable können Sie die gesamte Farbgebung für die Site so oft ändern, wie Sie wollen; und das ohne alle Probleme. Alternativ dazu können Sie zum Erreichen desselben Ziels auch mehrere Formatvorlagen oder eine einzelne Formatvorlage und ein clientseitiges JavaScript verwenden und die gewünschte Eigenschaften der Site in den Nutzereinstellungen unterbringen. Mit jeder Methode erreichen Sie, dass die Site im vom jeweiligen Nutzer gewünschten Farbschema erscheint; sei dies nun schwarz und weiß, rot und blau oder waldgrün auf grasgrün.

Die Darstellungsschicht kann ein außerordentlich nützliches Werkzeug sein, solange Sie sie sich nicht nur als die Schicht vorstellen, in der die Farbgebung und Formatierung passiert. Vergessen Sie nicht, dass sie so dynamisch wie die Inhalte sein kann, die Sie anzubieten haben. Dynamische Inhalte können Sie an Java-Applets, Macromedia Flash oder Shockwave-Videos, an XML (eXtensible Markup Language, der neue Standard für den Informationstransfer), WML (Wireless Markup Language, ein Standard für Webbrowser in Mobiltelefonen), eine Text-to-Speech-Engine oder sogar das gute alte HTML übergeben. Die Möglichkeiten sind nahezu endlos.

Lösungen zu 8.2.2

a) Sie müssen eine Liste mit Telefonnummern analysieren und aus dieser Liste die Vorwahl extrahieren. Erledigen Sie diese Aufgabe besser mit einem Skript oder mit einem kompilierten Objekt? Was sind Ihre Gründe?

   Lösung: Die Verwendung eines kompilierten Skripts ist in einer Situation wie dieser vorzuziehen. Eine Implementierung prozessorintensiver oder wiederholt vorkommender Aufgaben mit kompilierten Objekten kann die Ausführungsgeschwindigkeit bedeutend steigern. Skripte können 10 bis 100 Mal langsamer als vorkompilierte Objekte sein; insbesondere dann, wenn es um Schleifen und Stringmanipulationen geht.

   Wenn Ihr Ziel darin besteht, eine Lösung zu erstellen, die zunächst bescheiden anfangen, aber später einmal auch eine große Anzahl von Hits pro Tag verkraften soll, dann ist es eine gute Idee, die Geschäftslogik von Anfang an separat in kompilierten Objekten unterzubringen.

b) Sie müssen Produktinformationen aus einer Datenbank lesen und den Preis so formatieren, dass er im Format `00,00 DM` erscheint. Anschließend soll er auf der Seite eines Produktkatalogs angezeigt werden. Erledigen Sie diese Aufgabe besser mit einem Skript oder mit einem kompilierten Objekt? Was sind Ihre Gründe?

   Lösung: Am besten erledigen Sie dies mit einem interpretierten Skript und nicht mit einem kompilierten Objekt. Eine Kombination von Darstellung und Geschäftslogik trifft man häufig an, weil es auch selten klare Trennungslinien zwischen den vom Client benötigten Funktionen und den Anforderungen an die Darstellung gibt.

   Die skriptmäßige Unterbringung der Geschäftslogik in der Seite (oder in einer Include-Datei) ist im allgemeinen schneller als die Kompilierung serverseitiger Objekte. Sie eignet sich außerdem sehr gut zur Überprüfung von Websites, die noch im Entwurf sind. Allerdings gibt es an dieser Stelle einen Vorbehalt: Vermeiden Sie eine Vermischung des Codes zum Anzeigen von Inhalten mit dem Code der Geschäftslogik. Es kann extrem zeitaufwendig werden, den Code zur Darstellung einer Seite ändern zu müssen, wenn dieser in die Geschäftslogik eingestreut worden ist.

c) Können Sie Technologien benennen, mit denen Sie kompilierte serverseitige Objekte erstellen können?

Lösung: Serverseitig kompilierte Komponenten können mit den meisten der von Ihnen bevorzugten Programmiersprachen erstellt werden, wie etwa Java, C, C++, Visual Basic, VJ++, Pascal und viele andere. Sie haben die Möglichkeit, standalone-Programmdateien oder eigene JavaBeans oder DLLs (auf Computern unter Windows) zu erstellen. Sie können sogar eine Lösung auf der Grundlage von COM, DCOM oder Corba entwickeln.

d) Können Sie Technologien benennen, die Sie zur Programmierung interpretierter (nicht kompilierter, also als Skript vorliegender) Geschäftslogik verwenden können?

Lösung: Cold Fusion (läuft unter dem Cold Fusion Server), ASP (Active Server Pages, die unter dem Microsoft Internet Information Server laufen), JSP (Java Server Pages) oder PHP (ein Akronym für »PHP Hypertext Preprocessor«).

Alle diese Technologien werden Sie im nächsten Kapitel kennen lernen.

Lösung zu 8.2.3

a) Welche Gründe könnte jemand dafür haben, ODBC zu verwenden, wenn eine Datenbank eigene, schnellere Treiber mit mehr Funktionen unterstützt?

Lösung: Das Schreiben einer Webanwendung, die im Code den herstellerspezifischen Treiber der Datenbank verwendet, ist eine wunderschöne Sache, solange Sie nicht später einmal die Datenbank wechseln müssen. Dies wird dann zu einer unter Umständen sehr unangenehmen Aufgabe, weil Sie eine Menge von plötzlich nutzlosem, herstellerspezifisch geschriebenem Code haben, der ersetzt werden muss.

Wiederholungsfragen zu 8.2

Überprüfen Sie Ihr Wissen und versuchen Sie nun, die folgenden Fragen zu beantworten:

1. Nennen Sie die drei Stufen des Anwendungsdesigns.

   a) Webportal, Markenmix, eCommerce
   b) Darstellung, Venture-Kapital, Speicherung
   c) Darstellung, Geschäft, Speicherung
   d) Durchdringung, Design, Aufarbeiten

2. Das grafische Look&Feel der Website gehört zu welcher Schicht?

   a) Darstellung
   b) Geschäft
   c) Speicherung

3. In welcher Schicht sollten Sie die Umsatzsteuer für eine Bestellung berechnen?

   a) Darstellung
   b) Geschäft
   c) Speicherung

4. Welche Schicht ist am engsten an die Datenbank gebunden?

   a) Darstellung
   b) Geschäft
   c) Speicherung

5. Welche Schicht ruft eine Liste mit Namen aus dem Personalbestand eines Unternehmens ab, ordnet sie nach dem Dienstalter und druckt diese Namen in absteigender Reihenfolge aus? Nennen Sie alle zutreffenden Antworten.

   a) Darstellung
   b) Geschäft
   c) Speicherung

Die Lösungen befinden sich im Anhang des Buches zum Abschnitt 8.2.

Überprüfen Sie Ihre Sachkenntnis!

1. Untersuchen Sie, sofern Sie gerade eine Webanwendung planen, die Struktur und die Funktionalität Ihrer Anwendung im Hinblick auf die Darstellungsschicht, die Geschäftsvorgänge und die Speicherschicht. Falls Sie derzeit keine Pläne für eine Webanwendung haben, entwickeln Sie rasch etwas einfaches (etwa einen Online-Buchversand), um die folgenden Fragen beantworten zu können.

   - Mit welchem Browser wollen Sie arbeiten?
   - Werden Sie clientseitigen Code verwenden müssen?
   - Wie werden die Kunden in der Site navigieren?
   - Benötigen Ihre Kunden dynamische Inhalte?
   - Benötigen Sie Informationen von Ihren Besuchern, vielleicht sogar detaillierte?
   - Wie viele Daten werden Sie speichern müssen?
   - Welcher Teil Ihrer Anwendung ist besonders prozessorintensiv?
   - Welcher Teil ist besonders Webserver-intensiv?

2. Aus der Untersuchung der URL und URL-Parameter einer Website können Sie normalerweise ableiten, auf welche Weise eine Site dynamische Inhalte anbietet. Active Server Pages verfügen über die Dateierweiterung ».asp«, Java Server Pages über die Erweiterung ».jsp« und Cold-Fusion-Seiten über ».cfm«. Seiten, die mit CGI geschrieben wurden, verfügen normalerweise über die Endung ».cgi«. Gehen Sie einmal ins Internet und schauen Sie, welche serverseitigen Programmiertechniken von den wichtigsten Sites verwendet werden.

   a) Gehen Sie zu live.altavista.com und lesen Sie eine der Storys auf der Seite. Können Sie nur über die URL erkennen, welche Art von serverseitigem Code auf der Site eingesetzt wird? Können Sie weiterhin feststellen, welches Betriebssystem auf dem Webserver läuft?

   b) Überprüfen Sie jetzt einmal `www.microsoft.com`. Klicken Sie einige Links an und schauen Sie, ob Sie die serverseitige Technologie erkennen können, die zur Darstellung des Inhalts verwendet wird.

   c) Gehen Sie nun zu `www.casio.com`. Geben die Dateierweiterungen Ihnen irgendwelche Hinweise darauf, mit welcher Technologie diese Site aufgebaut worden ist?

   d) Besuchen Sie nun den Zoo in San Diego unter `www.sandiegozoo.org`. Wie wird hier der dynamische Inhalt erzeugt?

e) Wenn Sie einmal einige wirklich kryptisch aussehende URLs sehen möchten, sollten Sie einmal zur Website von Kelley Blue Book unter `www.kbb.com` gehen. Klicken Sie auf einen Link und staunen Sie über den nahezu unverständlichen Buchstabensalat, aus dem die URL der Seite besteht. Schauen Sie sich die Sache einmal genauer an und versuchen Sie herauszufinden, welcher Teil der Information eventuell Auskunft über die von Kelley verwendete Technologie geben könnte.

f) Versuchen Sie zum Schluss ein Beispiel für eine wirklich gut entwickelte Inhaltspräsentation im Web zu finden und nutzen Sie dieses Beispiel für sich selbst.

Kapitel 9

Programmierung und Skripting in einem Client/Server-System

Überblick

In diesem Kapitel erfahren Sie mehr über die folgenden Themen:

- Serverseitige Programmierung Seite 287
- Clientseitige Programmierung Seite 295
- Clientseitige und serverseitige Programmierung kombinieren Seite 304

Bei der Wahl zwischen zwei Übeln wähle ich immer dasjenige, das ich noch nicht kenne.

Mae West

Bis hierhin haben Sie Argumente für den Nutzen serverseitigen gegenüber clientseitigem Skripting kennen gelernt und erfahren, welche nützlichen Methoden zur Verfügung stehen, um den zu einer Funktion gehörenden Code einzuordnen. Jetzt werden Sie tiefer in die Materie einsteigen und schauen, was Sie mit den serverseitigen und clientseitigen Programmierwerkzeugen wirklich anstellen (bzw. nicht anstellen) können. Anschließend folgt eine kurze Erörterung von Möglichkeiten, wie man die Kluft zwischen »serverseitig« und »clientseitig« überbrücken kann.

Projekt 9.1: Serverseitige Programmierung

ZIEL

Nach diesem Kapitel können Sie:

- ✘ Schlüsseltechnologien für die Verarbeitung serverseitigen Codes benennen
- ✘ Vor- und Nachteile serverseitigen Codes erklären

Derzeit gibt es im Internet eine geradezu unglaublich hohe Zahl an Webservern, die unter einer erstaunlichen Vielzahl von Betriebssystemen und einer Unmenge verschiedener Serversoftware laufen. Jeder dieser Webserver ist immer etwas anders als alle anderen entwickelt und konfiguriert, und alle werden unablässig mit einem Sperrfeuer standardisierter Anfragen von etwa einem Dutzend verschiedener Browsertypen bombardiert, die auf einer Handvoll von Betriebssystemen laufen. Die nun folgende Erörterung des serverseitigen Skriptings sollte daher angesichts dieser Tatsachen zumindest teilweise auch auf Ihre eigene Situation anwendbar sein.

Im Moment gibt es wahrhaftig keinen Mangel an serverseitigen Programmierschnittstellen, die HTML über den Webserver generieren und senden können. Manche davon stützen sich zwar auf kompilierte Objekte, aber die Mehrzahl gründet auf dem Modell der Skriptsprache. Skriptsprachen unterscheiden sich von kompilierten Programmiersprachen auf subtile, aber trotzdem eindeutige Art und Weise:

- ✘ Skriptsprachen müssen vor der Ausführung nicht kompiliert werden.
- ✘ Skriptsprachen werden zur Laufzeit von einem Interpreter analysiert.
- ✘ Skriptsprachen laufen fast immer bedeutend langsamer als kompilierter Code ab.

Das eigentliche Ziel besteht natürlich immer darin, dynamisch erzeugte Inhalte auf einer Webseite unterzubringen. Dieses Ziel kann mit unterschiedlichen Technologien erreicht werden, und zwar mit SSI, CGI, API und SSS. Alle diese Abkürzungen, vor denen Sie nicht zu erschrecken brauchen, werden im folgenden ausführlich erörtert.

Mit Server-Side Includes (SSI) ersetzen Sie vor dem Senden der Webseite an den Webserver speziell formatierten HTML-Kommentar durch dynamische Inhalte. SSI gibt Ihnen zwar die Gelegenheit, SSI-Tags durch dynamischen Inhalt zu ersetzen, erlaubt Ihnen aber nicht, irgend etwas anderes als HTML an den Browser zurückzugeben (beispielsweise können Sie keine Grafiken oder ein Video zurückgeben).

CGI ist selbst keine Programmiersprache, sondern ein standardisiertes Gateway, das eine Schnittstelle zwischen einem Webserver und serverseitigem Code darstellt (daher die Bezeichnung Common Gateway Interface). Mit serverseitigen Skripten dieser Art können dynamisch Webseiten erzeugt werden (mit Header und allem anderen), die dann über einen Webserver an den Client gesendet werden. CGI-Skripte können mit Programmiersprachen wie C, C++, Perl oder nahezu jeder anderen Sprache geschrieben werden, die an eine Standard-Ausgabeeinheit schreiben kann. Das CGI-Skript schreibt den Text der Website dynamisch in den Webserver, der ihn wiederum an den Client sendet. Da CGI-Skripte nicht nur auf die Ausgabe dynamischer Inhalte beschränkt sind, ist das CGI-Skripting weitaus leistungsfähiger als SSI und eignet sich auch besser für die Verarbeitung von Formularen. Etwas Verarbeitungsoverhead ist jedoch erforderlich, da jede CGI-Anfrage vor der Verarbeitung einen separaten Prozess in einem separaten Speicherbereich erzeugt. Jeder, der eine Programmiersprache beherrscht, kann ein CGI-Skript schreiben – CGI ist daher auch heute immer noch außerordentlich populär.

Als die Entwickler von Webservern bemerkten, dass die Entwickler der Webseiten Wege und Möglichkeiten gefunden hatten, dynamische Webinhalte unter Verwendung von standalone-CGI-Anwendungen zu generieren, wurden sie plötzlich besorgt! Es würde nun nicht mehr lange dauern, bis CGI-Skripte in der Lage wären, ihre Ausgaben direkt und unter Umgehung aller Webserver an den Client senden zu können. Die Entwickler der Webserver steckten also die Köpfe zusammen und brachten jeder eine herstellerspezifische API (Application Programming Interface) heraus, die von ihren Webservern unterstützt wurde. Sie wussten: Wenn die Webentwickler erst einmal mit dem Schreiben von Code für die Webserver der Hersteller beginnen würden, würde dies der Webserverfirma eine Garantie auf einen lebenslangen Kunden bescheren, denn der Wechsel des Webservers war gleichbedeutend damit, dass eine Organisation sämtlichen Code zu ändern hatte, der für die API des alten Webservers geschrieben worden war. Natürlich gab es neben der Peitsche auch ein Zuckerbrot: Die neuen APIs waren voll in den Webserver integriert, liefen schneller und waren besser skalierbar als CGI-Skripte. Konsequenterweise boten sie den Programmierern daher auch eine viel bessere Kontrolle über die Prozesse und Threads der Anwendung.

Die Wahrheit über die Webserver-APIs

Die API-Programmierung weist ein ernstes Portabilitätsproblem auf. Es gibt nur wenige Webserver, die auf mehreren Plattformen lauffähig sind (wie beispielsweise Apache). Die Festlegung auf eine API für die Entwicklung einer Webserveranwendung bedeutet daher nicht mehr und nicht weniger, als dass Sie mit einem bestimmten Webserver auf Biegen und Brechen verheiratet sind, sofern Sie kein komplettes Umschreiben der Anwendung für einen neuen Server planen. Langer Rede kurzer Sinn: Falls Sie also einen Webserver haben, den Sie nicht so bald wechseln wollen, und falls Sie im Geschäft der serverseitigen Programmierlösungen tätig sind, dann können Sie eine Codierung für die API Ihres Webservers in Erwägung ziehen.

Serverseitige Skriptsprachen liegen irgendwo zwischen CGI-Skripten und der API-Programmierung. Skriptsprachen dieser Art werden entweder von einer standalone-Anwendung, die eine Schnittstelle zum Webserver bildet, interpretiert oder vom Webserver selbst interpretiert. Wie bei serverseitigen Includes wird der Code direkt in die Webseite eingebettet – die Seite wird dann vor dem Senden an den Client entsprechend verarbeitet. Anders als bei SSI gibt es jedoch mehr Möglichkeiten als nur den Austausch von Tags durch dynamische Inhalte. Diese interpretierten Sprachen sind nicht nur in der Lage, auf Datenbanken zuzugreifen, sondern beherrschen auch die Grundelemente der Programmierung (if-then-else-Konstrukte, Schleifen, Zuweisungen, Ausgabebefehle und so weiter). Zu den Sprachen dieser Klasse gehören ASP (Active Server Pages), JSP (Java Server Pages), CFML (Cold Fusion Markup Language) und PHP. Neben der serverseitigen Programmierlogik können serverseitige Skriptsprachen außerdem noch als Schnittstelle zu kompilierten Objekten verwendet werden (die zusätzliche Funktionen und Leistungen anbieten, die mit der Skriptsprache allein nicht erzielt werden können).

Übungen zu 9.1

9.1.1 Schlüsseltechnologien für die Verarbeitung serverseitigen Codes benennen

Sie bauen eine Website auf, deren Ziel darin besteht, ein Forum für die Liebhaber von Junk Food zu werden. Die Website soll Nachrichten und Neuigkeiten zur Junk-Food-Szene anbieten und Mitteilungen der Nutzer verarbeiten. Sie hoffen, dass diese Site Millionen von Hits pro Tag erhalten wird.

a) Welches sind die Vor- und Nachteile beim Aufbau einer Website mit CGI-Skripten?

b) Welches sind die Vor- und Nachteile beim Aufbau einer Website mit serverseitigen Includes?

c) Welches sind die Vor- und Nachteile beim Aufbau einer Website über eine API?

d) Welches sind die Vor- und Nachteile beim Aufbau einer Website mit einer serverseitigen Skriptsprache wie ASP, Cold Fusion oder PHP?

9.1.2 Vor- und Nachteile serverseitigen Codes erklären

a) Welche Art von Verarbeitung können Sie mit serverseitigem Code realisieren?

____

____

____

b) Worin bestehen die Vorteile, wenn Code auf dem Webserver ausgeführt wird?

____

____

____

c) Welches sind die Nachteile, wenn der Code auf dem Webserver ausgeführt wird?

____

____

____

Lösungen zu den Übungen

Lösungen zu 9.1.1

Sie bauen eine Website auf, deren Ziel darin besteht, ein Forum für die Liebhaber von Junk Food zu werden. Die Website soll Nachrichten und Neuigkeiten zur Junk-Food-Szene anbieten und Mitteilungen der Nutzer verarbeiten. Sie hoffen, dass diese Site Millionen von Hits pro Tag erhalten wird.

a) Welches sind die Vor- und Nachteile beim Aufbau einer Website mit CGI-Skripten?

Lösung: CGI-Skripte werden gewiss mit der Verarbeitung der Nachrichten und Neuigkeiten einer solchen Website fertig werden. Wenn Sie allerdings Millionen von Hits pro Tag planen, könnten Sie Leistungsprobleme bekommen. CGI-Skripte werden mit hoher Belastung nicht besonders gut fertig.

b) Welches sind die Vor- und Nachteile beim Aufbau einer Website mit serverseitigen Includes?

Lösung: Serverseitige Includes sind für dieses Projekt komplett ungeeignet. Vielleicht werden Sie eine clevere Lösung zur Anzeige dynamisch erzeugter Nachrichteninhalte entwickeln können, jedoch brauchen Sie immer noch eine weitere Technologie, um die Mitteilungen der Nutzer zu übernehmen und in einer Datenbank zu speichern.

c) Welches sind die Vor- und Nachteile beim Aufbau einer Website über eine API?

Lösung: Stellen Sie vor dem Beginn einfach nur sicher, dass Sie während des Projekts keinen Bedarf an einem Wechsel des Webservers haben werden. Falls nur die leichteste Chance bestehen sollte, dass Sie später einmal auf einen neuen Webserver upgraden müssen, um die höher als erwartet liegenden Betriebslasten zu verarbeiten, ist es vernünftig, auf die API Ihres aktuellen Webservers zu verzichten.

d) Welches sind die Vor- und Nachteile beim Aufbau einer Website mit einer serverseitigen Skriptsprache wie ASP, Cold Fusion oder PHP?

Lösung: Zu den Vorteilen gehören Rapid Prototyping und der einfache Datenbankzugriff. Potentielle Nachteile gibt es nur wenige; abgesehen davon, dass interpretierte Sprachen im allgemeinen nicht besonders schnell sind, so dass Sie unter Umständen eines Tages die Hardware erweitern müssen, um mit Millionen von Hits pro Tag fertigzuwerden.

Lösungen zu 9.1.2

a) Welche Art von Verarbeitung können Sie mit serverseitigem Code realisieren?

Lösung: Sie können die Daten auf verschiedene Art und Weise formatieren, die Geschäftslogik umsetzen, kompilierte Objekte aufrufen, Abfragen für Datenbanken ablaufen lassen, Abfrageergebnisse anzeigen, Nutzereingaben validieren und Nutzerdaten speichern. Eine der am häufigsten auftretenden Aufgaben hinsichtlich der Eingabevalidierung, die Ihnen begegnen wird, besteht in der Überprüfung, ob der Nutzer ein Pflichtfeld leergelassen hat. Serverseitig wird dies über die Überprüfung der Feldlänge erledigt.

Aber auch dieser so einfach aussehende Prozess hat seine Tücken: Macintosh-Computer, die gewisse Versionen des Internet Explorers nutzen, haben die verflixte Eigenschaft, beim Absenden eines Formulars anstelle eines leeren Strings ein Leerzeichen weiterzureichen. Eine serverseitige Überprüfung eines solchen Feldes auf leeren Inhalt muss daher vor der Überprüfung der Länge die führenden und nachlaufenden Leerzeichen aus dem Feldwert entfernen. Sogar serverseitiger Code ist nicht ganz immun gegen die unterschiedlichen Browserimplementierungen, mit denen sich schon der clientseitige Code herumschlagen muss.

b) Worin bestehen die Vorteile, wenn Code auf dem Webserver ausgeführt wird?

Lösung: Anders als clientseitiger Code wird der serverseitige Code auf dem Server in einer sorgfältig kontrollierten Umgebung ausgeführt. In einer solchen Umgebung können Sie ein großes Ausmaß an Stabilität und Zuverlässigkeit erwarten. Auf dem Server können Sie auch prozessorintensive Anwendungen ablaufen lassen, ohne Befürchtungen wegen der Grenzen des Nutzercomputers haben zu müssen.

c) Welches sind die Nachteile, wenn der Code auf dem Webserver ausgeführt wird?

Lösung: Es gibt mehrere potentielle Nachteile. Erstens ist die Last auf der CPU, die beim Analysieren und Ausführen serverseitiger Skripte entsteht, viel größer als beim reinen Betrieb des Webservers. Intensive Skriptverarbeitungsvorgänge können die Leistung eines Webservers negativ beeinflussen.

Zweitens kann der Kommunikationsweg zwischen dem Client und Server ein Problem darstellen. Jede Anfrage nach Informationen erfordert einen gewissen Weg vom Client zum Server und zurück, der zur erforderlichen Verarbeitungszeit auf dem Server addiert werden muss. Der serverseitige Code kann auf die Nutzereingaben einfach nicht so schnell wie clientseitiger Code reagieren. Zwar werden Internetverbindungen immer schneller, trotzdem jedoch können die Ausführungsprozesse auf einem Remote-Computer mit lokal ausgeführtem Code grundsätzlich nicht mithalten.

Die Ausnahme hiervon liegt natürlich insofern vor, als Ihr Computer selbst nicht über genügend Speicher zum Durchsuchen eines Index aus Millionen von Webseiten verfügen dürfte. Dagegen wird es zahlreichen Servern im Web nicht sonderlich schwer fallen, in der Zeit, in der Sie mit den Augen zwinkern, Ihre Suchanfrage entgegenzunehmen, eine Masse an Daten durchzuarbeiten und das Ergebnis zurückzuliefern. Manche Verarbeitungslogik macht sich eben am besten auf der Seite des Clients, und manche andere am besten auf der Seite des Servers. Den jeweiligen Bedarf an der einen oder anderen Verfahrensweise müssen Sie selbst herausfinden.

Wiederholungsfragen zu 9.1

Überprüfen Sie Ihr Wissen und versuchen Sie nun, die folgenden Fragen zu beantworten:

1. Was kann nur HTML-Dateien zurückgeben?

   a) SSI
   b) CGI
   c) API
   d) SSS

2. Was gibt Ihnen die freie Wahl der von Ihnen verwendeten Programmiersprache?

   a) SSI
   b) CGI
   c) API
   d) SSS

3. Was beschreibt eine Methode für ein Programm zum Zugriff auf den Webserver?

   a) SSI
   b) CGI
   c) API
   d) SSS

4. In VBScript geschriebenes ASP (Active Server Pages) wird nur von Microsofts Internet Information Server akzeptiert. Was weist ASP hin?

   a) SSI
   b) CGI
   c) API
   d) SSS

5. Können Sie ein Formular mit serverseitigem Code auf Fehler überprüfen?

   a) Ja, aber nur nach dem Senden.
   b) Ja, aber nur vor dem Senden.
   c) Nein, das muss auf der Seite des Client erledigt werden

Die Lösungen befinden sich im Anhang des Buches zum Abschnitt 9.1.

Projekt 9.2: Clientseitige Programmierung

Nach diesem Kapitel können Sie:

- ✗ Einfaches clientseitiges JavaScript schreiben
- ✗ Grundlegende clientseitige Formularvalidierungen durchführen

ZIEL

Es gibt zahlreiche clientseitige Programmiertechniken, die das Surferlebnis erweitern sollen (Java-Applets, ActiveX, Shockwave, Flash und diverse andere Plug-ins). Von diesen war Java der erste Versuch, das Bedürfnis nach einer einzigen, portablen, universell kompatiblen clientseitigen Programmiertechnologie zu erfüllen. JavaScript ist eine Untermenge von Java (obwohl »Untermenge« vielleicht ein zu schwaches Wort dafür ist), die direkt vom Browser interpretiert wird. Und obwohl die Idee Suns nach der totalen Kompatibilität mit allen Browsern immer noch im Raume stand, entstanden doch im Laufe der Zeit zahlreiche »Geschmacksrichtungen« und verschiedene, schnell auftauchende Implementierungsformen von JavaScript. Die unterschiedlichen Variationen von JavaScript beschreibt ein kurzer terminologischer Überblick:

- ✗ JavaScript ist eine interpretierte, auf Java aufbauende Skriptsprache, die von Sun und Netscape gemeinsam entwickelt worden ist.
- ✗ JScript ist Microsoft´s Version von JavaScript. Microsoft hat hier verschiedene »Erweiterungen« hinzugefügt, mit denen sich Microsoft den Zorn von Netscape, Sun und dem us-amerikanischen Justizministerium zugezogen hat.
- ✗ ECMAScript ist ein relativ neuer Versuch zur Herstellung einer standardisierten, clientseitigen interpretierten Skriptsprache.
- ✗ VBScript ist eine weitere interpretierte Skriptsprache von Microsoft, die funktionell nahezu identisch mit Javacript ist, jedoch auf einer Untermenge der Syntax und Funktionen von Visual Basic gründet (und nur von Microsoft´s Webbrowsern unterstützt wird).
- ✗ Wenn Sie eine Website besuchen und clientseitigen Code herunterladen und ausführen, dann machen Sie nichts anderes, als den willkürlich geschriebenen Code einer unbekannten Person auf Ihrem eigenen Computer ablaufen zu lassen. Die Ausführung von Code, der schädlich oder zumindest nicht vertrauenswürdig ist, stellt in jedem Fall ein ernstes Sicherheitsrisiko dar. Es muss also strenge Sicherheitsmaßnahmen geben, die verhindern, dass clientseitiger Code das System des Nutzers zum Absturz bringt, dass derartiger Code Dateien auf der Festplatte des Nutzers

liest oder schreibt, Programme startet oder auf Systemressourcen zugreift. Ein derartiges Sicherheitsmodell wird »Sandkastenmodell« genannt: Dem clientseitigen Code wird ein elektronischer »Sandkasten« zur Verfügung gestellt, in dem er ablaufen und den er auf gar keinen Fall verlassen darf.

- Der naturgemäß restriktive Aufbau dieses Sandkastens hat allerdings Nebenwirkungen: Er beschneidet die Menge an Funktionen, die Sie in ein clientseitiges Skript einbauen können, ganz erheblich. Diese Vorsichtsmaßnahme im Interesse der Sicherheit hat den Nutzen des clientseitigen Codes zwar beschränkt, aber, was unbedingt festgehalten werden sollte, zugleich auch das Ausmaß der Probleme begrenzt, die schädlicher clientseitiger Code anrichten kann.

Die Wahrheit über ECMAScript

CMAScript ist nach der Organisation benannt, die sich mit der Standardisierung der Syntax befasst. ECMA war früher unter der Bezeichnung *European Computer Manufacturers Association* bekannt und nennt sich heute schlicht nur noch ECMA. ECMAScript hat sich die Aufgabe zum Ziel gesetzt, genau zu spezifizieren, wie eine gute clientseitige Programmiersprache arbeiten sollte, und hat sich im Laufe der Zeit immer weiter entwickelt (die Final-Version ist ECMAScript-262 und sehr eng mit JavaScript 1.1 verwandt). Zum Nachteil der Entwickler legt der ECMAScript-Standard nur die Syntax der Sprache fest, trifft aber keine Festlegungen hinsichtlich des zugrundeliegenden DOM-Modells der Browser (DOM: Document Object Model), was den potentiellen Nutzen von ECMAScript als standardisierte clientseitige Sprache einschränkt.

Was können Sie unter der Maßgabe der den clientseitigen Skripten auferlegten Sicherheitsbeschränkungen in der Praxis mit ihnen anfangen? Die Antwort lautet: Überraschend viel! JavaScript verfügt über die Oberhoheit über alles, was mit dem Browser, den Formularen auf einer Seite, der aktuellen Seite selbst oder anderen Seiten im Frameset zu tun hat. Unter all den Möglichkeiten, die sich in diesem breiten Spektrum auftun, gehört besonders die clientseitige Formularvalidierung zu den nützlichen Dingen, die JavaScript erledigen kann.

Beispielsweise können Sie:

- Überprüfen, ob die Pflichtfelder des Formulars leer gelassen wurden.
- Überprüfen, ob numerische Felder Buchstaben, Leerzeichen, Striche oder Symbole enthalten.
- Überprüfen, ob eine E-Mail-Adresse das Zeichen @ enthält.

- Überprüfen, ob eine Postleitzahl aus der vorgeschriebenen Anzahl von Ziffern besteht.

Clientseitiger Code kann alle diese Aufgaben selbst übernehmen, ohne erst Zeit damit zu verschwenden, das Formular an den Server zu senden, dort überprüfen zu lassen und von dort auf eine Antwort zu warten.

Übungen zu 9.2

9.2.1 Einfaches clientseitiges JavaScript schreiben

Speichern Sie den folgenden Text als HTML-Datei und öffnen Sie sie in Ihrem Browser:

```
<html>
 <script language="JavaScript">
  alert("Welcome to my site!");
 </script>
 <body>Hi.</body>
</html>
```

a) Was passiert, wenn Sie die Seite laden, und warum passiert es?

____

____

____

Ändern Sie nun die Seite etwas ab, indem Sie die Begrüßung in einer Funktion unterbringen:

```
<html>
 <script language="JavaScript">
  function Greeting() {
   alert("Welcome to my site!");
  }
 </script>
 <body>Hi.</body>
</html>
```

b) Was passiert, wenn Sie die Seite laden, und warum passiert es?

____

____

____

Ändern Sie den Code ein weiteres Mal, indem Sie das Event *onLoad* in den Body-Tag aufnehmen:

```
<html>
 <script language="JavaScript">
  function Greeting() {
   alert("Welcome to my site!");
  }
 </script>
 <body onLoad="Greeting();">Hi.</body>
</html>
```

c) Was passiert, wenn Sie die Seite laden, und warum passiert es?

____

____

____

9.2.2 Grundlegende clientseitige Formularvalidierungen durchführen

Speichern Sie den folgenden Text als HTML-Datei und öffnen Sie sie in Ihrem Browser:

```
<html>
 <script language="JavaScript">
  function formValidate() {
   if(document.forms[0].emailAddress.value.length > 0) {
    return true;
   } else{
    alert("please enter an email address");
    return false;
   }
  }
 </script>
 <form onSubmit="return formValidate();">
  email address: <input type="text" name="emailAddress">
  <input type="submit" name="submit" value="submit">
 </form>
</html>
```

a) Was passiert, wenn Sie die Seite ohne Ausfüllen des Textfeldes absenden? Warum passiert es?

____

____

____

Ändern Sie nun den Script-Block wie folgt ab:

```
<script language="JavaScript">
  function formValidate() {
   if(document.forms[0].emailAddress.value.length < 6) {
    alert("please enter a valid email address");
    return false;
   }
   if (document.forms[0].emailAddress.value.search("@") == -1){
    alert("please enter a valid email address");
    return false;
   }
   return true;
  }
 </script>
```

b) Was passiert, wenn Sie eine Seite absenden, ohne eine gültige E-Mail-Adresse angegeben zu haben? Wie identifizieren Sie eine gültige E-Mail-Adresse?

____

____

____

c) Aus welchen Gründen würden Sie clientseitige gegenüber serverseitiger Formularvalidierung bevorzugen?

____

____

____

d) Auf welche Attribute des Nutzer-Browsers würden Sie neben den Formularen noch zugreifen wollen?

____

____

____

Lösungen zu den Übungen

Lösungen zu 9.2.1

a) Was passiert, wenn Sie die Seite laden, und warum passiert es?

Lösung: Es erscheint ein Nachrichtenfeld, das die Besucher Ihrer Website freundlich willkommen heißt.

b) Was passiert, wenn Sie die Seite laden, und warum passiert es?

Lösung: Diesmal passiert gar nichts – es erscheint kein Nachrichtenfeld. Warum nicht? Weil der Code, der bisher beim Laden der Seite ausgeführt wurde (der Code, der das Nachrichtenfeld anzeigt), nun in einer Funktion untergebracht ist, die niemals aufgerufen wird.

c) Was passiert, wenn Sie die Seite laden, und warum passiert es?

Lösung: Jetzt erscheint Ihr Nachrichtenfeld wieder wie gewohnt. Nach dem Laden der ganzen Seite wird das Event *onLoad* im Body-Tag ausgelöst, und aller in diesem Event hinterlegte Code wird nach dem Aufbau aller Formularelemente und nach der Bereitstellung des Formulars sofort ausgeführt.

Nur durch den Einbau clientseitigen Codes an den Anfang der Seite (wie in der Übung) erhalten Sie keine Garantie dafür, dass der Rest der Seite auch komplett geladen wird. Falls Ihr Code ein Objekt weiter unten auf der Seite referenziert, dass noch nicht geladen werden konnte (weil Ihr Besucher vielleicht ein 28,8er-Modem verwendet), wird der Nutzer einen JavaScript-Fehler erhalten. Um sicherzustellen, dass die gesamte Seite vor der Ausführung Ihres clientseitigen Codes geladen wird, sollten Sie es sich zur Programmiergewohnheit machen, allen Code, der der clientseitigen Initialisierung dient, in einer Funktion unterzubringen, die vom Event onLoad im Body-Tag aufgerufen wird.

Lösungen zu 9.2.2

a) Was passiert, wenn Sie die Seite ohne Ausfüllen des Textfeldes absenden? Warum passiert es?

Lösung: Sie erhalten ein Nachrichtenfeld, das Sie über eine E-Mail-Adresse informiert, die Sie einzugeben haben. Das Formular wird nicht gesendet, solange Sie nicht mindestens ein Zeichen in das Feld eingegeben haben.

Durch die Rückgabe von *False* im Event *Submit* des Formulars wird verhindert, dass das Formular gesendet wird. Ähnlich können Sie bei einem standardmäßigen <a>-Tag ein *False* zurückgeben, um zu verhindern, dass ein Link verfolgt wird, bevor eine bestimmte Bedingung erfüllt ist. Dieser Code würde etwa folgendermaßen aussehen:

```
<a href="wherever.htm" onClick="return motherMayI();">
```

b) Was passiert, wenn Sie eine Seite absenden, ohne eine gültige E-Mail-Adresse angegeben zu haben? Wie identifizieren Sie eine gültige E-Mail-Adresse?

Lösung: Falls Sie keine gültige E-Mail-Adresse eingegeben haben, erhalten Sie ein Nachrichtenfeld mit der Information, dass Sie eine solche eingeben müssen. Eine gültige E-Mail-Adresse muss in diesem Kontext länger als fünf Zeichen sein (die kürzeste und noch gültige E-Mail-Adresse kann beispielsweise `A@B.US` lauten) und das Zeichen »@« enthalten.

c) Aus welchen Gründen würden Sie clientseitige gegenüber serverseitiger Formularvalidierung bevorzugen?

Lösung: Die Verwendung der clientseitigen Formularvalidierung bedeutet, dass Ihre Nutzer nicht warten müssen, bis die Seite an den Server gesendet, dort validiert und das Ergebnis über den Webserver zurück an den Nutzer gesendet wird; und das Ganze nur, um dann feststellen zu müssen, dass ein Feld nicht ausgefüllt wurde. Diese Form der Validierung ist fast immer schneller als die serverseitige Formularvalidierung.

Die serverseitige Validierung kann insbesondere beim Vorhandensein von Upload-Feldern im Formular sehr lästig sein, weil diese zwischen den einzelnen Sendevorgängen ihre Werte nicht behalten. Bei allen HTML-Formularfeldern außer bei <input type=»file«> können die Werte beibehalten werden. Falls Sie also ein Formular haben, das von einem Nutzer den Upload von mehr als zwei Dateien auf einmal verlangt, dann würde der Nutzer die clientseitige Fehlerüberprüfung, die den Nutzer bei Fehlern zur Neueingabe von Werten auffordern kann, gegenüber der serverseitigen gewiss bevorzugen.

d) Auf welche Attribute des Nutzer-Browsers würden Sie neben den Formularen noch zugreifen wollen?

Lösung: Ein Browser verfügt über viele nützliche Eigenschaften, auf die mit clientseitigem Code zugegriffen werden kann. Es folgt eine unvollständige Liste mit Eigenschaften:

- Das Dokument, das der Nutzer betrachtet. Ein einfache Zuweisung `document.location` würde den Browser des Nutzers zu einer anderen Seite leiten (sofern er JavaScript aktiviert hat). Darüber hinaus können Sie JavaScript zum Zugriff auf mehrere Frames innerhalb eines Frameset und zum Schreiben und Lesen von Variablen in diesen anderen Seiten verwenden.

- Kaskadierende Formatvorlageneigenschaften. JavaScript verfügt über den vollständigen Zugriff auf sämtliche CSS-Eigenschaften. Durch entsprechende Manipulationen können Sie interessante optische Effekte erzielen (dies ist im wesentlichen die Aufgabe von DHTML).
- Fenster. Sie haben die Möglichkeit, neue Fenster zu erstellen, wobei Sie über die komplette Kontrolle über die Größe, Position und die Anzeige von Symbolleisten, Laufleisten und so weiter verfügen
- Fensterposition. Dieses beschreibbare Attribut kann so versorgt werden, dass es das gesamte Browserfenster »durchschüttelt« und auf diese Weise ein »Erdbeben« oder einen ähnlichen Effekt simuliert (ein Codebeispiel dafür steht unter `http://javascript.Internet.com/bgeffects/shake-screen.html` zur Verfügung).
- Der Browser selbst: JavaScript kann Informationen über den Typ Ihres Browsers, die Version und die installierten Plug-ins zurückliefern, was nützlich zur Weiterleitung Ihres Besuchers an eine Site sein kann, die für dessen Browser optimiert ist.
- Cookies. JavaScript kann Cookies auf dem Computer des Nutzers schreiben und lesen (unter der Voraussetzung, dass der Nutzer JavaScript aktiviert und die Cookies nicht abgeschaltet hat).

Wiederholungsfragen zu 9.2

Überprüfen Sie Ihr Wissen und versuchen Sie nun, die folgenden Fragen zu beantworten:

1. Das Sicherheitsmodell des »Sandkastens« hindert clientseitigen Code daran, auf irgend etwas anderes außerhalb des Browserfensters (und auch nicht auf bestimmte Browserelemente) zuzugreifen. Hierdurch wird:
   a) Die Gesamtsicherheit des clientseitigen Codes gesteigert.
   b) Die Gesamtsicherheit des clientseitigen Codes reduziert.
   c) Die Gesamtfunktionalität des clientseitigen Codes reduziert.
   d) Die Gesamtfunktionalität des clientseitigen Codes erweitert.
   e) Jeder andere Code daran gehindert, ohne Befugnis mit den Möglichkeiten von JavaScript herumzuspielen.
2. Wenn eine Funktion `onSubmit` True zurückgibt, wird das Formular:
   a) Ordnungsgemäß gesendet.
   b) Überhaupt nicht gesendet.
   c) Eine von Ihnen formulierte Fehlermeldung anzeigen.
   d) Das tun, was im Event *onTrue* vorgesehen ist.

3. Auf welche der folgenden Objekte kann JavaScript nicht zugreifen?

   a) `document.opener`
   b) `document.bgColor`
   c) `document.forms[0].superSecretInformation.value`
   d) Dokumente auf Ihrer Festplatte

4. Was ist kein Nachteil clientseitigen Codes?

   a) Kann vom Nutzer abgeschaltet werden.
   b) Reagiert schneller auf die Nutzereingaben.
   c) Funktioniert nicht in jedem Browser.
   d) Ist auf die Ausführung ausschließlich sicherer Funktionen beschränkt.

Die Lösungen befinden sich im Anhang des Buches zum Abschnitt 9.2.

Projekt 9.3: Clientseitige und serverseitige Programmierung kombinieren

ZIEL

Nach diesem Kapitel können Sie:

- ✘ Serverseitige und clientseitige Programmierlogik kombinieren
- ✘ Erklären, auf welche Weise Cookies zu client- oder serverseitigen Objekten werden

Es existieren nur sehr wenige Bereiche, in denen serverseitiger oder clientseitiger Code jeweils eindeutig von Vorteil ist. Clientseitiger Code kann noch vor dem Senden eines Formulars auf Formularvariablen zugreifen, während serverseitiger Code erst nach dem Senden des Formulars Zugang zu den Formularvariablen hat. Serverseitiger Code kann auf Datenbankabfragen zugreifen, während clientseitiger Code überhaupt keine Abfragen laufen lassen kann. Die offenbare Schlussfolgerung daraus ist, dass man keine Bevorzugung der einen gegenüber der anderen Form vornehmen, sondern beide Formen gleichermaßen verwenden sollte. Die Kombination serverseitiger und clientseitiger Programmierlogik kann eine leistungsfähige (und funktionell außerordentlich reiche) Browsing-Umgebung für die Besucher Ihrer Site (bzw. für Nutzer Ihrer Webanwendung, wenn Sie das lieber hören sollten) ergeben.

Die Formularvalidierung hat schon öfter als Beispiel gedient und soll daher auch in den nachfolgenden Übungen wieder herangezogen werden. Die Nachteile der Validierung nur auf der einen oder nur auf anderen Seite haben Sie bereits kennen gelernt, so dass die beste Lösung darin bestehen wird, die Validierung auf beiden Seiten vorzunehmen. Die kurzen Reaktionszeiten der clientseitigen Überprüfung sind zwar sehr schön, jedoch können Sie sich vor dem Speichern der Daten in der Datenbank nicht allein auf die clientseitige Überprüfung stützen. Bevor Sie Eingaben in die Datenbank vornehmen können, benötigen Sie neben einer eleganten clientseitigen Validierung noch eine weitere Validierungsstufe auf der Seite des Servers, die sozusagen die letzte Chance zur Fehlerberichtigung darstellt. Damit sorgen Sie einerseits dafür, dass wichtige und grundlegende Funktionen zur Verfügung stehen, bieten aber außerdem auch noch weniger wichtige, aber wünschenswerte weitere Funktionen an. Bei einer Website, die Gebrauch von JavaScript für Anwendungen macht, die nützlich, aber nicht wirklich »mission critical« sind, fallen die durch solche Funktionen gegebenenfalls entstehenden Leistungsbeeinträchtigungen nicht so stark ins Gewicht.

Serverseitiges Skripting kann auch noch enger mit clientseitigem Code kombiniert werden. Ein serverseitiges Skript könnte beispielsweise JavaScript in eine Webseite schreiben und auf diese Weise dynamisch Variablen und Parameter einfügen. Solche Variablen und Parameter können das Ergebnis einer Abfrage oder anderer Prozesse sein, die JavaScript unter Umständen selbst gar nicht ausführen kann. Sorgen Sie sich nicht, falls die Idee Sie verwirren sollte, mit Code neuen Code zu schreiben – es ist dasselbe wie regulären Code zu schreiben, nur eben doppelten! In jedem Falle bietet die Verwendung serverseitigen Codes zum Schreiben clientseitigen Codes eine relativ einfache Verfahrensweise dafür, das beste aus beiden Welten anzubieten.

Manchmal werden sich die beiden Bereiche auch überschneiden. Die Formularvalidierung ist ein typisches Beispiel für eine Grauzone, die von serverseitigem, clientseitigem oder Code aus beiden Bereichen erledigt werden kann. Auch Cookies fallen unter diesen Grauzonenbereich. Mit clientseitigem Code können Cookies geschrieben (und gelesen) werden, und auch die meisten serverseitigen Sprachen unterstützen Cookies (wie diese Unterstützung genau aussieht, hängt von der Sprache ab). Das mehr oder wenige simultane Schreiben und Lesen von Cookies auf beiden Seiten ist jedoch keine sehr gute Programmierpraxis, da dies sehr leicht zu einem »Wettrennen« führen kann. Dieses »Wettrennen« kann auftreten, wenn der Programmierer gerne möchte, dass der serverseitige Code ein Cookie schreibt, bevor der clientseitige Code überhaupt erst den Wert des Cookies überprüfen konnte und umgekehrt. Cookies verfügen über nur sehr begrenzte Einsatzzwecke, was ein Problem darstellt und aus der Tatsache herrührt, dass die Nutzer die Annahme eines Cookies verweigern können. Es verdient aber festgehalten zu werden, dass server- und clientseitiger Code über ein Cookie Daten austauschen können.

Übungen zu 9.3

9.3.1 Serverseitige und clientseitige Programmierlogik kombinieren

Eine der Herausforderungen der Kombination besteht im Weiterreichen von Variablen und Werten zwischen server- und clientseitigem Code. Bei jeder Validierung (bzw. Verarbeitung) eines Wertes durch die eine oder andere Seite muss ein Verfahren vorhanden sein, mit dem das jeweilige Ergebnis dem Code auf der anderen Seite zur Verfügung gestellt werden kann.

a) Benennen Sie zwei Verfahren, mit denen Sie einen Wert aus dem serverseitigen an den clientseitigen Code weiterreichen können.

b) Benennen Sie zwei Verfahren, mit denen Sie einen Wert aus dem clientseitigen an den serverseitigen Code weiterreichen können.

9.3.2 Erklären, auf welche Weise Cookies zu client- oder serverseitigen Objekten werden

a) Wie schreiben Sie mit clientseitigem Code ein Cookie?

b) Wie schreiben Sie mit serverseitigem Code ein Cookie?

c) Wie können clientseitiger und serverseitiger Code über ein Cookie Daten austauschen?

Lösungen zu den Übungen

Lösungen zu 9.3.1

a) Benennen Sie zwei Verfahren, mit denen Sie einen Wert aus dem serverseitigen an den clientseitigen Code weiterreichen können.

Lösung: Der einfachste Weg zur Weitergabe serverseitiger Variablen an clientseitigen Code besteht darin, die Werte direkt an den clientseitigen Code auszugeben. Falls Sie beispielsweise mit JavaScript auf Daten mehrerer Datensätze zugreifen müssen, können Sie eine serverseitige Schleife schreiben, die die Datensätze durchläuft und JavaScript-Variablen und -Namen deklariert, die denjenigen im serverseitigen Datensatz entsprechen.

b) Benennen Sie zwei Verfahren, mit denen Sie einen Wert aus dem clientseitigen an den serverseitigen Code weiterreichen können.

Lösung: Die Weitergabe von Variablen aus client- an serverseitigen Code ist kniffliger und beinhaltet fast immer das Senden einer Anfrage an den Server. Den clientseitigen Code können Sie dazu verwenden, die Ziel-URL zu generieren und Variablenwerte über die URL der Seite weiterzureichen (denken Sie daran, diese zuerst zu codieren, da es ansonsten zu nicht vorhersagbaren Ergebnisse kommen kann). Der serverseitige Code muss dann in der Lage sein, die Variablenwerte aus der URL herauszuziehen und zu dekodieren. Alternativ dazu können Sie mit clientseitigem Code auch Werte in verborgenen Textfeldern eines Formulars schreiben. Beim Senden des Formulars hat der serverseitige Code anschließend den Zugriff auf sämtliche Formularfelder. Diese Methode ist besonders deshalb recht elegant, weil Formulare nicht unbedingt immer mit der klassischen »Sende«-Taste abgeschickt werden müssen, sondern auch durch andere clientseitige Aktionen im Hintergrund gesendet werden können (durch Laden einer Seite, durch Anklicken einer Stelle, Bewegen der Maus über eine Stelle und so weiter). Außerdem erscheinen die übergebenen Variablen nicht in der Ziel-URL der Seite (sofern Sie das Formular mit POST und nicht mit GET absenden).

Auch Cookies können Sie dazu benutzen, Daten von der Seite des Client zur Seite des Servers weiterzuleiten.

Lösungen zu 9.3.2

a) Wie schreiben Sie mit clientseitigem Code ein Cookie?

Lösung: Das ist einfach! Hier ein Beispiel mit JavaScript:

```
function SetCookie (name,value,expires,path,domain,secure) {
  document.cookie = name + "=" + escape (value) +
    ((expires) ? "; expires=" + expires.toGMTString() : "") +
    ((path) ? "; path=" + path : "") +
    ((domain) ? "; domain=" + domain : "") +
    ((secure) ? "; secure" : "");
}
```

Das Schreiben von Cookies mit clientseitigem Code ist vielleicht doch nicht so einfach, aber dank eines Herrn namens Bill Dortch einfacher als je zuvor. Mr. Dortch hat nämlich eine umfassende Sammlung cookie-bezogener Funktionen geschrieben (Cookies schreiben, lesen und über verschiedene Browser und Plattformen hinweg verwenden). Der Code dieser Funktionen steht frei unter der Adresse `http://www.hidaho.com/ cookies/ cookie.txt` zur Verfügung. Die Funktion oben ist ein Beispiel seines makellosen JavaScript!

b) Wie schreiben Sie mit serverseitigem Code ein Cookie?

Lösung: Das hängt von der Sprache ab.

Dies ist eine Lösung in VBScript:

```
<SCRIPT language=VBScript>
   document.cookie="foo=bar; path=/; expires Mon, 01-Jan-2001
00:00:00 GMT"
</SCRIPT>
```

Das Schreiben eines Cookie mit Perl ist noch einfacher. Sie schreiben das Cookie einfach nur in den Dokument-Header:

```
Content-type: text/html
Set-Cookie: foo=bar; path=/; expires=Mon, 01-Jan-2001 00:00:00 GMT
```

Und dies ist die Lösung in Cold Fusion:

```
<cfcookie name="foo" value="bar" path="/"  expires="1/1/2001">
```

c) Wie können clientseitiger und serverseitiger Code über ein Cookie Daten austauschen?

Lösung: Serverseitiger Code kann Cookies schreiben, auf die der clientseitige Code zugreifen kann und umgekehrt. Es ist wirklich nicht schwer!

Die Wahrheit über den Datenaustausch mit Cookies

Das Konzept des Datenaustauschs mit Cookies ist zwar einfach, aber die eigentliche Implementierung unter Umständen schwierig. Wenn Sie erst einmal mit Cookies zu arbeiten beginnen, werden Sie feststellen, dass in der individuellen Implementierung von Cookies einige Hürden zu überwinden sind. Sie sollten sich darüber im klaren sein, dass jeder Plan, über Cookies Daten zwischen server- und clientseitigem Code auszutauschen, einen gewissen Debugging-Aufwand nach sich ziehen wird. Jede serverseitige Skriptsprache geht mit Cookies etwas anders um. Bei clientseitigem Code sind die Implementierungsdetails immer recht unterschiedlich, wovon Cookies leider keine Ausnahme bilden. Sie sollten daher darauf gefasst sein, dass Sie bei Cookies, die auf verschiedenen Systemen und von unterschiedlichen Browsern geschrieben worden sind, immer die einen oder anderen Inkompatibilitäten vorfinden werden. Unter Umständen werden Sie sogar feststellen, dass Ihr serverseitiger Code beim Lesen von Cookies, die mit clientseitigem Code in gewissen Browsern geschrieben worden sind, Probleme haben wird, während Cookies aus anderen Browsern wiederum keine Probleme machen.

Wiederholungsfragen zu 9.3

1. Kann clientseitiger Code serverseitige Variablen schreiben?
   a) Ja, jederzeit!
   b) Nein, niemals!
   c) Nicht ohne einen Besuch des Servers!
   d) Nur über ein Cookie.
2. Kann serverseitiger Code clientseitige Variablen schreiben?
   a) Ja, jederzeit!
   b) Nein, niemals!
   c) Nur vor dem Laden der Seite.
   d) Nur nach dem Senden der Seite an den Server.
3. Wie können Sie Cookies schreiben und lesen?
   a) Nur mit clientseitigem Code.
   b) Nur mit serverseitigem Code.
   c) Nur mit der Hilfe von Mrs. Field.
   d) Nur mit der Erlaubnis des Nutzer-Browsers.

4. Sie haben eine clientseitige Variable mit serverseitigem Code geschrieben und ändern später den Wert der Variablen durch clientseitige Programmlogik. Wann kann Ihr serverseitiger Code den neuen Wert der Variable ermitteln?

   a) Sobald sich der Wert der Variable geändert hat.
   b) Sobald der Client die Variable an den Server gesendet hat.
   c) Sobald der Client ein Cookie schreibt.
   d) Dies kann der serverseitige Code niemals ermitteln.

5. Sie möchten ein Formular auf Fehler überprüfen und dabei die Wartezeit des Nutzers minimieren. Sie nehmen die Fehlerüberprüfung daher an welcher Stelle vor:

   a) Clientseitig
   b) Serverseitig
   c) Sowohl client- als auch serverseitig
   d) Weder-noch – die Fehlerüberprüfung kann von der Datenbank übernommen werden.

Die Lösungen befinden sich im Anhang des Buches zum Abschnitt 9.3.

Überprüfen Sie Ihre Sachkenntnis!

1. Wählen Sie sich eine serverseitige Programmier- bzw. Skriptingsprache aus, die Sie für interessant halten. Stellen Sie Untersuchungen an und installieren Sie die Software, die Sie zum Schreiben und lokalen Ablauf Ihrer eigenen Skripte benötigen. Führen Sie als nächstes eine Suche im Web durch, um Seiten zu finden, die Online-Tutorials über die von Ihnen gewählte Sprache anbieten. Schauen Sie sich ein oder zwei Tutorials an, studieren Sie einige Codebeispiele und lassen Sie sie ablaufen. Durch Nachvollziehen von Beispielcode werden Sie am schnellsten in die Lage versetzt, eigenen Code schreiben zu können.

2. Führen Sie eine weitere Websuche durch, diesmal mit dem Ziel, Sites zu finden, die frei erhältlichen clientseitigen Code anbieten, der auf allen Browsern läuft. Das Schreiben von Code, der in allen Browsern ablauffähig ist, ist eine schwierige Aufgabe. Allerdings ist es nicht so schwierig, talentierte Leute im Web zu finden, die diese Aufgabe und die Tücken kompatiblen Codes in JavaScript gemeistert haben. Schauen Sie sich ein oder zwei dieser Skripte an. Beachten Sie, wie der Verfasser frühzeitig eine Überprüfung des Browsers vornimmt und die Informationen über den Browser des Besuchers (und das Document Object Model) zur späteren Verwendung speichert. Überlegen Sie, ob Sie Teile des Codes für Situationen verwenden können, die Ihnen selbst begegnen werden. Es ist gute Programmierpraxis, Ihren Besuchern immer ein einheitliches Erschei-

nungsbild zu bieten und zu diesem Zweck von vornherein einen auf mehreren Browsern und Plattformen ablauffähigen Code zu schreiben.

3. Wie viele verschiedene Browsertypen werden Sie Ihrer konservativen Schätzung nach berücksichtigen müssen, um die Kompatibilität Ihres JavaScript gewährleisten zu können?

4. Falls Sie den Plan haben sollten, rigoros die vollständige Browserkompatibilität für Ihren clientseitigen Code durchsetzen zu wollen: Wie viele verschiedene Document Object Models werden Sie dann Ihrer Meinung nach berücksichtigen müssen?

5. Üben Sie sich im Schreiben und Lesen von Cookies mit den Mitteln, die Sie für am besten geeignet halten.

   a) Wie lange wird ein Cookie erhalten bleiben, das Sie mit einem überschrittenen Ablaufdatum geschrieben haben?
   b) Welche Einschränkungen existieren für einen Code, der auf ein Cookie zuzugreifen versucht, das mit dem Pfadnamen `/admin` geschrieben worden ist? Wie würde es bei einem Pfadnamen mit `/` aussehen?
   c) Welche Auswirkungen hat es, wenn Sie ein Cookie von einem Computer mit dem Namen `one.mydomain.com` aus schreiben, und von diesem Computer aus das Cookie zu lesen versuchen? Welche Auswirkungen entstehen, wenn Sie das Cookie von `two.mydomain.com` aus zu lesen versuchen? Was geschieht, wenn Sie die Domäne des Cookies mit `mydomain.com` gleichsetzen?

KAPITEL 10

Die Sicherheit beim Programmieren und Skripting

Überblick

In diesem Kapitel erfahren Sie mehr über die folgenden Themen:

- ✘ Die Nachteile der Sicherheit — Seite 315
- ✘ Die Eingabevalidierung und ihre Bedeutung — Seite 321
- ✘ Nutzer- und Webmaster-Scripting — Seite 328

Ein einmal erkannter Fehler ist so gut wie ein Sieg.

Caroline L. Gascoigne

Eine ausreichende Sicherheit ist ein integraler Bestandteil jeder Webentwicklung. Die Verfügbarkeit des Servers ist eine entscheidende Komponente der Wartung einer Webpräsenz, und eine lax gehandhabte Sicherheit führt sehr schnell zu langen Ausfallszeiten. Es ist einfach nicht mehr ausreichend, nur eine gute Webanwendung zu schreiben – jede einzelne in eine Webanwendung implementierte Funktion muss auch einer ausreichenden Sicherheitsüberprüfung unterzogen werden. Jeder, der eine öffentlich zugängliche Webpräsenz aufbaut, sollte jederzeit darauf vorbereitet sein, das Unerwartete zu erwarten. Vor allem die Webmaster müssen sich mehr als alle anderen Personen darüber im Klaren sein, was eigentlich ein sicheres Anwendungsdesign ausmacht. Es gibt immer Funktionen, die nur in sichere Intranets gehören, und andere Funktionen, die der gesamten Außenwelt zur Verfügung gestellt werden können. In diesem Kapitel werden Sie erfahren, wie Sie den Unterschied zwischen den beiden herausfinden.

Projekt 10.1: Die Nachteile der Sicherheit

Nach diesem Kapitel können Sie:

- Potentielle Sicherheitslücken erkennen
- Ein Gleichgewicht zwischen Restriktivität und Funktionalität herstellen

ZIEL

Beim Betrieb eines Webservers gibt es manche Nachteile – schließlich wird von Ihnen nichts anderes verlangt, als dass Sie die ganze Welt einladen, zu Ihnen zu kommen und Ihren Server zu besuchen. Das Ganze ist etwa so, als würde man Fremde ins eigene Haus einladen, wobei Sie niemals die Sicherheit haben werden, dass sich alle diese Fremden auch gut benehmen werden. Vielleicht müssen Sie Ihre besten Weine unterm Bett verstecken oder alles beiseite legen, was nicht niet- und nagelfest ist... Wie die Sache abläuft, liegt ganz bei Ihnen – je mehr Befugnisse Sie Ihren Besuchern in die Hand geben, umso glücklicher werden diese sein (und umso mehr Probleme werden Sie bekommen). Natürlich möchten Sie Ihren Besuchern die Zeit so angenehm wie möglich machen, aber ebenso gern möchten Sie auch sichergestellt wissen, dass es keine Schwierigkeiten gibt!

Die Öffnung Ihres Servers gegenüber der ganzen Welt ist sowohl ein Prüfstein für die Qualität Ihrer Webanwendung als auch ein Vertrauensvotum in die Vorkehrungen, die Sie im Hinblick auf die Sicherheit getroffen haben. Es existiert eine direkte Beziehung zwischen dem Umfang an Funktionalität, den Sie anbieten können, und dem Umfang an Sicherheit, den Sie implementieren müssen. Je mehr Sie Ihren Besuchern erlauben, umso mehr Sicherheitsvorkehrungen müssen Sie einführen. Auch umgekehrt trifft dies zu: Weniger Funktionalität bedeutet auch weniger Verwundbarkeit gegenüber Attacken!

Der Schlüssel zur Lösung dieses Dilemmas besteht darin, ein Gleichgewicht zwischen der von Ihnen benötigten Sicherheit und der gewünschten Funktionalität zu finden. Indem Sie einen Server darauf beschränken, nur ein Minimum an benötigten Funktionen anzubieten, können Sie auch das Risiko einer Kompromittierung Ihres Servers minimieren.

Übungen zu 10.1

10.1.1 Potentielle Sicherheitslücken erkennen

a) Jeder auf Ihrem Server laufende Dienst stellt ein potentielles Sicherheitsrisiko dar. Benennen Sie drei übliche Dienste und eine Methode, mit denen man sie kompromittieren könnte.

b) Wie lauten die standardmäßigen Sicherheitseinstellungen Ihres Servers?

10.1.2 Ein Gleichgewicht zwischen Restriktivität und Funktionalität herstellen

a) Wie können Sie die Sicherheit eines Servers perfektionieren?

b) Wie können Sie sicherstellen, dass Ihre Besucher nicht auf andere als die von Ihnen festgelegten Dienste zugreifen?

c) Während des Aufbaus Ihrer Website wird zunehmend klarer, welche Funktionalität Sie implementieren müssen. Mit welchen Methoden können Sie die Sicherheit der Software gewährleisten, die Sie betreiben?

Lösungen zu den Übungen

Lösungen zu 10.11

a) Jeder auf Ihrem Server laufende Dienst stellt ein potentielles Sicherheitsrisiko dar. Benennen Sie drei übliche Dienste und eine Methode, mit denen man sie kompromittieren könnte.

Lösung: Falls Sie auf Ihrer Site einen Mailserver betreiben, müssen Sie sicherstellen, dass die Nutzer Ihren Server nicht dazu benutzen, unverlangte E-Mail (so genannte »Spam«-Mail) an andere zu senden. Falls Sie für Ihre Nutzer (oder auch nur für sich selbst) einen FTP-Zugang bereitstellen, müssen Sie sicherstellen, dass Sie keine öffentlich beschreibbaren Verzeichnisse haben, die nicht durch ein Kennwort geschützt sind (das Letzte, was Sie brauchen können, sind Softwarepiraten, die Ihren Server dazu missbrauchen, Gigabytes an schwarz beschaffter Software zu vertreiben!). Wenn Sie einen Webserver betreiben, müssen Sie sicherstellen, dass der Webserver nicht kompromittiert werden kann, was einem Hacker die Kontrolle über Ihren Computer verschaffen würde. Falls Sie SENDMAIL betreiben, sollte Ihnen klar sein, dass Sie eine der am häufigsten ausgenutzten Codekomponenten in der Geschichte des Internet anbieten! Falls Ihr Server einen Telnet-Zugang anbietet, sollten Sie sicherstellen, dass ihr Telnetserver auch sicher ist. Falls Sie ein Fernwartungsprogramm wie zum Beispiel PCAnywhere, VNC, Remoteley Possible oder andere anbieten, sollten Sie unbedingt eine Art zweiter Schutzvorrichtung (wie etwa eine Firewall) haben, damit nicht gleich die ganze Welt in die Versuchung kommt, die Kontrolle über Ihren Server zu bekommen.

b) Wie lauten die standardmäßigen Sicherheitseinstellungen Ihres Servers?

Lösung: Dies hängt davon ab, welches Betriebssystem und welchen Server Sie verwenden. Im Interesse der Sicherheit sollte an dieser Stelle darauf hingewiesen werden, dass Microsoft Windows NT neue Verzeichnisse standardmäßig auf *Vollzugriff* (Lesen und Schreiben) und IIS unter Windows neue Stammordner einer FTP-Site auf *Schreiben* einstellt.

Lösungen zu 10.1.2

a) Wie können Sie die Sicherheit eines Servers perfektionieren?

Lösung: Die größtmögliche Sicherheit für einen Server besteht darin, ihn abzuschalten und den Netzstecker zu ziehen. Natürlich wäre ein solcher Server komplett nutzlos – eben das ist der Nachteil eines komplett sicheren Servers.

Es gibt einen weiteren Nachteil der Sicherheit, nämlich das Geld. Durch eine entsprechende Geldausgabe können Sie einen Server so einrichten, dass er sämtlichen regierungsoffiziellen Standards für sichere Computer entspricht. Und es gibt tatsächlich Sicherheitsvorschriften, die die Anwesenheit einer bewaffneten Wache in dem Raum vorsehen, in dem der Computer eingerichtet wird... Falls Sie weitere Informationen über besonders extreme Netzwerksicherheitsstandards wünschen, dann finden Sie eine hervorragende Zusammenfassung verschiedener Sicherheitsanleitungen (im wesentlichen handelt es sich um die so genannten Cliff-Notes zur »rainbow series« der Sicherheitsspezifikationen) online unter der Adresse `http://www.c4i.org/ntob.html`.

b) Wie können Sie sicherstellen, dass Ihre Besucher nicht auf andere als die von Ihnen festgelegten Dienste zugreifen?

Lösung: Eine Firewall ist der schnellste und einfachste Weg zur Sicherstellung, dass Ihre Besucher nicht auf Teile des Servers zugreifen können, die nicht für sie gedacht sind. Die Server hören verschiedene Anschlüsse auf eintreffende Clientanfragen ab. Mit einer Firewall zwischen dem Server und dem Internet und einer Konfiguration, die den eintreffenden Netzverkehr auf die Anschlüsse beschränkt, auf die Ihre Nutzer zugreifen sollen, wird die Sicherheit erhöht. Falls Sie beispielsweise wünschen, dass niemand auf den Telnetserver zugreifen soll, können Sie die Firewall anweisen, sämtlichen Netzverkehr für den Telnetanschluss (Anschluss 21) zu ignorieren. Natürlich können Sie Ihren Telnetserver auch herunterfahren, was sicherer, aber nutzlos wäre. Falls Sie einigen wenigen vertrauenswürdigen Personen nach wie vor den Zugang zum Telnetserver erlauben möchten, sorgen Sie über eine entsprechende Konfiguration der Firewall dafür, dass sich diese Personen mit jedem gewünschten Anschluss in Verbindung setzen können. Durch dieses Mehr an Funktionalität erhalten Sie natürlich wiederum ein Weniger an Sicherheit, da ein Hacker immer noch versuchen könnte, sich als vertrauenswürdige Person zu tarnen, um Zugang zu Ihrem System zu erhalten.

c) Während des Aufbaus Ihrer Website wird zunehmend klarer, welche Funktionalität Sie implementieren müssen. Mit welchen Methoden können Sie die Sicherheit der Software gewährleisten, die Sie betreiben?

Lösung: Natürlich können Sie immer noch Ihre eigene Software schreiben und wissen dann ganz genau, wie sicher diese ist. Andererseits gibt es immer mehr Software im Markt, die sich selbst als ebenso funktional wie sicher empfiehlt. Gewiss werden Sie Serversoftware finden, die sowohl Funktionalität als auch Sicherheit bietet, jedoch werden Sie dafür in der Regel viel Geld bezahlen müssen (es sei denn natürlich, dass sie frei ist). Sobald Sie sich für eine Software entschieden haben, müssen Sie darauf achten, ob Informationen über potentielle Verwundbarkeitsmerkmale dieser Software kursieren. Eine unschätzbar wertvolle Quelle für Sicherheitsratschläge ist CERT unter der Adresse `www.cert.org`. Verhindern Sie, dass die Hacker die Sicherheitslücken Ihrer Software herausfinden, bevor Sie selbst davon Kenntnis erlangt haben.

Die Implementierung eines sicheren Servers für den Alltagseinsatz ist keine statische Angelegenheit – ein Administrator, der nach der vollständigen Sicherheit strebt, muss ständig auf dem Laufenden über Entwicklungen im Bereich der Sicherheit bleiben. Auch in der angeblich sichersten Software der Welt werden immer wieder Sicherheitslücken entdeckt und gepatcht. Wenn Sie auf der Suche nach einer sicheren Serverlösung sind, die den Bedürfnissen Ihres Unternehmens entspricht, dann lohnt es sich, mehr als nur die Hochglanzpapiere Ihres Anbieters zu lesen. Informieren Sie sich zum Thema Sicherheit auf Websites, über Mailinglisten und in Publikationen, in denen über Grenzen (und Lücken) der Sicherheit bei verschiedener Software berichtet wird.

Wiederholungsfragen zu 10.1

Überprüfen Sie Ihr Wissen und versuchen Sie nun, die folgenden Fragen zu beantworten:

1. Sie haben gerade einen Mailservice in Ihrem Server installiert. Ihr Server wurde dadurch:

   a) Genauso funktional wie vorher, aber sicherer.
   b) Funktionaler als vorher, aber weniger sicher.
   c) Weniger funktional, aber sicherer.
   d) Genauso funktional wie vorher, aber weniger sicher.

2. Sie haben gerade eine Firewall zwischen Ihrem Server und dem Internet installiert. Ihr Server wurde dadurch:

   a) Genauso funktional wie vorher, aber sicherer.
   b) Funktionaler als vorher, aber weniger sicher.
   c) Weniger funktional, aber sicherer.
   d) Genauso funktional wie vorher, aber weniger sicher.

3. Sie haben Ihren Webserver so konfiguriert, dass er nur noch auf Anfragen über den Anschluss 80 (der standardmäßige Anschluss für HTTP-Anfragen) antwortet. Ihr Server wurde dadurch:

   a) Ausreichend funktional und sicherer als vorher.
   b) Ausreichend funktional, aber weniger sicher als vorher.
   c) Nutzlos

4. Sie haben entdeckt, dass die Sicherheit Ihres Servers kompromittiert worden ist. Was machen Sie nun als erstes?

   a) Sie schalten den Server ab, bevor es noch einmal passiert.
   b) Sie installieren sofort eine Firewall.
   c) Sie überprüfen die Protokolle des Servers und versuchen herauszufinden, was passiert ist.
   d) Bestimmt ist die Mitarbeiterin daran schuld, die für die Sicherheit verantwortlich ist!

Die Lösungen befinden sich im Anhang des Buches zum Abschnitt 10.1.

Projekt 10.2: Die Eingabevalidierung und ihre Bedeutung

Nach diesem Kapitel können Sie:

- Die Nutzereingaben überprüfen
- Nutzer davon abhalten, HTML einzugeben
- Schädlichen SQL-Code herausfiltern

Wenn Sie unter Zeitdruck einen Anwendungsprototyp erstellen müssen, kann es passieren, dass Sie Dinge wie etwa die Fehlerüberprüfung und Eingabevalidierung einfach vergessen. Leider liegt der Fokus der Anwendungserstellung zu oft nur auf der Funktionalität und nicht gleichermaßen auch auf der Robustheit. Die Robustheit ist jedoch der Schlüssel beim Aufbau einer Webanwendung für eine Produktionsumgebung. Die Anwendungsrobustheit tritt in verschiedenen Formen auf: Im Intranet beispielsweise ist die Codierung einfacher als für eine Site, die von der ganzen Welt besucht wird. Im Intranet können Sie voraussetzen, dass Ihre Besucher sich im Großen und Ganzen gut benehmen werden, so dass Sie sich daher hauptsächlich nur um die Eingabevalidierung kümmern müssen. Die Eingabevalidierung bedeutet, Sie müssen sicherstellen, dass der Nutzer keine Pflichtfelder leer gelassen, keine Buchstaben in Zahlenfelder eingetragen oder Ziffern einer Telefonnummer vergessen hat und so weiter. Wenn der Nutzer einen Fehler gemacht hat, sollte die Anwendung eine aussagekräftige und hilfreiche Fehlermeldung und nicht einfach nur brüsk einen Anwendungsfehler ausgeben. Bei Intranets besteht der Schlüssel zur Robustheit darin, das Unerwartete zu erwarten und dementsprechend zu codieren.

Beim Schreiben einer Anwendung, die der ganzen Welt zur Verfügung gestellt werden soll, haben es die Programmierer mit einem anderen Problem zu tun: Sie müssen Eingaben erkennen und eliminieren können, die in bewusst schädlicher Absicht vorgenommen werden. In den Anfangstagen des World Wide Web beispielsweise gab es immer wieder Leute (einschließlich des Verfassers!), die gern die Gästebücher der Websites besuchten. Beim Hinterlassen einer Notiz oder einer Signatur war es üblich, dass man an dieser Stelle einen oder zwei HTML-Tags schrieb, wie beispielsweise <blink>! Wenn man im HTML-Code einer Seite einen blink-Tag stehen hat, beginnt alles, was zwischen dem öffnenden <blink> und dem schließenden </html> steht, zu blinken (einen schließenden Tag </blink> gab es ja nicht). Solche Effekte waren gleichermaßen störend wie harmlos und einfach zu erzielen. Oft hörte der Spaß dann aber auch auf...

Der Internet Explorer unterstützt zwar nicht länger den Tag <blink>, aber einen Mangel an anderen Tags, mit denen ein Nutzer Ihrer Seite Ihnen Probleme bereiten könnte, gibt es auch nicht! Die Nutzer könnten beispielsweise versuchen, Format-Tags (wie beispielsweise <H1> – ist schön groß und sieht nicht besonders gut aus...), Hyperlinks (die Ihnen vielleicht gefallen oder weniger gefallen), clientseitiges JavaScript (Popupfenster, Nachrichtenfelder, Redirects und anderes mehr) oder sogar Aufrufe auf schädliche ActiveX-Controls einzufügen. Oder Ihre Nutzer versuchen, an Stellen, an denen eigentlich sinnvolle Benutzereingaben erwartet werden, unpassende Dinge einzugeben, die dann lästig werden. In allen beschriebenen Fällen liegt es beim Programmierer, potentiell fragwürdigen Inhalt aus der Eingabe des Nutzers zu entfernen, bevor er an anderen Stellen Probleme bereiten kann.

Übungen zu 10.2

10.2.1 Die Nutzereingaben überprüfen

a) Sie möchten sicherstellen, dass ein Nutzer eine gültige Vorwahlnummer in ein Telefonnummernfeld eingibt. Was definiert eine gültige Vorwahl?

____

____

____

b) Sie möchten sicherstellen, dass in einem Diskussionsforum kein unpassender Sprachstil verwendet wird. Sollten Sie die Eingaben Ihres Nutzers nun vor dem Senden, beim Speichern oder bei der Anzeige überprüfen? Was sind Ihre Gründe?

____

____

____

10.2.2 Nutzer davon abhalten, HTML einzugeben

a) Wo ist der beste Platz, um sicherzustellen, dass kein schädlicher HTML-Code in der Nutzereingabe platziert wird?

b) Was ist der einfachste Weg um sicherzustellen, dass kein HTML in eine Anwendung wie etwa ein Gästebuch oder einen Nachrichtenfaden eingeschleust wird?

c) Welche HTML-Tags sind so »gutartig«, dass sie in den Nachrichten eines Nutzers an ein Diskussionsforum erlaubt wären? Welche sollten definitiv nicht zugelassen werden?

10.2.3 Schädlichen SQL-Code herausfiltern

Das Einfügen eines blink-Tag, um eine ganze Seite blinkend anzuzeigen, ist zwar schädlich, fügt aber keinen permanenten Schaden zu. Leider stehen einem Nutzer aber auch noch andere Mittel zur Verfügung, mit denen er durch fehlerhafte (oder einfach nur böswillige) Eingaben die Funktion Ihrer Anwendung stören kann. Falls eine Site beispielsweise über ein Datenbank-Backend verfügt (wie etwa über SQL, das im folgenden als Beispiel verwendet wird), und eine Anwendung vorhanden ist, die dynamische Anfragen generiert, dann kann die gesamte Anwendung für Attacken verwundbar werden. Die einzigen Datenbanken, die für diesen Typ einer Attacke anfällig sind, sind Implementierungen, die mehrere durch Semikolon getrennte SQL-Anweisungen zulassen. Sollte dieses Leistungsmerkmal verfügbar und aktiviert sein (vielleicht ist es standardmäßig immer aktiviert), dann können ernste Beeinträchtigungen die Folge sein. Nehmen Sie als Beispiel einmal an, dass Ihre

Anwendung dynamisch die folgende Anfrage entsprechend der Nutzereingaben generiert:

```
SELECT * from users where username = 'bob'
```

a) Woher kommt der String `bob`?

____

____

____

b) Nehmen Sie einmal an, Sie wären ein Hacker. Sie wissen, dass Sie an eine SQL-Anfrage eine weitere anhängen können, und Sie sind sich ziemlich sicher, dass die Nutzerliste der Webanwendung in einer Tabelle namens `users` gespeichert ist. Sie gehen außerdem davon aus, dass sich in dieser Tabelle ein Feld namens `username` befindet. Was können Sie unter Zugrundelegung dieser Informationen nun in das Formularfeld `Username` eingeben, um alle Nutzer außer sich selbst zu löschen?

____

____

____

c) Wie können Sie Ihre Webanwendung vor Attacken dieser Art schützen?

____

____

____

Lösungen zu den Übungen

Lösungen zu 10.2.1

a) Sie möchten sicherstellen, dass ein Nutzer eine gültige Vorwahlnummer in ein Telefonnummernfeld eingibt. Was definiert eine gültige Vorwahl?

Lösung: Eine gültige Inlandsvorwahl ist maximal 6 Ziffern lang und enthält keine Buchstaben. Sie beginnt mit einer Null.

Wenn das Feld gleichzeitig eine internationale Vorwahl zulässt, dürfte es unter Umständen auch zwei führende Nullen enthalten. Oder vielleicht sogar das führende Zeichen + als Kennzeichnung der Ziffern vor der Ländervorwahl oder (und) zum Einschluss der Landesvorwahl. Bei der Validierung einer Telefonnummer können Sie unter diesen Bedingungen eigentlich nur das Eine voraussetzen, nämlich dass sie keine Buchstaben enthalten darf.

b) Sie möchten sicherstellen, dass in einem Diskussionsforum kein unpassender Sprachstil verwendet wird. Sollten Sie die Eingaben Ihres Nutzers nun vor dem Senden, beim Speichern oder bei der Anzeige überprüfen? Was sind Ihre Gründe?

   Lösung: Eine clientseitige Überprüfung auf unpassende Eingaben würde im Quellcode der Seite erscheinen. Dies würde bedeuten, dass sämtlicher Code, den Ihre Nutzer eigentlich nicht zu Gesicht bekommen sollten, im Quellcode auftaucht und daher also auch von Suchmaschinen gelesen werden kann. Wahrscheinlich möchten Sie nicht, dass derartiger Code auf Ihrer Webseite auftaucht. Denken Sie daher lieber über eine serverseitige Überprüfung nach; vorzugsweise eine, die abläuft, bevor die Daten in der Datenbank gespeichert werden. Eine Speicherung geschieht nur einmal, während die Daten selbst jedoch viele Male abgerufen werden können. Es spart Zeit, wenn Sie eine Überprüfung der Eingabe nur einmal beim Speichern der Daten vornehmen.

Lösungen zu 10.2.2

a) Wo ist der beste Platz, um sicherzustellen, dass kein schädlicher HTML-Code in der Nutzereingabe platziert wird?

   Lösung: Am besten erledigen Sie dies wahrscheinlich mit serverseitigem Code; insbesondere dann, wenn Ihr Ziel darin besteht, andere Leute von der Eingabe schädlichen Codes abzuhalten. Eine clientseitige Überprüfung würde im Quellcode sichtbar werden, so dass Ihr »Gegner« leicht erkennen könnte, was verhindert werden soll (und was nicht verhindert wird). Eine serverseitige Überprüfung ist sicherer.

b) Was ist der einfachste Weg um sicherzustellen, dass kein HTML in eine Anwendung wie etwa ein Gästebuch oder einen Diskussionsfaden eingeschleust wird?

   Lösung: Entfernen Sie sämtliche HTML-Klammern (<) im Eingabestring. Ersetzen Sie sie, was noch besser ist, durch das HTML-Escape-Äquivalent &lt. Wenn Sie nur sämtliche Tags < entfernen, würden dadurch Eingaben wie 5 < 9 oder das beliebte :-< (Ich bin traurig!) unmöglich gemacht werden. Die meisten Skriptsprachen verfügen praktischerweise über eine Funktion zum Stringaustausch. Cold Fusion besitzt sogar eine integrierte Funktion, die HTML für Sie in Escapes umwandelt (HTMLEditFormat). Ohne die öffnenden Klammern wird das vom Nutzer eingegebene HTML nur angezeigt und nicht vom Browser ausgeführt, was Ihre Site (und Ihre Besucher) vor böswilligem HTML schützt.

c) Welche HTML-Tags sind so »gutartig«, dass sie in den Nachrichten eines Nutzers an ein Diskussionsforum erlaubt wären? Welche sollten definitiv nicht zugelassen werden?

Lösung: Anchor-Tags (<A>) dürfen in Ordnung sein. Ihre Nutzer werden es schätzen, wenn sie die Gelegenheit haben, Hyperlinks in Ihre Nachrichten einzufügen. Unter Umständen können Sie auch Format-Tags wie etwa <font>, <em> (Hervorhebung) und <b> (Fett) erlauben, sofern Sie keine strikte Durchsetzung Ihrer eigenen Stile und Formate durchsetzen wollen. Skriptblöcke, Applets und Objekt-Tags können definitiv als kritisch gelten und sollten vor der Anzeige immer aus der Eingabe eines Nutzers entfernt werden.

Lösungen zu 10.2.3

a) Woher kommt der String `bob`?

Lösung: Der Nutzer hat ihn in das Formularfeld auf einer Seite eingegeben. Das Formularfeld kann beispielsweise »username« heißen.

b) Nehmen Sie einmal an, Sie wären ein Hacker. Sie wissen, dass Sie an eine SQL-Anfrage eine weitere anhängen können, und Sie sind sich ziemlich sicher, dass die Nutzerliste der Webanwendung in einer Tabelle namens »users« gespeichert ist. Sie gehen außerdem davon aus, dass sich in dieser Tabelle ein Feld namens »username« befindet. Was können Sie unter Zugrundelegung dieser Informationen nun in das Formularfeld »Username« eingeben, um alle Nutzer außer sich selbst zu löschen?

Lösung: Dazu müssen Sie Ihren Nutzernamen lediglich in dieser Form eingeben:

```
bob' ; delete from users where username <> 'bob
```

Wenn Sie sich die Verwendung der einfachen Anführungsstriche einmal ansehen, werden Sie bemerken, dass sie sich an der Stelle problemlos in den Anfragestring einfügen, an der der Programmierer einfach nur einen Nutzernamen erwartet hat. Es funktioniert nur manchmal, aber wenn es funktioniert, kann die Anwendung dadurch beschädigt werden (und ebenfalls auch die Datenbank). Stellen Sie sicher, dass solche Eingaben auf Ihrer Site unmöglich sind!

c) Wie können Sie Ihre Webanwendung vor Attacken dieser Art schützen?

Lösung: Stellen Sie als erstes sicher, dass Ihr Datenbankserver nicht mehrere Anweisungen pro Anfrage erlaubt. Führen Sie dann für sämtliche Eingaben Überprüfungen durch. Stellen Sie sicher, dass alle numerischen Felder nur Ziffern und nichts anderes enthalten. Gewährleisten Sie weiterhin, dass die Textfelder keine Ziffern enthalten. Entfernen Sie alle ungültigen Zeichen, die zur Steuerung des Datenbankservers, des Webservers, des Skriptinterpreters oder der Webseite, die die Eingabe anzeigt, ausgenutzt werden können.

Wiederholungsfragen zu 10.2

Überprüfen Sie Ihr Wissen und versuchen Sie nun, die folgenden Fragen zu beantworten:

1. Was trifft auf die Nutzereingabe zu?
   a) Sie ist in einem Intranet besser vorhersagbar.
   b) Sie ist im Internet besser vorhersagbar.
   c) Sie wissen nie, was auf Sie zukommt!
   d) Die Nutzer machen keine Fehler!
2. Wo kann Code ablaufen, der Nutzereingaben validiert?
   a) Nur serverseitig.
   b) Nur clientseitig.
   c) Sowohl client- als auch serverseitig.
   d) Weder-noch.
3. Beim Aufbau einer Intranetanwendung müssen Sie:
   a) Am meisten auf schädliche Eingaben achten.
   b) Sich über schädliche Eingaben keine Sorgen machen.
   c) Am meisten auf gut gemeinte Fehlermeldungen achten.
   d) Sich über gut gemeinte Fehlermeldungen keine Sorgen machen.
4. Was sollte aus einem Diskussionsforum herausgehalten werden?
   a) <A HREF="...">
   b) <SCRIPT>
   c) <B>
   d) <BLINK>
5. Wie können Sie Ihre Datenbank am besten davor schützen, dass ein Nutzer schädliches SQL eingibt?
   a) Stellen Sie sicher, dass Zahlenfelder nicht leer bleiben.
   b) Stellen Sie sicher, dass Textfelder nur Buchstaben enthalten.
   c) Erlauben Sie keine Semikolons in der Nutzereingabe.
   d) Konfigurieren Sie Ihren SQL-Server richtig.

Die Lösungen befinden sich im Anhang des Buches zum Abschnitt 10.2.

Projekt 10.3: Nutzer- und Webmaster-Scripting

ZIEL

Nach diesem Kapitel können Sie:

- Erkennen, wann Webanwendungen sowohl nützlich als auch sicher sind
- Erkennen, wann Webanwendungen nützlich, aber auch gefährlich sind

Es gibt Webanwendungen, die umfangreich und komplex sind, und andere, die auf zwei oder drei Seiten passen. Außer für kommerzielle (und eCommerce-) Zwecke gibt es noch viele andere sinnvolle Einsatzgebiete für eine gute Webanwendung. Es gibt sowohl frei erhältliche Skripte, mit denen der Nutzer Spaß haben kann, als auch Skripte für Webmaster, die eine Überwachung der Serverstatistiken erlauben, sowie eine Vielzahl weiterer Skripte, mit denen Sie nahezu alles auf einem Computer automatisieren können, was vorstellbar ist. Unabhängig davon, ob Sie gerade ein freies Skript auf seinen Nutzen untersuchen, ein solches anschaffen oder ein eigenes Skript schreiben wollen, sollten Sie immer daran denken, welche Auswirkungen der Betrieb dieses Skriptes auf die Sicherheit Ihrer eigenen Site haben wird.

Falls Sie ein Webmaster sein sollten, müssen Sie wissen, welche »Fun«-Skripte Sie Ihren Nutzern erlauben und auf Ihrem Server ablaufen lassen können. Dementsprechend müssen Sie als Nutzer, der seiner Webseite weitere Funktionen hinzufügen möchte, ohne damit den Webmaster oder Serveradministrator zu beunruhigen, wissen, welche Art von Programm Sie laufen oder nicht laufen lassen dürfen. Programme, deren korrekte Funktion Datenbankzugriffe erfordert, sollten grundsätzlich vom Webmaster überprüft werden, und Programme, die in eine Datenbank schreiben, verdienen noch größere Aufmerksamkeit.

Der Webmaster verfügt nicht nur über die Position, sein Veto gegen Nutzeranwendungen einlegen zu dürfen, sondern er muss durch eine entsprechende Auswahl darüber hinaus festlegen, welche Programme, Dienste und Anwendungen der Administrationsebene sicher auf dem Server betrieben werden können. Hierzu gehören auch Skripte, deren Zweck darin besteht, dem Serveradministrator eine Fernkontrollmöglichkeit über den Server zu verschaffen. Es ist leicht nachvollziehbar, dass Programme dieser Art eine größere Herausforderung hinsichtlich der Sicherheit darstellen, als Nutzerskripte. In jedem Fall ist es wichtig, eine begründete Entscheidung darüber treffen zu können, welche Software sicher betrieben werden kann.

Übungen zu 10.3

10.3.1 Erkennen, wann Webanwendungen sowohl nützlich als auch sicher sind

a) Denken Sie sich einige harmlose und relativ kleine, serverseitige Anwendungen aus. Nehmen Sie dafür standalone-Code, der im gesamten Web sichtbar ist.

b) Welche dieser Anwendungen müssen Daten in einer Datenbank lesen? Muss eine dieser Anwendungen Daten in der Datenbank speichern?

c) Es gibt viele unterschiedliche Möglichkeiten dafür, Ihren Nutzern Funktionen anzubieten, die sie auf einfache Weise auf ihren Webseiten unterbringen können. Nicht alle erfordern den Ablauf von serverseitigem Code. Können Sie clientseitige Lösungen benennen, mit denen interessante Interaktionen mit dem Nutzer realisiert werden können?

10.3.2 Erkennen, wann Webanwendungen nützlich, aber auch gefährlich sind

a) Welche Arbeiten am Server können Sie als Serveradministrator mit Hilfe eines Webbrowsers erledigen? Können Sie dasselbe von einem Telnet-Terminal oder einem WAP-Mobiltelefon aus erledigen?

b) Es kann gefährlich werden, administrative Funktionen über das Web anzubieten. Welche sind die potentiellen Sicherheitsrisiken?

____

____

____

c) Mit welchen Methoden können Sie die Sicherheit von Skripten, die nur für den Webmaster bestimmt sind, maximieren?

____

____

____

Lösungen zu den Übungen

Lösungen zu 10.3.1

a) Denken Sie sich einige harmlose und relativ kleine, serverseitige Anwendungen aus. Nehmen Sie dafür standalone-Code, der im gesamten Web sichtbar ist.

Lösung: Gästebücher (»Bitte hinterlassen Sie Ihren Kommentar«), persönliche Begrüßungen (»Willkommen auf der Website von ...«), Hit-Counter (»Sie sind der 500ste Besucher«), einen Magic-Ball, Werbeschriften, Zufallsgrafiken, Zufallszitate, Horoskope, Glückscookies und vieles mehr.

b) Welche dieser Anwendungen müssen Daten aus einer Datenbank lesen? Muss eine dieser Anwendungen Daten in der Datenbank speichern?

Lösung: Gästebücher und Hit-Counter müssen beide in eine Datenbank schreiben (oder mindestens in eine Textdatei). Ein Anwendung des Typs Zitat oder Glückscookie muss gegebenenfalls den Inhalt einer Datenbank (oder einer Textdatei) lesen, sollte aber normalerweise niemals in eine solche schreiben müssen.

c) Es gibt viele unterschiedliche Möglichkeiten dafür, Ihren Nutzern Funktionen anzubieten, die sie auf einfache Weise auf ihren Webseiten unterbringen können. Nicht alle erfordern den Ablauf von serverseitigem Code. Können Sie clientseitige Lösungen benennen, mit denen interessante Interaktionen mit dem Nutzer realisiert werden können?

Lösung: Clientseitige Interaktionen für Nutzer können mit Applets, JavaScript, DHTML, Shockwave, Flash, ActiveX-Controls oder sogar mit eigenen Plug-ins realisiert werden. Indem der Webmaster die Integration dynamischer clientseitiger Elemente auf einer Webseite erleichtert, kann er die Nutzer und Besucher der Webseite gleichermaßen beeindrucken. In einer Hosting-Umgebung kann dies genau den Unterschied zwischen dem hundertsten Webhost und einem guten Internet Service Provider ausmachen!

Lösungen zu 10.3.2

a) Welche Arbeiten am Server können Sie als Serveradministrator mit Hilfe eines Webbrowsers erledigen? Können Sie dasselbe von einem Telnet-Terminal oder einem WAP-Mobiltelefon aus erledigen?

Lösung: Serveradministratoren könnten über einen Webbrowser eine Fernüberwachung der Laufzeiten des Servers vornehmen, Leistungsstatistiken erstellen, Kennwörter und Berechtigungen vergeben oder zurücksetzen und verschiedene Wartungsarbeiten initiieren. Es kann außerdem auch einen Bedarf dafür geben, durch Einstiegspunkte ins Betriebssystem (oder über Skripte, die vom Betriebssystem ausgeführt werden) Netzwerkwartungsaufgaben zu erledigen.

b) Es kann gefährlich werden, administrative Funktionen über das Web anzubieten. Welche sind die potentiellen Sicherheitsrisiken?

Lösung: Dies wäre der schlimmste Fall: Ein Eindringling erlangt die Kontrolle über Ihren Server und stiehlt Kennwörter, Dokumente und Unternehmensgeheimnisse. Etwas weniger schlimm, aber immer noch sehr unangenehm: Jemand manipuliert das Erscheinungsbild Ihrer Website oder erstellt und missbraucht FTP-Konten.

Bieten Sie niemals mehr Funktionen an, als Sie unbedingt benötigen. Zusätzlich zur Festlegung der Funktionen, die Sie gegenüber der Öffentlichkeit zulassen wollen, zieht dies oft eine Neukonfiguration Ihres Webservers nach der Installation nach sich, denn durch eine standardmäßige Konfiguration werden oftmals Administrationsprogramme oder Beispielsites installiert, die in einer Produktionsumgebung nicht sicher sind.

c) Mit welchen Methoden können Sie die Sicherheit von Skripten, die nur für den Webmaster bestimmt sind, maximieren?

Lösung: Kennwörter, Kennwörter, Kennwörter! Falls möglich, schreiben Sie den Code selbst oder überprüfen ihn wenigstens sorgfältig. Implementieren Sie, falls machbar, IP-Restriktionen, damit nur vertrauenswürdige Computer auf sicherheitsbeschränkte Funktionen zugreifen können. Verwenden Sie, wenn erforderlich, bei außerordentlich sicherheitsempfindlichen Informationen eine Verschlüsselung.

Wiederholungsfragen zu 10.3

Überprüfen Sie Ihr Wissen und versuchen Sie nun, die folgenden Fragen zu beantworten:

1. Was schreibt in eine Datenbank? Wählen Sie alle zutreffenden Antworten aus.

   a) Ein Magic-Ball
   b) Eine animierte GIF-Datei
   c) Ein Gästebuch
   d) Ein Zufallsgenerator für Zitate

2. Was stellt für einen Webmaster kein großes Sicherheitsrisiko dar?

   a) Ein Gästebuch
   b) Ein clientseitiges Applet
   c) Ein eigenes Skript für eine Webanwendung
   d) Eine Anwendung, die als »root« laufen muss.

3. Was stellt die größte Sicherheitsbedrohung dar?

   a) Ein Gästebuch
   b) Ein clientseitiges Applet
   c) Ein eigenes Skript für eine Webanwendung
   d) Eine Anwendung, die als »root« laufen muss.

4. Welche Gründe hat ein Webmaster dafür, Programme für die Serveradministration über das Internet zugänglich zu machen?

   a) Hacker sollen leichter einbrechen können.
   b) Andere Sysadmins sollen die Serverkonfiguration kopieren können.
   c) Der Webmaster will seine Aufgaben von jedem Punkt der Welt aus erfüllen kann.
   d) Die Nutzer sollen die Laufzeitstatistiken des Servers und den Speicherverbrauch verfolgen können.

5. Was hilft Ihnen nicht dabei, einen clientseitigen Code »just for fun« zu erstellen?

   a) Applet
   b) Active Server Pages
   c) DHTML
   d) JavaScript

Die Lösungen befinden sich im Anhang des Buches zum Abschnitt 10.3.

Überprüfen Sie Ihre Sachkenntnis!

1. Versuchen Sie herauszufinden (sofern Sie Zugang zu einem Webserver haben sollten), mit welchen Berechtigungen der Webserver betrieben wird. Auf welche Verzeichnisse kann zugegriffen werden? Ist es erlaubt, Dateien zu schreiben? Kann aus Dateien gelesen werden? Können Dateien erstellt werden? Können Dateien überhaupt an irgend einer Stelle erstellt werden? Weshalb ist der Webserver auf Konten mit wenigen Berechtigungen beschränkt? Warum wird der Webserver nicht als »root« (bzw. als Administrator auf einem Windows-Computer) betrieben?

2. Mit dem Einsatz zusätzlicher Dienste auf einem Server wird die Wahrscheinlichkeit von Sicherheitslücken gesteigert. Dies gilt auch für Interpreter von Webskripten.

   a) Suchen Sie nach der Hersteller-Webseite für die Webskriptlösung, mit der Sie gegenwärtig arbeiten (oder die Sie in Zukunft einsetzen möchten). Gab es irgendwelche neuen Updates für diese Anwendung? Müssen Sie noch Patches oder Hotfixes nachinstallieren? Gibt es eine neue Version, die demnächst herauskommen soll? Wird Ihr alter Code mit der neueren Version kompatibel sein?

   b) Denken Sie daran, dass Sie unter Umständen auch außerhalb der Website des Unternehmens, dessen Skriptinglösung Sie einsetzen, nach weiteren Informationen über die Sprache suchen müssen. Suchen Sie daher im Web nach zusätzlichen Informationen. Gibt es vielleicht bekannt gewordene Sicherheitslücken, die der Hersteller noch nicht beseitigt hat? Manchmal versäumen es die Hersteller, die Nutzer über solche Sicherheitslücken zu informieren. Haben Sie Kenntnis von »Wettbewerben« für Hacker, deren Ziel der Einbruch in einen Server war, der mit der von Ihnen favorisierten Software betrieben wurde? Wissen Sie, ob es jemanden gegeben hat, der es geschafft hatte?

Kapitel 11

Die Evolution der Skriptsprachen

Überblick

In diesem Kapitel erfahren Sie mehr über die folgenden Themen:

- ✗ ASP Seite 337
- ✗ Cold Fusion Seite 345
- ✗ PHP Seite 354
- ✗ Die Evolution der Sprachen Seite 364

Am Bau von Luftschlössern ist nichts Falsches – genau dahin gehören sie ja, nämlich in die Luft! Sie müssen jetzt nur damit beginnen, Fundamente für sie zu bauen.

Henry David Thoreau

In den ersten Tagen des Web kam schnell die Zeit, als den Programmieren an der Spitze der Webentwicklung statische Webinhalte nicht mehr genügten. Die Daten änderten sich einfach zu schnell, und die Informationen tauchten einfach mit zu großer Geschwindigkeit auf, als dass eine »handgearbeitete«, statische Webseite dies nachzubilden vermochte. Aus diesem Grunde wurden dynamische Webinhalte schnell zu einer Notwendigkeit. Dazu kam, dass es natürlich weitaus effizienter war, eine dynamische Webseite mit einer Datenbank mit Tausenden von Datensätzen zu verknüpfen, als Tausende statischer Webseiten zu schreiben! Ihre Active Server Page macht im Wesentlichen nichts anderes, als Daten dynamisch aus einer Datenbank zu lesen und die Nutzereingaben in dieser Datenbank zu speichern. Außerdem übergibt sie diese Daten zur weiteren Verarbeitung gegebenenfalls noch an ein kompiliertes Objekt.

Projekt 11.1: ASP

Nach diesem Kapitel können Sie:

- ✘ Einfache Variablen ausgeben
- ✘ Eine If-Then-Anweisung codieren
- ✘ Eine While-Schleife codieren

Sie erleichtern sich das Verständnis von ASP (Active Server Pages), wenn Sie berücksichtigen, dass die dabei primär verwendete Sprache, nämlich VB-Script, eine Untermenge von Microsoft´s Programmiersprache Visual Basic darstellt. Sofern Sie bereits mit Visual Basic vertraut sein sollten, wird es außerordentlich einfach für Sie sein, VBScript zu erlernen. Die ASP-Seiten können auch in JScript oder PerlScript geschrieben werden.

ASP-Seiten arbeiten nach einem sehr einfachen Prinzip: Der Code wird auf einer HTML-Seite zwischen spezielle Tags eingebettet. Der Server führt dann den Code zwischen diesen Tags aus und sendet das Ergebnis, nämlich reines HTML, zurück an den Browser. ASP-Seiten können dynamisch Daten aus einer Vielzahl von Quellen anzeigen, wobei zu der am häufigsten verwendeten Quelle die Ergebnisse von Datenbankabfragen gehören. ASP-Seiten sind darüber hinaus glänzend in der Lage, Schnittstellen zu COM-Objekten aufzubauen, Datenbankverbindungen herzustellen und zu betreiben sowie Informationen zu formatieren und anzuzeigen. Große Webanwendungen, die einzig und allein mit ASP realisiert wurden, haben allerdings oft Skalierbarkeitsprobleme.

Es gibt verschiedene Versionen von ASP, die alle informell »ASP« genannt werden. Die derzeitige Version, in der VBScript verwendet wird, ist ASP 3.0 (eine Version, die weithin in Produktionsumgebungen im Einsatz ist). Microsoft hat gerade ASP+ freigegeben, was auch als ASP Version 4.0 bezeichnet werden kann. ASP+ bietet noch mehr Flexibilität, bessere Kontrollmöglichkeiten und bessere Leistungen als der Vorgänger. ASP+ ist außerdem abwärtskompatibel mit Code, der in ASP 3.0 geschrieben worden ist, ist aber selbst nicht länger nur auf VBScript beschränkt, denn ASP+-Seiten können jetzt in nahezu jeder Programmiersprache geschrieben werden. Microsoft favorisiert für diese Arbeit natürlich sein eigenes C# (wird »C sharp« ausgesprochen). ASP+ läuft gegenwärtig nur unter Windows 2000, während ASP 3.0 immer noch direkt über Microsofts Webserver IIS (Internet Information Server) unterstützt wird. Microsoft verschenkt IIS damit praktisch, weshalb es daher wohl eine neue Konkurrenzsituation hinsichtlich von Cold Fusion geben wird (auch PHP ist frei).

Übungen zu 11.1

11.1.1 Einfache Variablen ausgeben

Erstellen Sie eine Datei namens *test.asp* in einem Unterverzeichnis der Webroot eines Windows-Computers, auf dem IIS (frei unter `www.microsoft.com` als Bestandteil des Option Pack für NT 4.0 erhältlich) läuft. Geben Sie in diese Datei den folgenden Text ein (jeweils eine Frage nach der anderen) und beantworten Sie die folgenden Fragen:

a) Schreiben Sie folgendes in Ihre Datei:

```
<%@ LANGUAGE="VBSCRIPT" %>
<html><body>
    <% Response.write("Hello, world!") %>
</body></html>
```

Öffnen Sie die Datei in Ihrem Browser. Was sehen Sie? Weshalb?

____

____

____

b) Fügen Sie in den Code nun eine Variable ein:

```
<%@ LANGUAGE="VBSCRIPT" %>
<html><body>
    <% Dim hello
    hello = "Hello, world!"
    Response.write(hello)%>
</body></html>
```

Öffnen Sie die Datei in Ihrem Browser. Was sehen Sie? Weshalb?

____

____

____

c) Ändern Sie nun den Code ab, indem Sie »hello« falsch schreiben:

```
<%@ LANGUAGE="VBSCRIPT" %>
<html><body>
    <% Dim hello
    hello = "Hello, world!"
    Response.write(helo)%>
</body></html>
```

Öffnen Sie die Datei in Ihrem Browser. Was sehen Sie? Weshalb?

____

____

____

d) Ändern Sie den Code ein weiteres Mal, indem Sie `option explicit` hinzufügen:

```
<%@ LANGUAGE="VBSCRIPT" %>
<% option explicit %>
<html><body>
    <% Dim hello
hello = "Hello, world!"
Response.write(helo)%>
</body></html>
```

Öffnen Sie die Datei in Ihrem Browser. Was sehen Sie? Weshalb?

____

____

____

11.1.2 Eine If-Then-Anweisung codieren

If-Then-Anweisungen werden in allen Programmiersprachen mit booleschen Werten (true und false) und Vergleichsoperatoren (gleich, größer als, kleiner als und so weiter) realisiert. Versuchen Sie einmal, eine Vorhersage über das Ergebnis des folgenden Codes zu treffen:

a) Was wird dieser Code auf dem Bildschirm ausgeben?

```
<% if true
   response.write("Truth is beauty.")
else
   response.write("Beauty is truth.")
end if %>
```

____

____

____

b) Was wird dieser Code auf dem Bildschirm ausgeben? Inwiefern unterscheidet er sich vom Code oben? Welchen Code würden Sie bevorzugen?

```
<% if 0 %>
   The truth is out there.
<% else %>
   You can't handle the truth.
<% end if %>
```

11.1.3 Eine While-Schleife codieren

a) Welche Ausgabe wird der folgende Code erzeugen?

```
<% For myCounter = 1 to 5 %>
<% =myCounter %> Mississippi, %>
<% Next %>
```

____

____

____

b) Ändern Sie den Code nun etwas ab:

```
<% For myCounter = 2 to 8 STEP 2 %>
<%= myCounter %>,
<% Next %>
<% response.write(" who do we appreciate?") %>
```

c) Schleifen können mit der VBScript-Anweisung `do while` codiert werden:

```
<% myCounter = 0
Do While myCounter < 5
response.write(myCounter & "one thousand, ")
myCounter = myCounter +1
Loop %>
```

Welche Ausgabe wird dieser Code erzeugen, und warum?

Lösungen zu den Übungen

Lösungen zu 11.1.1

a) Öffnen Sie die Datei in Ihrem Browser. Was sehen Sie? Weshalb?

Lösung: Sie sollten die Worte `Hello, world!` in Ihrem Browserfenster sehen können. Falls Sie irgend etwas anderes als dies sehen sollten, sollten Sie die Datei *test.asp* auf Tippfehler und die Installation des IIS auf eventuelle Probleme überprüfen.

b) Öffnen Sie die Datei in Ihrem Browser. Was sehen Sie? Weshalb?

Lösung: Sie sollten wiederum `Hello, world!` lesen können. Der Operator DIM erzeugt (bzw. dimensioniert) eine Variable (VBScript-Variablen sind übrigens nicht groß- und kleinschreibungsabhängig). Anschließend wird der Variablen ein String zugewiesen (Variablen in VBScript haben standardmäßig keinen festen Typ – sie können einer Variablen daher jeden beliebigen Wert zuweisen), der dann ausgegeben wird.

Wenn Ihnen `response.write(myVariable)` zum Ausgeben einer Variable zuviel Tipparbeit ist, können Sie auch diese Kurzform verwenden: `<%= myVariable%>`, die dasselbe Ziel mit weniger Tippaufwand erreicht.

c) Ändern Sie nun den Code ab, indem Sie »hello« falsch schreiben. Öffnen Sie die Datei in Ihrem Browser. Was sehen Sie? Weshalb?

Lösung: Sie sehen überhaupt nichts. Wie Sie sich sicher schon gedacht haben werden, ist der Interpreter leider nicht schlau genug, um erkennen zu können, dass »helo« eigentlich »hello« bedeuten soll. ASP ist eben eine Skriptsprache, kein Rechtschreibüberprüfung. Der Fehler wird in Ihrem Code einfach ignoriert und übersprungen (technisch gesprochen, wird eine Variable namens »helo« erzeugt, die keine Daten enthält). Eine solche Situation ist unbefriedigend, da Sie in diesem Fall eigentlich eine Fehlermeldung erwarten.

d) Ändern Sie den Code ein weiteres Mal, indem Sie »option explicit« hinzufügen. Öffnen Sie die Datei in Ihrem Browser. Was sehen Sie? Weshalb?

Lösung: Jetzt sehen Sie eine sinnvolle Fehlermeldung, die Sie darüber informiert, dass »helo« nicht definiert worden ist. Das Hinzufügen von `option explicit` oben auf der ASP-Seite ist eine gute Programmierpraxis. Wie Sie am Beispiel zuvor erkennen können, sollte diese Option eigentlich selbstverständlich sein. Außerdem werden Seiten, die `option explicit` enthalten, schneller als solche ohne diese Option ausgeführt.

Lösungen zu 11.1.2

a) Was wird dieser Code auf dem Bildschirm ausgeben?

Lösung: Dieser Code wird `Truth is beauty` auf den Bildschirm schreiben. VBScript akzeptiert als positive boolesche Werte true, `true`, 1 und `1`, sowie als negative boolesche Werte false, `false`«, 0 und `0`. In diesem Fall ist der Ausdruck true, so dass der erste Teil der If-Anweisung ausgeführt wird.

b) Was wird dieser Code auf dem Bildschirm ausgeben? Inwiefern unterscheidet er sich vom Code oben? Welchen Code würden Sie bevorzugen?

Lösung: Dieser Code wird `You can handle the truth` auf den Bildschirm schreiben, da VBScript Null als einen booleschen Ausdruck mit dem Wert False behandelt. Der Unterschied zwischen diesem und dem vorherigen Beispiel liegt in der Einklammerung von VBScript. Das Beispiel der Frage A war gänzlich in Skriptklammern eingeschlossen, was den Aufruf von `response.write` zur Ausgabe Ihres Textes auf der Webseite erforderlich machte. Im neuen Beispiel wurden die Klammern zwischen den einzelnen VBScript-Anweisungen geschlossen, so dass HTML ohne expliziten Ausgabebefehl anzeigt werden konnte. Mit dieser simplen Kurzform kann der Programmierer viel Zeit sparen (und die Anzahl der in einer Seite notwendig werdenden Anweisungen »response.write« bedeutend reduzieren).

Lösungen zu 11.1.3

a) Welche Ausgabe wird der folgende Code erzeugen?

Lösung: Ihre Ausgabe wird etwa so aussehen: `1 Mississippi, 2 Mississippi, 3 Mississippi, 4 Mississippi` und so weiter

For-Schleifen verwenden Sie am besten dann, wenn Sie eine Aufgabe (oder eine Reihe von Aufgaben) eine feste Anzahl von Malen ausführen müssen. Wenn Sie sich nicht sicher sind, wie viele Male Sie die Aufgabe wiederholen müssen, ist eine while-Schleife sinnvoller.

b) Welche Ausgabe wird der folgende Code erzeugen?

Lösung: `2, 4, 6, 8, who do we appreciate?` Der STEP-Befehl bewirkt, dass die Variable anstelle des standardmäßigen Einerschritts in 2er-Schritten inkrementiert wird (bzw. um einen anderen beliebigen Wert).

c) Welche Ausgabe wird der folgende Code erzeugen?

Lösung: Der Code wird folgendes ausgeben: `1 one thousand, 2 one thousand, 3 one thousand, 4 one thousand, 5 one thousand`. Beachten Sie die Verwendung des Stringoperators zum Verbinden (&), mit dem der Wert der Variablen mit dem String *one thousand* verbunden wird.

VBScipt verfügt über mehrere weitere Methoden zum Erstellen einer Programmschleife: Es gibt noch eine Schleife `do until ... loop` (dies ist einfach die negative Form der `do while`-Schleife), eine `do ... loop until` (die immer mindestens einmal ausgeführt wird, da die Überprüfung ihrer Bedingung nach der Ausführung der Schleife stattfindet) und die Schleife `while ... wend` (die am wenigsten flexible aller Schleifen, da sie am Beginn der Schleife einfach nur einen booleschen Wert überprüft und die Schleife so lange ausführt, bis diese Bedingung nicht länger true ist).

Wiederholungsfragen zu 11.1

Überprüfen Sie Ihr Wissen und versuchen Sie nun, die folgenden Fragen zu beantworten:

1. VBScript-Variablennamen sind groß- und kleinschreibungsabhängig.
   a) Richtig
   b) Falsch
2. ASP+ verlangt die Verwendung von VBScript.
   a) Richtig
   b) Falsch
3. Durch Angabe von `option explicit` in Ihrer Seite wird ASP:
   a) Rechtschreibfehler korrigieren
   b) Variablen ignorieren, die nicht deklariert worden sind
   c) Variablen anmerken, die nicht deklariert worden sind
   d) Langsamer laufen
4. Was ist das Äquivalent zu `<%Response.write(hello)%>`?
   a) `<% Document.write("hello") %>`
   b) `<% Response.write("hello") %>`
   c) `hello`
   d) `<%= hello %>`

Die Lösungen befinden sich im Anhang des Buches zum Abschnitt 11.1.

Projekt 11.2: Cold Fusion

Nach diesem Kapitel können Sie:

- Variablen ausgeben
- Eine If-Then-Anweisung codieren
- Eine Schleife codieren

Cold Fusion ist eine serverseitig interpretierte Sprache mit einem Dreh: Sie baut gänzlich auf Tags auf. Ihr serverseitiger Code sieht daher auch wie ganz normaler HTML-Code aus, dem neue Tags hinzugefügt worden sind. Von den standardmäßigen HTML-Tags sind diese neuen Tags relativ leicht zu unterscheiden, da sie alle mit den Buchstaben *cf* beginnen. Wenn ein Nutzer auf Ihre Seiten mit Cold Fusion zugreift, analysiert der Cold-Fusion-Server die Textdatei, sucht nach den cf-Tags, wertet den darin enthaltenen Code aus und schreibt anschließend reines HTML an den Browser des Nutzers. Die Tags von Cold Fusion selbst werden dabei niemals an den Browser des Nutzers gesendet.

Die Tags von Cold Fusion werden auf dieselbe Weise wie HTML-Tags geschlossen. So wie jeder Tag <html> über ein schließendes Tag </html> verfügt, so hat auch fast jeder Cold-Fusion-Tag einen schließenden, dementsprechenden Tag.

Ein Beispiel:

- Der Tag <cfoutput> verfügt immer über einen korrespondierenden Tag </cfoutput>.
- Der Tag <cfif> verfügt immer über einen korrespondierenden Tag </cfif>.

Als aufmerksamer Leser werden Sie bemerkt haben, dass es hieß, dass *fast* jeder Tag in Cold Fusion über einen schließenden Tag verfügt. Jede Sprache, sei sie nun eine natürliche oder eine Programmiersprache, hat ihre Ausnahmen, und Cold Fusion macht davon keine Ausnahme!

Ein Beispiel:

- Der Tag <cfset> benötigt keinen schließenden Tag, da er als Zuweisungsoperator fungiert.
- Der Tag <cfabort> benötigt ebenfalls keinen Zuweisungsoperator, da er die serverseitige Verarbeitung der Seite bedingungslos abbricht. Ein gege-

benenfalls vorhandener schließender Tag würde auch nicht mehr verarbeitet werden.

Übungen zu 11.2

11.2.1 Variablen ausgeben

Erstellen Sie eine Datei namens test.cfm in einem Unterverzeichnis der Webroot eines Computers, auf dem der Cold-Fusion-Server läuft (eine kostenlose Demo steht unter `www.allaire.com` zur Verfügung). Geben Sie in diese Datei den folgenden Text ein (jeweils eine Frage nach der anderen) und beantworten Sie die folgenden Fragen:

a) Schreiben Sie folgendes in Ihre Datei:

```
<html><body>
    <cfset hello = "Hello, world!">
    <cfoutput>#hello#</cfoutput>
</body></html>
```

Öffnen Sie die Datei in einem Browser. Was sehen Sie? Warum?

b) Ändern Sie nun den Code etwas, indem Sie eine Zeile entfernen:

```
<html><body>
    <cfoutput>#hello#</cfoutput>
</body></html>
```

Öffnen Sie die Datei in einem Browser. Was sehen Sie? Warum?

c) Ändern Sie nun den Code ein weiteres Mal:

```
<html><body>
    <cfoutput>hello</cfoutput>
</body></html>
```

Öffnen Sie die Datei in einem Browser. Was sehen Sie? Warum?

d) Wie würden Sie vorgehen, um das Zeichen # innerhalb eines Blocks mit <cfoutput> auszugeben?

11.2.2 Eine If-Then-Anweisung codieren

If-Then-Anweisungen werden in allen Programmiersprachen mit booleschen Werten (true und false) und Vergleichsoperatoren (gleich, größer als, kleiner als und so weiter) realisiert. Cold Fusion bildet davon keine Ausnahme.

a) Was wird dieser Code auf dem Bildschirm ausgeben?

```
<cfif true>
    Truth is beauty.
<cfelse>
    Beauty is truth.
</cfif>
```

b) Was wird dieser Code auf dem Bildschirm ausgeben?

```
<cfif 0>
    The truth is out there.
<cfelse>
    You can't handle the truth.
</cfif>
```

c) Cold Fusion besitzt einige charakteristische Vergleichsoperatoren. Sie benutzen beispielsweise GT für *greater than*, LT für *less than* und EQ für *equals*. Wofür stehen nun Ihrer Meinung nach die Kurzformen LTE und GTE?

11.2.3 Eine Schleife codieren

Da Sie nun ein wenig über <cfset> und <cfif> wissen, sollten Sie noch <cfloop> kennen lernen. Zum Abschluss des Teils A müssen Sie noch wissen, dass cfloop ein Argument übernehmen kann, das »condition« genannt wird. Wenn diese Bedingung True ist, stoppt Cold Fusion die Verarbeitung der Schleife und geht zur nächsten Programmzeile über.

a) Geben Sie unter Verwendung von <cfoutput>, <cfset> und LTE alle ganzen Zahlen zwischen 1 und 100 jede auf einer eigenen Zeile aus. Die erste Zeile Code ist bereits vorformuliert:

```
<CFSET i = 0>
```

b) Cfloop kann auch Argumente wie »from«, »to« und »index« übernehmen. Versuchen Sie eine Codierung derselben Schleife wie in der Frage A, aber diesmal ohne Verwendung von <cfset> oder »LTE«.

____

____

____

c) Cfloop kennt weiterhin das Argument »step«. Schreiben Sie Ihre Schleife so, dass sie bis 100 zählt, und zwar in Fünferschritten (5, 10, 15, 20 ...).

____

____

____

Lösungen zu den Übungen

Lösungen zu 11.2.1

a) Öffnen Sie die Datei in einem Browser. Was sehen Sie? Warum?

Lösung: Sie sollten die Worte `Hello, world!` in Ihrem Browserfenster sehen können. Falls Sie irgend etwas anderes als dies sehen sollten, sollten Sie die Datei *test.cfm* auf Tippfehler und die Installation Ihres Cold-Fusion-Servers auf eventuelle Probleme überprüfen.

Die zweite Codezeile (und die erste Zeile, die nicht elementares HTML enthält) weist einer Variable namens »hello« den String »Hello, world!« zu. Die Tags <cfoutput> weisen den CF-Server an, alle vom Zeichen »#« eingeschlossenen Wörter als Variable zu behandeln und den Wert als Text an den Webbrowser zu senden.

b) Ändern Sie nun den Code etwas, indem Sie eine Zeile löschen. Öffnen Sie die Datei in einem Browser. Was sehen Sie? Warum?

Lösung: Sie sehen eine Fehlermeldung von Cold Fusion

Ein vom Zeichen # eingeschlossenes Wort innerhalb des Tags <cfoutput> wird von Cold Fusion als Variable behandelt und entsprechend ausgewertet. Falls es sich bei dem Wort nicht um eine gültige Variable handelt (was hier auch der Fall ist, denn die Zeile, in der die Variable deklariert und ihr ein Wert zugewiesen wurde, haben wir ja gelöscht), stoppt Cold Fusion die Verarbeitung der Seite, um Sie über diesen Fehler zu informieren. Anders als so manche andere Programmiersprache ist es das Anliegen von Cold

Fusion, Sie über aufgetretene Fehler mit sinnvollen Meldungen zu informieren. Es teilt Ihnen die Zeile mit, in der der Fehler aufgetreten ist, die Datei, in der sich der Fehler befindet, und es versucht sogar einen Hinweis auf die mögliche Fehlerursache zu geben. Allerdings kann diese Hilfsbereitschaft auch zweischneidig sein, da eine Fehlermeldung den Nutzern Ihrer Site (und potentiellen Hackern) unter Umständen mehr über die interne Verarbeitung Ihrer Site verrät, als Ihnen vielleicht lieb ist. Für ein Produktionssystem können diese Fehlermeldungen daher abgeschaltet werden.

c) Ändern Sie nun den Code ein weiteres Mal. Öffnen Sie die Datei in einem Browser. Was sehen Sie? Warum?

   Lösung: Sie sehen jetzt nur das Wort `hello`.

   Da das Wort »hello«, das keine Variable mehr ist, nun nicht mehr von dem Zeichen # umschlossen ist, versucht Cold Fusion es auch nicht länger als eine Variable zu behandeln und gibt sie einfach wie jeden anderen String aus. In diesem Fall sind die Tags <cfoutput> überflüssig. Es ist nicht erforderlich, jeden String in einen Ausgabe-Tag einzuschließen. Einen String müssen Sie nur dann in die Tags <cfoutput> einschließen, wenn Sie den Inhalt von Variablen an den Browser ausgeben möchten.

d) Wie würden Sie vorgehen, um das Zeichen # innerhalb eines Blocks mit <cfoutput> auszugeben?

   Lösung: Hier müssen Sie ein Escape-Zeichen verwenden. Es gibt verschiedene Formen in Programmiersprachen dafür, Sonderzeichen mit speziellen Escape-Zeichen dazustellen. In Cold Fusion wiederholen Sie das Zeichen # einfach; so wird es an den Browser geschrieben. Zum Beispiel erzeugt dies einen Fehler:

```
<cfoutput>we're #1!</cfoutput>
```

   jedoch dies schreibt den Ausdruck korrekt an den Browser:

```
<cfoutput>we're ##1!</cfoutput>
```

Lösungen zu 11.2.2

a) Was wird dieser Code auf dem Bildschirm ausgeben?

   Lösung: Dieser Code wird `Truth is beauty` auf dem Bildschirm ausgeben. Cold Fusion akzeptiert als positive boolesche Werte true, true, und yes, sowie als negative boolesche Werte false, `false` und `no`. In diesem Fall ist der Ausdruck true, so dass der erste Teil der If-Anweisung ausgeführt wird.

b) Was wird dieser Code auf dem Bildschirm ausgeben?

Lösung: Dieser Code gibt `You can´t handle the truth` auf dem Bildschirm ausgeben. Für Cold Fusion ist Null gleichbedeutend mit False. Umgekehrt ist jede Zahl größer als Null gleichbedeutend mit True. Dies ist insbesondere in Situationen praktisch, in denen Sie überprüfen möchten, ob ein String eine Länge größer als Null hat: <cfif Len(myString)> ergibt True, falls es eine Variable namens `myString` mit einer Länge von 1 oder mehr gibt. Falls die Variable nicht existiert, werden Sie einen Fehler erhalten.

c) Cold Fusion besitzt einige charakteristische Vergleichsoperatoren. Sie benutzen beispielsweise GT für *greater than*, LT für *less than* und EQ für *equals*. Wofür stehen nun Ihrer Meinung nach die Kurzformen LTE und GTE?

Lösung: LTE bedeutet *Less Than or Equal To*.

GTE bedeutet *Greater Than or Equal To*.

Falls Sie sich diese Operatoren nur schwer merken können, können Sie sie auch im Code ausschreiben (also »less than or equal to« und »greater than or equal to«. Es liegt bei Ihnen. Versuchen Sie jedoch immer einheitlich zu codieren – das ist besser für die Lesbarkeit.

Lösungen zu 11.2.3

a) Geben Sie unter Verwendung von `<cfoutput>`, `<cfset>` und »LTE« alle ganzen Zahlen zwischen 1 und 100 jede auf einer eigenen Zeile aus.

Lösung: Ihr Code sollte etwa folgendermaßen aussehen:

```
<CFSET i=i + 1>
<CFLOOP CONDITION="i LTE TO 100">
    <CFSET i=i + 1>
    <CFOUTPUT>#i#</CFOUTPUT>.<BR>
</CFLOOP>
```

Dies ist eine recht einfach zu verstehende Programmschleife, die oftmals auch als »while-Schleife« bezeichnet wird. Schleifen dieser Art haben Sie sicher auch schon in anderen Programmiersprachen gesehen. Sie können eine beliebige Variable als Zähler (bzw. Index) festlegen, eine Bedingung formulieren, die die Schleife beendet, und dann Ihre Zählvariable inkrementieren (oder dekrementieren, falls Sie das Herunterzählen bevorzugen). Nicht schwer zu verstehen, oder?

b) Cfloop kann auch Argumente wie `from`, `to` und `index` übernehmen. Versuchen Sie eine Codierung derselben Schleife wie in der Frage A, aber diesmal ohne Verwendung von <cfset> oder `LTE`.

Lösung: Ihr Code sollte etwa folgendermaßen aussehen:

```
<CFLOOP from="0" to="100" index="i">
    <CFOUTPUT>#i#</CFOUTPUT>.<BR>
</CFLOOP>
```

c) Cfloop kennt weiterhin das Argument »step«. Schreiben Sie Ihre Schleife so, dass sie bis 100 zählt, und zwar in Fünferschritten (5, 10, 15, 20 ...).

Lösung: Ihr Code sollte etwa folgendermaßen aussehen:

```
<CFLOOP from="0" to="100" index="i" step="5">
    <CFOUTPUT>#i#</CFOUTPUT>.<BR>
</CFLOOP>
```

Schwer war das doch nicht, oder? Der anwenderfreundliche Stil von Cold Fusion macht dieses Produkt sehr gut für schnell zu entwickelnde Anwendungen, enge Terminpläne und Prototypen großer Projekte geeignet. Die Gesamtleistung sieht allerdings im Vergleich mit kompilierten serverseitigen Objekten nicht immer gleichermaßen vorteilhaft aus. Für schnelles Entwickeln ist Cold Fusion jedenfalls nicht so schnell zu schlagen. Allaire hat eine Codierumgebung für Cold Fusion geschrieben (Cold Fusion Studio), die Hilfestellung zu sämtlichen vorkommenden Tag-Attributen liefert, so dass Sie niemals über die Bedeutung eines Attributs im Unklaren gelassen werden.

Wiederholungsfragen zu 11.2

Überprüfen Sie Ihr Wissen und versuchen Sie nun, die folgenden Fragen zu beantworten:

1. Welche wichtigen Browser unterstützen CFML (Cold Fusion Markup Language)?

   a) Microsoft Internet Explorer
   b) Netscape
   c) Opera
   d) Keiner der genannten

2. Welcher der folgenden Ausdrücke ergibt True?

   a) <cfif true>
   b) <cfif 5>
   c) <cfif "yes">
   d) <cfif len("false")>
   e) Keiner der genannten
   f) Alle genannten

3. Sie möchten überprüfen, ob eine Zahl kleiner als 100 ist. Welches ist die richtige Syntax in Cold Fusion?

   a) `LTE 100`
   b) `GTE 100`
   c) `LESS THAN 100`
   d) `LT 101`

4. Sie wollen eine Variable mit einer anderen gleichsetzen. Welches ist die richtige Syntax in Cold Fusion?

   a) `<CFSET "foo" = bar>`
   b) `<CFSET foo EQ "bar">`
   c) `<CFSET foo = bar>`
   d) `<CFSET foo = "bar">`

Die Lösungen befinden sich im Anhang des Buches zum Abschnitt 11.2.

Projekt 11.3: PHP

Nach diesem Kapitel können Sie:

- Einfache Variablen ausgeben
- Eine einfache If-Then-Anweisung codieren
- Eine While-Schleife codieren

PHP ist eine weitere Skriptsprache, deren Aufgabe darin besteht, in eine HTML-Datei eingebetteten Skriptcode zu verarbeiten und das Ergebnis in HTML an den Webbrowser zu senden. Der Name PHP ist ein rekursives Akronym für »PHP: Hypertext Preprozessor«. Andere bekannte rekursive Akronyme sind beispielsweise PINE (PINE Is Not ELM) und TTP (The TTP Project) von Scott Adams.

PHP kann man wahrscheinlich am einfachsten durch eine Gegenüberstellung mit anderen Sprachen erklären. PHP-Zeilen enden wie JavaScript mit einem Semikolon. Wie in PERL beginnen PHP-Variablen mit dem Dollarzeichen ($) mit dem Unterschied, dass sie in PHP nur mit diesem Dollarzeichen beginnen dürfen. PHP verarbeitet die boolesche Logik auf dieselbe Art und Weise wie Cold Fusion: Null, der Nullstring und `false` ergeben False, und alles andere ergibt True.

PHP ist in mancher Beziehung einzigartig. Beispielsweise ist PHP hinsichtlich der Variablennamen groß- und kleinschreibungsabhängig, aber nicht hinsichtlich der Aufrufe von integrierten Funktionen. PHP ist außerdem insofern einzigartig, als es über mehr objektorientierte Funktionen als jede andere bisher untersuchte Skriptsprache verfügt. Die Variablen können einen Gültigkeitsbereich auf Funktionsebene, auf Klassenebene oder auf globaler Ebene haben (Gültigkeitsbereiche sind eine Methode zur Begrenzung des Zugriffs auf Variablen auf der Grundlage dessen, wie und wo sie deklariert worden sind). Darüber hinaus unterstützt PHP mehr C-ähnliche Funktionen als jede andere hier erwähnte Skriptsprache. Sie können einer PHP-Variablen beispielsweise einen Zeiger auf eine andere Variable zuweisen (beunruhigen Sie sich nicht, falls Sie nicht verstehen sollten, was damit gemeint ist, denn eine solche Operation kommt nicht jeden Tag vor), indem Sie im Zuweisungsausdruck das Zeichen & verwenden:

```
$varOne = &$varTwo
```

PHP ist noch insofern bemerkenswert, als es drei verschiedene Methoden für »equal« kennt, die jeweils unterschiedlich verwendet werden. Falls Sie früher schon einmal programmiert haben sollten, werden Sie dies vielleicht nicht für etwas Besonderes halten. Falls Sie jedoch nur mit der Standardalgebra bekannt sind, werden Sie vielleicht etwas Zeit brauchen, um sich daran zu gewöhnen. Das einzelne Gleichheitszeichen (=) nimmt in PHP eine Zuweisung vor (weist einen Wert einer Variablen zu), während ein doppeltes Gleichheitszeichen (==) einen Vergleich durchführt, und das dreifache Gleichheitszeichen (===) gleichzeitig eine Typüberprüfung und einen Vergleich vornimmt.

Mit einem Gleichheitszeichen werden immer Zuweisungen vorgenommen; `if $five = 5` ergibt also unabhängig vom Wert von `$five` immer True. In einem Vergleich ist die Verwendung des einfachen Gleichheitszeichens daher fast immer als Fehler anzusehen. Zwei Gleichheitszeichen zusammen für den Vergleich `if "5" == 5` ergeben True, weil der String 5 denselben Wert wie die Zahl 5 besitzt, während `if "six" == 6` False ergibt, weil der String six keinesfalls dasselbe wie die Zahl 6 ist. Der dritte Vergleich (neu in PHP4) ist viel strenger – er untersucht sowohl den Typ der Variablen als auch den Wert. Daher gibt `if "7" === 7` False zurück, da der String 7 nicht denselben Datentyp wie die Zahl 7 hat.

Übungen zu 11.3

11.3.1 Einfache Variablen ausgeben

Erstellen Sie in einem Unterverzeichnis der Webroot eines Computers, auf dem die PHP-Webserverextensions laufen (frei erhältlich unter `www.zend.com`) eine Datei namens test.php. Geben Sie in diese Datei den folgenden Text ein (jeweils eine Frage nach der anderen) und beantworten Sie die folgenden Fragen:

a) Geben Sie den folgenden Text ein:

```
<html><body>
<?php echo "Hello, world!"; ?>
</body></html>
```

Öffnen Sie die Datei in Ihrem Browser. Was sehen Sie? Weshalb?

____

____

____

b) Ändern Sie nun den Code etwas ab:

```
<html><body>
<script language="php">
    echo "Hello, world!";
</script>
</body></html>
```

Öffnen Sie die Datei in Ihrem Browser. Was sehen Sie? Welchen Code würden Sie bevorzugen?

c) Ersetzen Sie nun den Code durch den folgenden Text:

```
<html><body>
<?php $hello = "Hello, world!"; ?>
<?php print $hello; ?>
</body></html>
```

Öffnen Sie die Datei in Ihrem Browser. Was sehen Sie? Weshalb?

d) Ersetzen Sie zum Schluss den Code durch den folgenden Text:

```
<html><body>
<?php $hello = "Hello, world!"; ?>
<?= $hello; ?>
</body></html>
```

Öffnen Sie die Datei in Ihrem Browser. Was sehen Sie? Weshalb?

e) PHP stellt an Variablennamen strenge Anforderungen. Das erste Zeichen nach dem Dollarzeichen muss ein Buchstabe sein, und der Variablenname selbst darf keine Leerzeichen oder Punkte enthalten. Welches sind also keine gültigen PHP-Variablen?

```
$one, $2, $three, $_four, $5ive, $six, $$even, $eight, nine, $ten_
```

____

____

____

11.3.2 Eine einfache If-Then-Anweisung codieren

If-Then-Anweisungen werden in allen Programmiersprachen mit booleschen Werten (true und false) und Vergleichsoperatoren (gleich, größer als, kleiner als und so weiter) realisiert. Versuchen Sie die Ergebnisse des nun folgenden Codes vorherzusagen:

a) Was wird dieser Code auf dem Bildschirm ausgeben, falls `myValue True` sein sollte? Was, wenn `myValue False` sein sollte?

```
<script language="php">
    if ($myValue):
          echo "Truth is beauty.";
    else:
          echo "Beauty is truth.";
    endif;
</script>
```

____

____

____

b) Was wird dieser Code auf dem Bildschirm ausgeben?

```
<script language="php">
    if (0):
          echo "The truth is out there.";
    else:
          echo "You can't handle the truth.";
    endif;
</script>
```

____

____

____

c) PHP verfügt über eine ganze Reihe von Vergleichsoperatoren, nämlich `and`, `or`, `xor`, `&&`, `||`, `&` und über `|` als Ergänzung zu `!` (`not`). Warum sind Ihrer Meinung nach so viele verschiedene Ausdrucksmöglichkeiten für `and` und `or` nötig? Welche Bedeutungen haben sie Ihrer Meinung nach?

___

___

___

11.3.3 Eine While-Schleife codieren

While-Schleifen in PHP funktionieren genauso wie While-Schleifen in C. Ein Ausdruck (bzw. eine Gruppe von Ausdrücken) wird zu Beginn der Schleife ausgewertet und der in der Schleife enthaltene Codeblock dann ausgeführt, wenn die Auswertung True ergibt.

a) Was wird die folgende While-Schleife ausgeben?

```
$counter = 99
while ($counter > 0):
    print $counter . " bottles of beer on the wall.<br>";
    print $counter-- . " bottles of beer.<br>";
    print "take one down, pass it around, ";
         print $counter . " bottles of beer.<br>";
endwhile;
```

___

___

___

b) Was wird die folgende While-Schleife ausgeben, und warum?

```
$counter = 0
while ($counter > 0):
    echo "Mom, may I have more lima beans, please?";
    $counter--;
endwhile;
```

___

___

___

c) Was wird die folgende While-Schleife ausgeben, und warum? Worin unterscheidet sich diese Schleife vom vorigen Beispiel?

```
$counter = 0
do (
    echo "Mom, may I have another cookie, please?";
    $counter--;
) (while ($counter > 0);
```

____

____

____

Lösungen zu den Übungen

Lösungen zu 11.3.1

a) Öffnen Sie die Datei in Ihrem Browser. Was sehen Sie? Weshalb?

Lösung: Sie sollten nun im Browserfenster die Worte `Hello, world!` lesen können. Falls Sie irgend etwas anderes als dies sehen sollten, sollten Sie die Datei *test.php* auf Tippfehler und Ihre PHP-Installation auf eventuelle Probleme überprüfen.

Die zweite Codezeile (die erste Zeile, die kein elementares HTML darstellt) führt ein einfaches `php echo` aus; das heißt, sie schreibt den von Ihnen angegebenen String in den Text der Webseite. Zugegebenermaßen ist die »Hartcodierung« von Strings nicht schneller als das direkte Schreiben in HTML, jedoch werden Sie noch sehen, dass der echo-Befehl für viel mehr als nur das Echoing von statischen Strings geeignet ist.

b) Öffnen Sie die Datei in Ihrem Browser. Was sehen Sie? Welchen Code würden Sie bevorzugen?

Lösung: Sie sollten nun dasselbe Ergebnis wie zuvor haben. Der von Ihnen bevorzugte Skriptstil liegt ganz bei Ihnen; es sei denn, dass Sie in einem Entwicklerteam arbeiten. In diesem Fall sollte jedes Teammitglied aus Standardisierungsgründen denselben Stil pflegen (im Interesse der besseren Lesbarkeit und Pflege des Codes).

c) Öffnen Sie die Datei in Ihrem Browser. Was sehen Sie? Weshalb?

Lösung: Sie sehen wieder den String `Hello, world!` in Ihrem Browser. Dieses Mal jedoch haben Sie anstelle des Echoings eines statischen an den Browser einen dynamischen String gesendet. Dies ist die Grundlage für nahezu sämtliche dynamischen Funktionen, die PHP auszuführen in der

Lage ist. Alle Möglichkeiten stehen Ihnen offen, wenn Sie erst einmal Variablen ändern und ausgeben können.

d) Öffnen Sie die Datei in Ihrem Browser. Was sehen Sie? Weshalb?

   Lösung: Sie sehen wieder den String »Hello, world!« in Ihrem Browser. Dieses Mal haben Sie eine Kurzform zur Ausgabe einer Variablen verwendet, die auf den unbeholfenen echo-Befehl verzichtet und anstelle dessen eine Anleihe bei ASP macht (`<%= hello %>` ist eine zulässige Kurzform von `<% response.write(hello) %>`).

e) PHP stellt an Variablennamen strenge Anforderungen. Das erste Zeichen nach dem Dollarzeichen muss ein Buchstabe sein, und der Variablenname selbst darf keine Leerzeichen oder Punkte enthalten. Welches sind also keine gültigen PHP-Variablen?

   Lösung: Die folgenden Variablennamen sind ungültig: $2 (beginnt nicht mit einem Buchstaben, sondern mit einer Ziffer), $_four (beginnt auch nicht mit einem Buchstaben), $5ive (beginnt mit einer Ziffer), $$even (beginnt nicht mit einem Buchstaben) und nine (beginnt nicht mit dem Dollarzeichen). Die anderen Namen sind in Ordnung.

   Sie werden bemerkt haben, dass auch `$ten_` ein gültiger Variablenname ist. Wenn Sie das wundern sollte, sollten Sie daran denken, dass ein Variablenname durchaus einen Unterstrich enthalten darf, sofern diesem ein Buchstabe vorausgeht. Außerdem haben Sie vielleicht festgestellt, dass PHP manchmal die Namen von Variablen, die es nicht erstellen konnte, ändert, damit sie nach den PHP-Konventionen gültig sind. Wenn Sie beispielsweise auf eine Grafik des Typs Submit klicken, übergibt der Browser die X- und Y-Koordinaten Ihres Klicks auf der Grafik automatisch an das Skript, welches das Formular bearbeitet. Wenn die Grafik nun den Namen *foo* trägt, würden die Variablennamen `foo.x` und `foo.y` sein. In PHP wären diese Namen jedoch ungültig – aus diesem Grunde werden Sie Ihrem Code unter den Namen `foo_x` und `foo_y` zur Verfügung gestellt. Zum Schluss sollten Sie noch wissen, dass die Designer bei der Entwicklung von PHP auch internationale Spezifikationen berücksichtigt haben. So gelten beispielsweise auch die ASCII-Zeichen von 127 bis 255 als gültige Buchstaben. Eine Variable namens `$überVariable` ist in PHP daher gültig, da ü (ASCII-Zeichen 129) innerhalb des Bereichs der zugelassenen Werte liegt.

Lösungen zu 11.3.2

a) Was wird dieser Code auf dem Bildschirm ausgeben, falls `myValue True` sein sollte? Was, wenn `myValue False` sein sollte?

   Lösung: Wenn `myValue True` ist, wird `Truth is beauty.` auf den Bildschirm geschrieben. Anderenfalls wird `Beauty is Truth` ausgegeben.

b) Was wird dieser Code auf dem Bildschirm ausgeben?

Lösung: Dieser Code schreibt `You can´t handle the truth.` auf den Bildschirm. Für PHP ist Null gleichbedeutend mit False. Alle anderen Zahlen (sogar negative Zahlen) ergeben immer True. Bei Strings werden nur ein leerer String () und der Nullstring (0) als False behandelt. Alle anderen Strings ergeben True.

c) PHP verfügt über eine ganze Reihe von Vergleichsoperatoren, nämlich `and`, `or`, `xor`, `&&`, `||`, `&` und über `|` als Ergänzung zu `!` (`not`). Warum sind Ihrer Meinung nach so viele verschiedene Ausdrucksmöglichkeiten für `and` und `or` nötig? Welche Bedeutungen haben sie Ihrer Meinung nach?

Lösung: PHP verfügt über zahlreiche Operatoren, die jede nur denkbare Variante der Vergleichsüberprüfung verarbeiten können

Der Unterschied zwischen `&&` und `&` (und außerdem auch zwischen `||` und `|`) besteht darin, dass der doppelte Operator eine Art »Abkürzung« darstellt. Das bedeutet, dass bei der Auswertung von `$A && $B` ein solcher Operator keine Überprüfung des Wertes von `$B` mehr vornimmt, wenn `$A` False ergibt. Bei der Auswertung von `$A & $B` dagegen wird der Wert von `$B` immer ausgewertet, und zwar ungeachtet des jeweiligen Wertes von `$A`. Die Verwendung des Abkürzungsoperators ist eine relativ fortschrittliche Programmiertechnik, die dazu genutzt werden kann, gleichzeitig einen Vergleich und eine if-Anweisung auszuführen. Hier ist ein Beispiel dafür:

```
if $A && throwError ("A is false! Oh no!");
```

Wenn A True wäre, würde der Abkürzungsoperator die darauf folgende Anweisung nicht mehr auswerten (in diesem Fall hätten Sie nichts anderes als eine Art Errorhandler). Es handelt sich hierbei einfach nur um eine kürzere und etwas weniger gut lesbare Ausdrucksform für:

```
if (! $A):
    throwError ("A is false! Oh no!");
endif;
```

Die Operatoren `and` und `or` haben wie `&&` und `||` ebenfalls eine Abkürzungsfunktion. Der Unterschied zwischen `&&` und `and` besteht im Vorrang. Wie Sie noch aus der Schule wissen werden, ist ja das Ergebnis von $1 + 2 * 3$ gleich 7 und nicht 9. Eine Auswertung dieses Ausdrucks von links nach rechts ist ein Fehler, da die Multiplikation Vorrang vor der Addition hat. Dementsprechend hat auch `&&` in PHP den Vorrang vor `and`. Dasselbe gilt für die Beziehung zwischen `||` und `or`. Die Vorrangregeln können durch die Verwendung von Einklammerungen auch abgeändert werden, um eine bestimmte Reihenfolge von Rechenschritten zu erzwingen.

Lösungen zu 11.3.3

a) Was wird die folgende While-Schleife ausgeben?

Lösung: Die Schleife wird den Spruch `99 bottles of beer on the wall` ausgeben. Sie ist zwar nicht schlau genug, um den letzten denkbaren Fall (`no bottles of beer on the wall`) auszugeben, kommt dafür aber mit den restlichen 98 Sprüchen gut klar....!

Es ist besonders interessant, wenn Sie sich einmal den Wert der Variablendekrementierung (`$counter--;`) anschauen. Dieser Befehl setzt den Wert des Zähler auf 1 weniger als auf den zuvor gegebenen Wert, aber erst nachdem der Wert der Variablen noch vor der Subtraktion weitergegeben worden ist. Diese Schleife können Sie auch leicht abwandeln, indem Sie eine Prädekrementierung anstelle einer Postdekrementierung verwenden, bevor Sie den Wert der Variablen anzeigen. Hier ist ein Beispiel dafür:

```
$counter = 99
while ($counter > 0):
    print $counter . " bottles of beer on the wall.<br>";
    print $counter . " bottles of beer.<br>";
         print "take one down, pass it around, ";
    print --$counter . " bottles of beer.<br>";
endwhile;
```

b) Was wird die folgende While-Schleife ausgeben, und warum?

Lösung: Die Schleife wird gar nichts ausgeben. Da `$counter` gleich Null ist, und Null nicht größer als Null, wird der Vergleich auf `if $counter > 0` False zurückgeben, bevor der in der Schleife befindliche Code ausgeführt werden kann.

c) Was wird die folgende While-Schleife ausgeben, und warum? Worin unterscheidet sich diese Schleife vom vorigen Beispiel?

Lösung: Diese Schleife gibt den String aus: `Mom, may I have another cookie, please?`. Dies geschieht aus dem Grunde, weil die Schleife mindestens einmal vor der Überprüfung der While-Bedingung durchlaufen wird. Im vorigen Beispiel sahen Sie eine standardmäßige While-Schleife, während dieses Beispiel hier eine `do...while`-Schleife darstellt. Der Hauptunterschied zwischen den While-Schleifen und `do...while`-Schleifen besteht in der Stelle, an der die Überprüfung der Bedingung stattfindet. `while`-Schleifen führen die Überprüfung oben in der Schleife durch; es kann daher Fälle geben, in denen die Schleife überhaupt nicht ausgeführt wird (nämlich wenn die Überprüfung `False` ergibt. In diesem Fall überspringt das Programm den Inhalt der Schleife und fährt mit der Stelle nach dem `endwhile` fort. In einer `do...while`-Schleife wird garantiert mindestens einmal der Inhalt der Schleife ausgeführt, bevor die `while`-Bedingung überprüft wird.

Wiederholungsfragen zu 11.3

Überprüfen Sie Ihr Wissen und versuchen Sie nun, die folgenden Fragen zu beantworten:

1. Ist PHP groß- und kleinschreibungsabhängig?
   a) Immer
   b) Nie
   c) Nur bei Variablennamen
   d) Nur bei Funktionsaufrufen
2. Was ist kein gültiger Variablenname in PHP?
   a) `$username`
   b) `$user_name`
   c) `$user.name`
   d) `$userName`
3. Sie möchten prüfen, ob eine Nummer in einem String gleich ist einer anderen Nummer. Welcher ist der korrekte Ausdruck?
   a) `$stringNumber=$otherNumber`
   b) `$stringNumber==$otherNumber`
   c) `$stringNumber===$otherNumber`
4. Wie viele Male wird eine Schleife ausgeführt, die mit `While (|)` codiert wurde?
   a) Einmal
   b) Endlos oft
   c) Nie
5. Der Ausdruck `$A && $B` ergibt `True`. Was sagt Ihnen dies hinsichtlich von `$A` und `$B`?
   a) `$A` ist `True` und `$B` ist `False`
   b) `$A` ist `False` und `$B` ist `True`
   c) `$A` ist `True` und `$B` ist `True`
   d) `$A` ist `False` und `$B` ist `False`

Die Lösungen befinden sich im Anhang des Buches zum Abschnitt 11.3.

Projekt 11.4: Die Evolution der Sprachen

ZIEL

Nach diesem Kapitel können Sie:

- Konzeptionelle Bausteine einer Anwendung beschreiben
- Neue Technologien und Entwicklungen erkennen

Die nähere Zukunft der Webskriptsprachen ist einfach zu übersehen, denn schon die bisher in diesem Kapitel erwähnten Skriptsprachen zeigen, dass die Arbeit auch in Zukunft so erledigt werden wird, wie man auch den Bau eines Holzhauses erledigt, nämlich mit Bauholz, Hammer, Nägeln und Schrauben. Der ganze Prozess ist relativ langsam, reicht aber aus, um die Arbeit zu tun. Viele Programmierer glauben, dass diese Verfahrensweise einen Vorteil gegenüber der Sprache PERL darstellt, mit der die Arbeit eher so wie der Bau eines Hauses aus Ziegelsteinen erscheint, nämlich solide, aber sehr zeitaufwendig. Es stehen heute Programmiertechniken zur Verfügung, mit denen der Prozess des Webdesigns schon eher dem Bau eines Fertighauses ähnelt, nämlich schneller und einfacher, aber nicht unbedingt auch billiger oder besser gemacht. Sie können sogar fertige Webanwendungen erwerben, die mit einem Wohnwagen vergleichbar sind, den Sie einfach auf Ihr Grundstück schleppen und dort parken!

Die frühen Tage des Webdesigns haben vielen Leuten klar gemacht, wie man Dinge erledigen kann, an die man zuvor noch niemals gedacht hatte. Und viele dieser Lektionen, die man aus früheren Fehlern entwickelt hat, spiegeln sich in den Werkzeugen wieder, die jetzt verfügbar werden. Wie viele unzählige Male haben verschiedene Teams von Webentwicklern eine Anwendung für einen Online-Shop wohl immer wieder neu erfinden müssen, bevor jemand kam und dafür eine fertige Lösung entwickelte, die man einfach aus dem Regal nehmen und kaufen konnte? Und wie lange musste man ausschließlich mit `if-then-else` und `While`-Schleifen arbeiten, bevor heute übliche Anwendungspakete wie Auftragsverarbeitungen, Lagerbestandsverwaltungen, Online-Kataloge, Website-Suchprogramme und objektorientierte Datenbanken zu den Grundbausteinen einer Webanwendung werden konnten? Heute sind alle diese Lösungspakete verwirklicht; sie stehen den Entwicklern zur Verfügung. Bildlich gesprochen: Warum sollte man also ein Haus aus Zahnstochern bauen, wenn man anstelle dessen mit Bauholz arbeiten kann?

Natürlich ist der Preis für einsatzfähigen Code viel höher, und manchmal ist ein vorfabrizierter Codebaustein auch einfach zu groß, zu schwer oder einfach nicht ausreichend für die Lücke, die gestopft werden muss. In solchen Fällen zahlt es sich aus, wenn Sie durch Entwickeln einer eigenen Anwendung Zeit sparen können, ohne unnötig Geld zur Implementierung einer fremden Lösung ausgeben zu müssen. Zeit ist, wie man so sagt, Geld, und im Internetgeschäft ist Zeitersparnis dasselbe, wie Geld zu machen!

Hinsichtlich der Kosten haben sich weborientierte Skriptsprachen noch in einer anderen Hinsicht weiterentwickelt: Manche von ihnen sind kostenfrei erhältlich. Dank der überall verbreiteten Open Source Movements gibt es heutzutage frei erhältliche Betriebssysteme, frei erhältliche Webserver und frei erhältliche Programmier- und Skriptsprachen. Es ist zwar nur schwer zu glauben, wenn man noch nie von der Open Source Movement gehört hat, aber Tatsache ist, dass der alte Spruch »Man bekommt, wofür man bezahlt hat« heute nicht länger gilt, denn einige der besten Dinge im Leben bekommen Sie heute umsonst.

Für die Zukunft lassen sich noch kürzere Entwicklungszeiten vorhersagen, die dadurch entstehen, dass komplexe Aufgaben noch weitgehender als bisher gelöst und in separate Einheiten zusammengefasst werden können, die man einfach in einen fremden Code einhängt. Und trotz der zunehmenden Komplexität und immer höheren Leistung dieser Bausteine wird es auch in Zukunft immer noch wichtig sein zu wissen, wie sie miteinander verbunden werden können. Und dieses »wie« wird wohl auch in der näheren Zukunft noch mit Webskriptsprachen gelöst werden müssen.

Übungen zu 11.4

11.4.1 Konzeptionelle Bausteine einer Anwendung beschreiben

Stellen Sie sich unter Zugrundelegung des Bildes mit den Bausteinen einer Anwendung eine Webanwendung vor, die Sie wie ein Fertighaus erstellen, wobei Sie Blöcke mit spezifischen Funktionen in einen zuvor festgelegten Bau einpassen.

a) Überlegen Sie sich einige funktionelle Bausteine (für eine häufige Webanwendung), die Sie am liebsten nur einmal schreiben möchten.

____

____

____

b) Können Sie sich Bausteine vorstellen, die Sie lieber kaufen als selbst schreiben würden?

c) Können Sie sich Anwendungsfunktionen vorstellen, die wahrscheinlich zu spezifisch sind, als dass man sie fertig erwerben könnte? Dinge also, die Sie wahrscheinlich selbst schreiben müssten?

11.4.2 Neue Technologien und Entwicklungen erkennen

a) Überlegen Sie sich einige Funktionen und Leistungsmerkmale, die Sie in einer zeitgemäßen Web-Programmierlösung erwarten.

b) Welche Technologien kennen Sie, die über diese Leistungsmerkmale verfügen?

Lösungen zu den Übungen

Lösungen zu 11.4.1

a) Überlegen Sie sich einige funktionelle Bausteine (für eine häufige Webanwendung), die Sie am liebsten nur einmal schreiben möchten.

Lösung: Jeder wiederverwendbare Code kann als ein Baustein fungieren. Hierzu gehören nicht nur so grundlegende Codeteile wie beispielsweise ein Dropdown-Menü, mit dem man eine Datenbank auf ihren Inhalt abfragen kann, ein Modul für die Steuerung einer Webseite, in dem das Look&Feel einer ganzen Anwendung in einer einzigen Datei untergebracht werden kann, oder ein einzelnes Modul zur Plausibilitätsprüfung von Daten. Auch komplexe Bausteine wie ein Modul zur Darstellung von Online-Inhalten in speziellen XML-Strukturen, Code zur geografischen Ortsbestimmung auf der Grundlage von Postleitzahlen oder eine Schnittstelle zu einem Legacy-System (zu einem Großrechner oder sogar zu Produktionsanlagen in einer Fabrik) gehören dazu.

Einer der Gründe dafür, überhaupt einmal mit der Programmierung von Computern anzufangen, lag darin, immer wiederkehrende Aufgaben zu automatisieren. Es liegt nahe, dass jemand, der einen besonders großen Baustein geschrieben hat, diesen auch öfter wiederverwenden möchte. Es gibt Unternehmen, die sich dafür entschieden haben, den Nutzen Ihrer selbst geschriebenen und in der Praxis gut verwendbaren Bausteine durch deren Wiederverkauf zu steigern, während andere Unternehmen aufgrund unterschiedlicher Zielsetzungen lieber eigene Bausteine verwenden. Was Sie mit Ihrer eigenen Sammlung von Bausteinen anfangen, hängt von Ihnen selbst ab. Sollten Sie jedoch immer und immer wieder mit denselben Funktionen einer Anwendung zu tun haben, dann sollten Sie versuchen, diese in getrennte Elemente aufzuteilen und damit in besser handhabbare Bausteine zu verwandeln.

b) Können Sie sich Bausteine vorstellen, die Sie lieber kaufen als selbst schreiben würden?

Lösung: Websuchmaschinen, Kredikartenüberprüfung (bzw. Buchführung) und grafische Verarbeitungen gehören zu den Bereichen, in denen es wahrscheinlich preiswerter und einfacher ist, ein fertiges Produkt zu kaufen (oder per Lizenz zu erwerben), statt es selbst noch einmal neu zu erfinden.

Es gibt eine Reihe von Unternehmen, die es vorziehen, nur an einem bestimmten Aspekt eines Prozesses zu feilen, statt um diese Prozesse herum gleich eine ganze Anwendung aufzubauen. Solche Unternehmen finden es gewinnbringender, auf den Wettbewerb im übervölkerten Markt des eBussiness zu verzichten und anstelle dessen einen Online-Dienst in einem Nischenmarkt aufzubauen, den sie einfach besser als andere beherrschen. Falls Ihre Anwendung eine Funktionalität verlangt, für die Ihr Entwicklerteam nicht gerüstet ist, dann sollten Sie besser versuchen, die Technologie von jemand anderem zu übernehmen und zu lizenzieren. Falls sich die Dinge gut entwickeln, kann eine solche Softwarelizenzfertigung dann schnell zu einer strategischen Partnerschaft mit einem Softwareentwickler von dritter Seite werden. Zusätzlich zur Kompetenz erhalten Sie dann noch die Gelegenheit, den Namen des Entwicklers zusammen mit Ihrem eigenen nennen zu können. Etwas zusätzliche Eigenwerbung schadet im Internetgeschäft nie!

c) Können Sie sich Anwendungsfunktionen vorstellen, die wahrscheinlich zu spezifisch sind, als dass man sie fertig erwerben könnte? Dinge also, die Sie wahrscheinlich selbst schreiben müssten?

Lösung: Es kann schwierig werden, eine Software zu finden, die mehr Grafikverarbeitung als das Zeichnen von Kurven, Diagramme und Maps beherrscht. Wenn Sie beispielsweise eine Website für Hundehaltung pflegen, dann werden Sie vermutlich keine fertige Datenbank über die verschiedenen Rassen, Stammbäume und Fressgewohnheiten vorfinden. Sie werden sich daher ihre eigene machen müssen. Falls Sie weiterhin eine Morphingsoftware brauchen, um den Züchtern das Ergebnis einer Kreuzung zwischen einem Schäferhund und einem Chihuahua vorführen zu können, bevor sie diese tatsächlich in Angriff nehmen, dann werden Sie diese wahrscheinlich auch selber schreiben müssen (sofern Sie keine allgemeine Morphingsoftware finden, die Sie an Ihre besonderen Bedürfnisse anpassen können).

Es ist unwahrscheinlich, dass Sie fix-und-fertige Komponenten werden kaufen können, mit denen Sie spezielle Geschäftsvorgänge abbilden können. Falls Ihre Anwendung eine Reihe spezifischer Verarbeitungsschritte in einer spezifischen Reihenfolge auszuführen hat, und alle diese Schritte wiederum spezifisch für Ihre besondere Situation sind, dann gehen die Chancen gegen Null, dass es irgendwo da draußen ein Produkt gibt, was dies leisten kann. Es kann aber auch nicht schaden, danach zu suchen. Falls sich die Geschäftslogik auf eine in der ganzen Industrie verwendeten Verfahrensweise stützt, dann stehen die Chancen wiederum sehr gut, dass es dafür auch eine bereits einsatzfähige Lösung gibt.

Lösungen zu 11.4.2

a) Überlegen Sie sich einige Funktionen und Leistungsmerkmale, die Sie in einer zeitgemäßen Web-Programmierlösung erwarten.

Lösung: Eine Programmiersprache sollte natürlich immer ein einfaches und schnelles Entwickeln ermöglichen. Hinsichtlich der Systemleistung ist es eine interessante Frage (die auch fast immer gestellt wird), ob die Sprache ein Clustering verstehen und transparent unterstützen kann, was den Prozess des Aufbaus einer skalierbaren Weblösung bedeutend vereinfacht. Eine einfache (und optimierte) Datenbankverwaltung kann die Entwicklungszeit durch eine Entlastung des Programmierers von der Verantwortung für die eigentliche Handhabung der Datenbankverbindungen signifikant reduzieren. Es wäre weiterhin sehr schön, wenn man ein integriertes Suchprogramm hätte, das zum Suchen im Inhalt Ihrer Website verwendet werden kann. Schließlich sollte noch eine Entwicklungsplattform zur Verfügung stehen, die dem Entwickler die nahtlose Integration mehrerer wiederverwendbarer Codemodule per Drag&Drop-Technologie erlaubt, was die Entwicklungszeit noch einmal drastisch reduzieren würde. Ein derartiges Produkt würde die Position des »Webentwickler«, wie wir sie heute kennen, wahrscheinlich gänzlich überflüssig machen.

b) Welche Technologien kennen Sie, die über diese Leistungsmerkmale verfügen?

Lösung: Kein Produkt bietet alle die oben genannten Leistungsmerkmale an, aber alle im folgenden genannten Webanwendungen der nächsten Generation verfügen über zumindest einige dieser sehr wünschenswerten und zeitsparenden Funktionen: Allaire Spectra, Microsoft SiteServer, ASP+ (der Nachfolger von ASP 3.0), Vignette und Zope (eine Erweiterung der PHP-Parsing-Engine).

Wiederholungsfragen zu 11.4

Überprüfen Sie Ihr Wissen und versuchen Sie nun, die folgenden Fragen zu beantworten:

1. Webanwendungsserver bieten mehr Leistungsmerkmale an, als tatsächlich benötigt werden.
   a) Richtig
   b) Falsch
   c) Beides trifft zu
2. Was ist bei der Auswahl einer serverseitigen Entwicklungsplattform am unwichtigsten?
   a) Skalierbarkeit
   b) Leistung
   c) Stabilität
   d) Kosten
3. Was bedeutet es, eine Webentwicklungsplattform auszuwählen?
   a) Man benötigt viel Zeit für die Planung und spart Zeit beim Codieren.
   b) Man spart viel Zeit bei der Planung und benötigt viel Zeit beim Codieren.
   c) Hinsichtlich der Planung und Entwicklungszeiten ändert sich nichts.
4. Die Lizenzierung von Software von anderen Unternehmen ist:
   a) Teuer
   b) Einfacher, als sie selber zu schreiben.
   c) Gefährlich
   d) Illegal

Die Lösungen befinden sich im Anhang des Buches zum Abschnitt 11.4.

Überprüfen Sie Ihre Sachkenntnis!

1. Wählen Sie eine beliebige Webskriptsprache aus. Beginnen Sie mit ihr zu experimentieren.

   a) Erstellen Sie Variablen und geben Sie sie aus. Versuchen Sie, mit serverseitigen Skripten die Attribute eines HTML-Objektes zu manipulieren (Hintergrundfarbe, Schriftgröße und anderes).

   b) Lassen Sie Datenbankabfragen laufen und wandern Sie durch die Ergebnisdatensätze. Nehmen Sie Nutzereingaben entgegen und speichern Sie sie in der Datenbank. Vergewissern Sie sich, dass Sie sie als erstes validieren. Schreiben Sie einige Abfragen, um Daten aus der Datenbank abzurufen. Geben Sie diese Daten auf einer Webseite aus.

   c) Befassen Sie sich mit dem Schreiben und Lesen von Cookies. Versuchen Sie einmal, einen zusammenhängenden User-State mit Variablen auf Session-Ebene zu bearbeiten (Tipp: Dies erledigen Sie leichter mit einer Sprache, die automatisch mit States umgeht).

KAPITEL 12

Neue Technologien und Standards im Internet

Überblick

In diesem Kapitel erfahren Sie mehr über die folgenden Themen:

- Das Internet und die Standardisierungsbemühungen im WWW — Seite 375
- Strategien zur Bewertung neuer Technologien — Seite 389
- Neue Technologien am Horizont — Seite 400

Eine der schwierigsten technischen Entscheidungen, die ein Websiteadministrator/Webmaster treffen muss, betrifft die Entwicklung und mögliche Übernahme neuer Technologien. Das schnelle Wachstum des Web in Verbindung mit der stetig weitergehenden Entwicklung neuer Webtechnologien und wachsender Nutzeransprüche kann einen Websiteadministrator schnell dazu verführen, neue Entwicklungen voreilig zu übernehmen. Ein Fehler in der Entscheidung über eine Technologie und ihre Übernahme kann sowohl hinsichtlich des Images gegenüber den Nutzern als auch vergeudeter System- und Personalressourcen zu kostspieligen Ausgaben führen.

Die technischen Ansprüche der Webgemeinde haben die Grenzen des Standardisierungsprozesses im IT-Geschäft erweitert. Dieser Prozess, der hinsichtlich der Standardisierung von Programmiersprachen und Protokollen gut funktioniert hat, ist noch nicht ausreichend auf seine Tauglichkeit für die halsbrecherische Geschwindigkeit überprüft worden, mit der das Wachstum des Web voranschreitet. Die größten Unternehmen im Webgeschäft haben bislang als Reaktion auf die Nutzeranforderungen immer ihre eigenen Technologien entwickelt. Diese nichtstandardisierten Technologien haben die Leser/Nutzer auf der einen und die Entwickler auf der anderen Seite gespalten und in Unsicherheit darüber gelassen, welche Technologien zukunftsträchtig sind.

Dieses Kapitel wird den Prozess der Standardisierung und die Organisationen behandeln, die mit der Definition und Einführung der Webtechnologien befasst sind. Das Verständnis dieser Organisationen kann einen Websiteadministrator/Webmaster dabei unterstützen, erfolgreiche neue Technologien und den Stand der technischen Entwicklung zu erkennen und einzuschätzen, wie er selbst an dieser Entwicklung teilhaben kann.

Es werden verschiedene Strategien zur Bewertung neuer Technologien erörtert. Eine solche Bewertung wird bei der Entscheidung helfen, ob eine Technologie zur Webstrategie einer Organisation passt, und welche Auswirkungen sie in der Zukunft haben wird.

Schließlich wird dieses Kapitel noch einige der neuen Technologien vorstellen, die sich gegenwärtig in der Entwicklung befinden und hinsichtlich ihres Einflusses auf die Zukunft des Web vielversprechend aussehen. Die meisten dieser Technologien befinden sich noch im Prozess der Entwicklung/Standardisierung und wurden noch nicht allgemein von der Webgemeinde übernommen. Es ist die Ansicht der Verfasser dieses Buches, dass diese Technologien auf ihre Tauglichkeit für die Zukunft Ihrer Website untersucht werden sollten.

Projekt 12.1: Das Internet und die Standardisierungsbemühungen im WWW

Allgemein akzeptierte Spezifikationen sind wesentlich. Der Wettbewerb im Markt, der selbst eine starke Kraft ist, die die Innovation unterstützt, würde nicht stattfinden, wenn er sich nicht auf Dinge wie HTTP, URL und HTML-Standards stützen könnte. Diese Kräfte sind außerordentlich stark. Es sind Kräfte, die bei Strafe eines Auseinanderfallens des Web in inkompatible Bruchstücke die Unternehmen dazu zwingen, zusammenzuarbeiten, um gemeinsame Spezifikationen zu erstellen.

Tim Berners-Lee, Erfinder des WWW und Direktor von W3C

ZIEL

Nach diesem Kapitel können Sie:

- Die Bedeutung der Standards und der Standardisierung verstehen
- Die Organisationen erkennen, die einen Einfluss auf die Entwicklung von Standards im WWW haben
- Die von diesen Organisationen eingesetzten Standardisierungsverfahren verstehen
- Diese Organisationen als Entscheidungsgrundlage für sich selbst nutzen

Standards

Was sind eigentlich Standards? Eine formelle Definition dafür lautet: »Standards sind dokumentierte Übereinkünfte, denen technische Spezifikationen oder andere präzise Kriterien zugrunde liegen, die in konsistenter Weise als Regeln, Richtlinien oder Bestimmungen von Merkmalen verwendet werden und sicherstellen, dass Materialien, Produkte, Prozesse oder Dienstleistungen dem gewünschten Zweck dienen.«

Jeder stimmt zwar zu, dass Standards wichtig sind (stellen Sie sich einmal vor, dass es Hunderte verschiedener Stecker zum Anschluss Ihres Computers an das Netzwerk gäbe), aber viele sind auch frustriert von der Bearbeitungszeit, die ein Standardisierungsprozess benötigt. Wie schon weiter oben festgestellt wurde, hat das schnelle Wachstum des Web zu einer ernsten Belastungsprobe hinsichtlich der Entwicklung von Webstandards geführt. Eine unbekannte Quelle fasst die verschiedenen Ansichten über Standards so zusammen: »Als wirklich gesichert hinsichtlich von Standards können nur folgende Aussagen gelten:

- Es gibt viele, unter denen man auswählen kann
- Wenn Standards zu Standards werden, sind sie schon wieder veraltet
- Echte Standards werden vom Markt errichtet, nicht von Komitees

Es ist wesentlich, Standards und Designrichtlinien auseinander zu halten. Beim Design entscheiden Sie sich zwischen Alternativen (beispielsweise Alternative A, B und C), um die Funktion, die Leistung, die Stabilität, die Kosten oder anderes zu optimieren. Die Standardisierung unterstützt Sie in einer Situation, in der Optionen unter Umständen nicht eindeutig sind und Sie sich zwischen verschiedenen offenen Punkten wie etwa »Eine«, »Einige«, »Alle«, »undefiniert«, »implementierungsabhängig«, »noch offen« und so weiter entscheiden müssen. Ihr Ziel besteht in dieser Situation eher darin, Merkmale wie die Flexibilität, Interoperabilität, Verfahrensweisen, Erweiterbarkeit, Zusammenarbeit und so weiter zu optimieren. In dieser Hinsicht diktiert der Umfang von dem, was standardisiert werden soll, oftmals auch, wer den Standard festlegt. Standards werden von nationalen oder internationalen Standardisierungsorganisationen, Konsortien von Interessensgruppen oder beteiligten Gruppierungen, Unternehmen oder sogar Einzelpersonen festgelegt.

Standardisierungsorganisationen

Die vielleicht bekannteste (und größte) Standardisierungsorganisation ist ISO (The International Organisation for Standardization). Die ISO ist ein weltweiter Zusammenschluss von nationalen Standardisierungskörperschaften aus über 140 Ländern (pro Land eine Körperschaft), die 1947 gegründet wurde. Sie arbeitet multinational und ist keine Regierungsorganisation. Ihre Zentrale befindet sich in Genf in der Schweiz.

Das Ziel von ISO besteht darin, die Entwicklung von Standards und damit zusammenhängender Aktivitäten im weltweiten Rahmen zu unterstützen und dabei ein besonderes Augenmerk auf den internationalen Austausch von Waren und Dienstleistungen sowie auf die Entwicklung einer Zusammenarbeit in Bereichen zu richten, in denen geistige, wissenschaftliche, technologische und ökonomische Aktivitäten stattfinden.

Die ISO-Website unter
`www.iso.ch/iso/en/aboutiso/introduction/whatisISO.html`

HINWEIS

Da der Name der Organisation »The International Organization for Standardization« lautet, werden Sie sich fragen, warum ihre Abkürzung dann ISO und nicht IOS lautet. ISO ist kein Akronym, sondern stammt von griechischen Wort isos, das »gleich« bedeutet. Dieser Name sagt bereits, worin das Ziel der Organisation besteht.

Die Arbeit der ISO besteht darin, internationale Vereinbarungen zu erarbeiten, die als Internationale Standards veröffentlicht werden können. Beispielsweise ist SGML (Standard Generalized Markup Language) als ISO-Norm 8879 definiert.

ANSI (American National Standards Institute) ist die US-amerikanische Vertretung der ISO. Es war ein Gründungsmitglied der ISO, ist eines der fünf ständigen Mitglieder des geschäftsführenden ISO Council und eines der vier ständigen Mitglieder des Technical Management Board von ISO. Eines ihrer Ziele besteht darin, die internationale Weiterverbreitung US-amerikanischer Standards zu fördern.

Beispiele weithin bekannter ANSI-Standards sind Standards für Programmiersprachen wie etwa C und C++. Standards dieser Art werden von Komitees entwickelt, die sich aus Vertretern kommerzieller und akademischer Institutionen zusammensetzen und oftmals Jahre benötigen, um ihre Arbeiten abzuschließen.

Standardisierungsorganisationen für das Web

Als erstes sollten Sie die Bereiche des Web kennen lernen, die sehr wahrscheinlich zum Gegenstand zukünftiger Standardisierungen werden können oder diese sogar benötigen. Diese Bereiche betreffen:

- ✘ Inhalte, also die Daten, die im Internet wandern (zum Beispiel HTML).
- ✘ Referenzen, also die Art und Weise, wie die im Web verwendeten Objekte identifiziert und referenziert werden.
- ✘ Protokolle, also die Art und Weise, wie Webobjekte im Internet transportiert werden (zum Beispiel HTTP).

Es ist klar, dass dies Bereiche sind, die einer Standardisierung bedürfen, sofern die Entwicklung des Web wie bisher voranschreitet. Standards (und Standardisierungsorganisationen) für diese Bereiche sind von außerordentlicher Bedeutung.

Zusätzlich zu ISO und ANSI gibt es noch zwei Organisationen, die besonders an der Entwicklung von Standards für das Web interessiert sind, nämlich IETF (Internet Engineering Task Force) und W3C (World Wide Web Consortium).

IETF

Die Internet Engineering Task Force (`www.ietf.org`) kann man am besten als »lose und selbstorganisierende« Gruppe von Leuten beschreiben, die technische und andere Beiträge zur Ausarbeitung und Weiterentwicklung des Internet und der zugrundeliegenden Technologien liefern. In dieser Hinsicht fungiert es auch als die Hauptkörperschaft für die Entwicklung neuer Internetstandards. Vergessen Sie nicht, dass IETF sich nicht nur mit dem World Wide Web, sondern mit dem gesamten Internet befasst!

Das *Tao of IETF – A Guide for New Attendees of the Internet Engineering Task Force* definiert das Selbstverständnis der Organisation folgendermaßen:

- Lösungen für drängende technische und organisatorische Probleme des Internets identifizieren und vorschlagen
- Festlegen der Entwicklung oder Nutzung von Protokollen und der eng damit zusammenhängenden Architektur, mit der technische Probleme des Internets gelöst werden können
- Empfehlungen an das IESG (Internet Engineering Steering Group) richten, die die Standardisierung von Protokollen und die Protokollnutzung im Internet betreffen
- Den Technologietransfer vom IRTF (Internet Research Task Force) zur breiten Internet-Gemeinde fördern
- Ein Forum anbieten, das den Informationsaustausch innerhalb der Internet-Gemeinde wie etwa zwischen Anbietern, Nutzern, Forschern, Vertragspartnern und Netzwerkbetreibern ermöglicht

Das IETF hält dreimal im Jahr eine Versammlung ab. Diese IETF-Versammlungen stellen keine Konferenzen dar, obschon dort technische Präsentationen und Diskussionen stattfinden. Das IETF stellt keine traditionelle Standardisierungsorganisation wie das ISO oder ANSI dar, obwohl viele von ihm vorgeschlagene Spezifikationen Standards geworden sind.

Vielleicht noch wichtiger ist, dass es keinerlei Mitgliedschaft im IETF gibt. Jeder kann an den Versammlungen teilnehmen. Was einer »Mitgliedschaft« im IETF am nächsten käme, wäre höchstens die Tatsache, dass man auf der Mailingliste des IETF oder einer der Arbeitsgruppen steht.

Das IETF ist aber nicht so anarchisch, wie es auf den ersten Blick aussieht. Es ist ein Teil einer sehr gut definierten Organisationsstruktur, zu der auch ISOC (Internet Society), IAB (Internet Advisory Board) und IESG (Internet Engineering Steering Group) gehören.

Die Struktur des IETF selbst deutet darauf hin, wie es seine Aufgaben versteht. Es ist in acht funktionelle Bereiche aufgeteilt:

- Anwendungen
- Internet
- IP: Die nächste Generation
- Netzwerkmanagement
- Anforderungen an den Betrieb

- Routing
- Sicherheit
- Transport und Nutzerdienste

Jeder Bereich verfügt über mehrere Arbeitsgruppen. Eine Arbeitsgruppe besteht aus einem Team von Leuten, die sich zur Erreichung eines bestimmten Ziels einer Charta unterwerfen. Das Ziel kann beispielsweise im Erstellen eines technischen Papiers, einer Protokollspezifikation oder der Lösung eines Internetproblems bestehen. Die meisten Arbeitsgruppen haben nur eine begrenzte Lebensdauer. Sobald eine Arbeitsgruppe Ihr Ziel erreicht hat, löst sie sich wieder auf. Wie beim IETF als Organisation gibt es auch bei einer Arbeitsgruppe keinerlei Mitgliedschaft – Sie werden zum Mitglied, indem Sie an der Mailingliste der Gruppe teilnehmen.

Die Ergebnisse der IETF-Arbeitsgruppen werden oftmals zu RTFs und Internet Drafts. Der Begriff RFC (Request for Comments) bietet einen historischen Einblick in die Art und Weise, wie das IETF tätig ist. RFCs werden oftmals als Quasi-Standards behandelt, obwohl dies nicht exakt zutrifft. Innerhalb von RFCs gibt es zwei spezielle Untergruppen: FYIs und STDs. Die Untergruppe FYI (For Your Information) wurde zu dem Zweck erstellt, Übersichten und Themen zu dokumentieren, die zu Einführungszwecken dienten. Die Untergruppe STD RFC wurde für RFCs erstellt, die die eigentlichen Internetstandards festlegen.

Jede RFC einschließlich von FYIs und STDs verfügt über eine RFC-Nummer, die indiziert und abgerufen werden kann. FYIs und STDs verfügen zusätzlich zu den RFC-Nummern über FYI-Nummern beziehungsweise STD-Nummern. Das macht es beispielsweise für den Nutzer einfacher, über die Suche nach den FYIs in allen RFCs nach hilfreichen und informativen Dokumenten zu suchen. Wurde ein FYI oder STD überarbeitet, ändert sich auch die entsprechende RFC-Nummer. Die FYI- oder STD-Nummer ändert sich nicht, damit man sie leichter referenzieren kann.

Internet Drafts sind Entwurfsdokumente des IETF, seiner Bereiche und seiner Arbeitsgruppen.

Vergessen Sie nicht, dass sich das IETF mit dem gesamten Internet befasst – unter Umständen werden daher manche Themen des Web nicht direkt behandelt. Beispiele von RFCs, die mit dem Web zu tun haben, sind Hypertext Transfer Protocol – HTTP/1.1 (RFC 2116, Juni 1999) und Security Extensions For HTML (RFC 2659, August 1999) (ein Beispiel einer weiteren, mehr ausgefallenen RFC ist RFC 2324 – Hyper Text Coffee Pot Control Protocol (HTCPCP/1.0)...)

RFCs können Sie von vielen RFC-Depots über E-Mail oder FTP beziehen. Viele dieser Depots verfügen auch über Webserver. Eine gute Stelle für den Anfang ist RFC Editor (`www.rfc-editor.org`).

W3C

W3C (World Wide Web Consortium, `www.w3.org`) wurde 1994 gegründet und sollte speziell die Standardisierung existierender und zukünftiger Webtechnologien in Angriff nehmen. Es verfügt über internationale Büros, und zwar am MIT (Massachusetts Institute for Technology) in den USA, am INRIA (Institut National de Recherche en Informatique et en Automatique) in Frankreich und an der Keio-Universität in Japan. Der Direktor ist Tim Berners-Lee, der Erfinder des Web.

HINWEIS

Das W3C wurde nach dem Vorbild des X Consortium (`www.x.org`) aufgebaut, einer internationalen Organisation, die zur Entwicklung der X-Windows-Technologie und -Standards gegründet worden ist.

Wie das IETF hat sich auch das W3C eine spezielle Zielsetzung in der Öffentlichkeit gesetzt:

- Entwicklung und Pflege eines Informationsdepots über das World Wide Web für Entwickler und Nutzer, insbesondere für Spezifikationen für das Web.
- Entwicklung und Pflege von Mustercodeimplementierungen zur Darstellung und Förderung von Standards.
- Entwicklung von verschiedenen Prototypen und Musteranwendungen zur Demonstration neuer Webtechnologien.

Das W3C nimmt an der Jahreskonferenz International World Wide Web teil, die vom International World Wide Web Conference Committee (IW3C2, `www.iw3c.org`) gesponsert wird.

Anders als das IETF ist das W3C eine Mitgliederorganisation mit einer sehr beeindruckenden Liste von Mitgliedern, die aus internationalen Herstellern aus dem Bereich der Hardware, Software, Elektronik und aus Regierungs- und akademischen Organisationen besteht. Die Mitgliedschaft ist zwar nicht kostenlos, aber die jährliche Mitgliedergebühr wird je nach dem Mitglied (Nonprofit-, Regierungs- und kommerzielle Mitglieder) vom jährlichen Einkommen abhängig gemacht. Das W3D erlaubt außer Organisationsmitgliedschaften keine persönlichen Mitgliedschaften.

Während das IETF in funktionelle Bereiche unterteilt ist, definiert das W3C so genannte Domains:

- Die User Interface Domain befasst sich mit Technologien wie etwa HTML, kaskadierende Formatvorlagen und ähnliches
- Die Technology and Society Domain befasst sich mit Technologien wie eCommerce, Metadaten und ähnlichem
- Die Architecture Domain befasst sich mit Technologien, die bestimmend sind für HTTP und das Web
- Die Web Accessibility Initiative (WAI) befasst sich mit dem breiten Feld aller Fragen, die mit dem Webzugang zu tun haben.

Für die Mitglieder stellt W3C einen Ort dar, an dem man sich treffen, diskutieren und Vereinbarungen über gemeinsame Interessensgebiete herbeiführen kann. Das Personal von W3C bietet die folgenden Aktivitäten an:

- Treffen organisieren
- Diskussionen organisieren
- Professionelle Unterstützung bei der Herausgabe und beim Verfassen von Schriften
- Unterstützung beim Erzielen von Vereinbarungen

Die Mitarbeiterinnen und Mitarbeiter der Mitgliedsorganisationen können auf Wunsch innerhalb dieser Domain-Areas an Arbeitsgruppen und Projekten teilnehmen. Diese Arbeitsgruppen arbeiten sehr oft mit Arbeitsgruppen des IETF zusammen, die sich mit denselben Fragen befassen.

Die Publikationen des W3C sind:

- Recommendations
- Proposed Recommendations
- Working Drafts
- Notes

Eine Recommendation (zu deutsch: Empfehlung) stellt das Ergebnis einer Übereinstimmung innerhalb des W3C dar und verfügt über die offizielle Billigung des Direktors. W3C geht davon aus, dass die durch Empfehlungen festgelegten Konzepte oder Technologien für die Verbreitung geeignet sind und das Ziel von W3C unterstützen. Eine Empfehlung des W3C geht unmittelbar einem Standard voraus.

Proposed Recommendations (zu deutsch: Vorschlag einer Empfehlung) stellt das Ergebnis eines Konsens innerhalb der Gruppe dar, die ihn hervorgebracht hat, und der vom Direktor dem W3C Advisory Committe zur Überprüfung vorgeschlagen wurde. Proposed Recommendations werden oftmals, wenngleich nicht immer, zu Recommendations.

Working Drafts (zu deutsch: Arbeitsentwürfe) sind Dokumente, die von W3C-Mitgliedern und/oder anderen interessierten Parteien zur Überprüfung eingereicht worden sind. Diese so genannten Draft Documents können jederzeit überarbeitet oder durch andere Dokumente ersetzt oder überholt werden. Es gilt als unangemessen, W3C-Entwürfe als Referenzmaterial zu verwenden oder sie anders als reines Entwurfsmaterial zu behandeln.

W3C-Notes sind Dokumente, die nach dem Gutdünken des Direktors veröffentlicht worden sind. Eine Note stellt kein Verpflichtung des W3C dahingehend dar, eine mit der Note in Zusammenhang stehende Tätigkeit aufzunehmen.

Die Website des W3C bietet ständig Informationen über die Arbeiten an, die von den verschiedenen Arbeitsgruppen gegenwärtig durchgeführt werden, und Ankündigungen darüber, wann Arbeiten zu Recommendations oder Proposed Recommendations geführt haben. Beispiele neuerer W3C-Recommendations sind Web Content Accessibility Guidelines 1.0 (Mai 1999) und Synchronized Multimedia Integration Language (SMIL) 1.0 Specification (Juni 1998). Die Website von W3C, wie auch in einer Übung weiter unten noch erwähnt werden wird, stellt eine exzellente Informationsquelle über neue Technologien dar, die die Zukunft des Web betreffen.

Andere Organisationen, die sich mit Standards im Web befassen

Es wäre nicht zutreffend und sogar unfair, wenn man den Eindruck erwecken wollte, dass W3C und IETF die einzigen Organisationen sind, die mit Standardisierungsbemühungen im Web zu tun haben, und dass es keinerlei sonstigen Aktivitäten gibt, die Beachtung verdienen.

ECMA (European Computer Manufacturers Association, `www.ecma.ch`) ist seit 1961 mit der Standardisierung von Schlüsseltechnologien im Computerbereich befasst. Von besonderen Interesse für die Webgemeinde ist, dass ein ECMA-Komitee derzeit an der Entwicklung eines Standards für JavaScript/Script arbeitet.

Die Programmier- und Skriptsprache JavaScript wird sehr oft (und schnell) mit der Programmiersprache Java verwechselt. Es gibt zwar Ähnlichkeiten, jedoch sind die zwei Sprachen hinsichtlich ihres Aufbaus und der Verwendung sehr unterschiedlich. JavaScript wurde von Netscape Corporation erfunden und hieß ursprünglich LiveScript. Microsoft wollte keine Verbeugung vor Netscape machen und nannte ihre eigene Implementierung JScript. Unter der Maßgabe der gegenwärtigen Standardisierungsbemühungen lautet die jetzt »korrekte« Bezeichnung der Sprache ECMAScript.

Eine weitere erwähnenswerte Organisation ist WSP (Web Standards Project, `www.webstandards.org`). WSP beschreibt sich selbst als eine »Koalition von Webentwicklern und -nutzern«. Ihr Ziel besteht darin, »die Zersplitterung des Web zu stoppen und die Browserhersteller davon zu überzeugen, dass Standards in jedermanns Interesse sind. Nur zusammen kann das Web so gestaltet werden, dass es für Alle da ist.«

Übungen zu 12.1

12.1.1 Die Bedeutung der Standards und der Standardisierung verstehen

Im Standardisierungsprozess werden Sie auf eine Art »Buchstabensuppe« aus Akronymen stoßen, die sich auf die unterschiedlichen Technologien beziehen. Die folgenden Akronyme bezeichnen Dinge, die für ein gründliches Verständnis des Prozesses bzw. der zukünftigen Technologien wesentlich sind. Was bedeuten die Abkürzungen?

a) HTTP-NG

____

____

____

b) IANA

____

____

____

c) MIME

d) NIST

e) PICS

12.1.2 Die Organisationen erkennen, die einen Einfluss auf die Entwicklung von Standards im WWW haben

a) Untersuchen Sie die Beziehungen, falls solche vorhanden sein sollten, zwischen ISO, ANSI, IETF und W3C.

12.1.3 Die von diesen Organisationen eingesetzten Standardisierungsverfahren verstehen

Benennen Sie einen Bereich, in dem das IETF und W3C zusammenarbeiten. Vergleichen Sie die entsprechenden Dokumentationen des IETF und des W3C.

a) Was sagen Ihnen die Dokumente darüber, wie die jeweilige Organisation ihre Funktion als Standardisierungskörperschaft wahrnimmt?

____

____

____

12.1.4 Diese Organisationen als Entscheidungsgrundlage für sich selbst nutzen

Als dieses Buch entstand, wurden die weltweit am häufigsten verwendeten Webbrowser (Clients) von Microsoft und Netscape erstellt. Sowohl Microsoft als auch Netscape sind Mitglieder des W3C.

a) Benennen Sie Funktionen, die nur in einem der beiden Browser vorhanden sind, und die einer W3C-Recommendation entsprechen oder nicht entsprechen.

____

____

____

Lösungen zu den Übungen

Lösungen zu 12.1.1

a) Im Standardisierungsprozess werden Sie auf eine Art »Buchstabensuppe« aus Akronymen stoßen, die sich auf die unterschiedlichen Technologien beziehen. Die Akronyme bezeichnen Dinge, die für ein gründliches Verständnis des Prozesses bzw. der zukünftigen Technologien wesentlich sind. Was bedeuten die Abkürzungen?

b) HTTP-NG

Lösung: HyperText Transport Protocol – Next Generation

c) IANA

Lösung: Internet Assigned Numbers Authority

d) MIME

Lösung: Multipurpose Internet Mail Extensions

e) NIST

Lösung: National Institute of Standards and Technology

f) PICS

Lösung: Platform for Internet Content Selection

Lösung zu 12.1.2

a) Untersuchen Sie die Beziehungen, falls solche vorhanden sein sollten, zwischen ISO, ANSI, IETF und W3C.

Lösung: ISO ist eine internationale Standardisierungsorganisation. ANSI ist die alleinige Vertretung des ISO in den USA. ISO und ANSI entwickeln Standards (das heißt, sie werden Standards genannt). Das IETF ist eine Zweigorganisation der Internet Society. Das W3C ist ein Konsortium auf der Basis einer Mitgliedschaft. Das IETF und das W3C entwickeln Spezifikationen (bzw. Empfehlungen), die nicht im Wortsinne Standards genannt werden können, jedoch oft als solche angesehen werden.

Lösung zu 12.1.3

Benennen Sie einen Bereich, in dem das IETF und W3C zusammenarbeiten. Vergleichen Sie die entsprechenden Dokumentationen des IETF und des W3C.

a) Was sagen Ihnen die Dokumente darüber, wie die jeweilige Organisation ihre Funktion als Standardisierungskörperschaft wahrnimmt?

Lösung: Die Entwicklung von HTTP (HyperText Transport Protcol) ist eine Technologie, in die sowohl das IETF als auch das W3C involviert sind.

Die W3C-Dokumentation über HTTP finden Sie unter `www.w3.org/Protocols`.

Die IETF-Dokumentation über HTTP finden Sie unter `www.ietf.org/rfc/rfc2116.txt`.

Die Mitgliederliste der Arbeitsgruppen zeigt, wie stark die Zusammenarbeit zwischen den beiden Gruppen ist.

Lösung zu 12.1.4

Als dieses Buch entstand, wurden die weltweit am häufigsten verwendeten Webbrowser (Clients) von Microsoft und Netscape erstellt. Sowohl Microsoft als auch Netscape sind Mitglieder des W3C.

a) Benennen Sie Funktionen, die nur in einem der beiden Browser vorhanden sind, und die einer W3C-Recommendation entsprechen oder nicht entsprechen.

   Lösung: Als dieses Buch entstand, gab es zwischen dem Microsoft- und Netscape-Browser Unterschiede hinsichtlich der Interpretation des Document Object Model (DOM). Die W3C-Remmendation für DOM finden Sie unter `www.w3.org/DOM/`.

   Die Unterschiede zwischen den DOMs von Microsoft und Netscape sind beim Web Standards Project dokumentiert (`www.webstandards.org`).

Wiederholungsfragen zu 12.1

Überprüfen Sie Ihr Wissen und versuchen Sie nun, die folgenden Fragen zu beantworten.

1. Es ist wichtig, Standards von Designvorschriften zu unterscheiden.
   a) Richtig
   b) Falsch
2. Welche Bereiche des Web werden sehr wahrscheinlich Gegenstand einer Standardisierung werden (wählen Sie alle zutreffenden Antworten aus)?
   a) Protokolle
   b) Zugrundeliegende Technologie
   c) Referenzen
   d) Inhalte
3. Welche der folgenden Organisationen befasst sich nicht mit der Entwicklung von Standards im Web?
   a) IEEE
   b) W3C
   c) ISO
   d) ANSI
   e) Alle diese Organisationen befassen sich mit der Entwicklung von Standards im Web.

4. In wie viele funktionelle Einheiten ist das IETF unterteilt?

   a) 5
   b) 6
   c) 7
   d) 8

5. Wie das IETF ist auch das W3C eine Mitgliederorganisation mit einer sehr beeindruckenden Liste von Mitgliedern, die aus internationalen Herstellern aus dem Bereich der Hardware, Software, Elektronik und aus Regierungs- und akademischen Organisationen besteht.

   a) Richtig
   b) Falsch

Die Lösungen befinden sich im Anhang des Buches zum Abschnitt 12.1.

Projekt 12.2: Strategien zur Bewertung neuer Technologien

Nach diesem Kapitel können Sie:

- ✗ Die Bedeutung der Standardisierung in der Bewertung neuer Technologien verstehen
- ✗ Verstehen, wann neue Technologien in den Lebenszyklus einer Website eingeführt werden sollten

Nutzer des Web werden häufig entweder implizit oder explizit mit neuen Technologien konfrontiert. Technische Nutzer stellen angesichts dieser neuen Technologien oftmals die Frage: »Wie haben die das gemacht?«, um dann sehr rasch zur Frage überzugehen: »Wie kann ICH das machen?«. Weniger technisch orientierten Nutzern wird oft mitgeteilt, dass sie nun eine neuere Version Ihres Clients/Browsers oder ein neues Plug-in bzw. eine Helper-Anwendung herunterladen sollten.

Diese Attacken durch neue Webtechnologien werden sehr wahrscheinlich auch in der Zukunft noch weitergehen. Wie können wir also mehr über neue Technologien im Vorfeld herausfinden, bevor diese uns »herausfinden«?

Wie schon weiter oben erwähnt, sind die zuverlässigsten Informationsquellen über neue Technologien die Standardisierungsorganisationen selbst, nämlich das World Wide Web Consortium (W3C) und die Internet Engineering Task Force (IETF). Die Websites dieser Organisationen bieten Ihnen genügend Überblicke über neue Technologien und teilen Ihnen darüber hinaus noch mit, wer die wichtigsten an ihrer Entwicklung beteiligten Gruppen sind. Allerdings kann die Gefahr gegeben sein, dass das W3C und das IETF Sie mit technischen Detailinformationen überhäufen, ohne Ihnen eine klare Vorstellung hinsichtlich der Vorteile der Technologien bieten zu können. Viele der angebotenen Informationen sind oftmals nur für Personen und Organisationen von aktuellem Interesse, die aktiv in den Prozess der Standardisierung eingebunden sind.

Vertrauenswürdige Quellen

Sie brauchen neue Technologien, weil entweder Ihre Kunden dies von Ihnen verlangen, oder weil es von Ihrer Organisation verlangt wird, oder weil Ihr Unternehmen von ihnen abhängig ist, oder weil Ihre Hardware- und Softwaresysteme sie erfordern. Immer an der Spitze der neuen Webtechnologien zu stehen, meint nichts anderes, als ständig in Bewegung befindliche Ziele anpeilen zu müssen!

Die Webgemeinde ist voll mit Individuen und Organisationen, die technikbegeistert sind. Für diesen Teil der Gemeinde ist es genauso aufregend, an der Spitze der technologischen Entwicklung zu stehen, wie es für die High Society ist, immer die neueste Mode zu tragen. Diese Individuen oder Organisationen sind normalerweise gerne bereit, Hinweise und Tipps darüber zu geben, was gerade aktuell ist und in der Zukunft »was werden könnte«. Die Frage ist nur, welcher Quelle Sie wirklich vertrauen können, bzw. genauer gesagt, welche Technologie das Beste für Ihre Website ist.

In diesem technologischen Tollhaus ist es sehr wichtig, über eine Aufstellung von »vertrauenswürdigen Quellen« zu verfügen, denen Sie Glauben schenken können. Beispiele dieser Quellen sind:

- Die Fachpresse
- Online-Quellen (Websites, Mailinglisten und so weiter)
- Konferenzen

Die Fachpresse

Das Internet und das Web verfügen über eine ausgezeichnete Presse. Die Buch- und Zeitschriftenläden haben extra Abteilungen, die immer die neuesten Ausgaben der Magazine und Nachrichtenblätter führen. Viele wichtige Zeitschriften haben eigene Seiten nur für das Internet und die Webtechnologie, die von Fachautoren und -redakteuren geschrieben werden. Es gibt Dutzende von Publikationen, die begierig darauf sind, Ihnen im Austausch für einen vollständig ausgefüllten Fragebogen ein freies Abonnement zukommen zu lassen. Da die meisten dieser Publikationen im starken Wettbewerb um die Publikumsgunst und die Anzeigenkunden stehen, ist es ihr ganz besonders Anliegen, Ihnen immer die allerneusten Informationen und den neuesten »Industrietratsch« zukommen zu lassen.

HINWEIS

Unterschätzen Sie den »Industrietratsch« nicht – es ist immer die Sache wert, ein Start-up-Unternehmen zu beobachten, zu dessen Geschäftsplänen eine neue Technologie gehört. Auch Unternehmen, die an die Börse gehen, sind der Beobachtung wert; nicht wegen der Investitionsmöglichkeiten, sondern wegen der Bewertung der angekündigten Technologie in der Öffentlichkeit.

Da es unmöglich wäre, alle (oder auch nur einen bedeutenden Teil) aller dieser Publikationen zu studieren, sollte man wenigstens wissen, wie man die wichtigsten von ihnen, denen man vertrauen und die man lesen kann, ermittelt. Die verschiedenen Publikationen behandeln neue Technologien auf ganz unterschiedliche Art und Weise – manche von ihnen enthalten Einführungen, andere befassen sich mit Standardisierungsfragen und wieder andere besprechen Produkte oder bieten Fallstudien an. Alle diese Annäherungen an neue Technologien können bei der Bewertung von unschätzbarer Hilfe sein.

Es folgen nun einige Beispiele aus der US-Presse, die für Internet- und Webadministratoren zur Verfügung stehen. Die Liste ist lediglich eine Empfehlung und keineswegs vollständig, und stellt eine Reihe von Schriften vor, die der Verfasser dieses Buches überprüft hat, regelmäßig liest und denen er »vertraut«.

- ✘ InformationWeek (`www.informationweek.com`). Dieses Magazin richtet sich speziell (nach eigenem Eingeständnis) an Unternehmens- und Technologiemanager. Es steigt daher nicht ausgesprochen tief in technische Details ein. Es ist aber eine sehr gute Quelle für Fallstudien über Webtechnologien.
- ✘ Inter@ctive Week (`free.intweek.com`). Diese Publikation befasst sich mit dem Internet im allgemeinen und ist hinsichtlich technischer Inhalte eher knapp. Es liest sich jedoch gut für Ankündigungen der Industrie und »Industrietratsch«. Die Informationen über neue Technologien stammen aus Beiträgen der neuesten Start-up-Unternehmen des Internet.
- ✘ InfoWorld (`www.infoworld.com`). Ähnlich Inter@ctive Week bietet InfoWorld oftmals sehr gute spezielle Berichte über neue Technologien sowie Artikel über Standardisierungsaktivitäten. Bob Metcalfe, einer der ständigen Kolumnisten von InfoWorld, befasst sich oft mit neuen Technologien und nimmt weitreichende Ausblicke in die Zukunft vor.
- ✘ Beyond Computing (`www.beyondcomputingmag.com`). Der Untertitel lautet: »The Magazine for Business and Technology Executives«. Es enthält oftmals prägnante Artikel über technologische Trends sowie gute Fallstudien.

Ein Segment der Presse, das von Webadministratoren oft übersehen wird, sind Publikationen, die sich an spezielle Berufsgruppen wenden und mit unterstützenden Technologien bei der Entwicklung und Unterstützung einer Website zu tun haben. Hier gibt es beispielsweise sehr gute Publikationen für Grafikdesigner oder Softwareentwickler, die sehr oft Artikel über aktuelle und kommende Technologien, die das Web betreffen, enthalten. Beispiele solcher Publikationen sind:

- ✘ Publish (`www.publish.com`). Bezeichnet sich selbst als »The Magazine for Electronic Publishing Professionals«.
- ✘ NewMedia (`www.newmedia.com`). Untertitel: »The Magazine for Creators of the Digital Future« (noch Fragen?).

Online-Quellen

Online-Quellen wie etwa Websites, Portale und Mailinglisten bieten hervorragende Möglichkeiten zum Aufspüren neuer Technologien. In »Ezines« (elektronische Magazine, Anm. des Übersetzers) finden Sie technische Einführungen oftmals schon lange vor dem Bekanntwerden einer neuen Technologie. Die Websites der Standardisierungsorganisationen (zum Beispiel W3C) sind wesentlich für das Verfolgen des technologischen Fortschritts (die wichtigen Quellen der nächsten Übung sind online verfügbar). Portale, die allgemeine oder einander ähnliche Technologien (wie beispielsweise Streaming Media und skalierbare Grafik) behandeln, können sehr hilfreich beim Vergleich paralleler Technologien und Ermitteln der wichtigsten Hersteller sein.

Mailinglisten bieten einen Informationsaustausch zwischen Personen, die sich für eine bestimmte Technologie interessieren. Wie schon weiter oben erwähnt, bestehen die IETF-Arbeitsgruppen einfach nur aus Mailinglisten. Um an der Aktivität einer solchen Gruppe teilnehmen zu können, müssen Sie sich einfach nur auf die Mailingliste setzen lassen. Sehr aktive Mailinglisten können dazu führen, dass Sie größere Mengen an E-Mails erhalten – wählen Sie Ihre Mailingliste daher sorgfältig aus.

Es folgen einige Online-Quellen, die der Verfasser des Buches für sinnvoll hält, und die noch aktiv waren, als dieses Buch entstand. Ihre Erwähnung hier stellt keinerlei Förderung oder Werbung für die Ziele und Inhalte dieser Quellen dar.

- ✗ HotWired Newsletter (`www.hotwired.com`). Dies ist eine sehr gute Online-Quelle. Die Mailingliste informiert die Abonnenten über neue Inhalte auf der Website.
- ✗ Wired News (`www.wired.com/news/`). Der WebMonkey enthält oftmals hervorragende Einführungen und technologische Überblicke.
- ✗ E1.pub Weekly (inf2.pira.co.uk/base02.htm). Diese Liste aus Großbritannien bietet wertvolle Links auf Ankündigungen, Einführungen und andere Quellen.
- ✗ CNET Digital Dispatch (`www.cnet.com`). CNET ist auch eine ausgezeichnete Quelle für Einführungen, Standardisierungsinformationen und gut geschriebene Kolumnen über zukünftige Technologien.

Konferenzen

Publikationen und Online-Quellen sind zwar ungemein hilfreich, aber nie so gut wie persönliche Kontakte. Auf Konferenzen kommen Sie mit anderen Personen zusammen, die sich mit denselben technologischen Fragen und Zukunftsplanungen befassen. Konferenzen erlauben Ihnen, an technologischen Präsentationen teilzunehmen, die direkt von den an der Entwicklung beteiligten Personen veranstaltet werden. Technische Einführungen zur Konferenz geben Ihnen die Möglichkeit zum Fragenstellen und zum Besprechen von Beispielen.

Auf der negativen Seite steht, dass das Wachstum und die Bedeutung des Web die Zahl der Konferenzen (akademische und kommerzielle ebenso wie solche, die thematisch sehr weit oder sehr eng orientiert sind) immer mehr ansteigen lässt. Da die meisten von uns nur eine begrenzte Anzahl von Konferenzen und Meetings besuchen können, stellt sich die Frage, welche von ihnen wirklich wichtig für uns sind.

Mit den folgenden beiden Konferenzen hat der Verfasser des Buches zu tun gehabt:

- The International WWW Conference Series (`www.iw3c2.org`). Dies war die erste und originale Reihe von Konferenzen über das Web. Sie wird vom IW3C2 (International World Wide Web Conference Committee) gesponsert und stellt hauptsächlich eine akademische Konferenz für zu begutachtende Dokumente dar. An dieser Konferenzreihe ist einmalig, dass sie mit dem W3C verbunden ist. Das W3C sponsert einen Teil dieser Konferenzen mit dem Ziel, die aktuellen Aktivitäten des W3C zu erörtern. Diese Konferenzen helfen außerdem dabei, einen Teil der Meeting-Verpflichtungen zu erfüllen, die das W3C gegenüber seinen Mitgliedern hat. Zu den Konferenzen gehören immer Einführungen in das breite Feld der neuen und wichtigen Technologien und Fragestellungen.
- Builder.Com (`www.builder.com`). Builder.com wird von CNET gesponsert und bringt hochqualifizierte Webdesigner und -entwickler zusammen. Da insbesondere dieses Publikum immer eifrig dabei ist, auf der Höhe der neuesten technologischen Entwicklungen zu bleiben, konzentrieren sich die hier abgehaltenen Präsentationen und Einführungen stets auf zukünftige Schlüsseltechnologien.

Eine neue technologische Strategie

Ein Element des strategischen Plans für die Website einer Organisation sollte die Einbindung neuer Technologien sein. Die Abbildung 12.1 (übernommen von Isakowitz, Stohr und Balasubramanian) stellt die signifikanten Schritte dar, die im Lebenszyklus einer Website stattfinden. Die Funktionalität einer neuen Technologie kann eigentlich immer über ein oder mehr der in dieser Abbildung aufgezeigten Entwicklungs- und Implementierungsschritte aufgezeigt werden. Neue Technologien können mit ihrer Hilfe an der passenden Stelle (bzw. der passenden Wiederholung) dieses Lebenszyklus einer Website eingeführt werden.

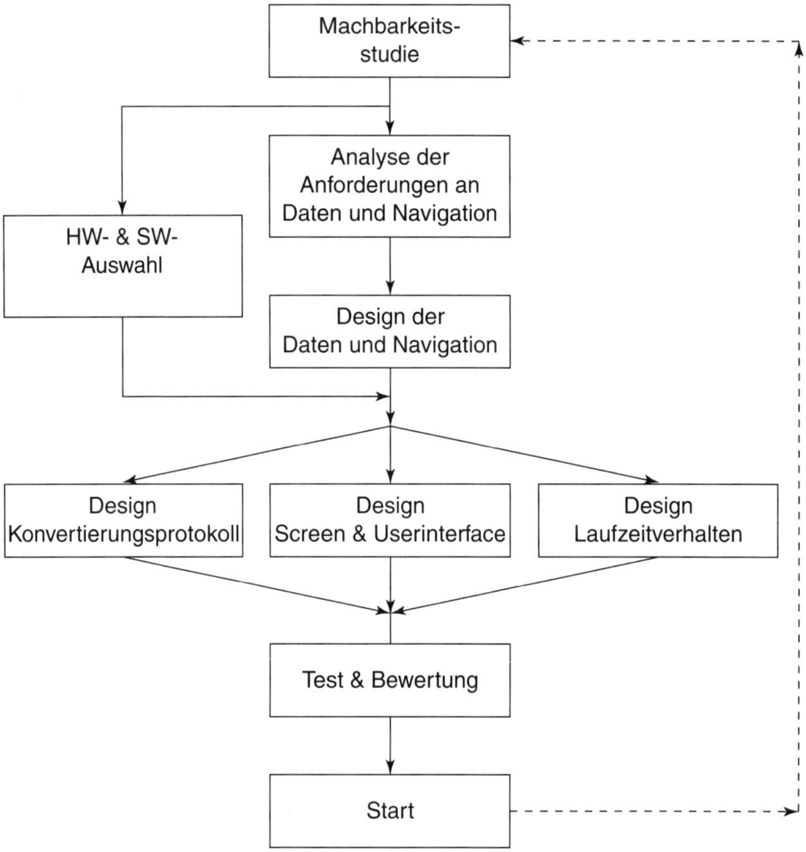

Abb. 12.1: Lebenszyklus der Entwicklung einer Website

Eine begründete Strategie für neue Technologien beinhaltet:

- Die Identifizierung der Technologie, die benötigt wird
- Die Verfolgung ihrer Evolution und ihrer Anerkennung und Übernahme (Standardisierung) in der Öffentlichkeit
- Die Integration dieser Technologie in eine langfristige Websitestrategie

Zu dieser Strategie gehören ganz wesentlich die Studie und die Bewertung. Einer der größten Fehler, die ein Webmaster oder Webadministrator machen kann, besteht darin, eine neue Technologie »im Schnellschuss« zu übernehmen, nur um »auf der Höhe der Zeit« zu sein!

Die folgende Liste enthält Fragen und Probleme, die im Prozess der Bewertung einer neuen Technologie berücksichtigt werden sollten:

- ✘ Wer oder was hat die Bewertung einer neuen Technologie ausgelöst?
  - Waren es die Bedürfnisse, Wünsche und Erwartungen der Nutzer- und Lesergemeinde?
  - Waren es interne Erwägungen, die von Technikern innerhalb der Organisation angestellt wurden?
- ✘ Ist die in Frage kommende Technologie im Rahmen der Webstrategie der ganzen Organisation sinnvoll? Bringt sie einen echten Vorteil?
- ✘ Können dieselben oder vergleichbare Vorteile nicht auch mit »älterer« Technologie erzielt werden (Technologie, die derzeit schon im Einsatz ist)?
  - Falls Ja, was sind die Anforderungen an die Weiterentwicklung der »alten« gegenüber der »neuen« Technologie?
- ✘ Ist es möglich, die Auswirkungen auf die Gesamtkosten, die Entwicklung und anderes abzuschätzen, die mit dieser »neuen« Technologie verbunden sind?
- ✘ Wie wäre die Auswirkung der neuen Technologie auf die Nutzer und Leser der Website?
  - Wäre zusätzliche Hard- oder Software erforderlich?
  - Wäre eine Nutzerschulung erforderlich?
- ✘ Ist die Organisation bereit und in der Lage, die Technologie im Falle von Komplikationen oder unbefriedigenden Ergebnissen wieder durch die alte zu ersetzen? Gibt es einen Plan, wie dieser Fall mit minimalsten Auswirkungen auf die Nutzer und Leser behandelt werden kann?
- ✘ Ist die Technologie standardisiert bzw. befindet sie sich im Prozess der Standardisierung? Arbeiten die wichtigen Hersteller und Unterstützer dieser Technologie hinsichtlich des Supports zusammen oder eher nicht?
  - Wie hoch ist die erwartete Lebensspanne dieser Technologie? Sind häufige und größere Überarbeitungen zu erwarten?
  - Gibt es Konkurrenzprodukte?
- ✘ Was wären die Auswirkungen der Entwicklung der neuen Technologie auf den Support und die Pflege der aktuellen Website?
  - Wie sind die Auswirkungen auf die Personalressourcen?
  - Wie sind die Hard- und Softwareanforderungen?
  - Welche vorhandenen Ressourcen könnten von der gegenwärtigen und neuen Technologie gemeinsam genutzt werden?

- Bietet die neue Technologie ausreichende Ressourcen für den Support?
  - Gibt es Trainingspersonal? Wie sieht die Einarbeitungszeit für neues und bereits erfahrenes Personal aus?
  - Steht ein technischer Support zur Verfügung?
  - Steht gute Dokumentation zur Verfügung?
- Gibt es weitere oder gänzlich neue Erwägungen hinsichtlich der Websitesicherheit, die mit der neuen Technologie verknüpft sind?

Übungen zu 12.2

12.2.1 Die Bedeutung der Standardisierung in der Bewertung neuer Technologien verstehen

a) Was bedeutet für Sie die Standardisierung hinsichtlich der Bewertung bzw. Übernahme einer neuen Technologie?

____

____

____

12.2.2 Verstehen, wann neue Technologien in den Lebenszyklus einer Website eingeführt werden sollten

a) Wann im Lebenszyklus einer Website ist die Zeit gekommen, die Bewertung und/oder Einbindung einer neuen Technologie zu erwägen?

____

____

____

Lösungen zu den Übungen

Lösung zu 12.2.1

a) Was bedeutet für Sie die Standardisierung hinsichtlich der Bewertung bzw. Übernahme einer neuen Technologie?

Lösung: Die Bemühungen um neue Standards für eine neue Technologie haben oftmals mit der Art und Weise zu tun, wie die Industrie die Bedeutung einer neuen Technologie interpretiert und annimmt. Standardisierungsbemühungen bieten auch eine gewissen Gewähr dafür, dass diese Technologie einen gewissen kalkulierbaren Lebenszyklus haben wird. Eine Standardisierung hat in der Regel zur Folge, dass sehr wahrscheinlich ein breiterer Bereich an Entwicklungs- und Supportwerkzeugen zur Verfügung stehen wird, und das nicht ein einzelner Anbieter die Weiterentwicklung der Technologie dominieren wird.

Lösung zu 12.2.2

a) Wann im Lebenszyklus einer Website ist die Zeit gekommen, die Bewertung und/oder Einbindung einer neuen Technologie zu erwägen?

Lösung: Neue Technologien sollten immer in den Phasen der Analyse, des Designs oder der Technologieauswahl während des Lebenszyklus einer Website in Betracht gezogen werden. Neue Technologien sollten nur dann in eine Website eingebunden werden, wenn diese am Ende ihres aktuellen Lebenszyklus angekommen ist. Diese Strategie trägt dazu bei, dass im Falle einer Fehlentscheidung zur alten Technologie zurückgekehrt werden kann.

Wiederholungsfragen zu 12.2

Überprüfen Sie Ihr Wissen und versuchen Sie nun, die folgenden Fragen zu beantworten.

1. Welche Informationsquellen über neue Webtechnologie sind »gut« (wählen Sie alle zutreffenden Antworten aus)?

   a) Präsentationen auf Web- und Internetkonferenzen
   b) Besprechungen und Artikel in Web- und Internetpublikationen
   c) Mailings von Softwareanbietern
   d) Online-Quellen

2. Aus welchen drei Schritten besteht eine Strategie zur Übernahme einer neuen Technologie?

   a) Identifizieren, Studieren und Integrieren
   b) Identifizieren, Integrieren und Pflegen
   c) Identifizieren, Integrieren, Studieren
   d) Integrieren, Studieren, Pflegen

3. Was sind Schlüsselbereiche bei der Bewertung einer neuen Technologie (wählen Sie alle zutreffenden Antworten aus)?

   a) Marktanteile
   b) Dokumentation und Support
   c) Verfügbarkeit von Entwicklern
   d) Die »Coolness«

4. Als Informationsquelle für neue Technologien sollten Sie sich einzig und allein nur auf die Standardisierungsorganisationen stützen.

   a) Richtig
   b) Falsch

5. Welcher wichtige Teil der Presse wird von Webadministratoren oftmals übersehen?

   a) Online-Ressourcen
   b) Informations/Werbeschriften
   c) Publikationen, die mit unterstützenden Technologien der Websiteentwicklung zu tun haben
   d) Keine der genannten

6. Was ist kein Schritt im Rahmen einer Übernahmestrategie für eine neue Technologie?

   a) Identifizieren einer in Frage kommenden Technologie
   b) Testen der Technologie unter Einbeziehung von Praxisberichten und Zielgruppen
   c) Verfolgen der Entwicklung und der öffentlichen Aufnahme der neuen Technologie

7. Forschung und Bewertung sind Schlüssel im Rahmen der Übernahme einer neuen Technologiestrategie.

   a) Richtig
   b) Falsch

Projekt 12.3: Neue Technologien am Horizont

ZIEL

Nach diesem Kapitel können Sie:

- ✗ Die funktionellen Domänen von W3C verstehen
- ✗ Die Zusammenarbeit zwischen W3C und IETF verstehen

Ausblicksversuche in die Zukunft und Spekulationen über wichtige Webtechnologien sind ein riskantes Unterfangen. So manche Technologien der Vergangenheit schienen zuerst vielversprechend zu sein, nur um dann wieder im Nebel der Vergessenheit zu versinken. Im Herbst 1995 beispielsweise war die so genannte »Push«-Technologie das Tagesgespräch der Industrie. Die Unternehmen, die sich zur Förderung der Push-Technologie gründeten, sind später still und leise (oder auch weniger leise!) zu anderen, vielversprechenderen Technologien übergegangen.

Als dieses Buch entstand, tauchten verschiedene neue Technologien auf, die eine Erweiterung des Web versprachen und sich auf eine gewisse Unterstützung berufen konnten. Einige dieser neuen Technologien werden im Rahmen dieser Übung erörtert. Die Absicht besteht aber nicht darin, eine vollständige Darstellung dieser Technologien zu liefern, sondern wichtige Konzepte vorzustellen, eine arbeitsfähige Terminologie anzubieten und Entscheidungshilfen für spätere weitere Erwägungen bereitzustellen.

XML (Extensible Markup Language)

XML folgt der Philosophie, dass die Daten ihren Erzeugern gehören, und dass den Inhaltsanbietern am besten mit einem Datenformat gedient ist, das sie nicht an bestimmte Skriptsprachen, Authoring-Programme und Laufzeitprogramme bindet. Gleichzeitig sollte das Datenformat genügend standardisiert und herstellerunabhängig sein, um einen freien Wettbewerb verschiedener Authoring- und Laufzeitprogramme möglich zu machen.

Janus Boye

Es wäre unverständlich, eine Diskussion über neue Webtechnologien ohne Erwähnung von XML zu führen. Es sieht sogar so aus, als ob XML eine größere Auswirkung auf die Zukunft des Web als jede andere aktuelle Technologie haben wird.

In Wirklichkeit ist XML keine reine Markup-Sprache, sondern eher eine Metasprache, die den Webautoren und -designern die Definition ihrer eigenen Markup-Sprache erlaubt. XML ist per Definition erweiterbar und spezifiziert eine Syntax für Tags, nicht jedoch die Tags selbst. Der Autor und Designer ist daher in der Lage, eine Markup-Sprache zu definieren, die speziell für den Typ des aktuell geschriebenen Dokuments gilt.

XML soll kein Ersatz für HTML sein, sondern eher eine Erweiterung. Die Wurzeln beider liegen in SGML – HTML ist eine Instanz von SGML, während XML eine speziell angepasste Version von SGML darstellt (»SGML-Lite«). XML unterscheidet sich von HTML durch drei wichtige Aspekte:

1. Die Inhaltsanbieter können willkürlich neue Tags und Attributnamen definieren.
2. Die Dokumentstrukturen können beliebig geschachtelt werden.
3. Jedes XML-Dokument kann optional eine Beschreibung seiner Grammatik enthalten, die von Anwendungen dazu verwendet werden kann, strukturelle Überprüfungen vorzunehmen.

XML ist nicht abwärtskompatibel zu existierenden HTML-Dokumenten. Dokumente, die konform mit HTML 3.2 sind, können jedoch leicht nach XML konvertiert werden; ebenso allgemeine SGML-Dokumente und aus Datenbanken generierte Dokumente.

XML macht einen Unterschied zwischen dem Dokument«inhalt« und der Dokument«struktur« bzw. Dokument«präsentation«. Während HTML beschreibt, wie die Daten eines Dokuments dargestellt werden, definiert XML den tatsächlichen Inhalt der Daten. Ein HTML-Tag wie beispielsweise <H1> definiert eine bestimmte Schriftart und Schriftgröße entweder über die entsprechende Einstellung eines Browsers oder einer Formatvorlage. XML dagegen beschreibt den Inhalt, der innerhalb der Tags erscheint; das heißt, was den Inhalt selbst beschreibt. Ein gutes Beispiel für die Ungenauigkeit in HTML ist die häufige Verwendung des Tags <H1> für Kapitelüberschriften im Dokument. Zwar führt diese Verwendung des Tags zum gewünschten Ergebnis, jedoch besteht keinerlei logische Verbindung zwischen <H1> und dem Begriff eines Kapitels. Durch die Trennung der Präsentation vom Inhalt fügt XML dem Dokument eine Struktur hinzu und ermöglicht dessen korrekte Darstellung auf verschiedenen Ausgabeeinheiten, ohne dafür den Inhalt neu formatieren zu müssen. Eine einzige in XML erstellte Datei kann daher theoretisch an unendlich viele Ausgabeeinheiten wie beispielsweise Webbrowser, Druckmaschinen für Zeitschriften, Mobiltelefone und so weiter ausgegeben werden. Die Befürworter von XML sprechen in diesem Zusammenhang von »Einmal schreiben – überall ausgeben!«.

XML verbessert außerdem auch die Suchmöglichkeiten im Web. Wenn ein Schüler beispielsweise ein Referat über den Planenten Mars schreiben möchte, würde die Suche nach »Mars« auf einer Suchmaschine sicherlich vielfältige Resultate für »Mars« vom Planeten selbst bis hin zum griechischen Gott Mars und der gleichnamigen Schokoladeriegelfirma liefern (oder noch viele andere). Wird dagegen überall XML verwendet, würde der Schüler nur noch Dokumente finden, die für seine Zielsetzung wirklich relevant sind, da die interessanten Seiten etwa den folgenden Markup enthalten könnten:

```
<PLANET>Mars</PLANET>
```

Diese beliebig verwendbare Fähigkeit von XML zum Erstellen von Tags kann vielfältig eingesetzt werden. Der folgende Tag beispielsweise:

```
<AUTHOR>George Bernard Shaw</AUTHOR>
```

erlaubt nicht nur eine sinnvolle Anzeige des Autornamens, sondern gibt externen Anwendungen die Möglichkeit, Dokumente auf Autorennamen abzusuchen, um beispielsweise neue Dokumente wie etwa eine Autorenliste oder einen Index zu erstellen. Diese Verwendbarkeit von XML in Zusammenarbeit mit anderen Anwendungen bietet nahezu endlose Einsatzmöglichkeiten. XML-Dateien können von Anwendungen auch ausgegeben werden (weil es sich um reine Text- bzw. ASCII-Dateien handelt), was es wiederum anderen Anwendungen, die XML als Eingabedatei übernehmen können, einfach macht, sie weiterzuverarbeiten.

Das Konzept

XML ist in den zwei Formen »wohlgeformt« und »gültig« verfügbar. Der am einfachsten einzuhaltende Standard erfordert lediglich, dass ein Dokument einen XML-Vorspann enthält, dass alle Elemente sauber geschachtelt sind, und dass sämtliche Start-Tags über schließende Ende-Tags verfügen. »Leere« Tags wie IMG, die normalerweise nicht über einen abschließenden Tag verfügen, können anstelle eines vollständigen Ende-Tags auch mit /> abgeschlossen werden. Folgender HTML-Code beispielsweise:

```
<IMG SRC="mygif.gif">
```

wird zu:

```
<IMG SRC="mygif.gif"> </IMG>
```

oder:

```
<IMG SRC="mygif.gif" />
```

Der XML-Vorspann stellt gegenüber SGML oder HTML die offensichtlichste Veränderung dar:

```
<?XML VERSION="1.0" RMD="NONE" ENCODING="UTF-8"?>
```

Das Attribut VERSION sollte stets enthalten sein, um die Dokumente vor Änderungen des Standards zu schützen. RMD ist eine Abkürzung für Required

Markup Declaration und gibt an, welche Dokumenttypdeklarationen (DTDs), sofern vorhanden, auf das Dokument angewendet werden sollen. Bei wohlgeformten Dokumenten lautet dies hier immer auf NONE. Gültige Dokumente können dagegen INTERNAL oder ALL verwenden. ENCODING teilt dem Parser mit, welcher Zeichensatz im Dokument verwendet wird. Standardmäßig wird UTF-8, eine Untermenge von Unicode, verwendet (XML muss für internationale Standards jedoch auch einen vollständigen Unicode-Zeichensatz mit 16 Bit unterstützen).

Diese geringfügigen Änderungen in der Markup-Welt machen wiederum das Leben der Entwicklern von Parsern viel leichter, die nicht länger mehr schlecht codiertes HTML unterstützen müssen, in denen die Hälfte der Ende-Tags fehlt. Bevor ein Dokument zu einem wohlgeformten Dokument werden kann, muss es gewisse minimale Voraussetzungen erfüllen. Dies verlangt zwar etwas Extraaufwand von den Verfassern der Dokumente, macht es dafür aber auch den Programmierern möglich, viel stabilere Systeme mit weniger Aufwand zu entwickeln.

Gültige Dokumente müssen eine Dokumenttypdeklaration (DTD) enthalten, die ihre Struktur definiert. Die DTD kann als Bestandteil des Dokuments selbst oder in einem separaten Dokument gespeichert sein. Viele komplexe DTD werden in Zukunft vermutlich als separate Dokumente gespeichert werden. Eine DTD stellt im wesentlichen eine Liste von Elementen, Einheiten und Attributdeklarationen im vereinfachten SGML-Deklarationsstil dar.

XML-Webanwendungen

Anwendungen, die die Akzeptanz von XML verbreitern helfen, sind solche, die innerhalb der Beschränkungen, unter denen HTML leidet, nicht erstellt werden können. Anwendungen dieser Art können in vier grobe Kategorien eingeteilt werden:

1. Anwendungen, die zur Vermittlung zwischen zwei oder mehr heterogenen Datenbanken einen Webbrowser/Client benötigen.
2. Anwendungen, deren Ziel die Verlagerung eines größeren Teils der Verarbeitungskapazität vom Webserver auf den Webbrowser/Client ist.
3. Anwendungen, die den Webbrowser/Client dazu benutzen, um dieselben Daten gegenüber unterschiedlichen Nutzern unterschiedlich darzustellen.
4. Anwendungen, in denen intelligente Webagents Informationsrecherchen individuell an die Bedürfnisse der Nutzer anpassen.

Die Alternative zu XML besteht für Anwendungen dieser Art nur in herstellerspezifischen Codierungen, die als »Skriptelement« in HTML-Dokumente eingebettet und in Verbindung mit den entsprechenden herstellerspezifischen Plug-ins oder Java-Applets für die Webbrowser/Clients ausgeliefert werden.

Wichtige Daten zur Entwicklung von XML

11/96:	Auf der SGML'96 Conference wird der erste Entwurf von XML vorgestellt
1/97:	Der erste XML-Parser wird entwickelt
3/97:	In San Diego wird die erste XML-Konferenz abgehalten
4/97:	Das erste XML Linking Working Draft
2/98:	W3C empfiehlt XML als neuen Standard

Referenzen

Die Einstiegsseite zu XML von W3C:	`www.w3.org/XML`
W3C Recommendation:	`www.w3.org/TR/REC-xml`
XML Linking draft:	`www.w3.org/TR/WD-xml-link`
XSL Style Proposal:	`www.w3.org/TR/NOTE-XSL.html`
XML Data Note:	`www.w3.org/TR/1998/NOTE-XML-data-0105/`
Microsoft's XML-Seite:	`www.microsoft.com/xml`

SMIL (Synchronized Multimedia Integration Language)

Mit SMIL kann jeder Multimedia für das Web anbieten. Unter Verwendung Ihrer eigenen digitalen Fotos, Audiokommentare, SMIL und einem simplen Texteditor können Sie Multimediapräsentationen erstellen, die sofort live im Web verfügbar sind.

Philipp Hoschka,
Leiter der Synchronized Multimedia (SYMM) Working Group von W3C

Man sagt, dass SMIL für synchrones Multimedia dasselbe bedeutet, wie HTML für Text mit Hyperlinks. SMIL (ausgesprochen smile) ist eine einfache, herstellerneutrale Markup-Sprache, deren Ziel darin besteht, Webautoren und -designern ohne größeren Aufwand und ohne Verwendung komplexer Entwicklungswerkzeuge oder Programmiersprachen die zeitgesteuerte Darstellung von Audio-, Video-, Text- und Grafikdateien möglich zu machen. SMIL kann diese allgemeine Fähigkeit deshalb anbieten, weil es selbst eine XML-Anwendung darstellt.

HTML ermöglicht die Einbindung von Multimediainhalten (Audio, Video und so weiter) in Webseiten, erlaubt aber nicht deren Synchronisation. Dem Webautor/Designer steht also keine Möglichkeit zur Verfügung, der Präsentation Zeitsteuerungsdaten in der einen oder anderen Form mitzugeben. Durch diesen Nachteil werden gewisse Webanwendungen wie Online-Führungen, Präsentationen, Online-Kurse und ähnliche in ihrer Funktion stark beeinträchtigt. Unter Verwendung von SMIL und der Einbindung einfacher HTML-Tags hat ein Webautor/Designer nun die Gelegenheit, komplexe Aufgabensequenzen wie etwa die folgende zu lösen: »Spiele die Audiodatei A 5 Sekunden lang nach dem Start der Videodatei B ab und zeige danach die Grafikdatei C!«.

SMIL stellt einen bedeutenden Schritt in Richtung einer Bereitstellung von fernsehähnlich aufgebauten Inhalten mit niedrigem Bandbreitenbedarf im Web dar. Es bietet eine weiterentwickelte Steuermöglichkeit für synchronisiertes Multimedia, indem es eine abgestimmte Choreografie für einzelne Teile einer Präsentation möglich macht. Sie können mit SMIL außerdem das Layout, das Erscheinungsbild und den Endezeitpunkt jeder einzelnen Datei steuern.

Was SMIL von anderen Multimediapräsentationen unterscheidet, ist, dass es nicht den Aufbau einer einzelnen Videodatei erzwingt, die verschiedene Komponenten enthält, sondern anstelle dessen über die SMIL-Textdatei einfach nur jede einzelne Datei über deren URL referenziert. Da die Mediadateien außerhalb von SMIL liegen, können sie bleiben, wie sie sind – die Auswirkungen der Dateigrößen auf die Download- und Darstellungszeiten bleiben daher minimal.

Da SMIL eine XML-Anwendung ist, enthalten die SMIL-Dateien auch nur Textinformationen. Multimediapräsentationen, die mit SMIL erstellt worden sind, sind daher besonders einfach zu bearbeiten. Wenn Sie steuern möchten, wann eine Audiodatei innerhalb einer komplexen Präsentation einsetzt, brauchen Sie nur die SMIL-Datei zu bearbeiten – ein Neuschreiben der gesamten Präsentation ist nicht erforderlich.

Das Konzept

Wie schon weiter oben erwähnt, ist SMIL eine XML-Anwendung, so dass es selbstverständlich ist, dass es über einen Satz von Tags verfügt, mit denen sich die Umgebung und die Aktionen einer synchronisierten Multimediapräsentation beschreiben lassen. Abgesehen von der Verwendung dieser Tags sieht eine SMIL-Datei ähnlich wie eine HTML- oder XML-Datei aus.

Die wichtigsten Funktionen von SMIL verbergen sich hinter den folgenden drei Tags:

- <PAR>
- <SEQ>
- <LAYOUT>

<PAR> ist die Abkürzung für »parallel«, und <SEQ> ist die Abkürzung von »Sequence«. Der Tagset <PAR> enthält Referenzierungen von Medien, die simultan (bzw. parallel) dargestellt werden sollen. Eine Slideshow beispielsweise sollte immer zeitgleich mit der Audiodatei beginnen, die sie erläutert.

Der Tagset <SEQ> enthält Referenzierungen von Medien, die als Sequenz dargestellt werden sollen. Beispielsweise sollte der erste Teil einer Präsentation vor dem zweiten Teil starten. Die Konzepte »parallel« und »sequentiell« sind aus der Sicht der Anwendung einfach zu handhaben, obwohl sie in technischer Hinsicht einiges Kopfzerbrechen bereiten können, wenn man Fragen wie etwa die Downloadzeiten der Mediendateien mit einbezieht.

Beide genannten Tagsets können ineinander verschachtelt werden, so dass Sie also eine Untersequenz haben können, die parallel zu anderen Medienobjekten startet. Sie können auch mehrere Objekte haben, die parallel innerhalb einer Sequenz abgespielt werden.

Der Tagset <LAYOUT> definiert die Erscheinungsweise des Abspielfensters, in dem die Medienobjekte erscheinen. Er definiert als erstes die Größe und Farbe des gesamten SMIL-Präsentationsfensters. Anschließend definiert es die Bereiche innerhalb dieses Fensters, in denen die Medienobjekte dargestellt werden. Dies schließt auch die Verwendung des Tagset <REGION> ein.

SML-Medientypen werden anders als in HTML referenziert. In SMIL wird eine Grafik fast so wie in HTML referenziert, erhält jedoch im Unterschied zu allen anderen XML-Tags, die keinen schließenden zweiten Tag haben, zusätzlich zum einleitenden Tag am Ende einen Backslash, der das korrekte Parsing sicherstellt, beispielsweise:

```
<img src="http://www.prenhall.com/images/bebo.gif">
```

Dies wird zu:

```
<img src="http://www.prenhall.com/images/bebo" />
```

Beachten Sie, dass kein expliziter Hinweis darauf enthalten ist, dass es sich bei dem Medienobjekt um eine GIF-Datei handelt. SMIL erhält die dazugehörige Information anders als HTML entweder über den Server, das Betriebssystem oder über das Attribut `type`. Gültige Medientypen sind Audio, Animation, `a` (der Anchor-Tag), `ref` (ein allgemeiner Tag für einen Medientyp, der im Fall verwendet werden kann, wenn der Medientyp unbekannt ist), `img`, Text, Textstream, Video und natürlich auch die Tags `par` und `seq`.

Das folgende hervorragende Beispiel einer SMIL-Datei stammt von Larry Bouthillier von WebTechniques:

```
<SMIL>
    <HEAD>
       <LAYOUT>
          <ROOT-LAYOUT height="425"
                       width="450"
                       background-color="black"/>
               <REGION id="title"
                       left="50"
                       top="150"
```

```
                width="350"
                height="200"/>
        <REGION id="full"
                left="0"
                top="0"
                height="425"
                width="450"
                background-color="#602030"/>
        <REGION id="video"
                left="200"
                top="200"
                height="180"
                width="240"
                z-index="1"/>
     </LAYOUT>
   </HEAD>
   <BODY>
      <SEQ>
        <!-- This img tag displays the title screen -->
          <text src="title.rt"
                type="text/html"
                region="title"
                dur="20s"/>
        <!-- This section displays the animated map with an
        audio soundtrack -->
          <PAR>
              <AUDIO src="map_narration.ra"/>
              <IMG src="map.rp"
                   region="full"
                   fill="freeze"/>
          </PAR>
        <!-- This section contains the video-
        annotated slideshow -->
          <PAR>
             <IMG src="slideshow.rp"
                  region="full"
                  fill="freeze"/>
             <SEQ>
               <VIDEO src="slide_narration_ video1.rm"
                      region="video"/>
               <AUDIO src="slide_narration_ audio1.ra"/>
               <VIDEO src="slide_narration_ video2.rm"
                      region="video"/>
             </SEQ>
          </PAR>
      </SEQ>
  </BODY>
</SMIL>
```

Wichtige Daten der SMIL-Entwicklung

1/97:	Die SMIL Working Group wird gebildet
11/97:	W3C veröffentlicht den ersten Entwurf der SMIL-Spezifikation
6/98:	W3C veröffentlicht die SMIL 1.0 Recommendation
7/98:	RealNetworks gibt RealSystem G2 beta 1 mit teilweiser SMIL-Unterstützung frei
8/99:	W3C veröffentlicht die SMIL-«Boston«-Spezifikation

Referenzen

Die Spezifikation von SMIL 1.0:	`www.w3.org/TR/REC-smil/`
Die Einstiegsseite zu SMIL von W3C:	`www.w3.org/AudioVideo/#SMIL`
SMIL selbst:	`www.justsmil.com/`
Mit SMIL entwickeln:	`www.developer.com/journal/techworkshop/092498_smil1.html`
Die Seite von CWI-SMIL:	`www.cwi.nl/SMIL/`
SMIL-Mailingliste:	`lists.w3.org/Archives/Public/www-smil/`

PNG (Portable Network Graphics)

Seit Beginn der Unterstützung von Grafiken auf Webseiten waren JPEG (Joint Photographic Experts Group) und GIF (Graphics Interchange Format) immer die hauptsächlich verwendeten und unterstützten Formate. Andere Formate wie etwa Bitmaps (BMP) wurden dagegen weniger häufig eingesetzt. Gegen Ende 1994 schockierte Unisys Corporation die Webgemeinde durch die Ankündigung, dass Autoren, die sich einer GIF-Software bedienten, nun in Zukunft Gebühren zu zahlen hätten, da Unisys die Patentrechte an der GIF-Technologie hielt. Diese Ankündigung beflügelte die Entwicklung eines offenen Grafikformates, das dann zu PNG (Portable Network Graphics) führte. PNG wird englisch »ping« ausgesprochen und ist ein echtes Grafikformat, das hinsichtlich der Kompression etwas besser als GIF und im Gegensatz zu JPEG verlustfrei ist.

HINWEIS

Inoffiziell steht das Akronym PNG für »PNGs, Not GIFs!«, was etwas über den Geist aussagt, in dem dieser patentfreie Standard geschaffen worden ist!

PNG ist nicht nur gebührenfrei verwendbar, sondern hebt auch viele Beschränkungen des GIF-Formats auf.

Das Konzept

GIF unterstützt eine Farbtiefe von bis zu 8 Bit, während PNG ein Echtfarbenformat mit einer Farbtiefe von bis zu 48 Bit ist. Das W3C schätzt, dass die Dateigröße einer PNG-Grafik mit 8 Bit etwa 10 bis 30% kleiner als beim GIF-Format derselben Datei sein wird. Darüber hinaus ist die erweiterte Interlacing-Methode von PNG in der Lage, eine Grafik sowohl in horizontalen als auch vertikalen Ausrichtungen auf dem Bildschirm anzuzeigen, was schnellere Downloadzeiten ergibt.

PNG bietet weiterhin Leistungsmerkmale, die GIF vollständig fehlen, wie etwa 256 Transparenzebenen durch Verwendung von Alphakanälen. Die binäre Transparenz von GIF sieht für Pixel nur zwei Möglichkeiten vor: Sie können entweder nur transparent oder opak sein. Die verschiedenen Transparenzstufen von PNG machen es möglich, das Wasser eines Sees halbtransparent erscheinen zu lassen. Die Alphakanäle für erweitertes Anti-Aliasing ermöglichen ebenfalls eine hintergrundabhängige, nahtlose Darstellung von Grafiken, während die GIF-Dateien dagegen separates Anti-Aliasing für jede einzelne Hintergrundfarbe erwarten.

Die Gammakorrektur bzw. Cross-Plattformsteuerung der Bildhelligkeit ist ein weiterer Pluspunkt für PNG. GIF-Dateien können auf verschiedenen Systemen unterschiedlich angezeigt werden, während PNG sicherstellen kann, dass auf einer Plattform erstellte Grafiken auf allen Plattformen genau gleich dargestellt werden.

Wichtige Daten der PNG-Entwicklung

12/94: Unisys verlangt Gebühren für die GIF-Technologie
1/95: Der erste PNG-Entwurf wird entwickelt
10/96: Die PNG-Spezifikation wird als W3C Recommendation herausgegeben
10/96: MIME-Typ für PNG gebilligt
11/97: Microsoft Internet Explorer 4.0 unterstützt als erster Browser direkt PNG

Referenzen

Die Spezifikation von PNG:	`www.w3.org/TR/REC-png.html`
Die Einstiegsseite zu SMIL von W3C:	`www.w3.org/Graphics/PNG/`
Die Homepage von PNG:	`www.cdrom.com/pub/png/`

SVG (Scalable Vector Graphics)

Webdesigner arbeiten heute mit pixelorientierten Höhen und Breiten ihrer Grafiken, die sie dann in einem bestimmten Grafikformat wie etwa JPEG speichern. Mit SVG hat der Designer auch in Zukunft die Vektorflexibilität und erstklassige Qualität, die er für das Web braucht.

Chris Lilley, Verantwortlicher für Grafikfragen bei W3C und Vorsitzender der SVG Working Group

Die meisten heute im Web verwendeten Grafiken einschließlich von GIF und JPEG sind Rastergrafiken (bzw. Bitmaps), die die Farbe jedes Pixels individuell verzeichnen. Da diese Grafiken nur eine statische Auflösung kennen, können Rastergrafiken nicht besonders gut größenverändert und gedruckt werden. Sie eignen sich jedoch gut für Fotografien, in denen jeder Pixel einzeln definiert werden muss.

Vektorgrafiken andererseits zeichnen Grafiken als mathematische Beschreibungen von Linien, Bezierkurven und anderen geometrischen Umrissen auf. Dieser objektorientierte Ansatz zwingt den Grafiken keine bestimmte Pixelzahl auf, so dass die Grafikkünstler jedes einzelne Objekt individuell bearbeiten können. Grafiken dieser Art können außerdem leicht ohne Verlust an Auflösung oder Schärfe größenverändert werden. Die Größen von Vektordateien sind ebenfalls bedeutend geringer als die der traditionellen Bitmapgrafiken, was schnellere Ladezeiten der Seiten ergibt. Sie sind leicht bearbeitbar, da man auf jedes Objekt innerhalb der Grafik individuell zugreifen kann. Außerdem unterstützen sie bereits von Haus aus einfache Animationen.

Heute ist bereits erkennbar, dass Webinhalte in Zukunft auf einer Vielzahl von unterschiedlichen Geräten dargestellt werden müssen, und zwar vom Fernseher bis zum Mobiltelefon. Die Skalierbarkeit einer Grafik wird daher ein kritischer Faktor.

Die Grafikdesigner erstellen Vektorgrafiken gegenwärtig mit Zeichenprogrammen wie etwa Adobe PhotoShop. Die Grafiken, die daraus entstehen, müssen zur Darstellung in einem Webbrowser/Client noch in ein Rasterformat umgewandelt werden. Alle Webdokumente, die Vektorformate enthalten, benötigen Plug-ins wie beispielsweise Flash, da es keinen offiziellen und herstellerneutralen Standard gibt. Vektorgrafiken im Web würden durch einen offiziellen Vektorgrafikstandard einen gewaltigen Schub erhalten – die Notwendigkeit für herstellerspezifische Plug-ins und die Beseitigung der Probleme vorhandener Rasterformate (zum Beispiel die fehlende Skalierbarkeit) entfiele gänzlich. SVG (Scalable Vector Graphics) scheint ein solcher vielversprechender Standard zu werden.

SVG ist eine XML-Anwendung und profitiert von den Stärken und der zunehmenden Popularität von XML. Alle vorhandenen XML-Parser können SVG lesen und ermöglichen damit einen leichten Austausch. SVG befindet sich beim W3C gegenwärtig im Stadium einer Working Draft. Zu den Mitgliedern der Working Group gehören namhafte Unternehmen der Branche wie etwa Adobe, Hewlett-Packard, IBM, Macromedia, Microsoft, Netscape, Quark, Sun und Visio.

Zusätzlich zu schnelleren Downloads bietet SVG auch dem Endnutzer viele Vorteile. Einige der schönen Funktionen von SVG sind beispielsweise Drucken mit hoher Auflösung, leistungsstarkes Zoomen und Panning innerhalb einer Grafik ohne Neuladen, Gradienten, Animation, Filter, Kerning, Masking, Scripting und Linking.

Da SVG auf XML aufbaut, ist es gänzlich textorientiert, was bedeutet, dass Suchmaschinen SVG-Grafiken indizieren und Nutzer nach Texten innerhalb der Grafiken suchen können (beispielsweise nach einem Schaltflächentext oder einem Straßennamen auf einer Karte). Wegen seiner textorientierten Struktur können SVG-Grafiken auch dynamisch erstellt werden (beispielsweise mit einem Datenbank-Backend).

Das Konzept

SVG enthält die folgenden sechs vordefinierten Objekte: Rechtecke, Kreise, Ellipsen, Polylines, Polygone und Linien. Die Verwendung dieser Objekte wird im folgenden Beispiel gezeigt, dass aus SVG Working Draft Section 12: Other Vector Graphic Shape stammt:

```
<?xml version="1.0"?>
<!DOCTYPE svg PUBLIC "-//W3C//DTD SVG July 1999//EN"
  "http://www.w3.org/Graphics/SVG/svg-19990706.dtd">
<SVG width="4in" height="3in">
  <DESC>This is a blue circle with a red outline
  </DESC>
  <G>
  <CIRCLE style="fill: blue; stroke: red"
    cx="200" cy="200" r="100"/>
  </G>
</SVG>
```

Hiermit wird ein blauer Kreis mit einer roten Umrandung gezeichnet.

Falls Sie Ihren eigenen Umriss zeichnen möchten. steht Ihnen hierfür der Tag `<path>` zur Verfügung, mit dem Sie wie auf einem Stück Papier zeichnen können.

Wenn Sie Ihre Zeichnung fertig haben, können Sie ihr unter Verwendung der Textelemente Text hinzufügen, was nützlich für Schaltflächen, Organigramme oder Karten ist.

Indem Sie dem Beispiel oben noch eine weitere Zeile hinzufügen, kann der blaue Kreis nun »Hello World« sagen:

```
<?xml version="1.0"?>
<!DOCTYPE svg PUBLIC "-//W3C//DTD SVG July 1999//EN"
  "http://www.w3.org/Graphics/SVG/svg-19990706.dtd">
<SVG width="4in" height="3in">
  <DESC>This is a blue circle with a red outline</desc>
  <G>
  <CIRCLE style="fill: blue; stroke: red" cx="200" cy="200" r="100"/>
  <TEXT x=".5in" y="2in">Hello World</text>
  </G>
</SVG>
```

Zusätzlich zum in gerader Linie gezeichneten Text enthält SVG noch die Fähigkeit dafür, Text entlang eines Pfades zu platzieren, der durch den Tag `<path>` definiert wird. Dies kann ein Kurven- oder jeder andere vom Designer definierte Pfad sein, an dem der Verlauf dieses Textes ausgerichtet wird.

SVG weist Parallelen zur Druckausgabewelt insofern auf, als der Designer in der Lage ist, SVG-Grafiken mit beliebigen Schriftarten zu erstellen, die dann im Browser des Nutzers bei der Darstellung einer SVG-Grafik angezeigt werden, und zwar unabhängig davon, ob der jeweilige Nutzer diese Schriftarten erworben hat oder nicht.

SVG unterstützt weiterhin das Einfügen von Grafiken. Sie können beispielsweise eine PNG- oder JPEG-Grafik in Ihre SVG-Datei einfügen. Erledigt wird dies unter Verwendung des Tags <image>, der in vielerlei Hinsicht ähnlich wie der HTML-Tag <img> verwendet wird.

Ein Beispiel einer SVG-Anwendung für den Einsatz von Umrissen, Texten und Grafiken stellt eine interaktive Karte dar. Der »Stadtplan« einer Website beispielsweise könnte einem Nutzer/Leser eine Orientierungskarte anzeigen, die der Nutzer dann nach bestimmten Punkten absuchen könnte. Diese Karte könnte dann eingebettete Grafiken enthalten, die auf besonders interessante Punkte aufmerksam machen.

Wichtige Daten der SVG-Entwicklung

2/99: Erster veröffentlichter Entwurf
8/99: Sechster Arbeitsentwurf

Referenzen

W3C Scalable Vector Graphics (SVG):	www.w3.org/Graphics/SVG/
Spezifikation für Scalable Vector Graphics (SVG) W3C Working Draft vom 6. Juni 1999:	www.w3.org/TR/SVG/
Scalable Vector Graphics (SVG) Requirements W3C Working Draft, 29. Oktober 1998:	www.w3.org/TR/WD-SVGReq
Adobe über SVG:	www.adobe.com/svg

RDF (Resource Description Framework)

Mit Metadaten sind »Informationen über Informationen« gemeint. Ein klassisches Beispiel für Metadaten ist der Katalog einer Bibliothek als elektronischer Version des veralteten Karteikastensystems. In einem solchen System finden Sie ein gesuchtes Buch, indem Sie nach Metadaten wie etwa dem Titel, Autor oder dem Thema suchen und damit den Ort finden, an dem das Buch im Regal steht. Es leuchtet ein, dass das Metadatenprinzip Ihnen dabei hilft, ein Buch schneller zu finden. Die Grundlage zur Verarbeitung von Metadaten ist RDF (Ressource Description Framework).

Gegenwärtig benutzen viele (wenn auch noch nicht genug) Webautoren und -designer zum Beschreiben ihrer Seiten den HTML-Tag `<META>`. Webrobots und -spider, die das Web indizieren, nutzen diese Metadateninformationen beim Aufbau ihrer Suchdatenbanken. Mit dieser Methode verlaufen Suchvorgänge jedoch häufig nicht effizient genug, da eine einzelne Suche unter Umständen zu viele Referenzen auf Seiten zurückgibt, die nichts mit dem Suchbegriff zu tun haben.

Das Potential von RDF zur Verbesserung von Suchvorgängen im Web ist schon beachtenswert, aber nicht die einzige Methode, mit der Metadaten das Web bereichern können. Darüber hinaus beschreibt es noch einzelne Elemente wie Seiten, Grafiken und Multimediadateien sowie deren Beziehungen, was das Erstellen von Sitemaps vereinfacht. RDF ermöglicht eine Zusammenarbeit zwischen Anwendungen, die maschinenlesbare Informationen im Web austauschen. RDF unterstützt Möglichkeiten für die automatische Verarbeitung von Webressourcen. Die RDF-Metadaten können in den verschiedensten Anwendungsbereichen verwendet werden, wie beispielsweise:

- Ressourcensuche für eine erweiterte Leistungsfähigkeit von Suchmaschinen
- Katalogisierung für die Beschreibung des Inhalts und der Inhaltsbeziehungen, die auf einer bestimmten Website, Seite oder in einer digitalen Bibliothek verfügbar sind

- Intelligente Softwareagents, die die gemeinsame Nutzung und den Austausch von Informationen fördern
- Inhaltsbewertungen
- Beschreibungen von Seitensammlungen, die ein einzelnes »logisches« Dokument darstellen
- Beschreibung von intellektuellen Urheberrechten von Webseiten
- Digitale Signaturen als Schlüssel für den Aufbau eines »vertrauenswürdigen« Web für den elektronischen Handel, die elektronische Zusammenarbeit und andere ähnliche Anwendungen

HINWEIS

Eine Diskussion über die Ressourcenbeschreibung begann innerhalb von W3C erstmals mit der Entwicklung von PICS (Platform for Internet Content Selection). PICS ist ein Mechanismus, mit dem der Inhalt von Webseiten bewertet werden kann, die vom Server an den Browser/Client gehen. Diese Bewertungen bzw. Rating Labels enthalten Informationen über den Inhalt der Seiten. Mit PICS erstellte Inhalte könnten beispielsweise eine Aussage darüber treffen, ob eine bestimmte Seite einen gegengeprüften oder von einem anerkannten Forscher erstellten Forschungsartikel enthält, ob die Seite Sex, unmoralische oder gewaltverherrlichende Inhalte enthält oder eine jugendgefährdende Sprache verwendet. PICS nimmt selbst keine Bewertungen vor, sondern stellt nur ein generelles Verfahren zum Erstellen von bewerteten Systemen dar.

Das Konzept

RDF besteht aus drei Komponenten, nämlich das RDF-Datenmodell, die RDF-Syntax und das RDF-Schema. Diese Komponenten bilden die zugrundeliegende Struktur zum Codieren, Austauschen und Wiederverwenden von Metadaten im Web, die von Menschen und Maschinen gelesen werden können.

Das RDF-Datenmodell wird zur Darstellung benannter Eigenschaften und ihrer Werte verwendet. Die Eigenschaften dienen dabei sowohl zur Darstellung der Attribute von Ressourcen (die in diesem Sinne als gleichartig zu den üblichen Attribut-Wert-Paaren zu betrachten sind) als auch zur Darstellung von Beziehungen zwischen Ressourcen. Das RDF-Datenmodell ist ein syntaxunabhängiges Verfahren zur Darstellung von RDF-Ausdrücken.

Die RDF-Syntax dient dem Ausdruck und dem Transport der Metadaten auf eine Art und Weise, die die Interoperabilität autonom aufgebauter Webserver und Browser/Clients ermöglicht. Die Syntax verwendet XML (Extensible Markup Langauge).

Die RDF-Schemata schließlich stellen eine Sammlung von Informationen über Klassen von RDF-Knoten dar, die Eigenschaften und Beziehungen enthalten. RDF-Schemata werden unter Verwendung einer deklarativen Darstellungssprache definiert, die aus Ideen der Wissensrepräsentation abgeleitet ist (zum Beispiel semantische Netze, Frames und Prädikatenlogik, aber auch Datenbankschemata wie etwa binäre relationale und Graphenmodelle).

RDF enthält in sich selbst keine vordefinierten Vokabulare zum Verfassen von Metadaten. Man erwartet, dass standardmäßige Vokabulare in der Zukunft auftauchen werden, was schließlich auch eine wesentliche Voraussetzung für eine Interoperabilität in großem Maßstab ist. Jeder kann ein neues Vokabular entwerfen – die einzige Voraussetzung dafür ist, dass in die Metadateninstanzen, die dieses Vokabular verwenden, eine Ziel-URL einbezogen wird.

Betrachten Sie einmal die Abbildung 12.2, deren Darstellung besagt, dass »John Smith der Autor des Dokuments ist, deren URL `http://www.bar.com/some.doc`« lautet. In der RDF-Syntax wird diese Beziehung folgendermaßen ausgedrückt:

```
<?xml:namespace name=http://www.prenhall.com/bibliography-info/
as="BIB"?>
<?xml:namespace name="http://www.w3.org/TR/WD-rdf-syntax#" as="RDF"?>
<RDF:RDF>
   <RDF:Description RDF:HREF="http://www.bar.com/some.doc">
      <BIB:Author>John Smith</BIB:Author>
   </RDF:Description>
</RDF:RDF>
```

Abb. 12.2: Die RDF-Beschreibung in der Form eines gerichteten benannten Graphen

In diesem Beispiel repräsentiert `syntax` die benannten Eigenschaften und ihre Werte (das Datenmodell). Verwendet werden die in den ersten zwei Zeilen angegebenen Schemata, die Ihnen weitere Informationen über die verschiedenen Klassen liefern (Author und Description).

Die ersten zwei Zeilen teilen dem Browser/Client mit, dass die Schemata (bzw. Vokabularien) aus den beiden URLs verwendet werden. Die erste URL benennt den Hostserver und enthält Informationen über die Tags, die erstellt und RDF hinzugefügt wurden. Die nächste Zeile ist das W3C-Schema und enthält die Tags, die von W3C empfohlen werden. Die Schemata teilen dem Browser/Client mit, welche Tags zulässig sind, und was sie bedeuten.

Der Tag-Container von RDF enthält die entsprechenden Metadaten. Die Beschreibungszeile teilt dem Browser/Client mit, dass dies eine Beschreibung eines Dokuments unter der Adresse `http://www.bar.com/sone.doc` ist. Die Zeile

Author teilt dem Browser/Client mit, dass John Smith der Autor dieses Dokuments ist.

Mit *Dublin Core* ist ein Satz aus 15 Metadatenelementen gemeint (wie etwa Titel, Thema, Herausgeber und so weiter), die zur Beschreibung von Ressourcen im Web verwendet werden. Die Elemente wurden von einem Komitee aus Bibliothekaren und Experten aus den Bereichen Computernetzwerke und digitale Bibliotheken definiert. Dublin Core soll nicht nur von einfachen Nutzern, sondern auch von Personen verwendet werden, die bereits über Erfahrung mit Modellen zur formalen Ressourcenbeschreibung verfügen.

Das nächste Beispiel illustriert, wie die RDF-Syntax dazu verwendet werden kann, Metadaten nach Dublin Core innerhalb eines XML-Dokumentes zu codieren:

```
<HEAD>
<XML>
<?namespace href = "http://www.w3.org/schemas/rdf-schema" as = "RDF">
<?namespace href = "http://www.purl.org/RDF/DC/" as = "DC">
<RDF:RDF>
<RDF:Description
    RDF:HREF="http://purl.org/metadata/dublin_core_elements"
    DC:Title = "Supporting Supplementary Technologies"
    DC:Creator = "Bebo White"
    DC:Subject = "Standards, XML, SMIL, PNG, RDF"
    DC:Description = "Webmaster book series"
    DC:Publisher = "Prentice-Hall"
    DC:Format = "text/html"
    DC:Type = "Book"
    DC:Language = "en"
    DC:Date = "1999-09-30" />
</RDF:RDF>
</XML>
</HEAD>
```

Wichtige Daten der RDF-Entwicklung

10/96:	W3C empfiehlt PICS, was zur allgemeinen Diskussion über Ressourcenbeschreibungen führt
10/97:	Der Entwurf von RDF wird freigegeben
8/98:	Working drafts von RDF veröffentlicht
2/99:	Die RDF-Modell und -Syntaxspezifikation wird als eine W3C Recommendation freigegeben
3/99:	Die RDF-Schemaspezifikation wird als W3C Proposed Recommendation freigegeben
8/99:	Es entsteht eine RDF-Interessensgemeinschaft

Referenzen

Einführung in RDF Metadata:	`www.w3.org/TR/NOTE-rdf-simple-intro`
Modell und Syntax von W3C Resource Description Framework (RDF):	`www.w3.org/TR/WD-rdf-syntax`
FAQs (Frequently Asked Questions) über RDF :	`www.w3.org/RDF/FAQ`
Presseveröffentlichungen von Netscape zu RDF:	`home.netscape.com/newsref/pr/newsrelease488.html` `home.netscape.com/newsref/pr/newsrelease501.html`

Übungen zu 12.3

12.3.1 Die funktionellen Domänen von W3C verstehen

In der Beschreibung der Arbeitsweise des W3C finden Sie vier funktionelle Bereiche: User Interface, Technology and Society, Architecture und Web Accessibility Initiative.

a) In welchen dieser Bereiche würden Sie eine Aktivität erwarten, die mit den hier vorgestellten neuen Technologien (XML, SMIL, PNG, SFV und RDF) verknüpft ist?

____

____

____

12.3.2 Die Zusammenarbeit zwischen W3C und IETF verstehen

a) Nennen Sie Aktivitäten des IETF, die mit den hier erörterten neuen Technologien (XML, SMIL, PNG, SFV und RDF) zu tun haben.

____

____

____

Lösungen zu den Übungen

Lösung zu 12.3.1

In der Beschreibung der Arbeitsweise des W3C finden Sie vier funktionelle Bereiche: User Interface, Technology and Society, Architecture und Web Accessibility Initiative.

a) In welchen dieser Bereiche würden Sie eine Aktivität erwarten, die mit den hier vorgestellten neuen Technologien (XML, SMIL, PNG, SFV und RDF) verknüpft ist?

Lösung:

- XML: Architecture
- SMIL: User Interface
- PNG: User Interface
- SVG: User Interface
- RDF: Technology and Society

Lösung zu 12.3.2

a) Nennen Sie Aktivitäten des IETF, die mit den hier erörterten neuen Technologien (XML, SMIL, PNG, SFV und RDF) zu tun haben.

Lösung: XML ist nicht unmittelbar eine Angelegenheit des Internet. IETF ist jedoch an XML Digital Signatures interessiert (`www.ietf.cnri.reston.va.us/ids.by.wg/xmldsig.html`). Außerdem gibt es einige vorgeschlagene Protokolle auf der Basis von XML.

Es gibt gegenwärtig einen IETF Draft für einen SMIL-Medientyp.

Die ursprüngliche Spezifikation für PNG wurde vom IETF als RFC 2983 freigegeben

Das IETF erörtert gegenwärtig den passenden Mime-Typ für SVG (vielleicht image/xml, da es ja eine XML-Instanz ist?).

Es gibt gegenwärtig keinerlei IETF-Bemühungen hinsichtlich von RDF.

Wiederholungsfragen zu 12.3

Überprüfen Sie Ihr Wissen und versuchen Sie nun, die folgenden Fragen zu beantworten.

1. XML wird HTML in Zukunft ersetzen.

   a) Richtig
   b) Falsch

2. XML ist nicht abwärtskompatibel zu vorhandenen HTML-Dokumenten. Dokumente, die dem HTML-Standard 3.2 entsprechen, können jedoch leicht nach XML konvertiert werden; ebenso SGML-Dokumente und aus Datenbanken generierte Dokumente.

   a) Richtig
   b) Falsch

3. Was ist nicht zutreffend für XML?

   a) Die Akzeptanz von HTML wird von Anwendungen gefördert werden, die den Webbrowser/Client zur Vermittlung zwischen zwei oder mehr heterogenen Datenbanken benötigen.
   b) XML ist zur Optimierung von Suchvorgängen im Web geeignet.
   c) XML erzwingt eine Unterscheidung zwischendem Dokument«inhalt« und der Dokument«struktur/darstellung«.
   d) Die Inhaltsanbieter können mit XML beliebige neue Tags und Attributnamen definieren.
   e) Alle genannten Punkte treffen auf XML zu.

4. Unter Verwendung von XML und einfachen SML-Tags kann ein Webautor/designer komplexe Aufgabenabläufe definieren, wie etwa »Spiele die Audiodatei A 5 Sekunden lang nach dem Start der Videodatei B ab und zeige danach die Grafikdatei C!«.

   a) Richtig
   b) Falsch

5. Die wichtigsten Funktionen von SMIL stecken in welchen drei Tags?.

   a) `<PAR>`, `<SEQ>` und `<REGION>`
   b) `<PAR>`, `<SMIL>` und `<LAYOUT>`
   c) `<PAR>`, `<SEQ>` und `<LAYOUT>`
   d) `<REGION>`, `<SEQ>` und `<LAYOUT>`

6. SVG ist eine XML-Anwendung und profitiert daher von den Stärken und der zunehmenden Popularität von XML.

   a) Richtig
   b) Falsch

Die Lösungen befinden sich im Anhang des Buches zum Abschnitt 12.3.

Überprüfen Sie Ihre Sachkenntnis!

1. Beschreiben Sie unter Verwendung des Schemas der Übung 12.3 (Einführung, Konzept, Wichtige Daten und Referenzen) die folgenden neuen Technologien:

   a) DOM
   b) HTTP-NG
   c) P3P
   d) XHTML
   e) XSL

2. Der Webmaster einer mäßig großen Website (etwa 2000 Seiten) denkt über die Einführung der CSS(Cascading Stylesheet)-Technologie nach. Die Schlüsselprobleme der gegenwärtigen Designüberlegungen sind:

   a) Die Seiten der Organisation brauchen ein einheitliches und unverwechselbares Erscheinungsbild.
   b) Die Seiten werden derzeit von vielen Einzelpersonen verfasst, die in der gesamten Organisation verstreut sitzen.
   c) Die Seiten machen zur Gestaltung des Seitenlayouts starken Gebrauch von HTML-Tabellen.
   d) Die Nutzer/Leser der Website der Organisation verwenden bekannterweise überwiegend Browser und Clients von Netscape und Microsoft. Sie nutzen jedoch verschiedene Versionen dieser Produkte.

   Analysieren Sie die Pros und Contras von CSS innerhalb dieses Szenarios. Wie könnte diese Technologie nach der Übernahme erfolgreich umgesetzt werden?

3. In einem weithin bekannten Designmagazin schrieb ein Kolumnist über die Zukunft von HTML:

   Flash (Macromedia) ist im Moment das Beste, was wir haben. Lassen Sie HTML beiseite, nehmen Sie anstelle dessen Flash, und arbeiten Sie sich darin ein. Wenden Sie es danach überall an. Es bietet die derzeit robusteste verfügbare Authoring-Umgebung, und wird von einem Unternehmen unterstützt, dessen Ziel das Herstellen hervorragender Werkzeuge ist. Wenn Java diese Art von Hingabe hinter sich hätte, würde ich auch Java empfehlen. Aber trotz all der Stärken von Java fehlt ihm eine wirklich gute Authoring-Umgebung. Aber nur eine wirklich gute Authoring-Umgebung kann Kreativität freisetzen und ein neues Medium lebendig machen.

   Ihr Vorgesetzter liest diesen Artikel und fragt Sie, warum Sie kein Flash verwenden, oder weshalb Sie nicht daran denken, es einzusetzen. Der Vorgesetzte ist zwar technisch nicht erfahren, ist aber vom Enthusiasmus des Kolumnisten beeindruckt. Was antworten Sie ihm?

Lösungen zu den Wiederholungsfragen

Kapitel 1

Wiederholungsfragen zu 1.1

Frage	richtige Antwort
1.	a, b, d
2.	c
3.	a
4.	b
5.	e

Wiederholungsfragen zu 1.2

Frage	richtige Antwort
1.	b
2.	d
3.	b, d, c, a, e
4.	c
5.	a und c

Wiederholungsfragen zu 1.3

Frage	richtige Antwort
1.	a
2.	d
3.	a, c
4.	a
5.	b, d

Wiederholungsfragen zu 1.4

Frage	richtige Antwort
1.	b, c, d
2.	b, c, a
3.	a
4.	a, b, d
5.	b

Wiederholungsfragen zu 1.5

Frage	richtige Antwort
1.	a, b, c
2.	b, c, a, d
3.	c
4.	d
5.	f

Kapitel 2

Wiederholungsfragen zu 2.1

Frage	richtige Antwort
1.	a
2.	d
3.	b
4.	a
5.	a, c, d

Wiederholungsfragen zu 2.2

Frage	richtige Antwort
1.	a
2.	a
3.	b, c
4.	b
5.	d

Wiederholungsfragen 2.3

Frage	richtige Antwort
1.	a
2.	c
3.	a, c
4.	a, b
5.	b

Wiederholungsfragen zu 2.4

Frage	richtige Antwort
1.	b
2.	a
3.	b
4.	b
5.	a

Wiederholungsfragen zu 2.5

Frage	richtige Antwort
1.	d
2.	b
3.	a
4.	a
5.	b, c

Kapitel 3

Wiederholungsfragen zu 3.1

Frage	richtige Antwort
1.	b
2.	b
3.	c
4.	a
5.	d

Wiederholungsfragen zu 3.2

Frage	richtige Antwort
1.	b
2.	a
3.	c
4.	c
5.	d

Wiederholungsfragen zu 3.3

Frage	richtige Antwort
1.	b
2.	a
3.	a
4.	b
5.	b

Wiederholungsfragen zu 3.4

Frage	richtige Antwort
1.	b, c, a
2.	b
3.	b
4.	b
5.	b

Wiederholungsfragen zu 3.5

Frage	richtige Antwort
1.	a
2.	a
3.	c
4.	b
5.	a

Wiederholungsfragen zu 3.6

Frage	richtige Antwort
1.	a, b, d: TCP c, e: UDP
2.	b
3.	a, c, d
4.	b
5.	b

Kapitel 4

Wiederholungsfragen zu 4.1

Frage	richtige Antwort
1.	c
2.	a
3.	b, d
4.	a, b
5.	b, c

Wiederholungsfragen zu 4.2

Frage	richtige Antwort
1.	b
2.	c
3.	d
4.	a
5.	b

Wiederholungsfragen zu 4.3

Frage	richtige Antwort
1.	a
2.	b
3.	b
4.	a
5.	b

Wiederholungsfragen zu 4.4

Frage	richtige Antwort
1.	c
2.	c
3.	b
4.	a, b, c, d
5.	f

Kapitel 5

Wiederholungsfragen zu 5.1

Frage	richtige Antwort
1.	b, a, d, c
2.	b
3.	a
4.	a
5.	b

Wiederholungsfragen zu 5.2

Frage	richtige Antwort
1.	b, c
2.	a
3.	a
4.	a, d
5.	b, c, d, e

Wiederholungsfragen zu 5.3

Frage	richtige Antwort
1.	b
2.	a
3.	b
4.	a, b, d
5.	b

Kapitel 6

Wiederholungsfragen zu 6.1

Frage	richtige Antwort
1.	a
2.	b
3.	b, d, a, c
4.	a, c, d
5.	a, b

Wiederholungsfragen zu 6.2

Frage	richtige Antwort
1.	b
2.	c
3.	a
4.	b
5.	b

Wiederholungsfragen zu 6.3

Frage	richtige Antwort
1.	a
2.	a
3.	b
4.	a, b, d, e, f
5.	c

Wiederholungsfragen zu 6.4

Frage	richtige Antwort
1.	a, b, d
2.	b
3.	a
4.	e
5.	a, d

Kapitel 7

Wiederholungsfragen zu 7.1

Frage	richtige Antwort
1.	b
2.	b
3.	a
4.	d

Wiederholungsfragen zu 7.2

Frage	richtige Antwort
1.	a
2.	b
3.	a
4.	c
5.	c

Wiederholungsfragen zu 7.3

Frage	richtige Antwort
1.	b
2.	a
3.	d
4.	c

Wiederholungsfragen zu 7.4

Frage	richtige Antwort
1.	b
2.	a
3.	b
4.	a
5.	b

Wiederholungsfragen zu 7.5

Frage	richtige Antwort
1.	a
2.	b
3.	d
4.	d

Wiederholungsfragen zu 7.6

Frage	richtige Antwort
1.	a
2.	b
3.	b
4.	d

Wiederholungsfragen zu 7.7

Frage	richtige Antwort
1.	a
2.	a
3.	c
4.	d

Kapitel 8

Wiederholungsfragen zu 8.1

Frage	richtige Antwort
1.	b
2.	b
3.	a

Wiederholungsfragen zu 8.2

Frage	richtige Antwort
1.	c
2.	a
3.	b
4.	c
5.	a, c

Kapitel 9

Wiederholungsfragen zu 9.1

Frage	richtige Antwort
1.	a
2.	b
3.	b
4.	d
5.	a

Wiederholungsfragen zu 9.2

Frage	richtige Antwort
1.	a, c
2.	a
3.	d
4.	b

Wiederholungsfragen zu 9.3

Frage	richtige Antwort
1.	c
2.	c
3.	d
4.	b
5.	a

Kapitel 10

Wiederholungsfragen zu 10.1

Frage	richtige Antwort
1.	b
2.	a
3.	a
4.	c

Wiederholungsfragen zu 10.2

Frage	richtige Antwort
1.	c
2.	c
3.	b
4.	d
5.	d

Wiederholungsfragen zu 10.3

Frage	richtige Antwort
1.	c
2.	b
3.	d
4.	c, d
5.	b

Kapitel 11

Wiederholungsfragen zu 11.1

Frage	richtige Antwort
1.	b
2.	f
3.	c
4.	d

Wiederholungsfragen zu 11.2

Frage	richtige Antwort
1.	d
2.	b
3.	c
4.	c

Wiederholungsfragen zu 11.3

Frage	richtige Antwort
1.	c
2.	c
3.	b
4.	b
5.	c

Wiederholungsfragen zu 11.4

Frage	richtige Antwort
1.	c
2.	d
3.	a
4.	b

Kapitel 12

Wiederholungsfragen zu 12.1

Frage	richtige Antwort
1.	b
2.	a, c, d
3.	a
4.	d
5.	b

Wiederholungsfragen zu 12.2

Frage	richtige Antwort
1.	a, b, d
2.	a
3.	a, b, c
4.	b
5.	c
6.	b
7.	b

Wiederholungsfragen zu 12.3

Frage	richtige Antwort
1.	b
2.	a
3.	e
4.	a
5.	c
6.	a

Stichwortverzeichnis

Symbols
.htaccess 249
– Direktiven 250

Numerics
100Base-T-Ethernet 64
10Base-T-Technologie 64

A
ADSL 146
AMS-IX 74
ANSI (American National Standards Institute) 377
Anwendungsschicht 25
Apache
– Anforderungsmerkmale 203
API (Application Programming Interface) 288
Appliance (Server) siehe Server-Applikation
ARPANET 83
ASP (Active Server Pages) 337
ASP+ 337
ASPs 74
asymmetrisches Verschlüsselungsverfahren 166
ATM 37

B
BARRNET 83
Basisanschluss 144
BBN 83
bekannte Dienste 101
Beyond Computing 391
Bitübertragungsschicht 26
B-Kanäle 144
Breitband 135
Bridge 69
Broadcast-Adressen 107
Browser 119
– DOM (Dokument Object Model) 296
– Kompatibilität 270
Builder.Com 393
Businesslogik-Schicht 44
Bustopologie 30

C
C# 337
CA 170
Caching-Proxyserver 211
CERN HTTPD 59
Certificate Authorities 170
CFML (Cold Fusion Markup Language) 345
CGI (Common Gateway Interface)
– dynamische Inhalte 288
– standalone 288
Client/Server-Architektur 216
Client/Server-Modell des Web 58
Client-Schicht 44
clientseitiger Code
– Cookies 305
– Vorteile 304
CNET Digital Dispatch 392
Codec 137
Cold Fusion
– Tags 345
Cookies 305
– Datenaustausch 309
Crawler 258
CSMA/CD 64
CSPs 74

D
Daemon 58
Darstellungsschicht 25
Datagramm 53
Dateisystem
– hierarchisch 239
– relative URL 241
– relativer Pfad 241
– Stammknoten (/) 240
– virtuelle URL 241
– virtueller Pfad 241
Datenkanäle 144
Datenschutz 179
Deamon 118
Denial-of-Service 225
Digitale Zertifikate 168
D-Kanäle 144
DNS 95

DNS-Round-Robin (Websitearchitektur) 209
DOM (Document Object Model) 296
Domain Name System 95
Downstream 145
Drahtlose Netzwerke 150
DSL 19, 145
DTD (Document Type Declaration)
– XML (Extensible Markup Language) 403

E
E1.pub Weekly 392
ECMA (European Computer Manufacturers Association) 296, 382
ECMAScript 296, 383
elektronische Brieftasche 176, 178
Entschlüsselung 164
Ethernet 26, 37, 64
Extranet 43, 45

F
Fast Ethernet 64
FDDI 37, 64
FDDI-II 65
FDDI-Netzwerk 65
Fenstergröße 102
Firewall 183, 227
– Konfigurationsbeispiel 235
Frequenzmultiplex-Verfahren 136
From-Feld (HTTP)
– From-Feld 259
FTP 127
FYI (For Your Information)
– RFC (Request for Comments) 379

G
Gästebuch 330
Gateway 121
Gatherer 258
gegenseitige Extranets 46
Geheimschlüssel 167
GIF (Graphics Interchange Format) 408
Gopher 83
Grafik
– Bitmap 410
– GIF (Graphics Interchange Format) 408
– JPEG (Joint Photographic Experts Group) 408
– PNG (Portable Network Graphics) 408
– Skalierbarkeit 410
– SVG (Scalable Vector Graphics) 410
– Vektor 410
Gummizelle (mehrere Server) 221

H
Hit-Counter 330
Hop 70
Host-ID 89
Hosting-Service
– Betriebsbereitschaft 200
– Dienste 200
– Kosten 200
– Nachteil 201
– remote 201
– Vorteil 200
Hostnummer 89
HotWired Newsletter 392
HTTP 118
HTTPD 59, 118
HTTP-Protokoll 27
HTTPS 178
Hub-Extranets 46
Hypermedia 135

I
IAB (Internet Advisory Board) 378
ICANN 86
IESG (Internet Engineering Steering Group) 378
IETF (Internet Engineering Task Force) 377
IIS (Internet Information Server) 337
IMAP 126
Indexer 256
Indizieren (Website) 256
InformationWeek 391
InfoWorld 391
Inter@ctive Week 391
Internet Exchange Points 74
Internet Protocol 84
Internet Service Provider (ISP) 199
Internetdienstanbieter 74
InterNIC 86
Intranet
– Skripting 321
Intranets 43
IP 84
IP-Adresse 84, 88
IP-Protokoll 83
IPv4 85, 88
IPv6 85, 88
IRTF (Internet Research Task Force) 378

ISDN 19, 144
ISO (The International Organisation for Standardization) 376
ISOC (Internet Society) 378
ISP 74
ISP siehe Internet Service Provider (ISP)
IW3C2 (International World Wide Web Conference Committee) 380

J
Java 383
JavaScript 295, 383
– Formularvalidierung 296
JPEG (Joint Photographic Experts Group) 408
JScript 295, 383

K
Kabelmodems 157
Kennwortauthentifizierung 251
Knoten 19
Komprimierung 136
Konnektivität 143

L
LAN 37
LANs 19
Leitungsvermittlung 53
LINX 74
lokale Einwahlknoten 74

M
MAC-Adressen 105
MAEs 74
Mailingliste 392
MAN 19, 38
Master/Slave-Modelle 58
Media Access Control 105
Mega-Indizes 257
mehrere Server
– Gummizelle 221
Message Digest 165
Metadaten
– RDF (Resource Description Framework) 413
Meta-Indizes 257
Middleware-Schicht 44
Mikrozellularnetzwerk 150
MIME 126
Mosaic 84
Multimeda
– SMIL (Synchronized Multimedia Integration Language) 404
Multiplexverfahren 135
multithreaded Meta-Indizes 257

N
Netscape Navigator 203
Netzwerke 19
Netzwerkeigenschaften 19
Netzwerk-ID 89
Netzwerkknoten 19
Netzwerkkomponenten 69
Netzwerknummer 89
Netzwerkschicht 26
Netzwerksicherheit 163
Netzwerktopologien 19, 30
Netzwerkverbindungen 74
Netzwerkverbund 30
NewMedia 391

O
ODBC (Open Database Connectivity) 278
öffentlicher Schlüssel 166
Open Source Movement 365
OSI-Modell 20
OSI-Schichtenmodell 24

P
Paket 53, 84
Paketvermittlung 53
Peer-to-Peer-Modell 58
PerlScript 337
PHP (Hypertext Preprocessor) 354
– Variablendeklaration 354
– Vergleichsoperatoren 354
PICS (Platform for Internet Content Selection) 414
PKI 167
PNG (Portable Network Graphics) 408
Point Of Presence 69, 74
POP 69, 74
POP3 126
Port 99
Port 80 100
Portal (Suchmaschine) 257
PPP 76
PPTP 189
Primärmultiplexanschluss 144
Private-Key-Kryptografie 166
privater Schlüssel 166
Protokolldatei
– Serversicherheit 228
– sicherheitsgefährdende Einträge 228

Proxy 121
Proxyserver 188
- Caching-Proxy 212
- Implementierungsform 212
Public-Key-Infrastruktur 167
Public-Key-Kryptografie 166
Publish 391
Pull-Technologie 131
Push-Technologie 131

R

Rahmen 106
RC4 165
RDF (Resource Description Framework) 413
- Codebeispiel 415, 416
- Datenmodell 414
- Dublin Core 416
- Schema 415
- Suchen im Web 413
- Syntax 414
reale IP-Adresse 210
Referrer-Feld (HTTP) 259
Registrierungsstelle 167
RFC (Request for Comments) 379
Ringnetzwerk 31
Robot 256, 258
- die 4 Gesetze 258
- From-Feld 259
- robots.txt 260
- spezialisiert 257
- User-Agent-Feld 259
- Wohlverhalten 260
Router 69

S

Satellitenverbindungen 151
Schicht-2-Adressen 105
Secure Electronic Transaction 176
Secure Sockets Layer 175
Server-Applikation 201
serverseitiger Code 288
- Vorteile 304
Server Side Includes (SSI) siehe SSI (Server-Side Includes)
SET 176
SGML (Standard Generalized Markup Language) 377
SHTTP 177
Sicherheit
- #EXEC 230
- .htaccess 249
- /cgi/bin/ 229
- automatische Verzeichnislistings 230
- Basisverzeichnis 230
- Bedeutung der Taxonomie 249
- bekannte Sicherheitslücken 249
- CGI-Skriptausführung 230
- clientseitiger Code 295
- Denial-of-Service 225
- Dokument-Stammordner 230
- Einbruchsmöglichkeiten 225
- Firewall 227
- gefährdete Bereiche 224
- Gummizelle bei mehreren Servern 221
- Inhalte löschen und austauschen 225
- Installation nicht autorisierter Ressourcen 226
- Kennwortauthentifizierung 251
- Konfigurationsdatei 230, 248
- Maßnahmen nach Einbruch 231
- Mirroring 231
- Nachteile 315
- Programme und Skripte 229
- Protokolldatei 228
- restriktiv versus funktionell 315
- schädlicher HTML-Code 322
- Serverzugang 248
- Services begrenzen 227
- Sicherheitstools 229
- Skripting 321
- Softwarelizenzen 226
- SQL-Anweisungen (durch Komma getrennte) 323
- Verzeichnisebene 249
- Zugangsregeln 247
Sicherungsschicht 26
Sichtverbindung 150
Signalkanäle 144
Sitzungsschicht 25
Sitzungsschlüssel 167
Skripting
- API (Application Programming Interface) 288
- ASP (Active Server Pages) 337
- ASP+ 337
- Browserkompatibilität 270
- C# 337
- CFML (Cold Fusion Markup Language) 345
- CGI (Common Gateway Interface) 288
- clientseitiger Code 269, 304
- Codebeispiel mit RDF 415

- Cookies 305, 309
- Darstellungsschicht im Webdesign 275
- ECMAScript 296, 383
- Formularvalidierung 296, 321
- Intranet 321
- Java 383
- JavaScript 295, 383
- JScript 295, 383
- Kosten für Skriptsprachen 365
- Open Source Movement 365
- PHP (Hypertext Preprocessor) 354
- serverseitige Skriptsprachen 289
- serverseitigen/clientseitigen Code kombinieren 305
- serverseitiger Code 288, 304
- Sicherheit 295, 321
- SMIL (Synchronized Multimedia Integration Language) 404
- SMIL-Codebeispiel 406
- Tag (HTML) 401
- Tag (SMIL) 405
- Tag (XML) 402
- Unterschied zu kompilierten Sprachen 287
- XML (Extensible Markup Language) 400
- Zukunft 364

SLIP 75
Slow-Start-Algorithmus 102
Smartcards 189
SMIL (Synchronized Multimedia Integration Language) 404
- Codebeispiel 406
- Medientypen 406
- Tag 405

SMTP 126
Sniffers 184
Socket 99
Socket-Nummer 99
Softwarelizenzen
- Sicherheitsprobleme 226

Spider 258
SSI (Server-Side Includes) 287
SSL 175
Standards
- ANSI (American National Standards Institute) 377
- ECMA (European Computer Manufacturers Association) 382
- IAB (Internet Advisory Board) 378
- IESG (Internet Engineering Steering Group) 378
- IETF (Internet Engineering Task Force) 377
- IRTF (Internet Research Task Force) 378
- ISO (The International Organisation for Standardization) 376
- ISOC (Internet Society) 378
- RFC (Request for Comments) 379
- Unterschied zu Designrichtlinien 376
- W3C (World Wide Web Consortium 380
- WSP (Web Standards Project) 383
- X Consortium 380

Standleitungen 75
STD RFC
- RFC (Request for Comments) 379

Sterntopologie 32
Streaming-Multimedia 135
Subnetzmaske 89
Suchmaschine
- echte 256
- Mega-Indizes 257
- multithreaded Meta-Indizes 257
- Portal 257
- RDF (Resource Description Framework) 413
- Schlagwortverzeichnis 257
- spezialisiert 257

SVG (Scalable Vector Graphics) 410
- Codebeispiel 411

Switch 69

T

Tag
- HTML (Hypertext Markup Language) 401
- SMIL (Synchronized Multimedia Integration Language) 405
- Tag-Container (RDF) 415
- XML (Extensible Markup Language) 402

Taxonomie
- Datei 239
- Dokument 239
- hierarchische 239
- Kartensortiermethode 239, 243, 245, 246

T-Carrier-Dienst 146
TCP 99
Token-Ring-Netzwerk 31
Topologie 19
traceroute 115

tracert 115
Trägersignal 20
Transaktionsserver 45
Transaktionsverwaltungsschicht 44
Transmission Control Protocol 99
Transportprotokolle 81
Transportschicht 26
Tunnel 121

U

Übertragungsprotokoll 26
UDP 111
Upstream 145
URI 119
URL
- relativ 241
- virtuell 241
URN 120
User Agent 121
- HTTP-Feld 259
User Datagram Protocol 111

V

VBScript 337
Verbindung 99
verbindungsloses Protokoll 85, 99
Verschlüsselung 164
Verschlüsselungssysteme 164
verteilter Lastenausgleich (Websitearchitektur) 210
Verzögerungszeit 70
Virtual Private Networks 189
virtuelle IP-Adresse 210
virtueller Server 210, 217
- Hardwareserver 216
- Softwareserver 218
VIX 74
VPNs 189

W

W3C (World Wide Web Consortium) 380
- Notes 382
- Proposed Recommendation 382
- Recommendation 381
Wählverbindung 75
WAIS 83
WAN 19, 38
Wanderer 258
WAPs 154
Web Services Provider (WSP)
- Betriebsbereitschaft 200
- Dienste 200
- Kosten 200
- Nachteil 201
- virtueller Server 218
- Vorteil 200
Webdesign
- Anwendungspakete 364
- Darstellungsschicht 275
- dynamische Inhalte 287
- Formularvalidierung 321
- Lebenszyklus einer Website 393
- Metadaten mit RDF 413
- n-stufiges Anwendungsdesign 275
- ODBC-Datenbank 276
- Schicht der Geschäftsvorgänge 276
- Sicherheit 315
- Speicherschicht 276
- SQL-Anweisungen (durch Komma getrennte) 323
- Technologiestrategie 393
- Zukunft 364
Webdokument
- DTD (Document Typ Declaration) 403
- Multimedia mit SMIL 404
- Vektorgrafik 410
- XML (Extensible Markup Language) 401
Webrobot siehe Robot
Webserver
- dediziert 202
- Markanteile 203
- schlüsselfertige Lösung 201
Webserversoftware
- Anforderungsmerkmale 203
- Apache 203
- Markanteile 203
- Netscape Navigator 203
Websitearchitektur
- Client/Server 216
- DNS-Round-Robin 209
- einzelner Server 209
- mehrere Server 216
- Serverfarm 209
- Taxonomie 239
- verteilter Lastenausgleich 210
- virtueller Hardwareserver 216
- virtueller Server 210
- virtueller Softwareserver 218
Wellenlängenmultiplex-Verfahren 136
well-known service 101
Wired News 392
World Wide Web 59, 84
Worm 258

WSP siehe Web Services Provider
WSP (Web Standards Project) 383

X
X Consortium 380
XML (Extensible Markup Language) 400
- Anwendungsbeispiele 403
- Suchmöglichkeiten im Web 401
- Tag 402
- Unterschied zu HTML 401
- Vorspann 402
- wohlgeformt/gültig 402

Z
Zeitmultiplex-Verfahren 135
Zertifizierungsstelle 166, 170